Das neue KINDER LEXIKON in Farbe

DIE MITARBEITER AN DIESER AUSGABE

Originalausgabe:
Inhaltliche Konzeption:
Philippe Schuwer und Bernard Lecherbonnier
Graphische Konzeption: Markus Osterwalder
Zeichnerische Konzeption: Raymond Babigeon
Zeichner: Christine Michaud, André Vial,
François Vincent, Pascale Wirth, Claire Witt
Herstellung: Dominique Lambilliotte

Deutsche Ausgabe:
Übersetzung: Veronika Maasburg, München
Zeichnungen: Harald Bukor, Eltville am Rhein

Redaktionelle Mitarbeit:
Geschichte: Dr. Ernst-Stephan Bauer
Deutsche Sprach- und Literaturgeschichte: Margit Riedel
Physik: Dr. Roman Dengler, Rainer Pippig, Roman Worg
Geographie: Rudi Stauch
Naturwissenschaften: Maria Anwander (Humanbiologie),
Dr. Martin Baehr (Zoolgogie), Sigrid Meixner (Botanik)
Mathematik: Notburga König
Richtig Schreiben: Dr. Ernst-Stephan Bauer
Richtig Rechnen: Dr. Irmingard Hegnauer

Druck und Bindung:
Neue Stalling GmbH, Oldenburg
ISBN: 3 927117 48 X

Jean-Paul Dupré

Das neue KINDER LEXIKON in Farbe

BECHTERMÜNZ

DIE SPRACHE

MATHEMATIK

PHYSIK

NATURWISSENSCHAFTEN

RICHTIG SCHREIBEN

RICHTIG RECHNEN

An unsere jungen Leser

Bücher sind eine feine und interessante Sache.
Doch wenn man etwas nachlesen will, ist oft das richtige
Buch gerade nicht zur Hand.
Das Lexikon, das du sicher bei deinen Eltern findest,
drückt manche Dinge schwer verständlich aus.
In der Schule gibt es eine Bibliothek, und bestimmt
auch eine in deiner Nähe, wo du dir Geschichten,
Berichte und Fachbücher ausleihst.
Aber man kann nicht überall zugleich sein....
Deswegen haben wir uns dieses Buch ausgedacht:
Du kannst darin - fast - alles finden, was du gerne
wissen möchtest.
Stell dir das Wissen wie einen großen Garten vor:
Da gibt es die Mathematik, die Geschichte,
in einem anderen Teil die Geographie und die Physik
und die anderen Naturwissenschaften, auch Sprache
und Literatur haben ihren Platz.
Jeder dieser Bereiche wird in Form von Doppelseiten
mit Bildern dargestellt. Die Bilder helfen dir, den
Inhalt leichter zu verstehen und dir besser einzuprägen.
Die Skizzen ersparen lange Erklärungen.
Zeichnungen machen Ereignisse lebendig. Und mit Hilfe
der Karten kannst du dich leicht zurechtfinden.
In diesem einen Buch hast du also die Antworten auf die
Fragen zur Hand, die man dir in der Schule oder
anderswo stellt. Eine ganze Mannschaft - Autor, Zeichner
und Fachleute - hat sich bemüht, das Wesentliche
aus allen Wissensgebieten, die dich interessieren,
zusammenzutragen und anschaulich darzustellen.
Das Ergebnis hältst du in der Hand -
ein großes, farbiges Lexikon für alle jungen Leute.
Wir wünschen Dir viel Freude damit!

Die Entstehung des Lebens auf der Erde

Vor 4 Milliarden 500 Millionen Jahren
Die Erde ist eine Masse in schmelzflüssigem Zustand. Sie setzt giftige Gase frei, damit ist jegliches Leben auf ihr unmöglich. Die einsetzende Abkühlung bewirkt einen Dauerregen, der über Jahrmillionen andauert.

Vor 3 Milliarden Jahren
Die ersten Spuren von Leben. Die ersten lebenden Zellen tauchen in den Meeren auf und sind *Bakterien* sehr ähnlich.

Vor 600 Millionen Jahren
Es entstehen die ersten *wirbellosen Tiere* (darunter die sehr verbreiteten *Trilobiten*) sowie Muscheln und Schalentiere.

Vor 1 Milliarde Jahren
Das Meer ist der Lebensraum einer wachsenden Vielfalt von *Algen, Würmern, Schwämmen und Quallen...*

Vor 480 Millionen Jahren
Auftreten der ersten *Wirbeltiere*: der *Fische*. Die älteste bekannte Form, die *Agnatha*, hat noch keinen Kiefer. Der *Eusthenopteron* zeigt eine enge Verwandtschaft mit den *Amphibien*.

Vor 200 Millionen Jahren
Ein große Kälteperiode führt zum Aussterben der meisten großen Reptilien. Nur die widerstandsfähigsten passen sich dem veränderten Klima an. Ihr Blut wird wärmer. Ungefähr 130 Millionen Jahre lang bevölkern die *Dinosaurier* die Erde. Nach ihnen breiten sich *Vögel* und *Säugetiere* aus.

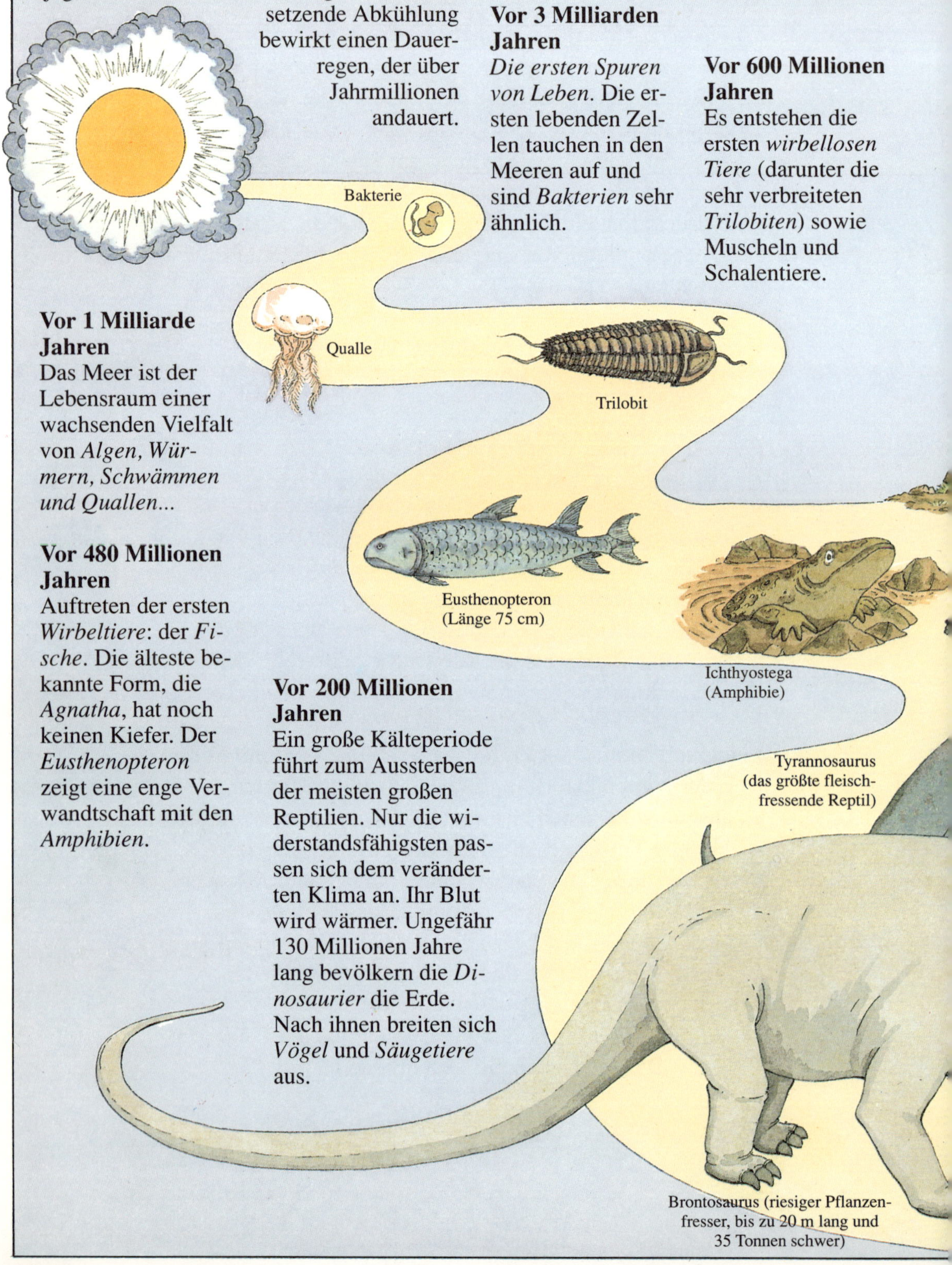

Vor 300 Millionen Jahren
Aus dem Meer ans Land. Das erste Wirbeltier wagt sich an Land: es ist eine *Amphibie*. Die *Ichthyostega (Fischlurch)* atmet mit Lungen und kriecht am Boden. Sie muß jedoch ins Wasser zurückkehren, um Eier zu legen. Auf die *Amphibien* folgen die Reptilien. Das *Dimetrodon* ist ein Fleischfresser. Der *Pteranodon* ist ein fliegendes Reptil.

In Afrika hat man 1974 das Skelett von einem weiblichen Australopithecus gefunden. »Lucy« war 1 m groß und ging vornübergebeugt. Ihr Gehirn war um zwei Drittel kleiner als das Gehirn des Menschen von heute.

Vor 70 Millionen Jahren
Aussterben der Dinosaurier. Säugetiere und Vögel breiten sich aus. Mit den ersten *Primaten* beginnt eine lange Evolution, die bis zum *Menschen* führt.

Vor 3 Millionen Jahren
Erstes Auftreten eines hochentwickelten Primaten auf unserem Planeten: der *Australopithecus* hat einen aufrechten Gang. Er erzeugt und benützt als Werkzeug *behauene Steine*, zum Erlegen von Wild und zu seiner Verteidigung gegen fleischfressende Säugetiere.

Die Entwicklung der *Hominiden* geht weiter. Allmählich verändert sich der Mensch, bis er so aussieht wie heute.

Geschichte im Zeitraffer

VORGESCHICHTE

Die Zeitrechnung
Sie dient der Einteilung der Menschheitsgeschichte in Abschnitte. Als Einheiten verwendet sie das Jahrtausend (Zeitraum von 1000 Jahren) und das Jahrhundert (Zeitraum von 100 Jahren). In Ländern mit christlicher Zeitrechnung werden die Jahre von Christi Geburt an gezählt.

1 000 000 Jahre v.Chr.
Die ersten Menschen bevölkern Asien, Afrika und Europa. Sie stellen Werkzeuge aus behauenem Stein her und leben von Jagd und Fischfang.

800 000 Jahre v.Chr.
Sie entdecken das Feuer und lernen allmählich, damit umzugehen.

0 — 1000

ANTIKE

100 Jahre v.Chr.
Mit Hilfe seiner Legionen weitet Rom seinen Machtbereich fünf Jahrhunderte lang aus und begründet ein riesiges Weltreich.

500 Jahre v.Chr.
Hochblüte der Kultur in Griechenland. Der Parthenon wird zu Ehren der Göttin Athene hoch über der Stadt Athen erbaut.

1 000 — 15. Jahrhundert

MITTELALTER

1 095 n.Chr.
Ritter und Knechte ziehen in den Krieg gegen die Türken, um das Heilige Land und Jerusalem zu befreien: es ist die Zeit der Kreuzzüge.

1450
Durch die Erfindung der Buchdruckerkunst werden die Bücher billiger und allgemein zugänglich.

7 000

6 000

30 000 Jahre v.Chr.
Die Menschen verbessern ihre Werkzeuge. Immer feiner bearbeiten sie den Stein und verwenden auch die Knochen erlegter Tiere.

7 000 Jahre v.Chr.
Erste Anfänge von Ackerbau und Viehzucht.

2 000

3 000

3 500 Jahre v.Chr.
Mit der Verwendung der Schrift beginnt die Geschichte der Menschheit.

4 000 Jahre v.Chr.
Auftreten der ersten Gesellschaftsstrukturen. Die ägyptische Kultur entsteht im Gebiet des Niltals.

NEUZEIT

1840
Die Erfindung der Dampfmaschine steht am Beginn großer technischer Fortschritte, vor allem im Verkehrswesen.

1969
Der Mensch macht die ersten Schritte auf dem Mond.

Die Zeit der Höhlenmenschen

Der Begriff »Vorgeschichte« umfaßt den langen Abschnitt vom ersten Auftreten des Menschen auf der Erde bis zur Erfindung der Schrift. Das Zeitalter der *Älteren Steinzeit (Paläolithikum)* liegt 600 000 Jahre vor Christi Geburt.

Das Leben in Höhlen
In zahlreichen Höhlen des Périgords und am Fuß der Pyrenäen hat man eingeritzte und gemalte Darstellungen sowie Figuren gefunden, die zumeist Tiere darstellen. Bisher ist die genaue Bedeutung dieser Kunstwerke noch unbekannt.
Die Höhlen werden nur im Winter als Behausung benützt. In vielen Fällen ist ihr Eingang mit einer kleinen Steinmauer oder mit den Fellen erlegter Tiere versehen.

So früh schon Kunstwerke!
Mit Hilfe einfachster Werkzeuge fertigt der vorgeschichtliche Mensch bereits Schnitzereien aus Elfenbein und Rentiergeweih sowie Halsketten und Armbänder aus aufgefädelten Muscheln, kleinen Knochen oder Tierzähnen an.

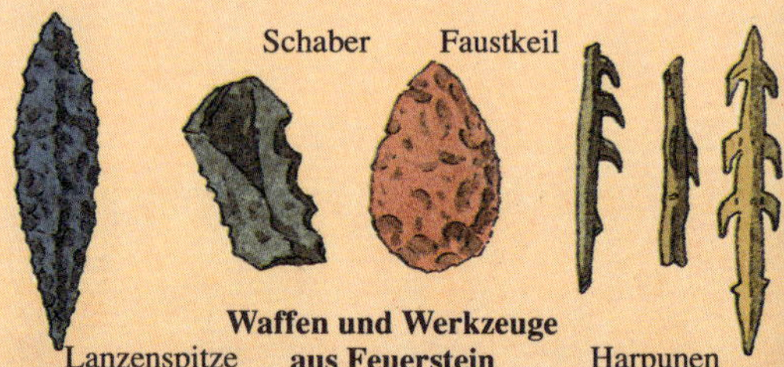

Waffen und Werkzeuge aus Feuerstein

Die Menschen sind Nomaden

Sie leben von der Jagd (Mammut, Bär, Rentier, Pferd), vom Fischfang und dem Sammeln von Beeren und Früchten. Zunächst stellen sie aus Holz und Feuerstein Waffen und Werkzeuge her. Mit der Zeit werden sie so geschickt, daß sie aus den Knochen der erlegten Tiere Lanzen, Harpunen für den Fischfang und sogar Nadeln für das Nähen der Felle herstellen können.

Zu dieser Zeit leben sie in Gruppen von je ein paar Dutzend Menschen zusammen.

Die Mammutjagd.
Mit primitiven Waffen greifen die Jäger mutig diese kolossalen Tiere an, die ihnen alles liefern, was sie zum Leben brauchen. Gejagt wird gemeinsam.

Während ihrer Jagdzüge schlafen die Jäger in Zelten aus Tierhäuten, die über Gestelle aus Ästen oder Mammutstoßzähnen gezogen werden. In den Boden wird eine Mulde gegraben, die für die Dauer des Lagers als Feuerstelle dient.

Der Mensch zähmt das Feuer

Vor etwa 800 000 bis 500 000 Jahren veränderte die Entdeckung des Feuers das Leben der Urmenschen. Sie lernen, wie man Feuer macht und wie man es verwendet: im Kampf gegen die Kälte, als Lichtquelle, zum Kochen und als Schutz gegen wilde Tiere.

Die Dörfer der Vorzeit

Zeitalter des geschliffenen Steins oder Neolithikum: 10 000 Jahre v.Ch

Eine Zeit der Umwälzungen

Im Laufe dieses Zeitalters macht der Mensch große Fortschritte. Durch Schleifen kann er verfeinerte Waffen und Werkzeuge herstellen. Er findet heraus, wie er den Boden umgraben muß, damit Getreide wachsen kann, und erlernt die Viehzucht.

Hacken aus geschliffenem Stein

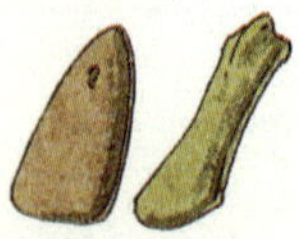

Steine werden durch Aneinanderreiben geschliffen. Der *Schleifstein* besteht aus hartem Gestein, häufig aus Sandstein.

Die ersten Dörfer

Der Mensch zieht nicht mehr von einem Gebiet zum andern. Er wird *seßhaft*.
In den Dörfern teilt man sich die Arbeit auf: die einen beschäftigen sich mit Ackerbau oder Viehzucht, die anderen stellen Werkzeuge her, wieder andere flechten Körbe, weben Stoffe aus Schafwolle oder stellen die ersten Tonwaren her, die für die Aufbewahrung und den Transport sowie das Erhitzen von Nahrungsmitteln verwendet werden.

Steindenkmäler

Dolmen und *Menhire* stammen aus der Jungsteinzeit. Wahrscheinlich dienten die Dolmen als Grabmäler. Die Menhire wurden mit Sicherheit zur Ehre der Götter aufgestellt.

Das Geheimnis der Menhire

In der Bretagne (Carnac) ragen 3 000 Menhire empor. Die Zeichnungen oben erklären, wie die Menschen der Jungsteinzeit sie transportierten und aufstellten.

Das Wort *Dolmen* enthält die beiden bretonischen Worte für »Tisch« und »Stein«. Ein Dolmen wiegt zwischen 10 und 100 Tonnen.

Diese Monumente aus Stein nennt man Megalithbauten. In Frankreich gibt es 4 500 Dolmen und 8 000 Menhire.

Die Metalle

Gegen Ende der Jungsteinzeit entdeckt der Mensch die Kunst der Metallverarbeitung. Er stellt immer härtere und bessere Werkzeuge her - erst aus Kupfer, dann aus Bronze

Dauer der verschiedenen Zeitalter im Vergleich

1 Zeitalter des behauenen Steins
2 Zeitalter des geschliffenen Steins
3 Zeitalter der Metalle

und schließlich aus Eisen. Nun kann er echte Waffen schmieden. Um sich selbst zu schützen, erfindet er Helm und Rüstung.

Diese Frau flicht einen Korb, wie er für Transportzwecke gebraucht wird.

In allen Wasserläufen gibt es reichlich Fische (Karpfen, Quappen, Lachse, Hechte...).

Das antike Ägypten

Quelle des Lebens: der Nil
Durch Ägypten fließt ein sehr langer Fluß, der Nil. Jedes Jahr führt er von Juni bis Oktober Hochwasser, tritt über die Ufer und überschwemmt das Land. Sein Schlamm macht den Uferstreifen sehr fruchtbar. Die Ägypter nutzten das Niltal schon sehr früh für den Ackerbau.

Der Pharao ist König und Gott zugleich
Uneingeschränkter Herrscher über das alte Ägypten ist der *Pharao*. Er ist der oberste Priester und Feldherr und wird von seinem Volk wie ein Gott, gleichrangig mit dem Sonnengott, verehrt. Er nimmt die Opfergaben entgegen und bringt sie den Göttern dar. Für jeden Pharao wird ein Grab mit herrlichen Fresken gebaut und mit kostbaren oder nützlichen Dingen, die sein Leben im Jenseits angenehm machen sollen, ausgestattet.
Von den vielen Pharaonen sind zwei besonders berühmt:
Amenophis IV., auch Echnaton genannt, der den Kult eines einzigen Gottes - des Sonnengottes - einführte.
Ramses II., der 66 Jahre lang regierte, viele Länder eroberte und prachtvolle Bauten errichten ließ.

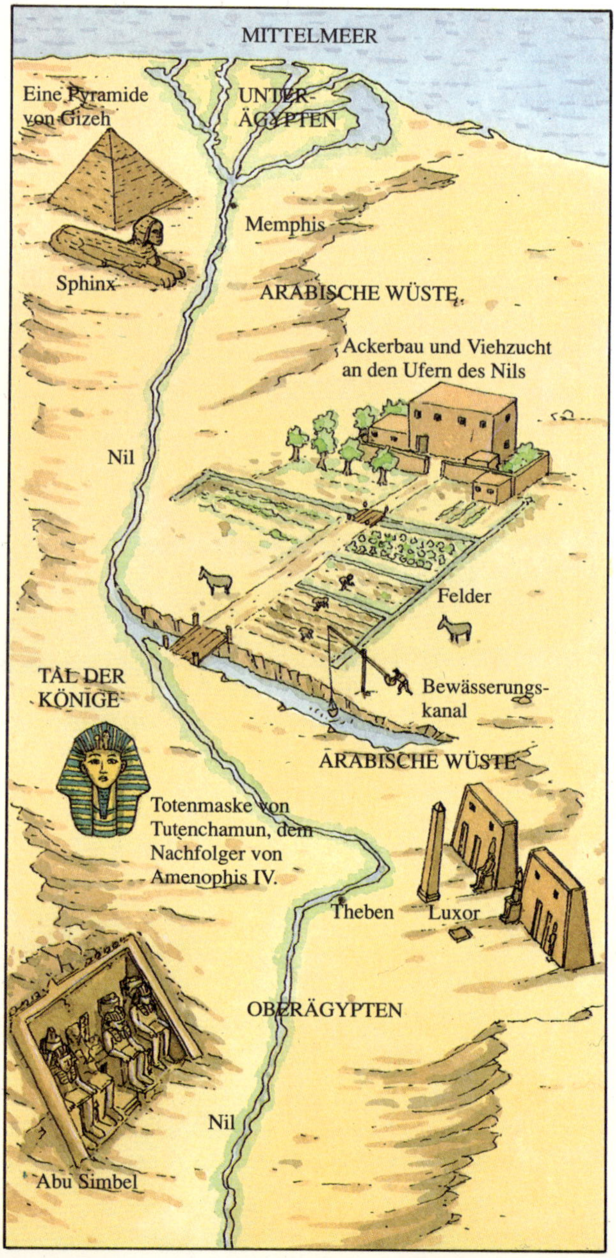

Die Götter
Die Ägypter widmeten sich in erster Linie dem Ackerbau. Für sie war alles eine Gabe der Götter, die menschliche und tierische Züge trugen. Die wichtigsten Götter waren Amun-Re, der Sonnengott, Horus, der Himmelsgott und Verbündete des Pharaos, und Osiris, der Richter der Seelen nach dem Tod.

Woher kamen die Ägypter?
Nomaden und Jäger flohen aus den dürren Wüsten in die fruchtbaren Gebiete entlang des Nils, um dort Ackerbau zu betreiben.

Wann begann ihre Geschichte?
Ungefähr 3 000 Jahre vor Christi Geburt, also lange vor der Zeit der Griechen und Römer.

3 000 Jahre Geschichte

Das Alte Reich wird um 3200 v.Chr. gegründet. Seine Hauptstadt ist Memphis. In dieser Zeit herrschen große Pharaonen wie z.B. Cheops oder Chephren.
Das Mittlere Reich (2052-1770 v.Chr.) mit seiner Hauptstadt Theben erlebt einen wirtschaftlichen Aufschwung.
Im Neuen Reich (1580-1085 v.Chr.) steht Ägypten unter den Pharaonen der Ramses-Dynastie auf dem Gipfel seiner Macht. Es erobert Syrien und Palästina. Dann aber fällt es in die Hände anderer Völker: nacheinander herrschen dort die Assyrer, Perser, Griechen und schließlich die Römer (im 1. Jahrhundert v.Chr.).

Die Hieroglyphen
Die Ägypter besaßen bereits eine Schrift, daher kennen wir ihre Gechichte. Sie hatten kein Alphabet, sondern zeichneten geheiligte Bilder, die man Hieroglyphen nennt. Die Schriftgelehrten schrieben auf Papyrusblättern.

Die Pyramiden - Gräber der Pharaonen
Zunächst baute man für jeweils einen einzigen Pharao eine solche Pyramide und richtete eine Grabkammer für ihr her. In zahlreichen Tempeln betete man die Statue eines Gottes an.

Die ersten Hochkulturen

Die Sumerer: sie erfanden das Rad
Ungefähr 3 500 Jahre vor Christus entstand im Zweistromland, zwischen Euphrat und Tigris, die Hochkultur der Sumerer.
Sie entwickelten als erstes Volk eine Schrift, betrieben Ackerbau und konnten bereits spinnen und weben. Sie waren sehr geschickt als Bildhauer und in der Gewinnung und Bearbeitung von Metallen. Sie gründen Städte, teilen die Stunde in 60 Minuten und die Minute in 60 Sekunden ein. Und sie erfinden das Rad.

Die Kreter: ein Volk von Seefahrern
Auf der Mittelmeerinsel Kreta entwickelte sich um 3 000 vor Christus eine hochstehende Kultur, die nach dem sagenhaften König Minos auch minoische Kultur genannt wird.

Durch die geographische Lage stand diese Kultur in Kontakt mit anderen Hochkulturen (Ägypten, Vorderer Orient). Die Kreter waren hervorragende Baumeister und Künstler. Ihre Kunst strahlt aus auf die gesamte griechische Welt. Sie sind gute Seefahrer.
Um 2 000 v.Chr. erfinden sie eine eigene Schrift.

Die Inder: sie verarbeiten Gold und Silber
Die indische Hochkultur entsteht um 2 500 v.Chr. im Industal.
Gegen 2 300 v.Chr. entwickelt sich eine Schrift, die Bilder als Schriftzeichen verwendet. Die Inder betreiben Ackerbau und Viehzucht. Als Handwerker und in der Verarbeitung von Metallen (Gold, Silber) sind sie sehr geschickt. Sie waren vermutlich die ersten, die die Töpferscheibe für die Herstellung von Tonwaren verwendeten.

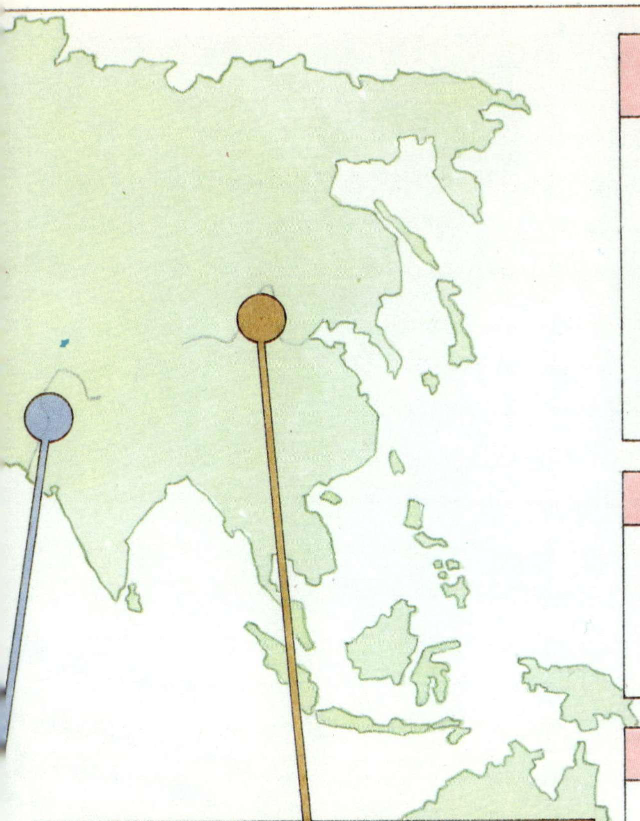

»Entstehung einer Hochkultur« - was heißt das?

Es bezeichnet den Wandel eines Urvolkes zu einer Gesellschaftsform, in der die Menschen sich die Arbeit aufteilen und Ackerbau und Viehzucht betreiben.

Wo sind die ersten Hochkulturen entstanden?

Im Mittelmeergebiet, in Mesopotamien, in Indien und in China.

Und die ersten Staatsgebilde?

Der erste uns bekannte Staat wurde um 2 850 v.Chr. in Ägypten gegründet (siehe S. 18-19). Die übrigen Reiche - das chinesische, sumerische, mykenische, indische und kretische - bilden sich um 2 250 v.Chr.

Was haben diese Reiche gemeinsam?

Alle entfalten eine gewaltige Bautätigkeit, für die das Volk Frondienste leisten muß: Städte, Paläste, Deiche werden gebaut, Sümpfe trockengelegt und Kanäle angelegt. Zahlreiche Überreste davon sind uns erhalten: die Pyramiden in Ägypten, die Königspaläste auf Kreta, die Chinesische Mauer.

Die Chinesen verwenden Ideogramme

Die chinesische Hochkultur entwickelt sich um 4 000 v.Chr. am Unterlauf des Gelben Flusses. Schon um 1 600 v.Chr. können die Chinesen Bronze herstellen.

Um 1 500 v.Chr. verwenden sie eine Schrift aus Ideogrammen (Begriffszeichen), in der jedes Schriftzeichen einen Begriff oder eine Sache darstellt. Die erste Herrscherdynastie Chinas begründete der legendäre Kaiser Yü lange nach der Entstehung des ägyptischen Reiches und kurz vor der des Sumererreiches.

Athen: das griechische Wunder

Athen
Die Stadt ist von Gebirgen umgeben, aber zum Mittelmeer hin offen. Sie entstand im 10. Jahrhundert v.Chr. Damals bestand sie aus einer einfachen Felsenburg, der *Akropolis*, die von zwölf rivalisierenden Städten umgeben war.
Benannt wurde sie nach ihrer Schutzherrin, der Göttin Athene, der Tochter des Zeus. Nur Bürger von Athen, deren Vater und Mutter Griechen waren, durften am politischen Leben teilnehmen und Land besitzen. Die Fremden, *Metöken* genannt, trieben zumeist Handel. In der Stadt lebten viele Sklaven.

Alltagsleben in Athen
Am Land betrieben die Athener Ackerbau, in der Stadt Handwerk und Handel. Die meisten Menschen lebten in ärmlichen Behausungen. Ihre Frauen mußten zuhause - im *Gynäkeion* - bleiben. Sie hatten sehr wenig Freiheit. Die Knaben gingen erst in die Schule, dann ins *Gymnasium*. Die Erziehung des Geistes ist gleichrangig mit der körperlichen Ertüchtigung. Am politischen Leben nehmen die Athener aktiv teil. Beliebt sind *Gastmähler*, bei denen über philosophische Themen diskutiert wird.

Athene

Die Akropolis und der Kult der Götter
Der Hügel, der Athen überragt, war früher eine Festung. Perikles machte im 5. Jhdt. v.Chr. ein riesiges Heiligtum daraus. Prachtvolle Tempel - darunter der zu Ehren der Göttin Athene erbaute *Parthenon* sowie das *Erechtheion* - prangten hoch über Athen und machten sie zur bedeutendsten Stadt der griechischen Welt.

Die Feste
Feste und Spiele wurden zur Ehre der Götter veranstaltet: die *Panathenäen*, bei denen ein Festzug von Mädchen einen Schleier für die Göttin brachte, zu Ehren der Athene; die *Dionysien*, ein großes Theaterfest mit Aufführungen im Freien, zu Ehren des Dionysos.

Athen und Sparta: erbitterte Rivalen

Sparta ist ein Stadtstaat, der Athen den Vorrang streitig macht. Dort herrscht die *Oligarchie*, eine strenge Regierung, über das Volk. Die Knaben werden in einer harten Ausbildung zu Kriegern erzogen.

Athen spielt im Gegensatz zu diesem kriegerischen Volk die Rolle des Kunstzentrums im antiken Griechenland. Den *Peloponnesischen Krieg*, in dem sich die beiden Stadtstaaten als Feinde gegenüberstehen, verliert Athen, das 404 v.Chr. dem Spartanerkönig Lysander unterliegt.

Diskuswerfer

Der Sport
Alle griechischen Städte nahmen an den Olympischen Spielen teil, die alle vier Jahre Zeus zu Ehren abgehalten wurden. Die Athleten nahmen an verschiedenen Wettkämpfen teil: Wagenrennen, Ringkampf, Diskuswerfen, Speerwerfen...

Wagenrennen

Der Handel blüht. Die Athener kommen vor allem durch den Seehandel mit Produkten aus eigenem Anbau (Öl, Wein, Feigen) und des Kunsthandwerks (Vasen, Gewebe) zu Wohlstand.

Rom: der Aufstieg zum Weltreich

Dichtung und Wahrheit

Nach der Sage wurde Rom im Jahre 753 v.Chr. von den Zwillingen Romulus und Remus gegründet, die von einer Wölfin aufgezogen und gesäugt wurden. Die Wahrheit ist, daß die in Latium gelegene Kleinstadt laufend in kriegerische Auseinandersetzungen mit ihren Nachbarn - besonders mit den Etruskern - verwickelt war und schließlich ganz Italien unter ihre Herrschaft brachte.

Rom erlebte nacheinander drei politische Herrschaftsformen:

- am Anfang das Königtum (bis 509 v.Chr.);
- die Republik in der Zeit der Eroberungen (bis ins 1. Jahrhundert v.Chr.)
- das Kaiserreich in der Periode seiner größten Triumphe und dann des Verfalls.

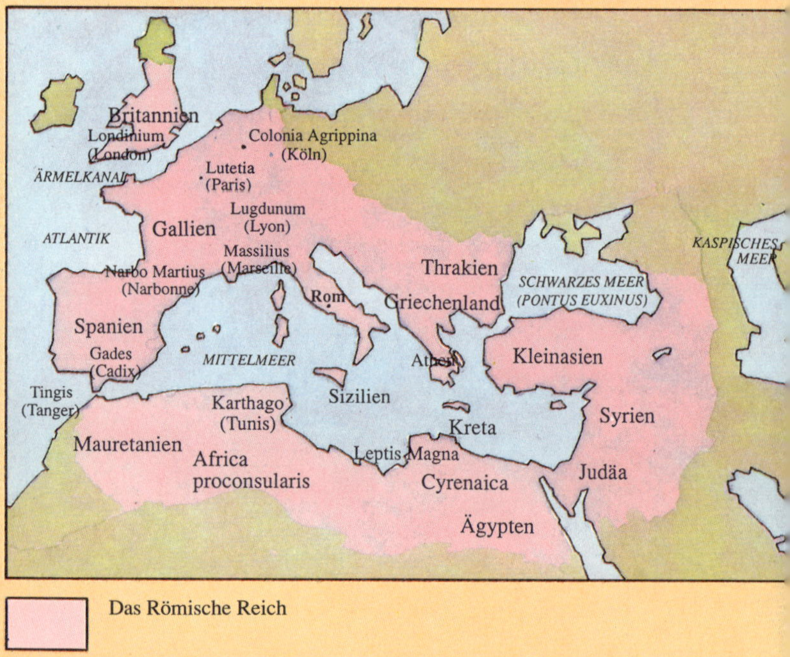

Rom, Hauptstadt eines Weltreiches

Zuerst erkämpft sich Rom die Vorherrschaft in Italien, dann schrittweise über ein riesiges Weltreich.

Das Römische Reich hat ungefähr 500 Jahre Bestand! Der bewaffnete Frieden, den die Römer den eroberten Gebieten aufzwingen - die »pax Romana« - ist die Grundlage für den Wohlstand des Reiches.

Latein, die Sprache Roms, breitet sich im gesamten Mittelmeerraum aus.

90 000 km Straßen

Um die Sicherheit dieses Riesenreiches zu gewährleisten, haben die Römer ein gewaltiges Heer, das aus *Legionen* besteht.

Um die Truppenbewegungen zu erleichtern, bauen sie ein weitverzweigtes *Straßennetz* von mehr als 90 000 km Länge. Die Straßen erleichtern auch den Güteraustausch zwischen den Städten.

Das Mittelmeer, das in der Mitte des Reiches liegt, dient ebenfalls als Verkehrsweg. Viele Römer sind Seefahrer.

Das Forum Romanum (Westseite)

Macht und Reichtum

So wie vorher Athen, erlebt auch Rom einen bedeutenden Aufschwung seiner Wirtschaft, Kunst und Kultur.
Mit ihren Tempeln, Theatern, Bädern (Thermen), Zirkusspielen, Schulen, Gymnasien, Gärten, Bibliotheken, Märkten und prunkvollen Häusern wird die Stadt reich und zum Vorbild für ihre Nachbarstädte.

Markt in einer römischen Stadt. Die Arkaden bieten den Händlern Schutz vor der Sonne. Die erhöhten Steine auf der Straße sind für die Fußgänger. Wagenräder passen dazwischen durch.

Wie die Athener sind auch die Römer sehr religiös. Sie übernehmen die Götter Griechenlands und gleichen sie ihren eigenen Gottheiten an, geben ihnen aber eigene Namen. *Jupiter* (das Gegenstück zu Zeus) ist der höchste Gott.
Die Kaiser regieren als absolute Herrscher. Nach ihrem Tod werden sie wie Götter verehrt, so zum Beispiel Octavian, der dank seiner geschickten und konsequenten Politik nach seinem Sieg über seinen Rivalen Mark Anton bei Actium zum Herrscher über das ganze Weltreich wurde. Als großer Feldherr brachte er diesem Reich unter dem Namen Cäsar Augustus die Macht der »pax Romana«.

Augustus, Großneffe und Nachfolger von Julius Cäsar, hier als Feldherr gekleidet.

Die Gallier

Gallien vor der Eroberung durch Rom
»Gallien zerfällt in drei Teile: in dem einen leben die Belger, in einem zweiten die Aquitanier, im dritten die Kelten, die bei uns Gallier heißen. Diese Völker unterscheiden sich durch Sprache, Tradition und Recht.« (Julius Cäsar)

Im Jahre 60 v.Chr. hatte Gallien ungefähr 12 Millionen Einwohner. Es bestand aus etwa sechzig Völkern, die untereinander ständig Krieg führten. Die Gallier konnten noch nicht schreiben.

Gallien vor der Eroberung durch die Römer

So lebten die Gallier
Die Gallier wohnten in den Hütten ihrer Dörfer. Sie waren zum Großteil Bauern und lebten von Ackerbau und Viehzucht. Als Werkzeuge benutzten sie den Pflug und einfache Mähmaschinen. Bekleidet waren sie mit Hosen, die an den Knöcheln zusammengebunden waren, mit Hemd und Gürtel. Die Männer trugen das Haar lang und herabhängende Schnurrbärte.

Töpfer mit seinem Lehrling

Faßbinder bei der Arbeit

Die gallischen Handwerker sind sehr geschickt in der Verarbeitung von Bronze, Gold

Die Eroberung durch die Römer

Im Jahre 58 v.Chr. zieht der römische Feldherr Julius Cäsar aus, um Gallien zu erobern. Er siegt über keltische, belgische und germanische Stämme; *Vercingetorix*, der Anführer der Gallier, wird in Alesia belagert und muß sich ergeben. Gallien wird 52 v.Chr. römische Provinz.

Gallische Krieger im Kampf mit römischen Legionen. Die Römer verfügen über bessere Ausrüstung, Organisation und Disziplin und erringen die Herrschaft über Gallien.

Die Gallier verehren zahlreiche Götter. Die Priester ihres Volkes werden Druiden genannt. Diese bestimmen das Leben der keltischen Völker in Gallien und auf den Britischen Inseln durch die Pflege der Religion und des Opfers. Sie erteilen Unterricht, sprechen Recht, befassen sich mit Medizin und anderen Wissenschaften.

Druide
Er trägt eine Tasche mit Kräutern (oft Misteln) für die Heilung von Krankheiten bei sich.

Tonwaren werden in einem Herd aus Erde gebrannt.

Kauf eines Schmuckstücks
Die Gallier tragen gerne Schmuck (Halsketten, Armreifen ...) aus Gold oder Bronze.

und Eisen. Sie fertigen die ersten Holzfässer an und sind auch hervorragende Töpfer. Sie treiben Handel und zahlen mit Kupfermünzen, die in Tonformen gegossen werden.

Gallien unter römischer Herrschaft

Unter der »pax Romana« entwickelt sich Gallien und erlebt eine Zeit des Wohlstands.

Mit den Römern wird vieles anders

- Die bisher auf Anhöhen errichteten Siedlungen ersetzen die Römer durch schöne, aus Stein erbaute Städte in den Ebenen.
- Die neuen Städte sind Schauplatz großer Märkte.
- Es entwickeln sich ertragreiche Anbaugebiete.

Gallien zur Römerzeit

Ein Vergleich der Karte rechts mit der Karte auf S.26 zeigt, wo die bedeutendsten galloromanischen Städte entstanden und wo der wichtigste Schnittpunkt der Straßen war.

Auf dem Land entstehen große Landhäuser, *»villae«* genannt, die von reichen Grundbesitzern bewohnt und mit Malereien, Mosaiken und Statuen ausgeschmückt werden. Der Besitzer der hier gezeigten Villa verwaltet ein 1 500 Hektar großes Gut. Er baut Weizen und Wein an, besitzt Rinder- und Schafherden sowie Geflügel und beschäftigt 500 Personen.

Die großen Städte Galliens in der Römerzeit - Narbonne, Nîmes und vor allem Lyon - wetteifern darum, es den Städten Italiens gleichzutun. Sie haben Theater, Tempel, Bäder *(Thermen)*, Wettkampfstätten (Arenen) ... Auf den öffentlichen Plätzen *(Foren)* herrscht reges Treiben.

In den Städten wohnen Handwerker und Händler, aber auch hohe Beamte und Würdenträger, die die römische Lebensart kopieren. Als Unterhaltung sind Wagenrennen und Gladiatorenkämpfe sehr beliebt.

Dieses Theater aus der Römerzeit war an den Hang eines Hügels gebaut und konnte mehrere hundert Zuschauer aufnehmen. Die Schauspieler traten vor dem Hintergrund der säulenverzierten Rückwand auf.

Die römischen Wasserleitungen *(Aquädukte)*
Um die Städte mit Trinkwasser zu versorgen, bauen die Römer riesige Wasserleitungen. Die Abbildung oben zeigt ein Stück der 40 km langen Wasserleitung für die Stadt Nîmes. Diese 50 m hohe und 275 m lange Brücke (Pont du Gard) führt über den Fluß Gard. Man hat errechnet, daß der Kanal pro Tag etwa 20 000 Kubikmeter Wasser liefern konnte.

Die Römerstraßen
Ein Netz befestigter, mit Steinen gepflasterter Römerstraßen durchzieht die gesamte Provinz Gallien und verbindet die großen Städte. Sie sind zu jeder Jahreszeit befahrbar und erleichtern den Handelsverkehr.

Die Gallier unter der Herrschaft Roms
Gallier, die wie Römer leben, nennt man *Galloromanen*. Sie sprechen lateinisch und unterrichten diese Sprache und die römische Kultur auch in ihren Schulen. Sie kleiden sich wie Römer und ziehen auch mit ihnen, als Soldaten in ihren Legionen, in den Krieg. Manche Gallier sind sehr reich. Sie leben auf ihren Landgütern, auf denen Sklaven und Freie für sie arbeiten. Die Kleinbauern hingegen bleiben sehr arm.

Gallischer Pflug

Der Siegeszug des Christentums
Die Gallier übernahmen unter der Römerherrschaft zunächst die Götter Roms, bekehrten sich dann aber - wie die Römer selbst - zum Christentum.

Christus mit zwei seiner Apostel. Die Zeichnung stellt die wunderbare Brotvermehrung dar.

Vier Weltreligionen

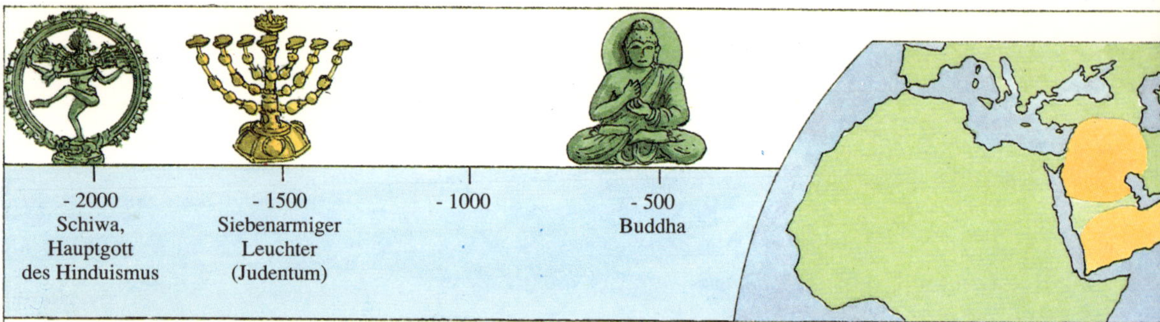

Das Judentum

Moses steigt vom Berg Sinai herab, wo ihm gerade die Zehn Gebote übergeben worden sind.

In der Synagoge liest der Rabbiner Texte aus der Thora vor.

Diese Religion, die in *Palästina* vor 4000 Jahren entstand und dem jüdischen Volk durch große Propheten wie Moses verkündet wurde, verehrt einen einzigen Gott.

Die Schriften des Propheten Moses bilden die *Thora* (die 5 ersten Bücher der Bibel) und legen das religiöse Gesetz fest.

Das *Passahfest* ist das höchste Fest der Juden.

Die Riten des jüdischen Glaubens werden in der *Synagoge* von den Rabbinern abgehalten.

Die Juden erwarten die Ankunft eines Messias, den Gott senden wird und der durch die Propheten verheißen wurde.

Das Christentum

Jesu stirbt am Kreuz auf dem Berge Golgatha.

Der Priester zelebriert die Messe in der Kirche.

Anfang des 1. Jahrhunderts wird Jesus von Nazareth, ein Galiläer, von einigen Menschen als der von den jüdischen Propheten verheißene Messias anerkannt. Er gibt seine Lehre - Liebe zu Gott, Nächstenliebe, Vergebung - an seine Jünger, die Apostel, weiter. Die Römer schlagen ihn ans Kreuz. Nach seinem Tod erscheint er seinen Jüngern (Auferstehung), die daraufhin die Lehre Christi in der ganzen Welt verkünden.

Das *Neue Testament* (zweiter Teil der Bibel) enthält neben den vier Evangelien, die über die Taten und Lehre Jesu Christi berichten, weitere Texte (Apostelgeschichte, Briefe, Offenbarung).

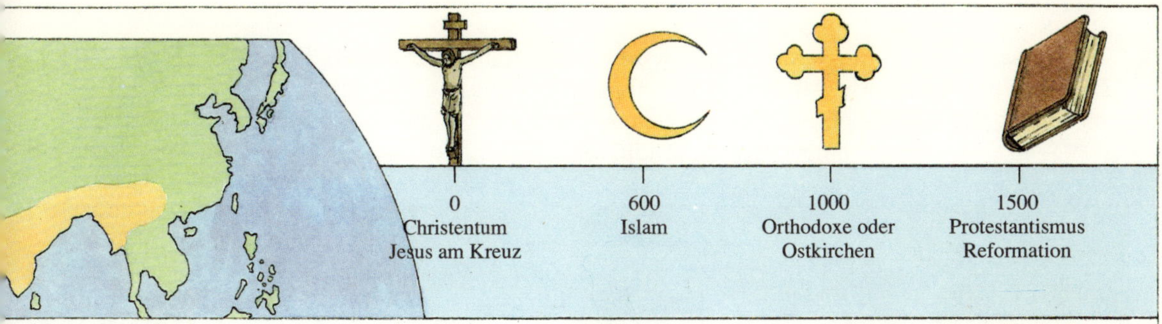

Der Islam

Gabriel übergibt Abraham die Kaaba.

Mohammedaner beim Gebet, nach Mekka gewendet.

Der Islam hat seinen Ursprung im 7. Jahrhundert in Arabien. Er stützt sich auf den *Koran*, ein von dem aus *Mekka* gebürtigen *Mohammed* überliefertes heiliges Buch.
Der Islam lehrt, daß Mohammed ein nach Moses und Jesus von Gott gesandter Prophet ist. Seine Lehre besagt, daß der Mensch einem einzigen Gott, Allah, gehorchen muß. Sie schreibt rituelle Gebete, Fasten, Almosen und eine Pilgerfahrt nach Mekka vor. Die religiösen Feiern finden in den *Moscheen* statt.

Der Buddhismus

Der Prinz Gautama Siddharta (der Buddha).

Buddhistischer Bettempel.

Begründer dieser über große Teile Asiens verbreiteten Religion ist ein indischer Weiser namens Gautama, der *Buddha*, das heißt »der Erleuchtete«, genannt wird und im 6. Jahrhundert v.Chr. lebte.
Nach seiner Erleuchtung, der Erkenntnis der Wahrheit, lehrt er seine Schüler, die Begierden in ihrem Herzen, die die Wurzel alles Leidens sind, auszulöschen, um so in das *Nirwana* zu gelangen.
Das Nirwana ist die Auslöschung aller Begierden. Wem dies nicht gelingt, ist dazu verdammt, als Mensch oder Tier wiedergeboren zu werden. Diese Wiedergeburt heißt *Reinkarnation*.

Gallien im Sturm der Völkerwanderungszeit

Wegen seines Reichtums und milden Klimas wird Gallien zur Zielscheibe der Eroberungsgelüste seiner Nachbarn. Ab dem 3. Jahrhundert können die römischen Legionen, die Gallien besetzen, die Eindringlinge nicht mehr von den Grenzen abhalten. Gallien durchlebt eine lange Periode aufeinanderfolgender Überfälle.

Germanische Überfälle auf Gallien (5. Jhdt.)

Die Germanen flüchten nach Gallien

Schon kurz nach dem Jahre 400 ziehen germanische Völker, die durch den Einfall der Hunnen - aus Asien stammender Barbaren - verjagt wurden, nach Gallien und werden dort seßhaft: die *Franken* im Norden, die *Burgunder* im Osten, die *Westgoten* im Süden. Auf dem Weg nach Nordafrika, wo sie sich später niederlassen, durchqueren die *Vandalen* Gallien und verwüsten das Land.

Die Germanen sind hervorragende Waffen- und Goldschmiede. Die abgebildete Schatulle ist aus Gold mit eingelegten Edelsteinen und Verzierungen aus Email.

Die von den *Angeln* und *Sachsen* aus Britannien vertriebenen keltischen *Bretonen* besetzen den Nordwesten Galliens. Nach ihnen heißt die Landschaft »Bretagne«.

Vormarsch der Hunnen (5. Jhdt.), eines Nomadenvolkes aus den Steppengebieten Zentralasiens.

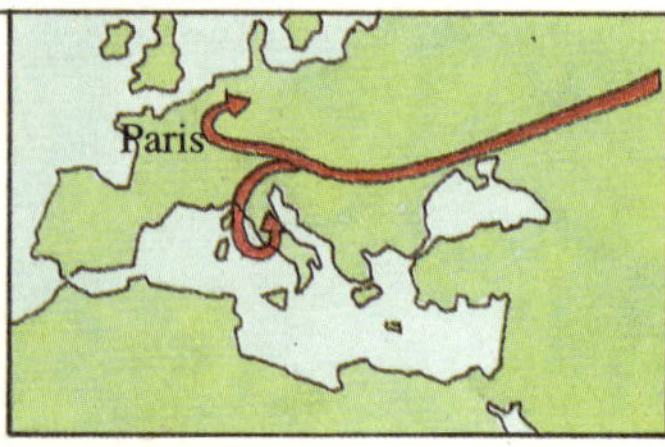

Die Hunnen verbreiten Angst und Schrecken

Im Jahre 451 fallen die *Hunnen* unter ihrem König *Attila* in Gallien ein und wüten schrecklich unter der Bevölkerung. Die Galloromanen und Germanen verbünden sich und kämpfen gemeinsam gegen die Hunnen, schlagen sie und jagen sie aus dem Land.

Eine hunnische Sage berichtet, daß eines Tages ein Hirte im Boden ein prachtvolles Schwert fand. Er brachte es in Attilas Lager und überreichte es dem König. Dieser erkannte in dem geheimnisvollen Schwert ein Zeichen des Himmels und deutete es als Auftrag, die Welt zu erobern, was ihm den Beinamen »Geißel Gottes« eintrug.

Vormarsch der Araber (8. Jhdt.). Die Herrschaft des Islams dringt von Arabien bis Spanien vor.

Die Araber ziehen in den Heiligen Krieg

Im 8. Jahrhundert dringen die Araber nach Gallien vor. Sie versuchen, eine neue Religion, den *Islam*, zu verbreiten, die vom Propheten *Mohammed* verkündet wurde.
Der Vormarsch der Araber wird von Karl Martell bei Poitiers im Jahre 732 zum Stillstand gebracht.

Die Normannen, ein Volk von Seeräubern

Im 9. und 10. Jahrhundert fahren die Normannen oder Wikinger auf ihren schnellen Schiffen, den *Drakkars,* flußaufwärts, plündern Städte und Dörfer und bringen die Bewohner um. Um diesen Raubzügen Einhalt zu gebieten, überläßt der König von Frankreich ihnen 911 ein Gebiet, das von da an *Normandie* heißt.
Ein gutes Jahrhundert später, im Jahre 1066, ziehen die Normannen aus, um England zu erobern. Der »Wandteppich von Bayeux«, ein aus Wollfäden in acht verschiedenen Farben gesticktes Kunstwerk von 70 m Länge und 50 cm Höhe, schildert diese Eroberung und stellt mehr als 1000 Personen dar.

Ein Wikingerschiff war ungefähr 25 m lang und 5 m breit. Es bot Platz für 35 Ruderer und ebenso viele Passagiere. Es erreichte eine Geschwindigkeit von 8 Knoten (ungefähr 18 Stundenkilometern) und war - dank seines Kiels - auch für die Hochseeschiffahrt geeignet.

Seefahrten der Normannen (9. Jhdt.)

Chlodwig und Karl der Große

Chlodwig

Als Chlodwig zum fränkischen König gewählt wird, ist er erst 16 Jahre alt. Er ist ein listenreicher Krieger, der oft allen seinen Soldaten voran in den Kampf zieht.

Er zieht aus, um Gallien zu erobern
Gallien besteht zu dieser Zeit aus mehreren Königreichen. Im Jahre 486 erringt Chlodwig bei Soissons seinen ersten Sieg über die Galloromanen. Doch der König ist Heide; er braucht die Unterstützung der Bischöfe, um gegen die übrigen in Gallien ansässigen Völker kämpfen zu können.

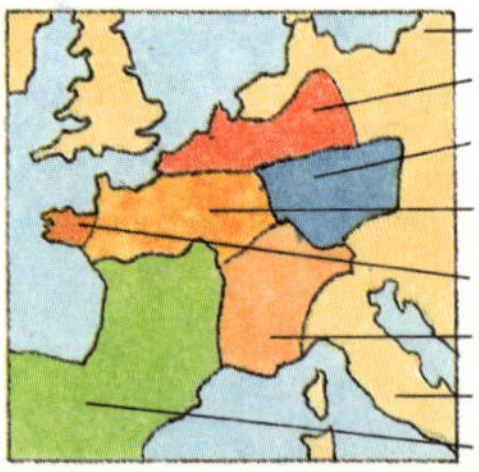

Gallien im 5. Jahrhundert

Die Taufe Chlodwigs im Jahre 496

Er bekehrt sich zum Christentum
In Reims läßt sich Chlodwig vom dortigen Bischof, dem heiligen Remigius, taufen. Viele Franken folgen seinem Beispiel. Von diesem Zeitpunkt an unterstüzen alle Bischöfe seine Eroberungsfeldzüge.

Die Franken beherrschen Gallien
Der Großteil Galliens ist unter der Herrschaft Chlodwigs geeint, als er im Jahre 511 stirbt. Seine Nachfolger, die *Merowinger* - so benannt nach Merowech (Meroveus), Chlodwigs Großvater -, führen die Eroberung Galliens zu Ende und regieren über zwei Jahrhunderte lang.
Aber sie streiten untereinander, teilen das Reich unter sich auf und bekämpfen sich sogar gelegentlich. Das Volk gehorcht seinen Königen immer weniger, und die letzten Merowingerkönige herrschen gar nicht mehr selbst, sondern lassen ihre *Hausmeier* für sich regieren.

Grabmal Theoderichs in Ravenna

Theoderich der Große (+526) macht Ravenna zur Hauptstadt des Ostgotenreiches. Unter der Regierung Theoderichs blühen Wissenschaft und Kunst auf. Sein Grabmal (oben) ist ein zweistöckiger Rundbau. In den Sagen lebt die Gestalt des Ostgotenkönigs als Dietrich von Bern fort.

Karl der Große

Der Enkel von Karl Martell, *Karl der Große*, wird 768 König.

Ein großer Eroberer

Karl der Große ist in erster Linie Soldat. Nicht nur die Verteidigung des fränkischen Königreiches, sondern auch seine Vergrößerung ist das Ziel der Kriege, die er führt.
Im Jahre 800 ist er der Herrscher über ein großes Gebiet. Am Weihnachtstag wird er in Rom vom Papst zum Kaiser gekrönt.

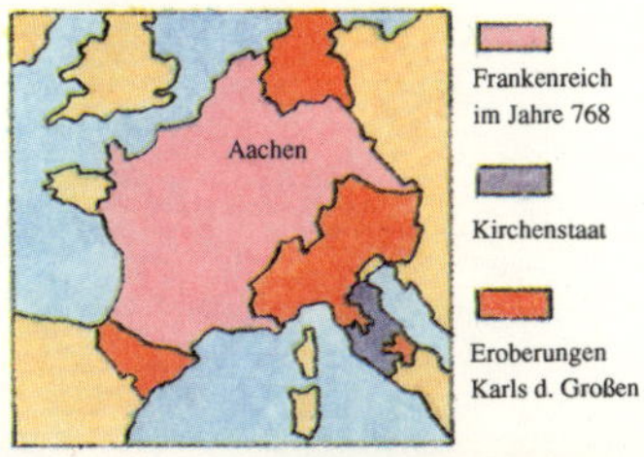

Das Reich Karls des Großen

Karl der Große, mit der geschlossenen Kaiserkrone auf dem Haupt, bei einer Arbeitssitzung, an der Mönche und Laien teilnehmen.

Ein großer Organisator

Karl der Große teilt sein Reich in *Grafschaften* auf. An die Spitze jeder Grafschaft stellt er einen Lehensherrn, den *Grafen*, der ihm den Treueeid leisten muß. Er gründet Schulen und fördert die Entwicklung der Landwirtschaft. An seinem Hof in Aachen versammelt er Gelehrte und Künstler um sich. Sein Ruf dringt bis in den Orient. Er stirbt 814 im Alter von 72 Jahren, nach 46-jähriger Regierungszeit.

Held der Sagen

Die berühmteste Sage, die auf diese Zeit zurückgeht, ist das ***Rolandslied***, ein Heldenepos, das im 12. Jahrhundert niedergeschrieben wurde. Es erzählt die Geschichte des tapferen Ritters Roland, eines Neffen Karls des Großen, der auf dem Rückweg von einem Spanienfeldzug den Tod findet.

Was versteht man unter »Heldenliedern«?
Es sind lange, im Mittelalter verfaßte Gedichte, in denen die Taten historischer oder erfundener Personen besungen werden. Sie werden von fahrenden Sängern auswendig vorgetragen. Das Heldenlied selbst weist in die Zeit der germanischen Völkerwanderung zurück und ist Adelsdichtung zum Preis des Heldentums. Dabei ergeben sich verschiedene Sagenkreise: *Siegfried* und die *Nibelungen, Dietrich von Bern, König Arthus, Karl der Große, der Cid* (Spanien).

Nachfolger Karls des Großen

Die Entstehung Frankreichs (Westen) und des Deutschen Reiches (Osten)

Ludwig I. der Fromme folgt seinem Vater, Karl dem Großen, 814 auf dem Kaiserthron nach. Seine drei Söhne - Lothar,

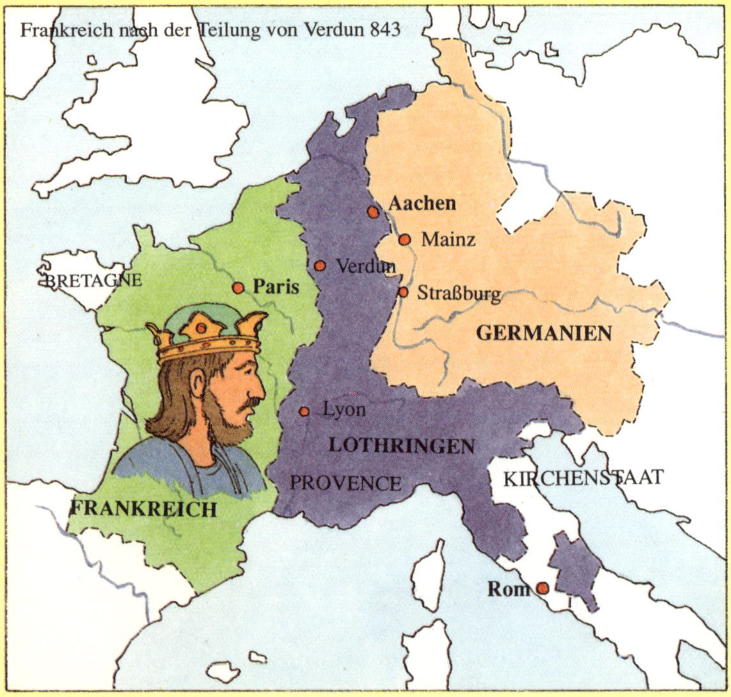

Ludwig der Deutsche und Karl der Kahle, zwingen ihn zur Abdankung und bekämpfen sich dann gegenseitig.
Im Jahre 843 einigen sie sich, teilen das Reich auf und unterzeichnen den *Vertrag von Verdun*. Lothar erhält das Mittelreich mit Italien und der Kaiserwürde, Ludwig (der Deutsche) das germanische Ostfranken, Karl (der Kahle) das romanische Westfranken.

Die Nachfolger Karls des Großen

Der einzige überlebende Sohn Karl des Großen, Ludwig der Fromme (778-840), ist von 814 bis 840 Kaiser des Westreiches. Er hat drei Söhne:

Lothar (795-855)

König von Lothringen

Ludwig II. der Deutsche (804-876)

König des ostfränkischen Reiches

Karl der Kahle (823-877)

ab 843 König des westfränkischen Reiches.

Die ersten Feudalherren

Die Nachfolger aller drei Herrscher erweisen sich unfähig, ihr Reich gegen

gen die Araber, im Osten gegen die Ungarn. In den Provinzen verselbständigen sich die Herzöge und Grafen und beanspruchen ein eigenes Herrschaftsgebiet, fallen von ihrem Le-

Die Huldigung
In dieser Zeremonie erkennt der Vasall (links) einen Mächtigeren als

die zahlreichen Überfälle zu verteidigen: im Westen und Norden gegen die Normannen, im Süden ge-

hensherrn ab und verschanzen sich in Burgen aus Holz. Die zerrüttete Lage in West und Ost verlangt nach einem neuen und mächtigen Herrschergeschlecht.

ehensherrn an. Alle Lehensherrn nd ihrerseits Vasallen des Königs, er allein keinen Lehensherrn hat.

Die Stärksten schützen die Schwächsten
Die Mächtigsten, nämlich die Lehensherren, sorgen für den Schutz der weniger mächtigen, ihrer *Vasallen.* Als Gegenleistung schwört der Vasall seinem Lehensherrn Treue und Gehorsam. Seine wichtigste Pflicht ist es, ihm im Krieg beizustehen.

Die Königswürde wird vom Vater auf den Sohn vererbt
Ein unbedeutender Provinzfürst aus der Ile-de-France, *Hugo Capet*, wird zum König gewählt. Sein Land ist klein. Um seine Autorität zu stärken, läßt sich Hugo in Reims zum König salben.
Das Geschlecht der *Capetinger* herrscht acht Jahrhunderte lang über Frankreich!

Hugo Capet (987 - 996)
Robert der Weise (996 - 1031)
Heinrich I. (1031 - 1060)
Philipp I. (1060 - 1108)
Ludwig VI. der Dicke (1108 - 1137)
Ludwig VII. der Junge (1137 - 1180)

Dynastie

Eine Dynastie ist Aufeinanderfolge von Herrschern aus derselben Familie.

Die ersten Capetinger

Königliches Siegel

Dieser Brief ist mit dem Siegel König Heinrichs I. versiegelt, dessen Wachsabdruck hier zu sehen ist.

Lothringen schließt sich zuerst dem Westreich an, wendet sich dann aber dem Ostreich zu. Zum neuen deutschen König wird der mächtige Herzog von Sachsen erhoben: König Heinrich I. Er sucht gegen die Slawen und Ungarn sein Reich zu behaupten. Erst sein Sohn, Otto der Große, schlägt die Ungarn bei Augsburg (955) so vernichtend, daß diese von ihren Raubzügen ablassen und seßhaft werden (Königreich Ungarn).

Die sächsischen Herrscher (Kaiser):
Heinrich I. (919-936)
Otto I.
(der Große, 936-973)
Otto II. (973-983)
Otto III. (983-1002)
Heinrich II. (1002-1024)

Die deutsche Kaiserkrone

Die Feudalgesellschaft

Die Lehensherren ziehen in den Krieg
Das ist ihre Hauptbeschäftigung. Wenn sie nicht kämpfen, organisieren die Ritter Kampfspiele, die *Turniere*, oder gehen auf Jagd in ihren Ländereien.

Die Ritterburg
Sie bietet zwar dem Lehensherrn und den Bewohnern des Gebietes guten Schutz, doch wenig Komfort, denn Licht und Heizung sind dort sehr unzureichend.

Die Turnierregeln
Auf ein Zeichen sprengen zwei Ritter mit eingelegter Lanze aufeinander los. Jeder von ihnen versucht, den Gegner aus dem Sattel zu werfen. Dabei gibt es oft Verletzte, manchmal sogar Tote. Der Sieger erhält Pferd und Rüstung des Besiegten.

Die Bauern arbeiten

Zum Bauernstand gehören die meisten Menschen. Sie bestellen die Felder der Herrschaft und leben im Elend.
Manche von ihnen, die *Leibeigenen*, dürfen das Rittergut nicht verlassen. Sie leben in ärmlichen Hütten, oft sterben sie an Hungersnöten und Seuchen.

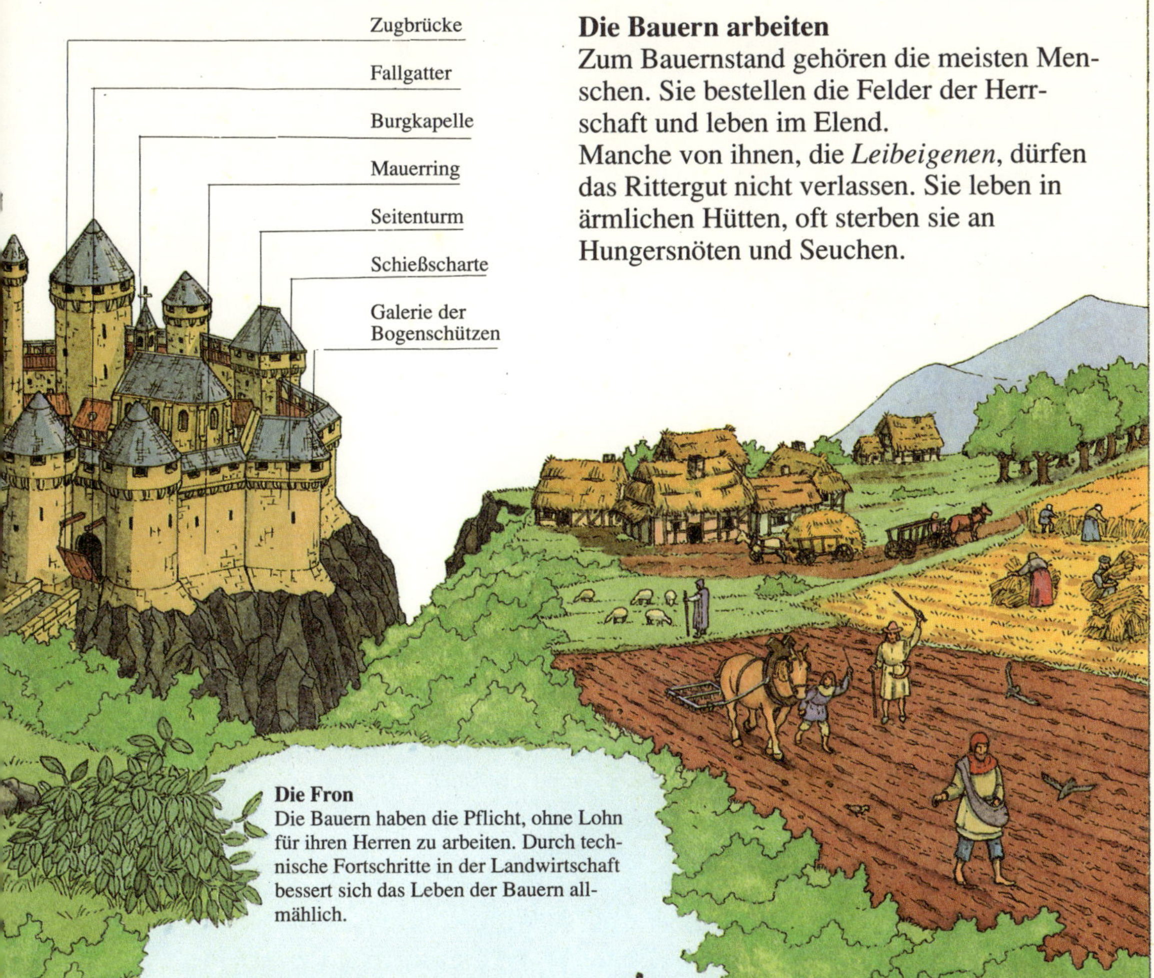

Die Fron
Die Bauern haben die Pflicht, ohne Lohn für ihren Herren zu arbeiten. Durch technische Fortschritte in der Landwirtschaft bessert sich das Leben der Bauern allmählich.

Der Klerus betet und studiert

Nach der Jahrtausendwende werden in Frankreich viele Kirchen gebaut. Der Glauben ist sehr stark. Die Bischöfe leben wie große Herren. Die *Pfarrer* in den Dörfern unterrichten die Gläubigen im Katechismus. Die *Mönche*, die in den Klöstern leben, sind die gebildetsten Menschen ihrer Zeit. Sie verbringen den Tag mit Beten, Studieren und körperlicher Arbeit. Manche von ihnen schreiben alte Handschriften ab.

Eine Handschrift
So nennt man ein handgeschriebenes Buch. Zu dieser Zeit schreibt man auf Pergament, das heißt auf gegerbten und dünn geschabten Schaffellen. Die Handschriften werden reich verziert.

Das Mittelalter: Kriege und Kreuzzüge

Philipp II. August

Vergrößerung der Krongüter in Frankreich und Verfall der kaiserlichen Macht im Deutschen Reich

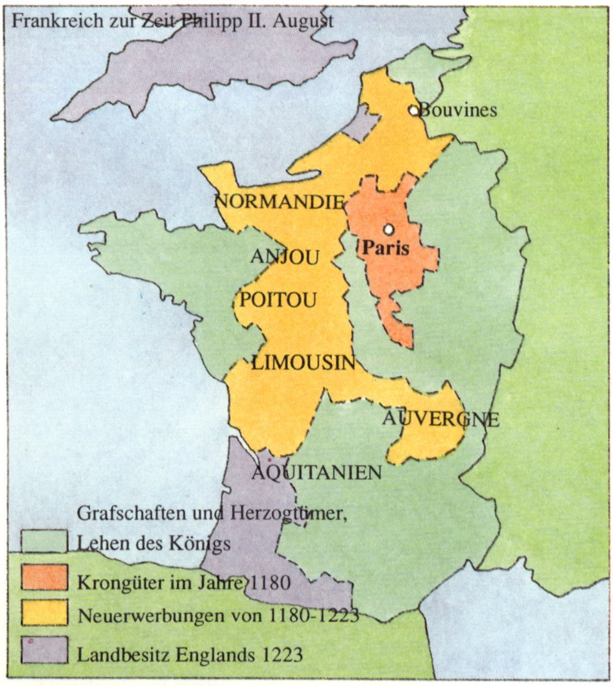

Bei der Erweiterung ihrer Krongüter stoßen die Capetingerkönige häufig mit mächtigen Lehensherren zusammen. Im Jahre 1214 besiegt Philipp II. August, König von Frankreich, den König von England bei *Bouvines* und holt sich von ihm den Großteil der reichen Provinzen in Frankreich zurück. Dieselbe Schlacht macht den Weg frei für den Enkel des bedeutenden Staufer-Kaisers Friedrich I., genannt Barbarossa: Friedrich II. Aber er konzentriert sich mehr auf sein Geburtsland Sizilien als auf das Reich nördlich der Alpen. Dadurch verfällt das kaiserliche Ansehen im Reich. Die Auseinandersetzung mit den Päpsten in Rom führt zur Absetzung Friedrichs II. und zum Untergang der *Staufer*. Mit ihnen geht das Hochmittelalter zu Ende.

Die Kreuzzüge

Befreiung des Heiligen Landes

Im 11. Jahrhundert erobern die Türken, die Mohammedaner sind, Jerusalem, wo sich das Grab Christi befindet. Auf einen Aufruf des Papstes hin ziehen Ritter und Fußvolk aus, um das Heilige Land zu befreien: der erste *Kreuzzug* beginnt. Drei Jahre nach ihrem Aufbruch, 1099, ziehen die Kreuzfahrer in Jerualem ein und befreien es. Aber die Türken erobern die Sadt zurück. Bis ins 13. Jahrhundert finden 7 weitere - erfolglose - Kreuzzüge statt. Im letzten Kreuzzug stirbt der König von Frankreich, Ludwig der Heilige, in Tunis an der Pest.

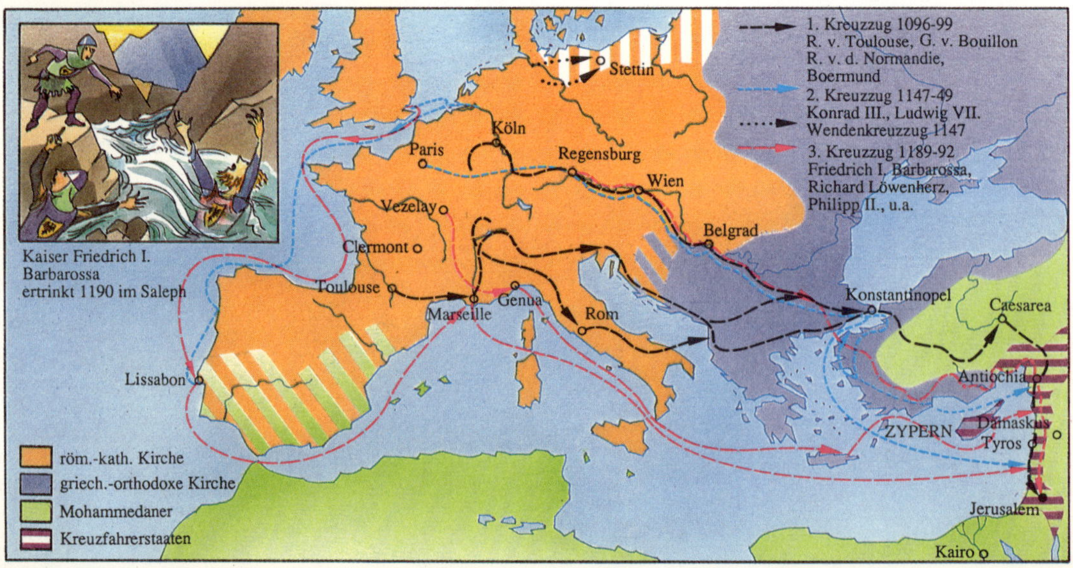

Kaiser Friedrich I. Barbarossa ertrinkt 1190 im Saleph

Das Spätmittelalter

Im späten Mittelalter (ca. 1250-1500) ringen drei große Dynastien um die Vormachtstellung (Hegemonie) im Deutschen Reich: Habsburger, Wittelsbacher, Luxemburger. Die Habsburger setzen sich endgültig durch, steigen zur größten Territorialmacht auf und stehen dann als Kaiser an der Spitze des Heiligen Römischen Reiches bis zu seinem Untergang im Jahre 1806.

1273 wählen die Kurfürsten den unbedeutenden Grafen Rudolf von Habsburg (aus der Schweiz) zum König. Er beschreitet den Weg zur Hausmachtpolitik, indem er einen großen Teil des heutigen Österreichs für seine Erben gewinnt. Das Ansehen des Königtums stellt er wieder her.

Ludwig IV. von Wittelsbach (der Bayer) besiegt seinen habsburgischen Rivalen und erklärt, daß die deutsche Königswahl keiner Bestätigung durch den Papst bedürfe. Dabei beruft er sich auf die damals neue Idee der Volkssouveränität.

Die Pest wütet in Europa (1348). Frankreichs Bevölkerung sinkt von ca. 21.Millionen auf ca. 13 Millionen. Vielfach wird den Juden (Minderheiten) die Schuld an der Epidemie gegeben; daher werden allein in Deutschland 350 Judengemeinden zum Teil grausam verfolgt.

Die Gesetzgebung der Goldenen Bulle vom Jahr 1356, so benannt nach der goldenen Kapsel, in der sich das Siegel befindet, regelt die Königswahl: 7 Kurfürsten (Böhmen, Pfalz bei Rhein, Sachsen, Brandenburg, Trier, Köln, Mainz) wählen den deutschen König.

Kaiser Karl IV. aus dem Hause Luxemburg (1347-1378) erhebt Prag zur Hauptstadt seines Reiches. Dort gründet er die erste deutsche Universität. Karls diplomatisches Geschick macht Böhmen zu einem wirtschaftlichen, kulturellen und politischen Mittelpunkt.

Von 1378 bis 1415 gab es gleichzeitig bis zu drei Päpsten. Um die Kirchenspaltung zu beenden, beruft der deutsche Kaiser Sigismund (aus dem Hause Luxemburg) eine Kirchenversammlung (Konzil) nach Konstanz. Die Einheit wird zwar erreicht, nicht aber die Kirche reformiert. Der böhmische Priester Jan Hus wird als Ketzer verbrannt.

Städte im Mittelalter

Ab dem 11. Jahrhundert bringt die Wiederherstellung der Ordnung dem Handelsverkehr im Abendland und der Entwicklung der Städte einen neuen Aufschwung.

Die Städte sind frei
Zunächst standen die Städte unter der Oberhoheit der Für-

Töpfermeister mit Familie

Tischlergeselle bei der Arbeit

Schneidermeister

Jede Zunft bestand aus Lehrlingen, Gesellen und Meistern.

Die Stadt ist klein und von Stadtmauern umgeben. Kaufleute und Handwerker haben ihre Läden in den engen, oft schmutzigen Gassen, wo reges Treiben herrscht. Da die meisten Bürger nicht lesen können, zeigen Schilder über den Läden den Berufsstand an. Die Häuser sind aus Holz, daher die Angst vor Bränden sehr groß. Die Einwohnerzahl der meisten Städte liegt im 13./14. Jahrhundert unter 10 000 (in Paris und Mailand bei 100 000, Florenz 95 000, Neapel 50 000, Köln 40 000, Rom 35 000, Nürnberg 22 800, Bremen 20 000, Hamburg 18 000).

sten. Davon befreien sie sich. Die *Bürger* (Bewohner der Städte) wählen einen *Bürgermeister* und einen *Stadtrat (Schöffenrat)*, die die Stadt regieren sollen.

Handwerker und Kaufleute
Die Angehörigen des gleichen Berufsstandes schließen sich zu *Zünften* zusammen. In den größten Städten waren um 1300 bis zu 100 Zünfte vertreten (Schmiede, Tuchmacher, Schneider...). Die Arbeitsbedingungen wurden für jede Zunft genau geregelt.

Die Zeit der Kathedralen
Im 12. Jahrhundert werden in den großen Städten prachtvolle Kirchen erbaut: schlanke, gotische Kathedralen aus meist hellem, kunstvoll behauenem Stein. Ihre Bauzeit war lange: 75 Jahre (1160-1235) für Notre-Dame in Paris! Der Kölner Dom wurde 1248, der Regensburger Dom um 1250 begonnen; die Türme dieser Kathedralen wurden erst im 19. Jahrhundert errichtet.

Kathedrale von Chartres

Mittelpunkt des Lebens
Im Mittelalter sind die Kathedralen nicht nur ein Ort des Gebets. Sie dienen gleichzeitig als Versammlungsort, als Zuflucht in Gefahr und sogar als Unterstand für die Straßenhändler, wenn es regnet. Auf dem Kirchplatz werden Theaterstücke, die *Mysterien*, aufgeführt. Auch Jongleure und Akrobaten treten dort auf. Aus Frankreich, dem Ursprungsland der Gotik, verbreitet sich dieser Baustil über Deutschland, Spanien und Italien bis in den Orient.

Die Zeit der großen Entdeckungen

Ab dem 15. Jahrhundert verändern große Erfindungen (Druckkunst, Papierherstellung...) und Entdeckungen (Schiffahrtsroute nach Indien, Amerika...) das Leben der Menschen.

Von der Handschrift zum gedruckten Buch
200 Schafe für eine einzige Handschrift! Vielen Standespersonen war jedenfalls ein handgeschriebenes Buch so viel wert. Häufig wurden wertvolle Bücher aus Angst vor Dieben mit Ketten festgebunden. Bis zum 15. Jahrhundert waren Bücher deswegen selten und sehr teuer, weil es Monate, manchmal sogar Jahre dauerte, eine Handschrift abzuschreiben, handschriftlich zu vervielfältigen.

Druckerei zur Zeit Gutenbergs

Langsamer Wandel
Das *Papier* ersetzt das Pergament. Um 1440 erfindet Johannes Gutenberg in Mainz die Kunst des Buchdrucks mit beweglichen, zu Worten zusammengesetzten Lettern, die mit Druckerschwärze bestrichen werden und auf die ein Bogen Papier aufgepreßt wird. Jede Seite kann so beliebig oft abgedruckt werden.

Immer mehr Druckereien
Durch den Buchdruck gibt es bald viel mehr Bücher zu billigeren Preisen. Am Ende des 15. Jhd. gibt es in Paris bereits 70 , in Venedig 150 Druckereien. Im Jahre 1434 druckten die Brüder Bechtermünz in Eltville unter der Leitung Gutenbergs ihr »Vocabularis ex Quo«. Gutenberg selbst wurde auf der Burg Eltville zum nassauischen Hofmann erhoben.

Die Erfindung des Papiers
Das Papier ist eine chinesische Erfindung des 2. Jahrhunderts n.Chr. Vorher schrieb man zunächst auf Papyrus (gewonnen aus dem gepreßten und gehämmerten Mark der Papyrustaude), dann auf Pergament(Tierhäuten). Ab dem 10. Jahrhundert wurde Papier aus Lumpen hergestellt. Heute liefert Holz (Fichte, Pappel) den wichtigsten Rohstoff.

Papyrusstaude

Schießpulver und Schußwaffen

Die Erfindung des Schießpulvers ermöglicht den Einsatz der ersten Kanonen *(Bombarden)* und die Herstellung der ersten Handfeuerwaffen *(Büchsen)*.

Abenteurer und Karavellen
Ausgestattet mit dem von den Chinesen und Arabern übernommenen *Kompaß* erobern kühne Seefahrer an Bord stattlicher Schiffe, der *Karavellen*, die Weltmeere. Sie suchen neue Seewege zu den Ländern, die reich an Gewürzen und Gold sind.

Die Reisen der großen Seefahrer

1492
Christoph Kolumbus aus Genua segelt westwärts, will nach Indien und entdeckt dabei Amerika.

1498
Der Portugiese *Vasco da Gama* entdeckt den kürzesten Seeweg nach Indien: er umsegelt Südafrika.

1519-1522 Die Expedition des Portugiesen *Magellan* segelt in drei Jahren um die ganze Welt. Doch von seinen 5 Schiffen mit 234 Mann kehrt nur ein einziges mit 18 Überlebenden nach Spanien zurück. Magellan selbst stirbt auf der Reise. Diese Seereise liefert den endgültigen Beweis dafür, daß die Erde rund ist.

1534 Der Franzose *Jacques Cartier* entdeckt Kanada.

Amerika oder Indien?
Als Kolumbus am 12. Okober 1492 nach 70 Tagen auf See eine Insel des amerikanischen Kontinents betrat, war er überzeugt davon, er sei in Indien gelandet. Deshalb nannte er die Menschen, die er dort antraf, »Indianer«.

Die Renaissance

Das italienische Vorbild und das französische Wunder. In Frankreich ist das 16. Jahrhundert von einem neuen Weltbild geprägt. Nach dem italienischen Beispiel vollzieht sich eine umfassende Erneuerung in den schönen Künsten und der Literatur. Auch Deutschland bleibt nicht unberührt: Augsburg, Nürnberg, München.

Die italienische Renaissance
Der rege Handelsverkehr bringt in der Zeit vom 14. bis 16. Jahrhundert den großen Städten Italiens - Rom, Florenz, Venedig, Genua - Reichtum und läßt sie zu den schönsten der Welt werden.
Architekten, Maler, Bildhauer und Dichter inspirieren sich an den Werken der römischen und griechischen Antike und lassen eine hochstehende Kultur neu erstehen. Diese Zeit nennt man *Renaissance*.

Vorderansicht der Peterskirche in Rom

Die Könige Frankreichs im Banne Italiens

Ende des 15. und Anfang des 16. Jahrhunderts ziehen die Könige Frankreichs aus, um Italien zu erobern. Mal siegen sie (1515 bei Marignano), mal verlieren sie (1525 bei Pavia). Nach 60 sinnlosen Kriegsjahren geben sie ihre Eroberungspläne auf. Tief beeindruckt von der italienischen Renaissance kehren sie zurück, um sie in Frankreich nachzuahmen.

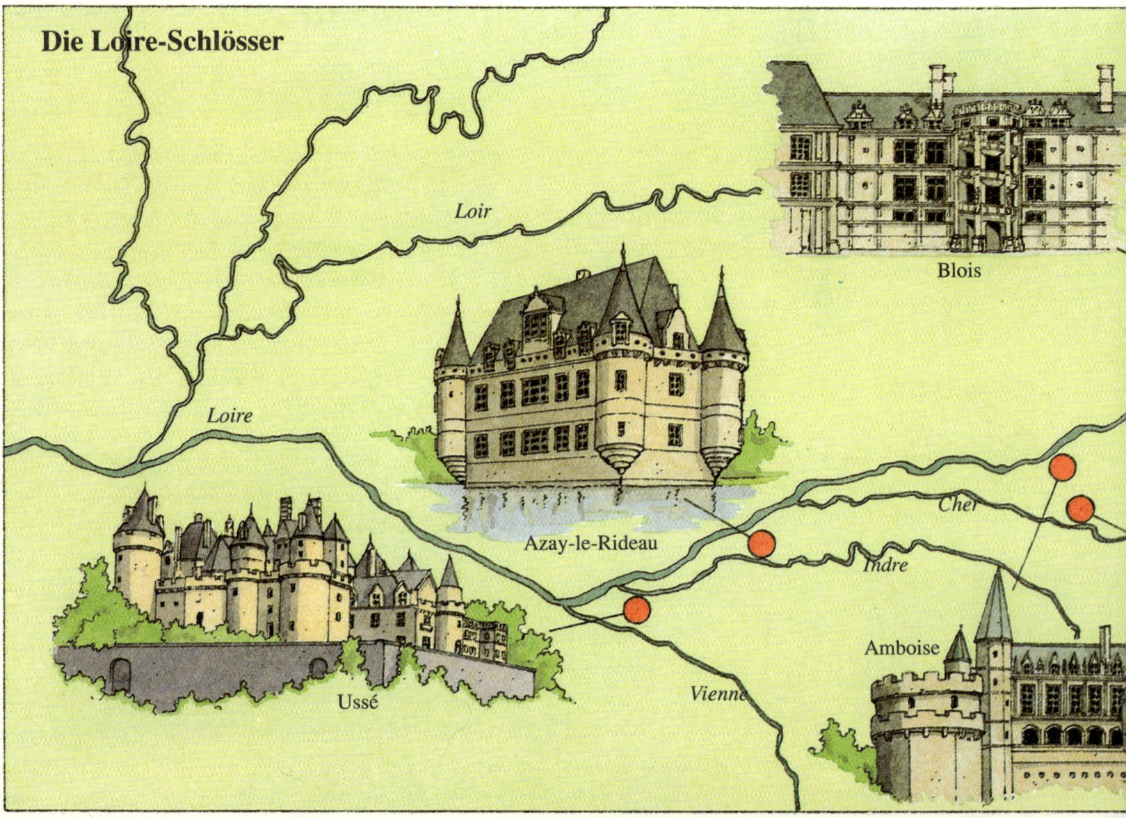

Neue Bücher

Die Bewunderung für die Antike schlägt sich auch in der Literatur nieder. Berühmte Schriftsteller wie Rabelais und Montaigne, aber auch Erasmus von Rotterdam, Philipp Melanchthon, Konrad Celtis, Thomas Morus und Papst Pius II. sind Bewunderer antiker Werke.

Leonardo da Vinci (1452-1519) malt gerade die »Mona Lisa«.

Geniale Künstler

Raffael, *Michelangelo* und - vor allem - *Leonardo da Vinci* prägen durch ihr geniales Schaffen die Renaissance in Italien. Leonardo da Vinci, der zugleich Maler, Musiker, Bildhauer, Dichter und Erfinder ist, malt eines der berühmtesten Portraits der Welt: die *Mona Lisa* (um 1503).

Augsburger Rathaus

Der italienische Maler, Bildhauer, Architekt und Dichter Michelangelo Buonarotti (1475-1564) bei der Arbeit an einer Sklavenstatue.

Der Hofstaat des Königs François I. Sein Hof hat keine ständige Residenz, sondern reist mit Koffern, Geschirr und Möbeln von Stadt zu Stadt, von Schloß zu Schloß. Zum königlichen Hofstaat gehören ungefähr 18000 Pferde, 6000 Reiter, 12000 Personen Fußvolk und Hunderte von Wagen.

Prunkvolle Schlösser

Die Könige und Fürsten ziehen weg von ihren Burgen und lassen sich prachtvolle Schlösser bauen. Der Großteil dieser Schlösser wird an der Loire und ihren Nebenflüssen erbaut, wo ein angenehmes Klima herrscht.

Schloß Chambord ist die Lieblingsresidenz von François I. Der König hält sich mit seinem Hofstaat oft dort auf. Die Gesellschaft unterhält sich auf der Jagd, auf Festmählern und Bällen. Der König hat dort Staatsoberhäupter und Künstler zu Gast. Er lädt Leonardo da Vinci ein, der in der Nähe von Amboise stirbt.

Das Zeitalter des Absolutismus

Der Absolutismus bildet sich in Frankreich heraus. Als sein wichtigster Vertreter gilt Ludwig XIV., der von 1661 bis 1715 regiert. Dagegen kann sich ein absolutistisches Königtum in England nicht behaupten.

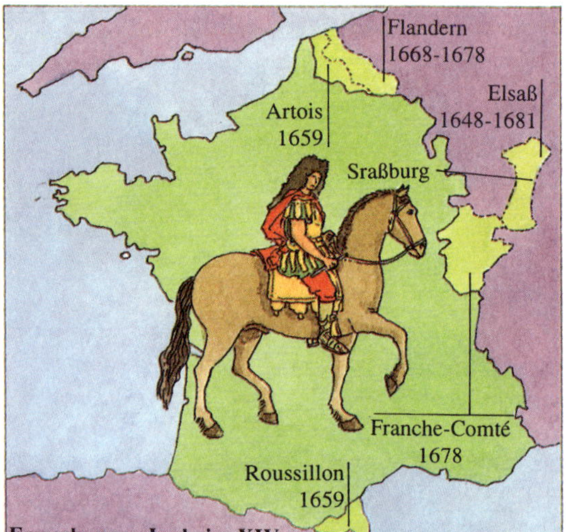

Erwerbungen Ludwigs XIV.

Frankreich hatte sich durch seinen Sieg im 30-jährigen Krieg eine Vormachtstellung geschaffen, die von den beiden bedeutenden Kardinälen Richelieu und Mazarin begründet wurde. Das militärisch mächtige Frankreich hat im Spanischen Erbfolgekrieg fast ganz Europa zum Gegner, seine Kassen werden dadurch geleert. Die Belastungen für die Wirtschaft und die Finanzen gelten als Ursachen für die Französische Revolution.

L'état c'est moi (Der Staat bin ich), soll der französische König gesagt haben. Verständlich, daß er sich auch ein repräsentatives Gebäude errichtet: das Schloß von Versailles. Hier residiert der *Sonnenkönig*, wie er ge-

Das Schloß von Versailles

nannt wird, inmitten seines Hofstaats von 20 000 Personen. Bei allem Sinn für Würde und einem peinlich eingehaltenen Hofzeremoniell besitzt der König großen Arbeitseifer und unbeugsames Pflichtgefühl. Von der Überlegenheit der eigenen Stellung ist er vollkommen überzeugt.

Was ist Absolutismus?
Den Staat verkörpert nur der Fürst, er ist oberster Richter, Gesetzgeber und Kriegsherr. Das stehende Heer (unter Louvois) löst das Söldnerwesen ab, die Beamtenschaft ist Werkzeug des königlichen Willens. Der Adel verliert seine politische Bedeutung, ordnet sich dem Herrscher unter, an die Seite des Geburtsadels tritt der Beamtenadel, die Kirche ist der Krone unterworfen. Für die Untertanen erscheint der König als Stellvertreter Gottes auf Erden. Grundlage des Absolutismus ist das Wirtschaftssystem des *Merkantilismus*, wobei der Staat die Wirtschaft und den Handel lenkt. Als sein Begründer gilt der Bürgerssohn Colbert.
Der Absolutismus wird zur beherrschenden Staatsform in Europa, die französische Kultur bestimmt fast ganz Europa. Zar Peter der Große und die Zarin Katharina die Große begründen die russische Großmacht. Neben den auffallenden Reformen wie der Berufung von europäischen Handwerkern, Ingenieuren und Landwirten, der Errichtung einer modernen Flotte und der Gründung der neuen Hauptstadt St. Petersburg vollzieht sich fast unbemerkt die Ausdehnung Rußlands nach Osten (Sibirien).

Im Jahre 1740 gelangen Maria Theresia und Friedrich II. an die Regierung. Auf Kosten der Donaumonarchie (Schlesische Kriege) erhebt sich Preußen zur fünften europäischen Großmacht. Rußland, Preußen und Österreich teilen Polen unter sich auf.

Versailles
In einer sumpfigen Landschaft wird in einer Bauzeit von über 50 Jahren das für ganz Europa vorbildliche Schloß errichtet, obwohl es über keinerlei Komfort verfügt. Die Kosten belaufen sich auf die Staatseinnahmen eines ganzen Jahres, 36 000 Arbeiter schaffen unter den Architekten Le Vau und Hardouin-Mansart. Le Brun befehligt eine Armee von Malern, Bildhauern und Teppichwirkern. Le Nôtre legt den Park an und läßt jährlich 150 000 Pflanzen setzen. Zusätzlich werden 12 Pavillons gebaut. Das gesamte Leben bei Hofe dreht sich um die Person des Königs. Ein Fest jagt das andere, und das Volk muß teuer dafür bezahlen. Dennoch breitet sich Langeweile aus, so daß eine neue Literatur entsteht: Das Feenmärchen.

Von der Monarchie zur Republik

Das 18. Jahrhundert ist eine Zeit des Übergangs zwischen dem Absolutismus, der durch die uneingeschränkte Macht des Königs geprägt ist, und der Demokratie, die sich im 19. Jahrhundert, nach der Französischen Revolution, nach und nach durchsetzt. Die Ideen, die diesen gewaltigen politischen Wandel eingeleitet haben, wurden von französischen Schriftstellern und Gelehrten (man nennt sie die Philosophen) zuerst in Frankreich, dann in Europa verbreitet.

Die Philosophen kritisieren die Macht des Königs
Unter Ludwig XV. versammeln sich die Philosophen in Salons und Kaffeehäusern und diskutieren die Reformen, die in Angriff genommen werden sollten. Durch ihre Werke finden ihre Ideen rasch Verbreitung in Frankreich und anderen Ländern.
Voltaire, der berühmteste von ihnen, tritt für Freiheit und Toleranz ein.
*Rousse*au fordert die Gleichstellung der Menschen (Naturrecht).
Montesquieu teilt die bisher absolute (uneingeschränkte) Gewalt des Königs in drei Bereiche ein, die sich gegenseitig kontrollieren sollen: Legislative (Gesetzgebung), Judikative (Rechtsprechung), Exekutive (vollziehende Gewalt).
Diderot gibt zusammen mit anderen Philosophen ein *illustriertes* Wörterbuch in 30 Bänden heraus, die »*Encyclopédie*«. In diesem Werk sind das gesamte Wissen und die neuen Ideen dieser Zeit zusammengetragen.

Mit Karikaturen zog man über die Monarchie her: das Federvieh soll das Volk darstellen!

Das Volk fordert mehr Gerechtigkeit!
Die Gesellschaft wird in drei Schichten oder Stände eingeteilt. *Adel* und *Geistlichkeit* sind die zwei privilegierten und reichsten Stände; sie zahlen keine Steuern. *Der dritte Stand*, der Bürger- und Bauernstand, umfaßt den Großteil der Bevölkerung und muß alle Staatslasten tragen. Im Jahre 1789 verlangt der dritte Stand in einem Beschwerdebrief vom König die Gleichstellung aller Bürger bei der Besteuerung.

Was das Volk nicht mehr sein will.

Was sich das Volk wünscht.

Die Revolution bricht aus
Angesichts der Androhung neuer Steuern und der Beibehaltung der ungleichen Lasten geht das Volk zum Aufstand über. Die Volksversammlung weigert sich, dem König zu gehorchen. Am *14. Juli 1789* stürmt das Volk von Paris das Gefängnis der *Bastille* und zerstört es. Schnell erfaßt die Revolution auch die ländlichen Gebiete.

Der Sturm auf die Bastille

Am *4. August 1789* schafft die Volksversammlung die Privilegien ab. Einige Tage später läßt sie die *Deklaration der Menschen- und Bürgerrechte* verlesen, die das Prinzip der Freiheit und Gleichheit in der neuen Gesellschaft verankert.

Die Hinrichtung des Königs
Ludwig XVI. meint es nicht ehrlich, als er den Treueeid auf die neue Verfassung von 1791 ablegt,

Hinrichtung des Königs

die die Macht zwischen dem König und einer gewählten Versammlung aufteilt. Wiederholt ruft er ausländische Herrscher zu Hilfe, um die ungeteilte Königsmacht wiederherzustellen. Am 10. August 1792 wird er gefangengenommen. Die Anklage lautet auf Hochverrat, er wird zum Tode verurteilt und am *21. Januar 1793* hingerichtet.

Die Erste Republik
Sie wird am *22. September 1792* durch die Convention, den französischen Nationalkonvent, am Tag nach der Abschaffung der Monarchie ausgerufen. Nach dem Tod des Königs muß der Nationalkonvent mit Aufruhr im Lande und Angriffen an den Grenzen fertigwerden. Um die Republik zu retten, wütet eine Zeitlang eine Schreckensherrschaft. *Danton* und *Robespierre*, die führenden Köpfe des Nationalkonvents, werden hingerichtet.

Seit wann gibt es die Trikolore?
Sie entstand 1789. Am Tag nach dem Sturm auf die Bastille bildeten Arbeiter und Bürger eine Nationalgarde, deren Abzeichen eine dreifarbige Kokarde war: Weiß als Farbe des Königs, Blau und Rot waren die Farben der Stadt Paris.

• **Wer waren die »Sansculottes«?**
So nannte man die wütendsten Revolutionäre und Republikaner, zumeist Handwerker oder kleine Leute aus den Vorstädten, die statt der Kniebundhosen (»culottes«) der Bürger einfache lange Hosen und oft auch eine Jakobinermütze trugen.

• **Hat der dritte Stand allein die Beschwerdebriefe verfaßt?**
Nein, sie wurden von allen drei Ständen verfaßt und enthielten die Forderungen und Lösungsvorschläge jedes einzelnen Standes. Sie waren an den König gerichtet.

Von der Republik zum Kaiserreich

General mit 27 Jahren!
Als Offizier der Republik erringt *Napoleon Bonaparte* während der Revolutionskriege in der Zeit von 1796 bis 1799 glorreiche Siege: zunächst in Italien, dann in Ägypten. Das Volk umjubelt ihn.

Er reißt die Macht an sich
Als Retter der Republik wird er bei seiner Rückkehr in Frankreich triumphal empfangen. Am *18. Brumaire 1799* (9. November) jagt er mit Hilfe seiner Soldaten die Abgeordneten davon und macht sich zum Herrscher über das Land.

Das Ende der Republik
Bonaparte läßt sich zum Konsul auf Lebenszeit ernennen und regiert wie ein absolutistischer König. Er allein entscheidet alles und setzt es auch durch. Er allein schlägt die Gesetze vor und sorgt für ihre Anwendung. Er ernennt die Präfekten der Départements und umgibt sich mit einer starken Polizei. In Frankreich und außerhalb der Landesgrenzen stellt er den Frieden wieder her. Das Volk hat genug von den Wirren und akzeptiert diese Diktatur.

Als Staatsmann ein Genie
Bonaparte ist hochintelligent und ungewöhnlich arbeitsfreudig. Er ordnet die Verwaltung Frankreichs neu und begründet die meisten der Institutionen, die heute noch Bestand haben. Im *Code Napoléon* läßt er ein umfassendes Gesetzeswerk abfassen, das die deutschen Rheinbundstaaten weitgehend übernehmen. Er gründet die *Banque de France* (frz. Nationalbank) und

2 Franc-Münze noch aus der Republik.

bringt eine neue Währung in Umlauf: den *Franc*. Er fördert die Landwirtschaft, die Industrie und die Wissenschaften.
Um die religiösen Auseinandersetzungen zu beenden, schließt er einen Vertrag mit dem Papst ab: das *Konkordat*. Er begründet auch die *Ehrenlegion* als Würdigung besonderer Verdienste.

Napoleon selbst krönt seine Gemahlin Joséphine zur Kaiserin.

Ein Kaiser wie Karl der Große!
Seine grenzenlose Popularität nützt Bonaparte geschickt aus und läßt sich

1804 zum Kaiser ausrufen. Von nun an nennt er sich *Napoleon I.* Wie Karl der Große 1 000 Jahre vor ihm, läßt er sich vom Papst zum Kaiser salben. Die Kaiserkrönung findet am 2. Dezember in der Kathedrale Notre-Dame von Paris statt.

Der Kaiser versammelte einen großartigen Hofstaat um sich. Seine Generale und Marschälle belohnt Napoleon mit Titeln und Pensionen.

Ehrgeiziges Ziel: ganz Europa beherrschen
Fast hätte er es geschafft. Zehn Jahre lang führt er ununterbrochen Krieg, und seine Armee erringt große Siege. Bei *Austerlitz* schlägt er die Russen und die Österreicher. Nur England leistet Widerstand.
1811 besteht das französische Kaiserreich aus *130 Départements und 71 Millionen Einwohnern.* Aber die Kriege müssen mit Menschenleben und hohen Steuern teuer bezahlt werden. Allmählich wendet sich das Volk vom Kaiser ab.

Das Kaiserreich bricht zusammen
Ab 1812, nach dem grauenhaften *Rückzug aus Rußland*, gewinnen Napoleons Gegner die Oberhand. Nach einer Niederlage 1813 bei Leipzig und einer weiteren bei *Waterloo* 1815 ergibt er sich den Engländern. Die Monarchie wird wiederhergestellt: das ist die *Restauration..*

Das französische Kaiserreich im Jahre 1811

Die Kontinentalsperre (1806 - 1813)

Napoleon versuchte, seinen Gegner England durch die Kontinentalsperre vom europäischen Handel auszuschließen und so niederzuzwingen, aber es gelang ihm nicht.

Warum war der Rückmarsch aus Rußland so schrecklich?
Nach der Eroberung Moskaus ordnete Napoleon den Rückzug an. Aber der russische Winter mit seiner grausamen Kälte ließ diesen Marsch zu einer Katastrophe werden: Beim Einmarsch in Russland hatte die Armee 610 000 Mann.
Nur 5 000 Mann überstehen die Strapazen.

Die industrielle Revolution

Zahlreiche Erfindungen verändern im Laufe des 19. Jahrhunderts das Leben der Menschen. Dieser Wandel prägt die Anfänge der modernen Welt in Europa und den Vereinigten Staaten. In der Industrie ist er so gewaltig, daß man von einer *industriellen Revolution* spricht.

Der Dampf liefert neue Arbeitskraft
Das Prinzip der Dampfmaschine ist einfach: In einem Kessel kochendes Wasser erzeugt Dampf, der kontrolliert entweicht und als bewegende Kraft für vielerlei Zwecke verwendet wird.
Die im 18. Jahrhundert erfundenen Dampfmaschinen finden rasch Verbreitung und werden technisch immer besser. Ende des 19. Jahrhunderts sind *über 73 000* davon im Einsatz.

Von der Postkutsche zur Eisenbahn
Engländer entwickeln die ersten Dampflokomotiven, die Waggons auf Schienen ziehen. Die *Eisenbahn* ist zweifellos die populärste Erfindung des Jahrhunderts. Das Reisen wird schneller (um 1850 fährt man schon mit 50 km/h) und leichter. Auch der Gütertransport nimmt gewaltig zu. Schon 1842 sind die meisten Großstädte durch Eisenbahnlinien miteinander verbunden.

Schiffe ohne Segel und Ruder!
Bereits 1819 überqueren Dampfschiffe (Dampfer) den Atlantik. Sie tragen dazu bei, daß die Kontinente zusammenrücken und der Handel zwischen ihnen rasch wächst. Ein Dampfer braucht für die Strecke ungefähr 14 Tage, ein Segelschiff 30 bis 40 Tage.

Fabriken schießen aus dem Boden
Auch die Landwirtschaft setzt die Arbeitskraft der Maschinen ein. Die Arbeit der Bauern wird leichter. Aber am meisten profitiert die Industrie davon. In den Kohlerevieren - die Kohle braucht man ja für den Betrieb der Dampfmaschinen - entstehen die ersten *Fabriken*, deren Arbeitsplätze viele Menschen anziehen. In Scharen verlassen die armen Bauern ihre Dörfer, ziehen in die Städte und werden *Arbeiter*.

Arbeitsteilung unter einem Dach
Die ersten Fabriken treten an die Stelle der Kleinbetriebe und sind das Wahrzeichen der industriellen Entwicklung. Ihre Zahl nimmt rasch zu.

Dampfbetriebene Dreschmaschine
Der Mechanismus dieser Dreschmaschine hat einen Dampfantrieb. Ihr Einsatz macht die Arbeit leichter und schneller.

Doch sie leben im Elend. Sie arbeiten 12 bis 14 Stunden täglich für einen geringen Lohn. Auch Kinder ab 7 Jahren müssen arbeiten! Die Lebensbedingungen werden erst gegen Ende des Jahrhunderts besser.

Die ersten Automobile
Um diese Zeit tauchen auch die ersten Autos mit Benzinmotoren auf. Mit ihrem Geknatter und Gestank sind sie zunächst der Schrecken der Bevölkerung, mausern sich aber schnell zu hochgeschätzten Fahrzeugen heraus. Von da an geht es steil bergauf mit der Automobilindustrie.

Elektrizität - die geheimnisvolle Kraft
Elektrische Energie wird ab Mitte des 19. Jahrhunderts als Antriebskraft für Maschinen angewandt. Die Straßenbeleuchtung wird allmählich von Gas auf Strom umgestellt.

Wichtige Daten und Ereignisse

1815 Wiener Kongress: auf ihm werden die Grenzen und Besitzungen der europäischen Staaten neu geregelt. Zur Erhaltung und Durchsetzung der Restauration (Anknüpfen an die Zeit vor 1792) verbinden sich die Monarchen von Preußen, Österreich und Rußland in der Heiligen Allianz.
Die von dem österreichischen Staatskanzler Metternich verkörperte Epoche der Restauration dauert bis 1848 (Sturz Metternichs).

1830 bricht in Paris erneut die Revolution aus; Belgien entsteht als neuer Staat in Europa. Seine Verfassung gilt als vorbildlich.

1834 wird der Deutsche Zollverein gegründet; Österreich wird dadurch zum wirtschaftlichen Ausland.

1835 fährt die erste deutsche Eisenbahn zwischen Nürnberg und Fürth (mit einer englischen Lokomotive und einem englischen Lokführer). Der Ausbau des Schienennetzes schreitet rasch voran und erreicht im Jahre 1870 eine Länge von 16 694 km in Deutschland.

1848 bricht wieder in Paris die Revolution aus, die sich über ganz Europa ausbreitet. Dabei kommt es in Frankfurt zur ersten deutschen Nationalversammlung.
Angesichts der materiellen Not der Arbeiter schreibt Karl Marx das »Kommunistische Manifest«.

1866 siegt Preußen über Österreich; dadurch wird Österreich auch zum politischen Ausland.

1871 siegt Preußen über Frankreich (Kaiser Napoleon III.). Der preußische Ministerpräsident Bismarck begründet das Deutsche Kaiserreich und wird dessen erster Reichskanzler (bis 1890).
Mit Rom als neuer Hauptstadt ist die nationale Einigung Italiens abgeschlossen. Es gibt keinen Kirchenstaat mehr.

Die Flugzeuge
Ende des 19. Jahrhunderts erhebt sich der Mensch mit seltsam aussehenden »fliegenden Kisten« in die Lüfte.

Raddampfer, um 1850

Die Schiffe
Dampfkraft treibt die großen Schaufelräder an, die diesen Raddampfer in Fahrt bringen. Eine weitere Erfindung ist die Schiffsschraube.

Dampflokomotive »Rocket«, 1830

Die Automobile
Die Fahrgeschwindigkeit entwickelt sich rasant: die Strecke Paris-Rouen wird 1894 mit einer Geschwindigkeit von 21 km/h zurückgelegt; 1903 beim Rennen Paris-Madrid beträgt die Geschwindigkeit bereits 105 km/h.

Die Entwicklung des Schulwesens

Der Zugang zu den Schulen und zur Bildung war jahrhundertelang ein Privileg der Begüterten. Lesen, Schreiben und Rechnen konnten nur einige »Gebildete«. Und die ersten öffentlichen Schulen nahmen sich im Vergleich zu heute sehr bescheiden aus.

Dorfschule im 18. Jahrhundert. Der Raum (eine Scheune) und die Lehrmittel (kein einziges Buch!) sind ärmlich.

Die Schule in früherer Zeit
Schon Karl der Große ließ Schulen gründen, die Klöstern und Bischofskirchen angegliedert sind. Latein ist dabei wichtigstes Unterrichtsfach (neben der religiösen Erziehung), auf dem andere Fächer aufbauen: Rhetorik (Sprechen), Grammatik (Schreiben), Dialektik (Logik), Geometrie, Arithmetik (Rechnen), Musik, Astronomie (Kalenderberechnung). Diese Schulen dienen zur Ausbildung von Priestern und Mönchen. Aber auch Laien werden zugelassen. Lesen, Schreiben und Rechnen bleiben als Bildungsgut nur einer kleinen Schicht vorbehalten, der größte Teil der Bevölkerung besteht aus Analphabeten. Mit dem Aufkommen der Städte (siehe S. 41-42) entstehen neue Bildungseinrichtungen, die den Bedürfnissen des Handwerks und des Handels Rechnung tragen. Der Unterricht findet dabei in der Landessprache statt, doch bleibt der Religionsunterricht wichtigstes Fach. Das erklärt, daß die Aufstiegschancen bis weit ins 18. Jahrhundert hinein nur über das Theologiestudium möglich waren.

Allgemeine Schulpflicht
Erst im Jahre 1717 beginnt Preußen damit, eine allgemeine Schulpflicht einzuführen. Als Unterrichtsfächer gelten: Lesen, Schreiben, Rechnen, Singen, Religion. In katholischen Gebieten nehmen sich Klöster des Unterrichts der Landbevölkerung an, stellen und bezahlen den Lehrer und fördern Begabte. Im 18. Jahrhundert sinkt die Zahl der Analphabeten von 80-90% auf 50% ab.

Ein neuer Schultyp
Die Realschule entwickelt sich als neuer Typ in Abkehr vom humanistischen Gymnasium (Latein, Griechisch, Hebräisch). Mathematik, Mechanik, Naturkunde, Geschichte, Geographie treten den modernen Sprachen zur Seite.
Häufig nimmt sich der Landesfürst einer Schule besonders an, wo begabte Kinder im Internat streng gehalten werden und eine qualifizierte Ausbildung erhalten, denn der aufgeklärte Absolutismus braucht ausgebildete Staatsdiener in der Verwaltung, Wirtschaft, Rechtsprechung und Diplomatie.

1872. Der Unterricht findet noch in der Lehrerwohnung statt. Aber die Schulausstattung ist schon etwas besser (Bücher, Tafel). Erst etwa 10 Jahre später gibt es dann ordentliche Klassenzimmer (eigener Raum, genügend Licht, zweckmäßige Möbel).

Reform des Schulwesens

Im Jahre 1792 hatte Danton erklärt: »Außer Brot braucht das Volk am dringendsten Unterricht«. Nach der Französischen Revolution wird überall in Europa die Reform des Schulwesens in Angriff genommen. Der Staat übernimmt die Schulaufsicht, überwacht die Ausbildung der Lehrer, stellt Lehrpläne (verpflichtender Unterrichtsstoff) auf und verdrängt die Kirche in ihren angestammten Rechten. Doch der Neubau der Volksschulen schreitet nur langsam voran, das Elend bleibt - vor allem auf dem Lande - sehr groß. Mädchen und Frauen haben bis ins 20. Jahrhundert keinen Zugang zum gelehrten Ausbildungswesen (Universität).

Wilhelm von Humboldt (1767-1835) ist der Reformer des preußischen Bildungswesens.

Schule heute

Nach dem Prinzip der *Chancengleichheit* soll jeder Zugang zu der Schule oder Ausbildung seiner Wahl haben. Für die Kleinen haben sich *Kindergärten* und *Vorschulklassen* als Vorbereitung auf den Schulunterricht bewährt. Auf die Grundschule für alle folgt eine Sekundarstufe mit 3 Zweigen zur Wahl: Hauptschule, Realschule oder Gymnasium, deren Abschlüsse für die weitere Ausbildung vorbereiten.

So sieht eine Schule heute aus.

Entstehung der Kolonialreiche

Der Kampf um die Kolonien
Der Kolonialismus - so nennt man das Bestreben, über die Grenzen des eigenen Landes hinaus Herrschaft über andere Gebiete zu erlangen - beginnt schon im 16. Jahrhundert und nimmt im 19. Jahrhundert gewaltige Ausmaße an. Es entstehen große Kolonialreiche. Die Weißen - genauer gesagt, die Europäer - nehmen große Teile der Welt in Besitz. Im Jahre 1914 erstreckt sich die französische Kolonialherrschaft über *14 Millionen* km^2 (28 mal die Fläche Frankreichs) und *50 Millionen Einwohner,* Großbritannien über *33 Millionen* km^2 mit *450 Millionen Einwohnern,* was einem Viertel der Weltbevölkerung entspricht. Die deutschen Kolonialgebiete umfassen *3 Millionen* km^2 und *14 Millionen Einwohner.*

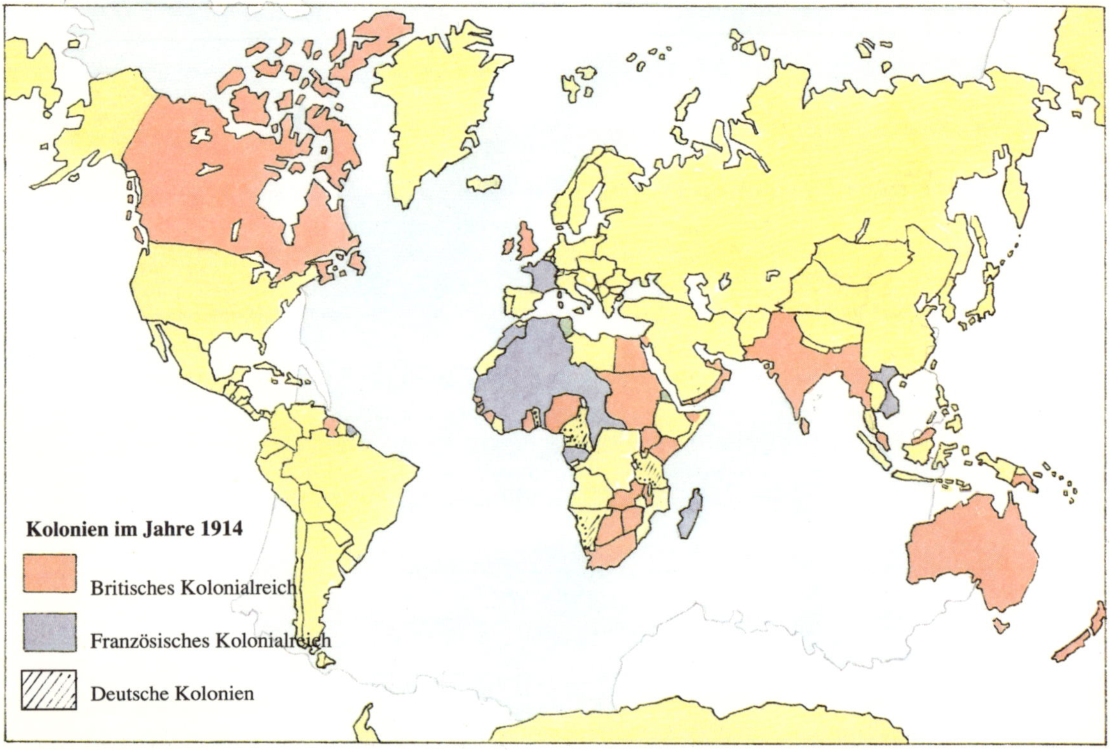

Wozu Kolonien?
Sie waren als Erweiterung der Machtsphäre, Lieferanten verschiedenster Rohstoffe sowie Absatzmärke für Industrie und Handel begehrt. Die Europäer brachten ihnen dafür ihre Sprache, ihren Glauben und technischen Fortschritt, kurz »die Zivilisation«.
1914 ist Europa der Mittelpunkt der Welt. Europäer leben in zahlreichen Kolonien Afrikas, Asiens und Amerikas.

Kautschukernte

Tempelruinen von Angkor in Kambodscha

Missionar in einem afrikanischen Dorf

Die Teilung Afrikas

Afrika ist während des gesamten 19. Jahrhunderts ist Afrika Schauplatz der kolonialen Expansion europäischer Staaten. Jede Kolonialmacht möchte sich eine Scheibe davon abschneiden. 1914 besitzen *sieben europäische Staaten* Gebiete in Afrika. Auseinandersetzungen in Afrika werden zu Konflikten in Europa.

Missionare und Forscher

Mit ihnen fingen oft die Eroberungen an. Sie drangen in bis dahin kaum bekannte Gegenden der Welt vor und versuchten, die Eingeborenen dazu zu bringen, sich unter den Schutz ihres Landes zu stellen. Der Erwerb von Kolonien verlief manchmal friedlich, doch meistens gewaltsam (Algerien, Indochina). Manchmal artete er in echten Völkermord aus.

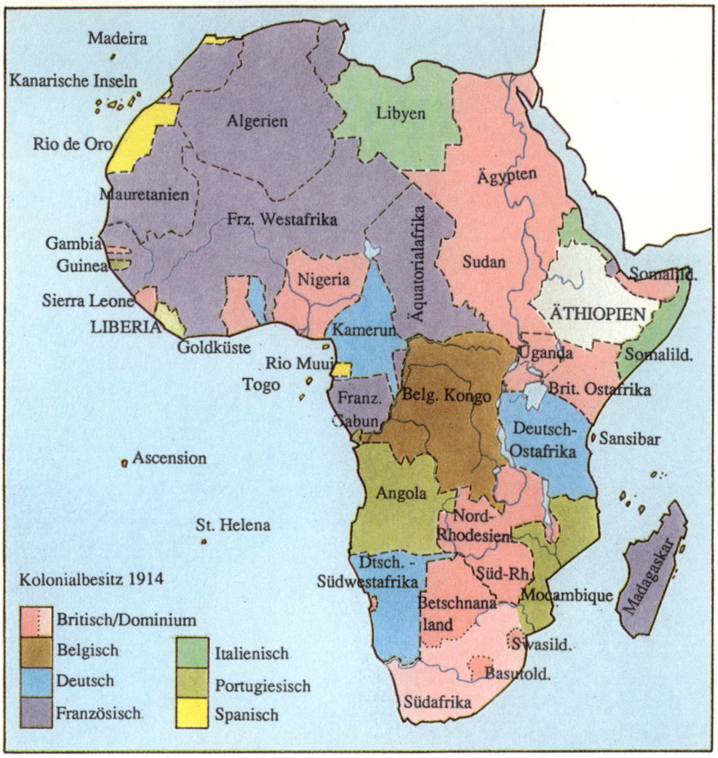

Holztransport in Äquatorialafrika

Indien und Kanada

Beide Gebiete stehen bis 1763 unter französischer Herrschaft, gehen aber dann in britischen Besitz über.

Indien wird zum echten »Juwel« des britischen Empires und bringt ihm großen Reichtum. Die britische Verwaltung wird straff organisiert. Die Königin von England, Queen Victoria, wird zur Kaiserin von Indien proklamiert.Das von Engländern bewohnte *Kanada* hat eine autonome Verwaltung.

Der Antikolonialismus

Diese Bewegung hat nach dem 1. Weltkrieg viele Anhänger, die sowohl die Eroberung von Kolonien als auch deren Ausbeutung durch Europa ablehnen. Diese Haltung begründen sie mit den vielen Menschenleben, die den Kolonialkriegen geopfert werden, und der Unterdrückung der unterworfenen Bevölkerung. Nach 1918, später nach 1945, erheben sich diese Völker und erkämpfen ihre Unabhängigkeit.

1914-18: Der Erste Weltkrieg

Das Jahrhundert hat so gut begonnen!
Frankreich, England, Deutsches Reich und USA sind mächtige Industriestaaten geworden. Die Produktion steigt ständig. Automobil- und Flugzeugindustrie entwickeln sich aufwärts. Das Bürgertum wird reich, viele Bankiers machen ein Vermögen. Paris wird zum Treffpunkt der Berühmtheiten (Künstler) der Welt. Langsam bessern sich auch die Lebensbedingungen für die Arbeiter: die Löhne steigen, auch die Lage auf dem Wohnungsmarkt und der Ernährung entspannt sich. Bismarck hat die erste umfassende Sozialgesetzgebung geschaffen. Die meisten Länder Europas erleben einen solchen Aufschwung. Diese Zeit wird »*Belle Epoque*« genannt. Aber sie ist nur von kurzer Dauer.

Im Moulin de la Galette am Montmarte, Paris (A. Renoir), einem beliebten Treffpunkt der Belle Epoque.

Warum kam es zum Krieg?
Zwei Gruppen von Großmächten stehen sich feindlich gegenüber und brechen aus wirtschaftlichen und politischen Gründen Streit vom Zaun: auf der einen Seite Frankreich, Rußland und England, auf der anderen Deutschland, Österreich-Ungarn und Italien. Als der österreichische Thronfolger in Sarajewo ermordet wird, gerät ganz Europa in diesen Konflikt hinein.

August 1914
Der Angriff Deutschlands auf Frankreich führt durch belgisches Gebiet. Da Belgien neutral ist, sieht sich England herausgefordert und greift in das Kriegsgeschehen ein.

Der Stellungskrieg
Von 1914 bis 1917, also fast 3 Jahre lang, leben die Soldaten in den Schützengräben, im Dreck, in der Kälte und der Angst. Manchmal verlassen sie die Gräben, um anzugreifen. Die Verluste sind erschreckend hoch.

700 000 Tote in 5 Monaten!
Dies ist die traurige Bilanz einer der schrecklichsten Schlachten der Geschichte: die Schlacht um Verdun 1916, in der die Franzosen 360 000 Mann, die Deutschen 340 000 Mann im Artilleriefeuer verlieren.

Verstärkung aus den USA / Oktoberrevolution in Rußland
1917 treten die *Vereinigten Staaten* in den Krieg ein. General Foch, ein Franzose, übernimmt den Oberbefehl über die alliierten Truppen. Ein Waffenstillstand beendet das Kriegsgeschehen.

11. November 1918
Der Krieg ist zu Ende. In Deutschland kommt es zu *revolutionären Unruhen*, der Kaiser dankt ab. Deutschland wird Republik. Im »*Versailler Vertrag*« von 1919 muß Deutschland Elsaß und Lothringen an Frankreich abtreten und sich zur Zahlung hoher Kriegsentschädigungen verpflichten.

Der Seekrieg weitet sich zum Handelskrieg aus, wobei die deutsche Seite U-Boote einsetzt. Als nach kurzer Pause Deutschland den U-Bootkrieg uneingeschränkt wiederaufnimmt, treten die USA in den Krieg ein.

Frontverlauf im 1. Weltkrieg (weitestes Vordringen der Mittelmächte im Westen und Osten und weitester Vorstoß der Alliierten

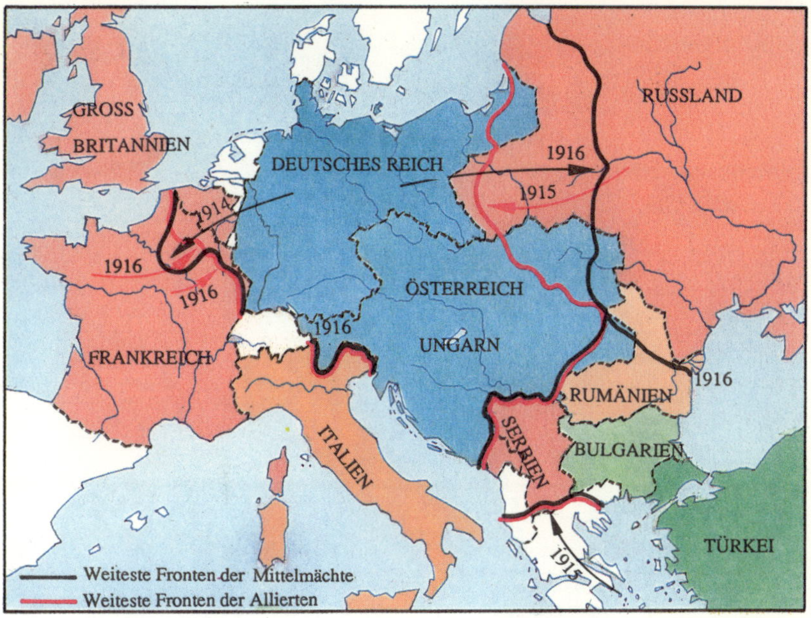

Ein Krieg fordert Opfer In vier Jahren hat Frankreich *1,5 Millionen Tote*, Deutschland *1,9 Millionen*, Österreich *1,2 Millionen* zu beklagen. Der Krieg hat Milliarden verschlungen, ein großer Teil des Landes in Belgien und Ostfrankreich ist verwüstet. Die Sowjetunion ist aus dem europäischen Staatenverbund ausgeschieden, die USA interessieren sich nicht mehr für Europa.

Generalfeldmarschall Hindenburg

Hindenburg (1847-1934) Hindenburg übernahm nach Ausbruch des Krieges den Oberbefehl an der deutschen Ostfront (Ostpreußen). Seine Erfolge machen ihn zum volkstümlichsten deutschen Heerführer des Krieges. Im Westen kann Hindenburg keine Wende erzwingen, und mit Kriegsende erlischt seine militärische und politische Laufbahn. Gegen seinen Willen wird er 1925 zum zweiten deutschen Reichspräsidenten gewählt. Hindenburg bleibt monarchisch gesinnt, hält sich an die Verfassung, wird 1932 noch einmal gewählt und ernennt 1933 Hitler zum Reichskanzler.

Gebietsverluste des Deutschen Reiches und Zerfall der Donaumonarchie nach dem 1. Weltkrieg.

Drittes Reich und Zweiter Weltkrieg

Adolf Hitler (1889-1945), der »Führer«, kam 1933 in Deutschland an die Macht. Er litt an Größenwahn.

Ein neuer Konflikt zeichnet sich ab

1929 kommt es zum Ausbruch der Weltwirtschaftskrise, in der die Zahl der Arbeitslosen auf viele Millionen ansteigt. Der Ruf nach Ordnung und Wiederaufbau führt in einigen europäischen Ländern, vor allem in Italien unter Mussolini und Deutschland unter Hitler, zur Diktatur.
Hitler gründet die »nationalsozialistische deutsche Arbeiterpartei (NSDAP)«, hebt das Parlament auf und rüstet die deutsche Wehrmacht auf. Er erklärt seine Absicht, das Friedenssystem von Versailles zu zerstören.

1938
Hitler gelingt es, Österreich mit dem Deutschen Reich zu vereinigen. Im Münchner Abkommen anerkennen Frankreich, England, Italien den Erwerb eines Teiles der Tschechoslowakei (das deutsch-sprachige Sudentenland; 29 000 km²/ 3,36 Millionen Einwohner). Eine internationale Garantie für den staatlichen Rest der Tschechoslowakei kommt nicht zustande, so daß Hitler auch diesen Teil besetzen kann.

Der Blitzkrieg

1939 marschiert Hitler in Polen ein. Großbritannien und Frankreich erklären Deutschland den Krieg. Die Sowjetunion marschiert in Polen ein.

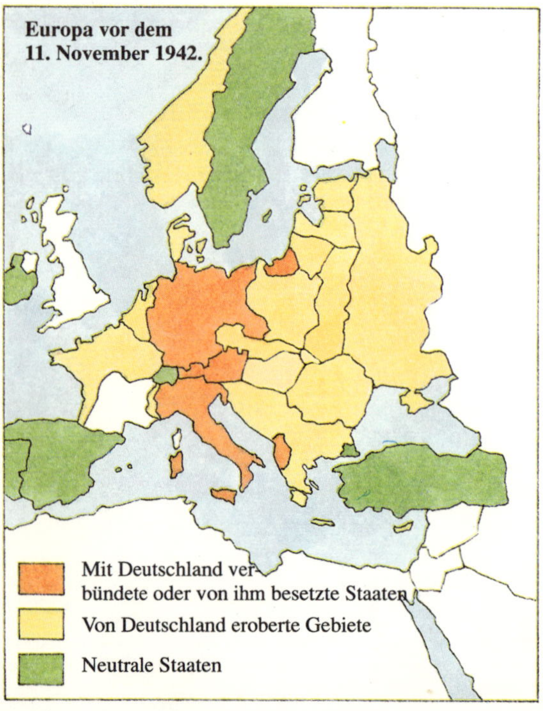

Am *10. Mai 1940* greifen die Deutschen Frankreich, Belgien und die Niederlande an. Die französische Armee wird innerhalb weniger Wochen aufgerieben. Zwei Millionen Soldaten geraten in Gefangenschaft.
Im Juni 1940 unterbreitet Marschall Pétain, der neue französische Regierungschef, den Deutschen ein Waffenstillstandsangebot. Die Deutschen besetzen einen Großteil Frankreichs.

Der Kampf geht weiter

Aber England ist nicht besiegt. Im Wettlauf um die Besetzung Dänemarks und Norwegens wegen kriegswichtiger Lieferungen ist die deutsche Flotte schneller, doch in der Luftschlacht um England unterliegt die deutsche Luftwaffe. Churchill erweist sich als kompromißloser Gegner. Die Epoche des Blitzkrieges ist damit zu Ende. Mit der Ausdehnung des Krieges nach Afrika und in die Sowjetunion, schließlich der Kriegserklärung an die USA zeichnet sich die Wende des Zweiten Weltkrieges ab. Nach der Schlacht von Stalingrad beginnt der deutsche Rückzug.

In solche Konzentrationslager deportierten die Nazis ihre Opfer. Auschwitz, Mauthausen, Buchenwald, Dachau, Bergen-Bergen, Treblinka... waren berüchtigte Namen.

Die Konzentrationslager
Hitlers Geheime Staatspolizei (Gestapo) und die SS verhaften Millionen Männer, Frauen und Kinder, verschleppen sie in die Konzentrationslager und foltern sie, vor allem Juden und Zigeuner, die die Nazis aus rassischen Gründen ausrotten wollen. 10 Millionen Menschen kommen auf diese Weise um, davon 6 Millionen Juden. Wegen dieses gräßlichen Massenmordes an Unschuldigen wurden später die verantwortlichen Nazis als »Kriegsverbrecher« zum Tode verurteilt.

Das Ende des Krieges
Am *6. Juni 1944* landen britische und amerikanische Einheiten in der Normandie, um die deutsche Besatzung zurückzudrängen. Hitler begeht am *30. April 1945* Selbstmord, die Russen nehmen Berlin ein. Russen und Westalliierte begegnen sich an der Elbe, am 7. Mai 1945 kapituliert die deutsche Wehrmacht bedingungslos. Wirklich zu Ende ist der Krieg erst drei Monate später, nach dem Abwurf der amerikanischen Atombomben auf Hiroshima und Nagasaki. Die traurige Bilanz des Zweiten Weltkrieges sind etwa 50 Millionen Tote, davon 30 Millionen in Europa.

Widerstand gegen Hitler
Das bekannteste Attentat auf Hitler war das vom 20. Juni 1944. Doch Hitler blieb am Leben. Widerstand leisteten auch bürgerliche Kreise, Christen und Parteien.

Die Niederlage Deutschlands und Japans
1941 wird der von Deutschland entfachte Krieg zum Weltkrieg. Die USA unterstützen die Westmächte mit Waffen und Munition, liefern darüber hinaus Kriegsmaterial an England und die UdSSR. Zusehends drängen die USA über den Atlantik nach Europa. Die Japaner überfallen den amerikanischen Flottenstützpunkt auf Hawaii, Pearl Harbour, doch werden sie langsam von Insel zu Insel über den Pazifik zurückgedrängt. Gleichzeitig unterstützen die USA das von den Japanern besetzte China. Die Erfindung des Radarsystems gewährt den Alliierten völlige Luftüberlegenheit; Deutschlands Städte versinken in Trümmern.

6. Juni 1944: Landung der alliierten Truppen in der Normandie.

Ost und West: die beiden Machtblöcke

Das besetzte Deutschland
Im Februar 1945 beschließen auf der Konferenz von *Jalta* (UdSSR) der Engländer *Churchill*, der Amerikaner Roo-

Churchill, Roosevelt, Stalin

sevelt und der Sowjetrusse *Stalin*, Deutschland zu besetzen. Bei Kriegsende wird das deutsche Staatsgebiet in zwei große Machtbereiche geteilt:
- die Zone im Osten steht unter sowjetischer Besatzung;
- die Zone im Westen wird von amerikanischen, britischen und französischen Truppen besetzt.

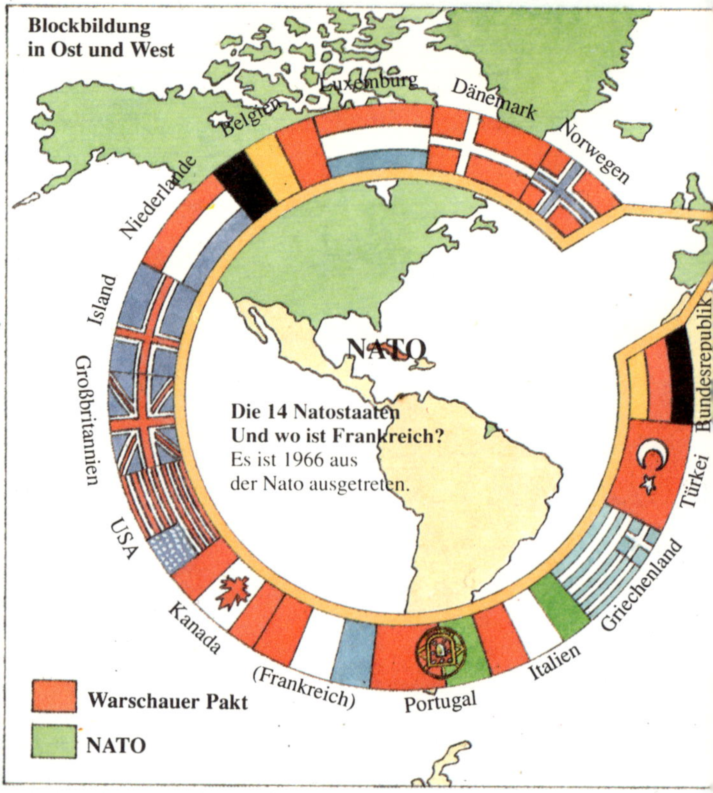

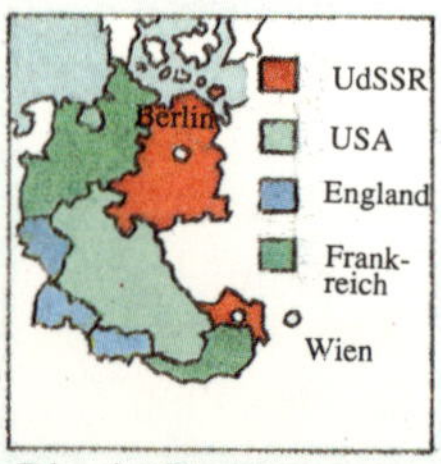

Die vier Besatzungszonen in Deutschland und Österreich nach der Kapitulation.

Die Siegermächte entzweien sich
Die UdSSR, die »Heimat des Kommunimus«, dehnt ihren Machtbereich auf einen großen Teil von Europa aus.
Die USA fürchten die Ausbreitung des Kommunismus; sie gewähren den Staaten, die ihre Politik unterstützen, Wirtschaftshilfe, um sie auf ihre Seite zu bringen.
Von da an stehen sich zwei Blöcke - der Ostblock und der Westblock, gegenüber und lassen über der Welt die Drohung eines neuerlichen Krieges schweben.

Die Vereinten Nationen (UNO)
Die am 26. Juni 1945 gegründete UNO (United Nations Organization) soll Konflikte friedlich beilegen und die internationale Zusammenarbeit fördern. Sie hat ihren Sitz in New York.
Derzeit hat die UNO 158 Mitgliedstaaten. Sie verfügt auch über eigene Friedenstruppen. Die UNO-Soldaten werden *Blauhelme* genannt.

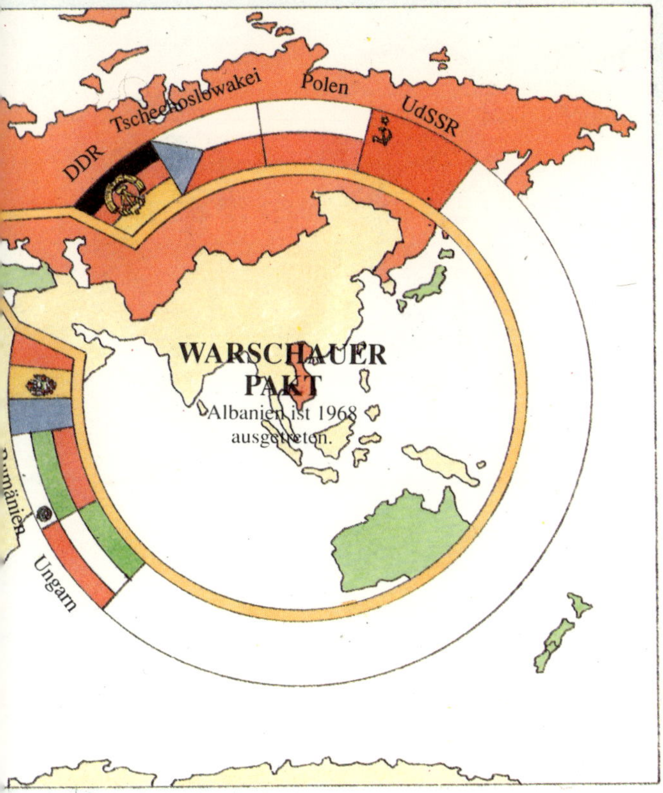

Was versteht man unter dem »Kalten Krieg«?
Den ständigen, wenn auch nicht mit Waffen ausgetragenen Kampf zwischen den zwei großen Supermächten, UdSSR und USA, um die Vorherrschaft in der Welt. Er dauerte bis 1963. Die derzeitige Phase wird üblicherweise als »friedliche Koexistenz« bezeichnet. Die Spannungen stellen aber immer noch eine Bedrohung für den Frieden dar.
1949 unterzeichnen 12 Westmächte ein militärisches Verteidigungsbündnis (NATO = North Atlantic Treaty Organization). 1952 treten Griechenland und die Türkei bei, 1955 die Bundesrepublik, 1982 Spanien.
Ebenso schließen 1955 zahlreiche osteuropäische Staaten - Polen, CSSR, DDR, Albanien, Ungarn, Rumänien, Bulgarien - einen Militärpakt mit der UdSSR (Warschauer Pakt).

Die Berliner Mauer
Diese 1961 von Ostberlin errichtete Mauer ist 162,2 km lang; sie teilt Berlin auf einer Länge von 43 km in zwei Teile und soll verhindern, daß sich Ostberliner in den Westen

absetzen. Die Mauer ist zum Symbol für die Gegensätze zwischen den beiden Blöcken geworden. Seit November 1989 trennt die Mauer nicht mehr.

Von der Stunde Null in ein vereintes Europa

Die Besatzungszeit
Die unterschiedlichen Vorstellungen der Siegermächte über die Zukunft Deutschlands ermöglichen keine einheitliche Lösung. Die Oder-Neiße-Grenze gilt als neue deutsch-polnische Grenze, und der Nordteil von Ostpreußen fällt an die UdSSR. Berlin ist eine in vier Sektoren geteilte Stadt mit eigener alliierter Kontrollbehörde. Zuständig für die vier Besatzungszonen sind in erster Linie die Außenminister der vier Siegermächte, Entscheidungsgewalt haben die jeweiligen Befehlshaber.

Konrad Adenauer (1876 - 1967); Bundeskanzler 1949 -63, Außenminister 1951 - 55

Charles de Gaulle (1890 - 19
1940 Chef d. Résistance,
1958 - 69 frz. Staatspräsident

Der Wiederaufbau beginnt
1948 fällt die Entscheidung. Die drei westlichen Besatzungszonen haben sich zusammengeschlossen und erhalten, wie andere Staaten Europas auch, die *Marshallplan-Hilfe* (3,4 Milliarden Dollar) von den USA für den wirtschaftlichen Aufbau. Die UdSSR lehnt diese Hilfsgelder für ihre Satellitenstaaten ab. Die Währungsreform (DM) und die Gründung der sozialen Marktwirtschaft veranlassen die sowjetische Armee zur *Blockade von West-Berlin*. Fast ein ganzes Jahr wird die Stadt aus der Luft versorgt, bis Stalin die Einschränkungen wieder aufhebt.

Wiederherstellung der Demokratie
1949 beschließt der Parlamentarische Rat das *»Grundgesetz der Bundesrepublik Deutschland«*. Konrad Adenauer wird als erster Bundeskanzler, Theodor Heuss als erster Bundespräsident gewählt. Im Gegenzug zur westlichen demokratischen Entwicklung veranlassen die Sowjets die Gründung der *Deutschen Demokratischen Republik* (DDR), wobei die beiden Parteien KPD und SPD zum Zusammenschluß in der SED gezwungen werden. Die beiden Staaten entwickeln sich auseinander.

Integration in Westeuropa
Der *Koreakrieg* gibt Anlaß, Sicherheitsfragen in Westeuropa neu zu überdenken. Soll die Bundesrepublik wiederbewaffnet werden? Die Verhandlungen über eine Integration der BRD in den Westen veranlassen Stalin zu neuen Angeboten in der Deutschlandfrage (Wiedervereinigung und Neutralität beider Staaten), die aber im Westen auf Ablehnung stoßen. Neben der *Aufnahme der BRD in die Nato (1955)* gilt der *Deutsch-Französische Freundschaftsvertrag (1963)* als herausragendes Ereignis.
Seit 1970 datiert eine neue, auf Annäherung bedachte Ostpolitik der Bundesregierung gegenüber der UdSSR, Polen, CSSR, DDR, die sich in gegenseitigen Verträgen niederschlägt und auch die Berlin-Frage einschließt.

West-Europa wächst zusammen:
1949 Europarat
1957 Europäische Wirtschaftsgemeinschaft (EWG)
Europäische Gemeinschaft für Atomenergie
1967 Europäische Gemeinschaft (EG)
1979 Wahl des Europäischen Parlaments (Sitz in Straßburg)
1992 (geplanter) Europäischer Binnenmarkt

Ost-Europa erhebt und verselbständigt sich:
1953 Aufstand der Arbeiter in der DDR
1956 Aufstände in Ungarn und Polen
1968 Einmarsch der Warschauer Pakt-Staaten in die CSSR
1980 Aufstand der Arbeiter in Polen
1989 das Volk erhebt sich in Ungarn, Polen, DDR, CSSR, Rumänien.

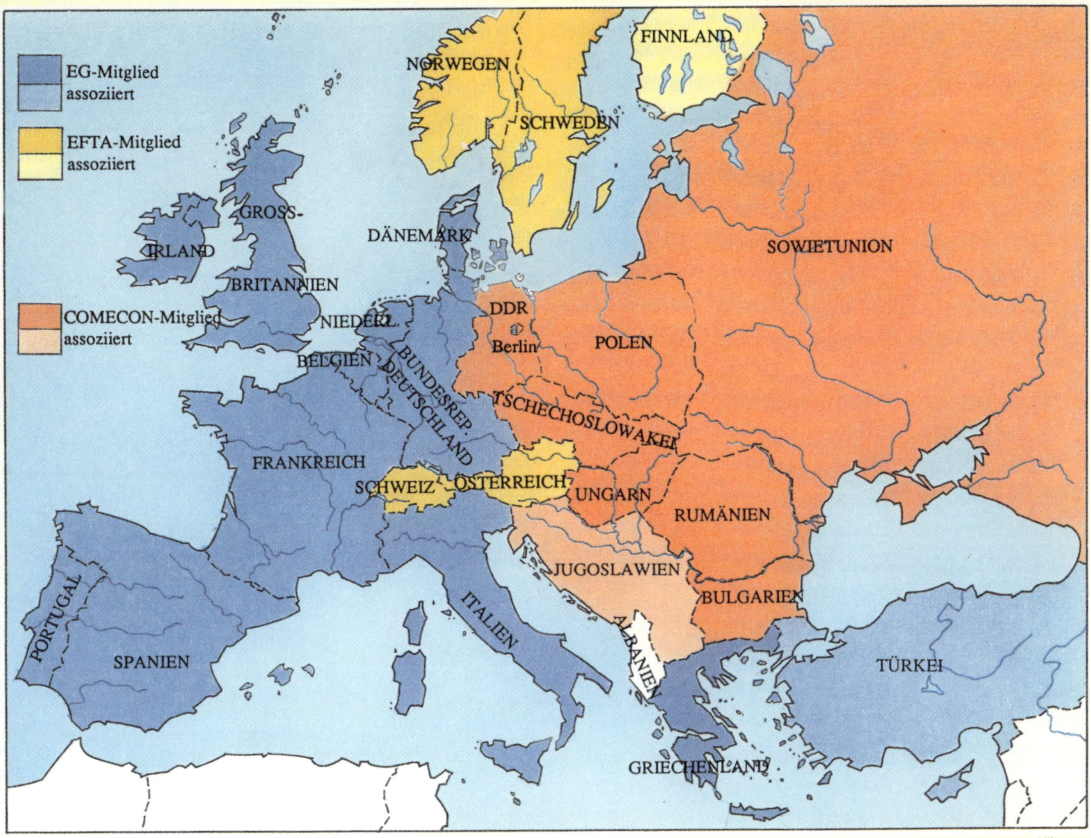

Die OPEC

Die in dieser Organisation (Organization of the Petroleum Exporting Countries) zusammengeschlossenen Erdöl exportierenden Staaten spielen im Weltgeschehen eine wachsende Rolle. Sie setzen den Rohölpreis immer wieder neu fest. 1973 erhöhen sie den Ölpreis auf das Vierfache, was in den Einfuhrländern wie Deutschland die Ölkrise auslöst. In jüngster Zeit ist der Ölpreis beträchtlich zurückgegangen.
Der OPEC gehören *14 Staaten* an.

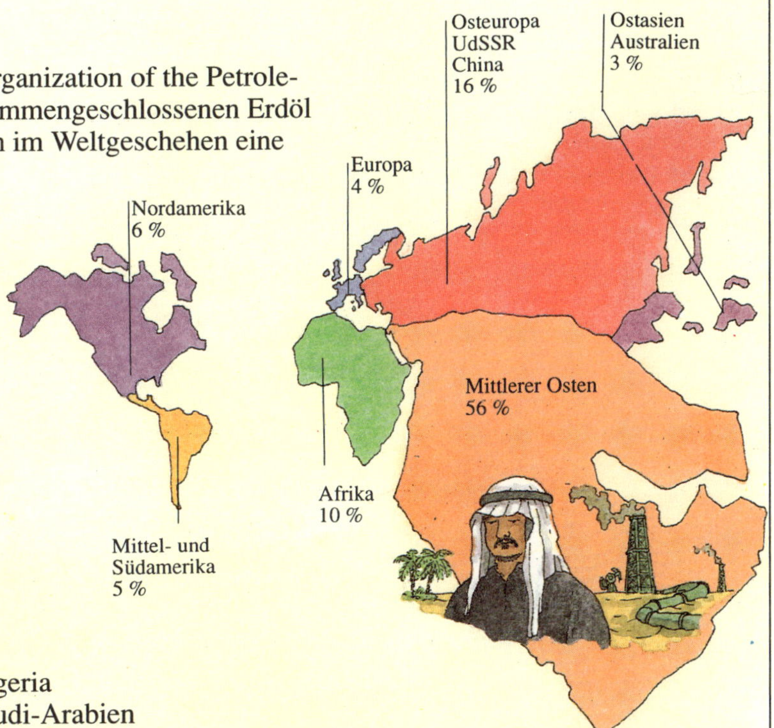

Auf dieser Karte ist die Größe jedes Landes im Verhältnis zu seiner Erdölproduktion abgeändert.

Die Mitgliedsstaaten der OPEC

Algerien
Ecuador
Gabun
Indonesien
Irak
Iran
Katar
Kuwait
Libyen
Nigeria
Saudi-Arabien
Venezuela
Vereinigte Arabische Emirate

Die Mächte des Jahres 2000

Ab 1945 geht es mit der wirtschaftlichen Entwicklung in der Welt bergauf. Neben den drei großen Wirtschaftsmächten USA, UdSSR und Europa tauchen neue Partner auf, die sich anschicken, dem Club der Großen Drei beizutreten.

Das japanische Wunder
Das 1945 besiegte und wirtschaftlich ruinierte Japan erlebt einen unglaublichen industriellen Aufschwung und ist nach 20 Jahren die drittgrößte Wirtschaftsmacht der Welt. Dank seiner dichten Bevölkerung - etwa *120 Millionen Einwohner* - verfügt Japan über einen großen Binnenmarkt und viele hochqualifizierte Arbeitskräfte. Es exportiert seine Industrieprodukte (Autos, Maschinen, Kameras, Elektronik) in großen Mengen und wird dadurch Konkurrent der großen Industriestaaten.
Hitachi, Toyota, Mitsubishi, Honda: im Westen sind diese Markennamen durch die Flut japanischer Fernseh- und Tonbandgeräte, HiFi-Anlagen, Motorräder, Autos usw. wohlbekannt. Aber Japan lebt beengt auf einer Fläche von nur 372 000 km^2 und im ständigen Kampf gegen die Umweltverschmutzung, die durch die vielen Industriebetriebe verursacht wird.

Ein Roboter bei der Arbeit. Ein Wunderwerk japanischer Elektronik. Die Kamera liest den Bildschirm ab und gibt die Befehle an die Gliederhände weiter, die auf die Tasten der Tastatur drücken.

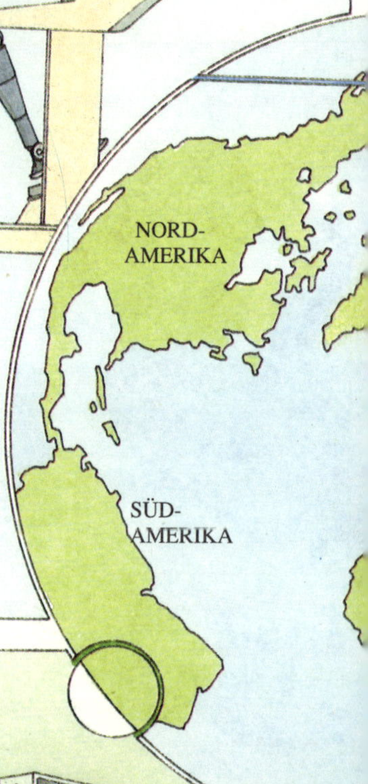

Brasilien: Macht und Ohnmacht
Brasilien, früher portugiesische Kolonie, ist *vierunddreißigmal so groß* wie die Bundesrepublik, hat *125 Millionen Einwohner* und macht seit 1965 eine rasante Entwicklung durch. Die Städte entwickeln sich dort nach amerikanischem Vorbild, und große, moderne Industrieen schießen aus dem Boden. Landwirtschaft und Viehzucht werden auf riesigen, frisch gerodeten Flächen betrieben. Diese Abholzung von Regenwald hat verheerende Folgen für die Umwelt.
Aber der Ertrag dieses enormen Aufschwungs wird ungerecht verteilt: *Von 10 Brasilianern müssen 4 hungern!*
Seit 1980 macht Brasilien eine schwere Krise durch. Derzeit gehört es zu den höchstverschuldeten Ländern der Welt. Es muß seine Wirtschaft dringend neu organisieren: 55 % der landwirtschaftlich nutzbaren Fläche werden noch nicht bewirtschaftet; sie stellen die größte Reserve der Welt dar.

Land der Gegensätze. Hier liegen die Hütten der Slums dicht neben den modernen Bauten der reichen Viertel.

Über eine Million Menschen auf dem Marsch in Richtung Fortschritt!

China - der erwachende Riese

China mit *einer Milliarde Einwohnern* und seinem riesigen Staatsgebiet erwacht allmählich zu modernem Leben. Bis 1949 haben eine Reihe von Kriegen seine Entwicklung behindert und einen gewaltigen Rückstand verursacht. 1949 übernimmt China das kommunistische Modell der Sowjets und macht *Mao Tse-tung* zum Staatschef. 1958 kommt es zum Bruch mit der Sowjetunion, China wählt seinen eigenen Weg. Aber der Fortschritt stellt sich nur zögernd ein, denn neben modernen Arbeitstechniken halten sich hartnäckig traditionelle Verfahren. Außerdem besteht China darauf, nur seine eigenen Kräfte für die Nutzung seiner Bodenschätze und Rohstoffe einzusetzen. Seit Maos Tod betreibt China eine Politik der Öffnung nach außen und verstärkt die Handelsbeziehungen mit der übrigen Welt.
1989 werden Demonstrationen für mehr Freiheit in Peking von Panzern überrollt.

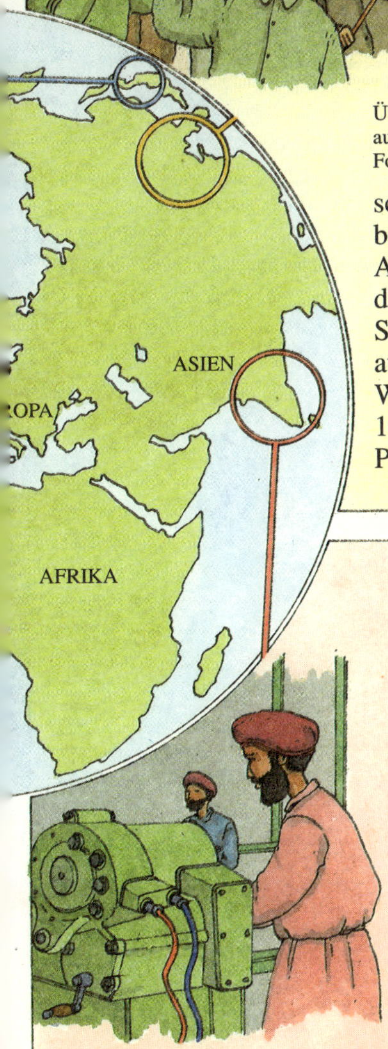

Die Industrialisierung kommt nur langsam voran. Nur im militärischen Bereich ist der technische Fortschritt groß.

Indien: entschlossen auf Erfolgskurs

Das volkreiche Indien - *775 Millionen Einwohner* sind es jetzt, bis 2000 sollen es 1 Milliarde sein - entwickelt sich nur langsam.
Trotz der beschleunigten Modernisierung seiner Landwirtschaft ist der Hunger in diesem Entwicklungsland noch nicht besiegt. Daran sind vor allem die Übervölkerung und die Tatsache schuld, daß Indien den Großteil seiner Agrarprodukte exportiert. Mit großen Anstrengungen versucht das Land, diese Schwierigkeiten zu überwinden. Es achtet zwar auf die Wahrung seiner Neutralität, nimmt aber Wirtschaftshilfe von den Großmächten an.

Gandhi - wer ist das?
Gandhi - er hatte den Beinamen »Mahatma« (Große Seele) -war eine der Leitfiguren in der Geschichte Indiens. Ab 1915 ringt er mit den Engländern um die Unabhängigkeit seines Landes. Er setzt sich für den gewaltlosen Widerstand ein und macht dieses Prinzip weltbekannt. 1948 wird Gandhi ermordet.

Neben Hindi, der offiziellen Sprache, Englisch und sechzehn von der Verfassung anerkannten Regionalsprachen gibt es in Indien 4000 inoffizielle Sprachen und Dialekte.

Die wissenschaftliche Explosion

Von 1945 an bewirken eine Fülle von Entdeckungen und ungeheurer technischer Errungenschaften stürmische Veränderungen im Leben der Menschen.

Die Lebenserwartung steigt
Die Medizin erringt große Erfolge. Dank der Entwicklung von *Impfstoffen* können schwere Krankheiten wie Tuberkulose, Wundstarrkrampf, Kinderlähmung usw. endlich besiegt werden. Der Einsatz neuer Medikamente - wie z.B. der Antibiotika - bringt vielen Kranken Erleichterung. Erstmals werden *Organverpflanzungen* (Herz-, Nierentransplantationen) erfolgreich versucht.

Gamma-Strahlen-Kamera. Dieses Gerät liefert exakte Informationen über die Funktion von Organen.

Maschinen statt Menschen
Dank der *Automatisierung* wird die Arbeit der Menschen weniger mühsam. Landwirtschaft und Industrie modernisieren sich; die ersten *Roboter* werden eingesetzt.
Die Verwendung von *Computern*, die in wenigen Augenblicken komplizierte Aufgaben lösen können, leitet eine neue Phase dieser Entwicklung ein.

Automatische Fließbandmontage. Der Roboter schweißt die Teile selbsttätig zusammen.

Die friedliche Nutzung der Kernenergie
Atomkraft dient nicht nur der Zerstörung. Heute nutzen große *Kernkraftwerke* die Atomkraft zur Stromerzeugung.

Trägerrakete Ariane (39000 km/h). Sie bringt europäische Satelliten mit über 2 t Gewicht in ihre Umlaufbahn.

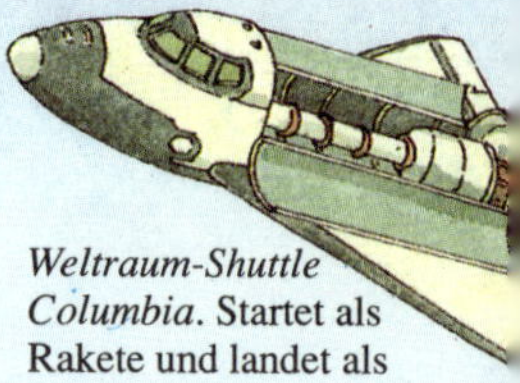
Weltraum-Shuttle Columbia. Startet als Rakete und landet als Gleitflugzeug. Es verfügt über 3 Motoren mit je 211 Tonnen Schubkraft. Einsatz für den Start von Satelliten, ihren Transport in eine Erdumlaufbahn oder ihre Bergung.

Kernkraftwerk. Solche Kraftwerke können den gesamten Strombedarf decken.

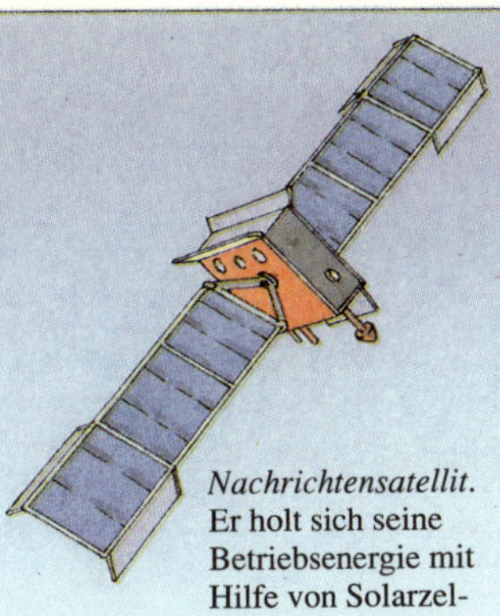

Nachrichtensatellit. Er holt sich seine Betriebsenergie mit Hilfe von Solarzellen durch Umwandlung von Sonnenenergie.

Aber viele Menschen haben Angst vor der Kernenergie und treten als Atomkraftgegner auf, weil sie Umwelt- und vor allem mögliche Strahlungsschäden befürchten.

Kommunikation mit Hilfe von Wellen
Die Einführung des Rundfunks, Telefons und Fernsehens hat den Nachrichtenverkehr sehr gefördert, unser Wissen über das Weltgeschehen vermehrt und die Menschen einander nähergebracht.

Die Entfernungen schrumpfen
Der Verkehr wird immer schneller. In der Bundesrepublik besitzt fast jeder Zweite ein Auto (PKW).
Intercity-Expreßzüge fahren bis zu 200 km/h (in Frankreich sogar 260 km/h) schnell und verbinden die großen Städte.
Die Fahrzeit Hamburg-München (820 km) schrumpft im Intercity-Verkehr auf 6 Stunden 39 Minuten.
Die *Concorde* überquert in dreieinhalb Stunden den Atlantik.
Sie fliegt über 2 000 km/h.

Die Eroberung des Weltraumes
1957 bringen die Sowjets den ersten künstlichen Erdsatelliten, *Sputnik I*, in eine Umlaufbahn um die Erde.
1969 landen die amerikanischen Astronauten *Armstrong* und Baldwin als erste Menschen auf dem Mond.
1979 bringt die französische Rakete *Ariane* den ersten europäischen Satelliten in seine Umlaufbahn.
Derzeit kreisen viele verschiedene Satelliten um unsere Erde. Einige dienen der Kommunikation (Funk- und Fernsehsatelliten), andere der Meteorologie (Wettervorhersage), wieder andere militärischen Beobachtungen. Dank des amerikanischen Weltraum-Shuttle kann man heute defekte Satelliten auf die Erde zurückbringen und reparieren.

Concorde. Dieses 2 000 km/h schnelle Flugzeug wurde von Frankreich und Großbritannien gemeinsam entwickelt und hat Platz für 130 Passagiere.

TGV. Französischer Expreß-Triebzug mit 8 Wagen, Platz für 386 Passagiere und einer Reisegeschwindigkeit von über 260 km/h.

Mähdrescher. Diese Erntemaschine trennt automatisch die Getreidekörner vom Stroh.

U-Boot mit Atomkraftantrieb. Es kann mehrere Tage unter Wasser bleiben, ohne aufzutauchen.

Die Menschenrechte heute

Die Prinzipien der *Menschenrechte* sind zwar in einer *allgemein gültigen Deklaration* festgehalten, jedoch auch heute noch vielfach bedroht, in einigen Ländern nicht vorhanden.
Die Generalversammlung der UNO (Vereinten Nationen) hat 1948 die Deklaration der Menschenrechte angenommen. Die 158 UNO-Mitgliedsstaaten sind verpflichtet, sich daran zu halten. Sie umfaßt 30 Artikel.

Die Flagge der UNO symbolisiert den Weltfrieden.

Deklaration der Menschenrechte

Art.1: Alle Menschen sind frei und gleich an Würde und Rechten geboren. Sie sind mit Vernunft und Gewissen begabt und sollen einander im Geiste der Brüderlichkeit begegnen.
Art.2: Jedermann hat Anspruch auf die in dieser Erklärung proklamierten Rechte und Freiheiten ohne irgendeine Unterscheidung, wie etwa nach Rasse, Farbe, Geschlecht, Sprache, Religion, politischer oder sonstiger Überzeugung, nationaler oder sozialer Herkunft, nach Vermögen, Geburt oder sonstigem Status.
Weiter darf keine Unterscheidung gemacht werden auf Grund der politischen, rechtlichen oder internationalen Stellung des Landes oder Gebietes, dem eine Person angehört, ohne Rücksicht darauf, ob es unabhängig ist, unter Treuhandschaft steht, keine Selbstregierung besitzt oder irgendeiner anderen Beschränkung seiner Souveränität unterworfen ist.

In unserer Zeit zwingt die weiße Regierung in Südafrika der schwarzen Mehrheit ihre *Apartheid-Politik*, das heißt Rassentrennung, auf. Je nach Hautfarbe sind die Rechte der Menschen verschieden.

Rassendiskriminierung
Der Rassismus beruht auf der Vorstellung, daß eine Rasse einer anderen überlegen sei, führt zur Mißachtung des Art. 2 der Deklaration (siehe rechts) und äußert sich in der Verachtung oder Verfolgung von Menschen anderer Rassenzugehörigkeit. Während des Zweiten Weltkriegs haben die Nazis in ihrem Rassenwahn *Millionen Menschen* (Juden, Zigeuner...) umgebracht.

Gefangen, weil sie anders denken
Art. 2 der Menschenrechtsdeklaration sieht auch das Grundrecht auf politische und religiöse Meinungsfreiheit vor.
Gewisse Länder, besonders Diktaturen, erkennen diese Grundrechte nicht an. Dort verfolgt man Regimegegner und sperrt sie ein. Manchmal tötet man sie sogar.

Aus politischen oder wirtschaftlichen Gründen müssen zahlreiche Völker aus ihrem Land fliehen.

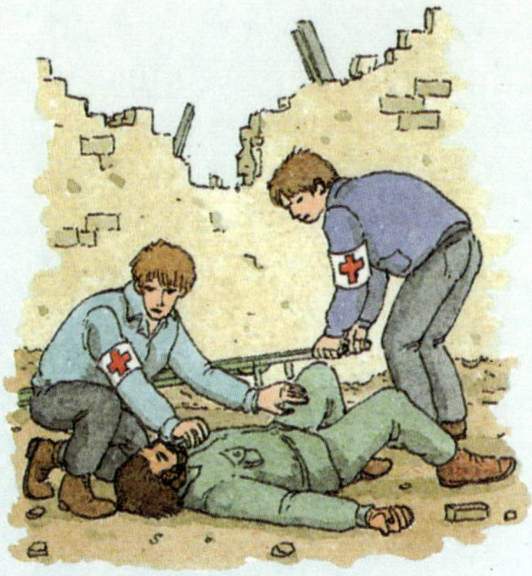

Amnesty International
Diese unabhängige Organisation wurde *1961* von dem englischen Rechtsanwalt *Peter Benenson* gegründet und führt bei den Regierungen und in der öffentlichen Meinung einen beharrlichen Kampf gegen die Todesstrafe und jede Art von Folter. Sie bringt Gefangenen, die wegen ihrer Meinung, ihres Glaubens oder ihrer Herkunft eingesperrt sind, Hilfe und Beistand.
Seit ihrer Gründung hat diese Organisation die Freilassung von über *7000 Gefangenen* erreicht.
Amnesty International veröffentlicht jedes Jahr einen Bericht, in dem die Länder genannt werden, in denen die Menschenrechte verletzt werden.

Das Rote Kreuz
Henri Dunant, ein Schweizer, gründete *1863* dieses internationale Hilfswerk, um Kriegsverletzten ohne Unterschied der Staatsangehörigkeit helfen zu können. Heute ist das Rote Kreuz auch auf vielen anderen Gebieten - Rettungsdienst, Altenpflege, Hilfe für Behinderte und Flüchtlinge - tätig (Internationales Komitee vom Roten Kreuz).

Die Folter
Auch heute noch kommt die körperliche Mißhandlung von Gefangenen vor, meist als Strafe oder Druckmittel, damit sie entweder gestehen, andere denunzieren oder ihre Zielvorstellungen aufgeben.
Die meisten großen Staaten verurteilen solche barbarischen Methoden.

Ein Plakat als Symbol für die Hoffnung auf Freiheit.

Die UNESCO (United Nations Educational, Scientific and Cultural Organization)
Diese Sonderorganisation der UNO hat die Aufgabe, zur Erhaltung des Friedens durch Förderung der internationalen Zusammenarbeit auf den Gebieten der Erziehung, Wissenschaft und Kultur beizutragen. Ein weltweites Programm soll dafür sorgen, daß alle Menschen lesen und schreiben lernen, damit dem Art. 26 der Menschenrechtsdeklaration entsprochen wird. Er besagt: *Jeder Mensch hat ein Recht auf Bildung...* Die UNESCO hat ihren Sitz in Paris.

Eingeborene in einem afrikanischen Dorf lernen lesen und schreiben.

Menschenrechte in der Demokratie
Jede Demokratie muß darauf achten, daß in der Bevölkerung nicht die böse Saat des Rassismus Wurzeln schlagen kann. Humanitäre Bewegungen, wie die Liga gegen den Rassismus oder die Liga gegen Antisemitismus, widmen sich dieser Aufgabe. Die Menschenrechte sind schutzbedürftig und ständig in Gefahr.

Der Planet Erde

Steckbrief

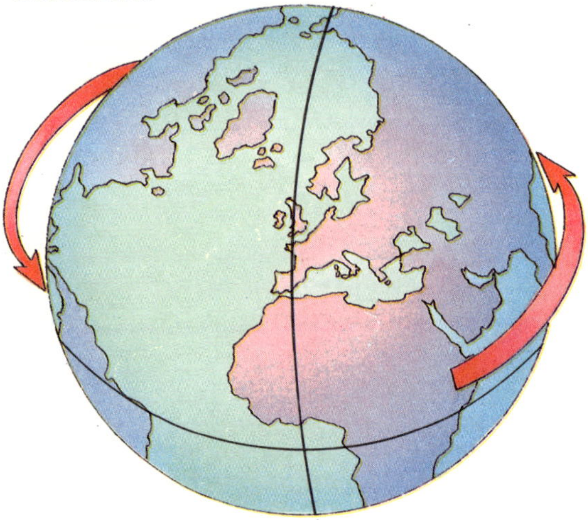

Unsere Erde, dieser kleine blaue Punkt im Weltall, entstand vor etwa 4,6 Milliarden Jahren.
Sie hat die Form einer Kugel, die an den Polen leicht abgeflacht ist. Der Erdumfang beträgt am Äquator 40 070,368 km.

Ihr Gewicht beläuft sich auf 5 974 Trillionen Tonnen. Sie umfaßt eine Oberfläche von 510 101 000 km^2 und hat einen Rauminhalt von 1 083 320 000 000 km^3. Innerhalb von 23 Stunden, 56 Minuten und 4 Sekunden dreht sie sich von West nach Ost einmal um die eigene Achse (das ist ein Tag). Gleichzeitig dreht sie sich in 365 Tagen und 6 Stunden (das ist ein Jahr) um die Sonne und legt dabei 930 Millionen km bei einer Geschwindigkeit von 107 000 km/h (das sind fast 3O Kilometer in der Sekunde!) zurück.
Besonderes Merkmal: auf der Erde ist Leben möglich. Unser Planet zählt über 5 Milliarden Einwohner (Zählung vom 8. Juli 1986).

Ein paar Fachausdrücke
Dank gedachter Linien können wir uns auf der Erdkugel (dem *Globus)* zurechtfinden.
Der *Äquator* teilt die Erdkugel in zwei Hälften: die nördliche Halbkugel oder Hemisphäre und die südliche. *Breitengrade* nennt man die Linien, die parallel zum Äuqator gezogen sind.
Meridiane oder *Längengrade* heißen die Linien von Pol zu Pol.

Das Gitternetz aus Längen- und Breitengraden am Beispiel Westeuropas

Das Gitternetz aus Längen- und Breitengraden ermöglicht genaue Ortsbestimmungen.
Die geographische *Breite* eines Ortes ist der Abstand zwischen dem Breitengrad dieses Ortes und dem Äquator.
Die geographische *Länge* eines Ortes ist der Abstand zwischen dem Ortsmeridian und dem durch Übereinkunft festgelegten Nullmeridian, der durch die englische Sternwarte Greenwich verläuft.
Länge und Breite werden in Graden gemessen.

Jeden beliebigen Punkt des Globus kann man nach seiner Länge und Breite örtlich bestimmen. Dies sind seine *geographischen Koordinaten.*
Hamburg z.B. hat die Koordinaten 53°30' nördlicher Breite und 10° östlicher Länge.

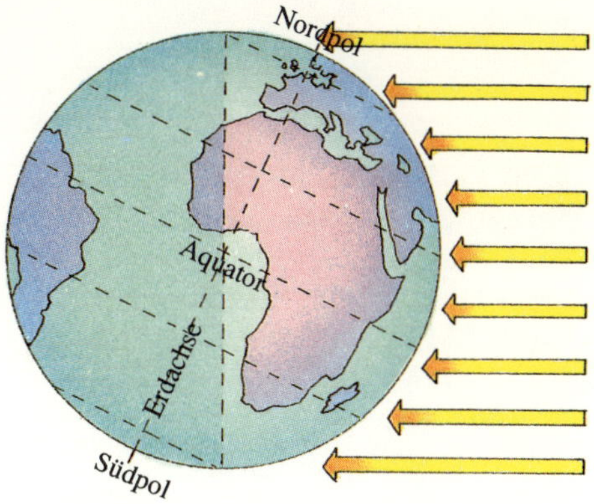

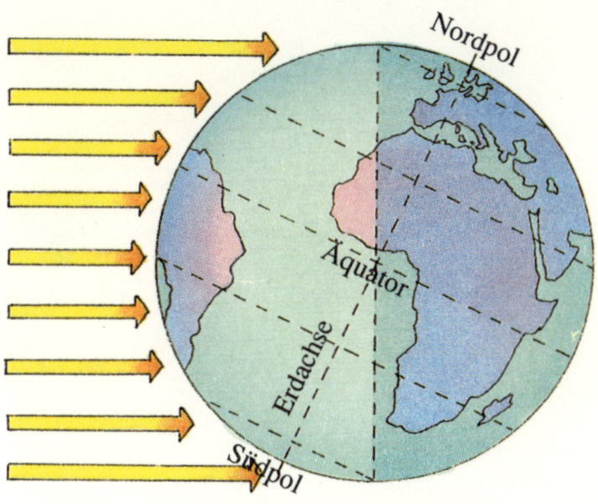

Tag und Nacht

Die Drehbewegung der Erde um sich selbst erklärt die Aufeinanderfolge von Tagen und Nächten. Die Länge von Tag und Nacht verändert sich im Jahresverlauf und wird durch die Drehbewegung der Erde um die Sonne bestimmt.

Auf der nördlichen Halbkugel ist der längste Tag der 21. Juni und der kürzeste Tag der 21. Dezember. Auf der südlichen Erdhälfte verhält es sich genau umgekehrt.

Die Jahreszeiten

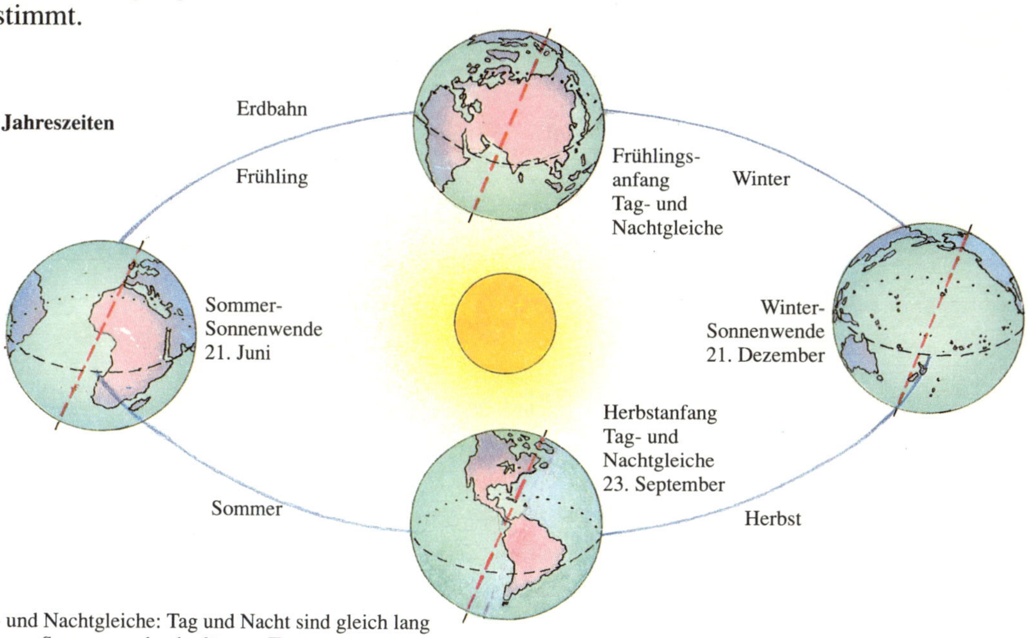

Tag- und Nachtgleiche: Tag und Nacht sind gleich lang
Sommer-Sonnenwende: der längste Tag
Winter-Sonnenwende: die längste Nacht

Der Wechsel der Jahreszeiten

Auf ihrer Wanderung um die Sonne empfangen die einzelnen Gebiete der Erde je nach Stellung der Erde unterschiedlich starke Sonneneinstrahlungen. Dies erklärt den Wechsel der Jahreszeiten. Je kürzer der Weg ist, den die Sonnenstrahlen in der Atmosphäre zurücklegen müssen, desto größer ist die Hitze und umgekehrt.

Da die Erdachse schräg zur Erdbahn steht, empfängt abwechslungsweise einmal die nördliche und dann die südliche Erdhälfte die meiste Sonneneinstrahlung.

Die Zeitzonen

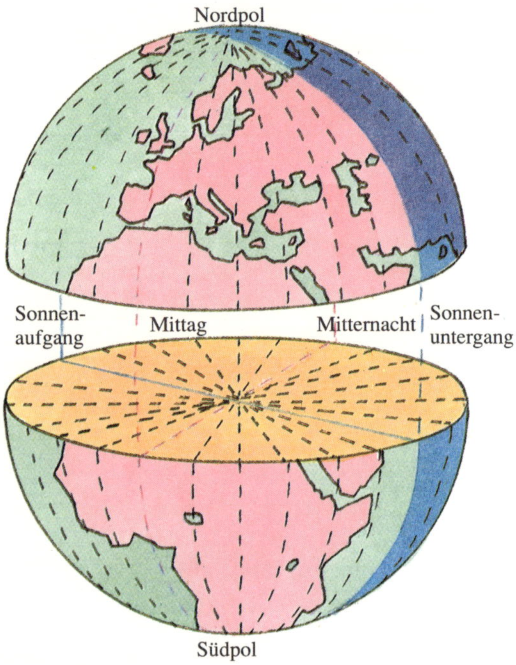

20 Minuten Zeitunterschied zwischen Osnabrück und Potsdam
Dieser Wert würde sich ergeben, wenn die Zeit mit Hilfe der wahren Sonnenzeit gemessen würde. Dies bedeutet, daß je nach Ort unterschiedliche Zeiten gelten würden. Wäre das ein Chaos!

Zeitabweichung
bei den Sonnenauf- und untergängen (in MEZ). Die Abweichungen beziehen sich auf die für den zentralen Ort Kassel errechneten Zeiten.

Aachen	+ 14 Minuten
Berlin	- 16 Minuten
Bielefeld	+ 4 Minuten
Bregenz	- 1 Minute
Dortmund	+ 8 Minuten
Düsseldorf	+ 11 Minuten
Genf	+ 13 Minuten
Hamburg	- 2 Minuten
Innsbruck	- 7 Minuten
Luxemburg	+ 14 Minuten
München	- 8 Minuten
Nürnberg	- 6 Minuten
Saarbrücken	+ 10 Minuten
Salzburg	- 14 Minuten
Stuttgart	+ 1 Minute
Wien	- 28 Minuten
Zürich	+ 4 Minuten

»Wahre Sonnenzeit« - was heißt das?
Jedem Stand der Sonne am Himmel entspricht eine bestimmte Zeit, die »wahre Sonnenzeit«. Sie ist für alle Punkte gleich, die auf demselben Meridian liegen, d.h., einer Linie, die die Pole verbindet.

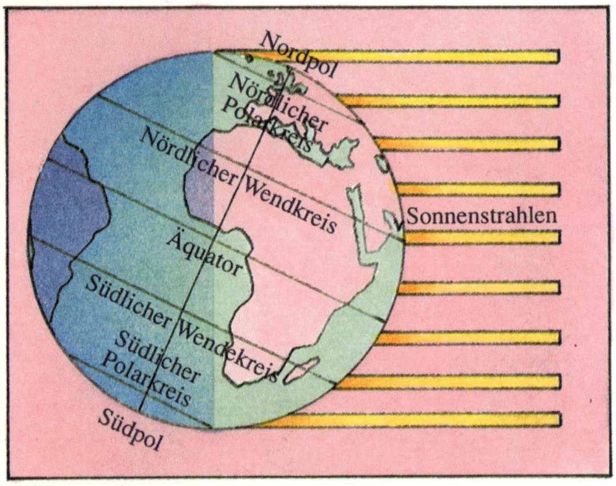

Sonneneinstrahlung am Sommeranfang (21. Juni)

Zeitzonen und Ortszeit
Um solche Schwierigkeiten zu vermeiden, hat man den Globus in 24 gleiche Zonen eingeteilt - also ebensoviele Teile wie ein Tag Stunden hat. Man nennt diese Teile *Zeitzonen.*
Jede Zeitzone wird von zwei Meridianen (im Abstand von 15°) begrenzt. Man geht davon aus, daß alle Gebiete, die in derselben Zeitzone liegen, die gleiche Uhrzeit haben. Man nennt sie *Ortszeit.*
Der Verlauf der Zeitzonengrenzen berücksichtigt im allgemeinen die Staatsgrenzen.

Gilt überall auf der Erde die gleiche Zeit?
Das ist unmöglich! Weil sich die Erde dreht, geht die Sonne nicht an allen Punkten des Erdballs zur gleichen Zeit auf.

Weltzeit
Zur Zeitbestimmung in den verschiedenen Teilen der Welt geht man vom Nullmeridian aus, der durch Greenwich bei London verläuft. Man nennt diese Zeit *Weltzeit* oder G.M.T. (= Greenwich Mean Time).

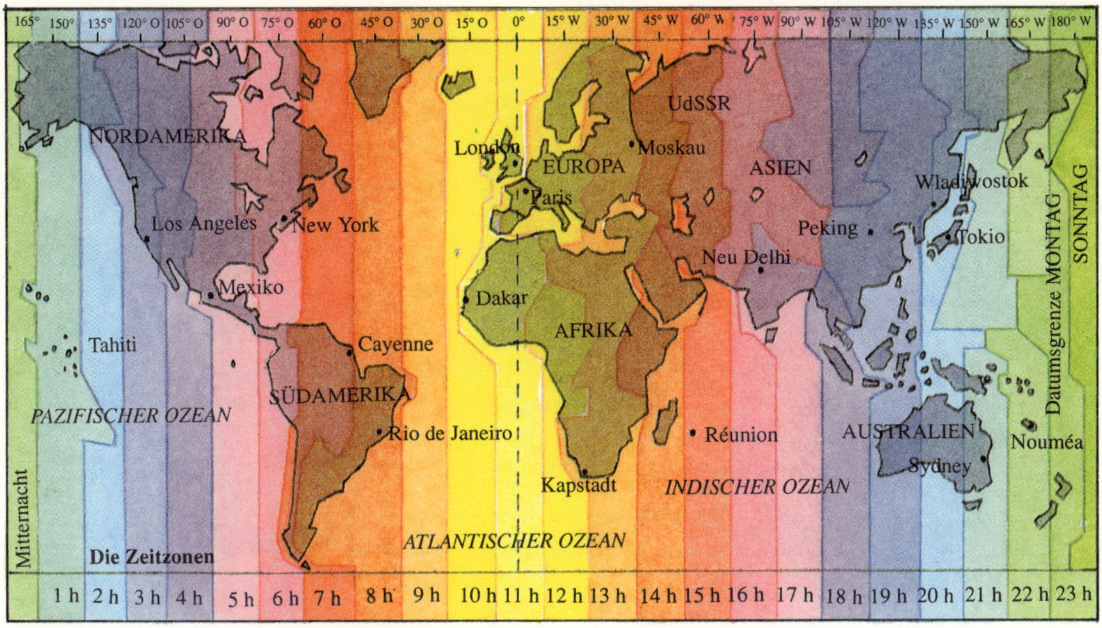

Sonnenuhr an der Fassade eines alten Hauses. Die Sonnenuhr zeigt die »wahre Sonnenzeit« an.

Immer mit der Zeit gehen

Beim Übergang von einer Zeitzone in die andere muß jeweils die Uhr umgestellt werden:

– man stellt die Uhr um 1 Stunde *zurück*, wenn man nach Westen fährt (d.h. gegenläufig zur Erddrehung);

– man stellt die Uhr um eine Stunde *vor*, wenn man nach Osten fährt (in Richtung der Erddrehung).

Zeitverschiebungen beim Fliegen

Beispiele für Flüge über den Atlantik (Dauer 8 Stunden):

1. Frankfurt-New York (die Maschine fliegt nach Westen)
   Abflug Frankfurt: 6.00 h. Ankunft New York 8.00 h.
2. New York-Frankfurt (die Maschine fliegt nach Osten)
   Abflug New York: 9.00 h. Ankunft Frankfurt: 23.00 h.

Was ist eine Sonnenuhr?
Dieses Instrument wurde in der Antike von einem griechischen Gelehrten etwa um das 6. Jahrhundert vor Christus erfunden. Es besteht aus einem feststehenden Schattenstab und aus einer ebenen Fläche, die - entsprechend den 24 Stunden eines Tages - in 24 gleiche Dreiecke geteilt ist. Der Schatten, den die Sonne wirft, gibt die Uhrzeit an.
Sonnenuhren zeigen die Sonnenzeit, also die wahre Zeit an. Alle anderen Uhren zeigen die Ortszeit an.

Stimmt es, daß manche Länder mehrere Zeitzonen umfassen?
Ja. Es handelt sich dabei um Länder mit großer Flächenausdehnung. Die Vereinigten Staaten beispielsweise haben 7 Zeitzonen, die Sowjetunion zählt sogar 11!

Noch mehr Verwicklungen!
Aus wirtschaftlichen Gründen (insbesondere Ersparnis von elektrischer Energie), verwenden manche Länder nicht die Zeit ihrer eigenen Zeitzone. In Deutschland beispielsweise, wie auch in anderen europäischen Ländern, wird zu Beginn der Sommerzeit die Uhr um 1 Stunde vorgestellt.

Die Verteilung von Land und Wasser

Viel Wasser ...
Mehr als zwei Drittel der Erdoberfläche liegen unter Wasser.
Diese riesige Wasserfläche wird gebildet von großen Ozeanen, die miteinander verbunden sind:
- Atlantischer Ozean;
- Pazifischer Ozean;
- Indischer Ozean;
- Nordpolarmeer.

Hinzu kommen zahlreiche kleinere, weniger tiefe Meere, die entweder zu den Ozeanen hin offen sind, wie z.B.
- das Mittelmeer;
- der Ärmelkanal;
- die Nordsee;
- das Rote Meer

oder gänzlich abgeschlossen wie
- das Kaspische Meer;
- der Aralsee.

... und wenig Land !
Aus den unermeßlichen Weiten der Ozeane tauchen Landflächen auf, die *Erdteile* oder *Kontinente*, die 40% der nördlichen

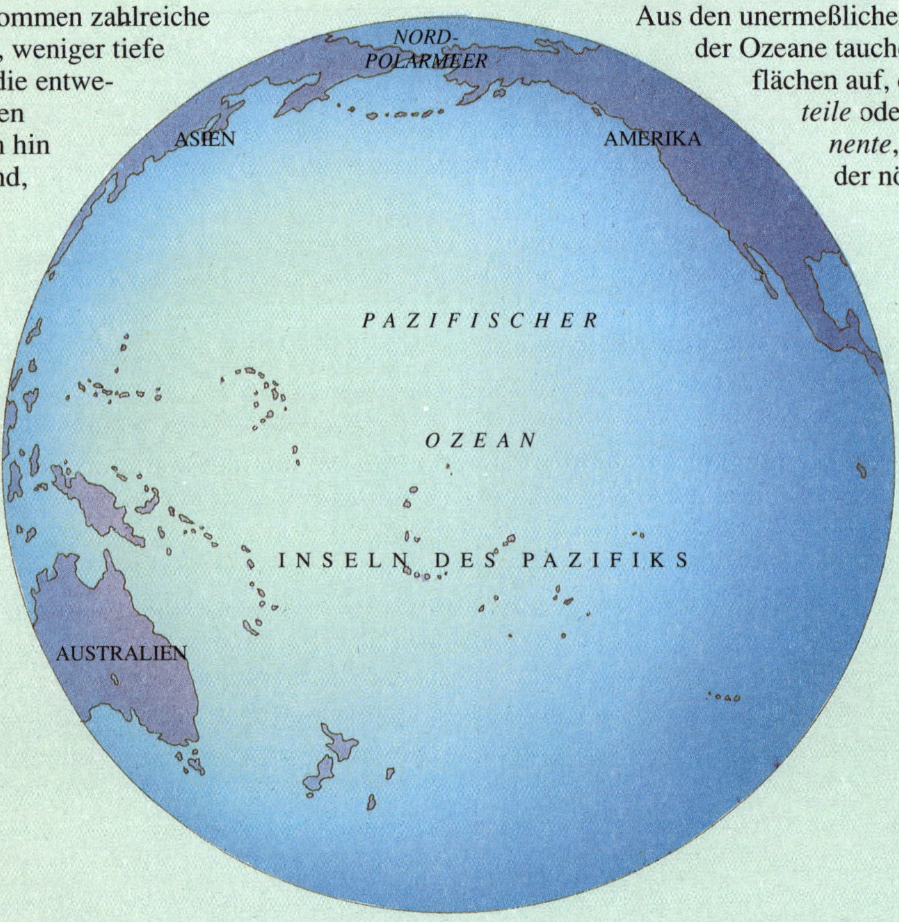

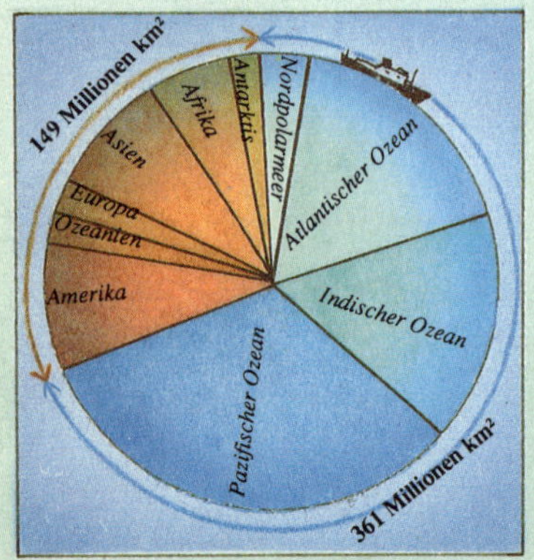

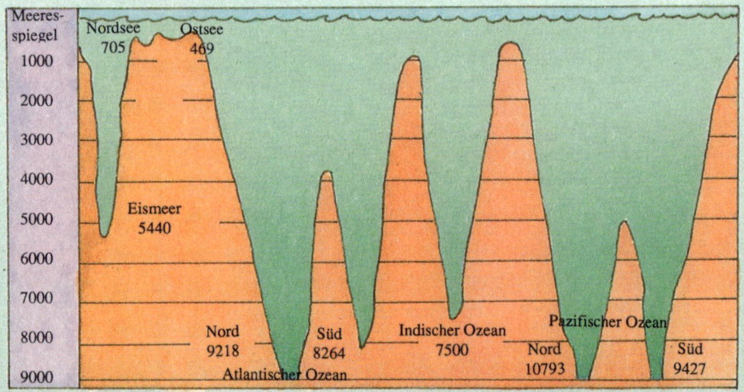

Halbkugel und 18% der südlichen Halbkugel ausmachen. Man unterscheidet:

- *Eurasien* und *Afrika*, die man auch »die Alte Welt« nennt;
- den *Amerikanischen Kontinent* oder »die Neue Welt«;
- die *Antarktis*;
- Ozeanien, das Australien und die Inselgruppen im Pazifik umfaßt.

1/10 der Landoberfläche ist mit ewigem Eis bedeckt.

Hohe Berge, große Meerestiefen

Erdrelief und Meeresrelief weisen zahlreiche Ähnlichkeiten auf: tief eingeschnittene Täler, Bergketten, Ebenen, Plateaus.

Die Inseln sind die aus dem Wasser aufragenden Gipfel riesiger unter Wasser gelegener Gebirgsmassive. Die tiefste Stelle im Meer, der *Marianengraben*, übertrifft mit 11 034 m Tiefe die höchste Erhebung auf dem »Dach der Welt«, den 8 848 m hohen Mount Everest im Himalaya.

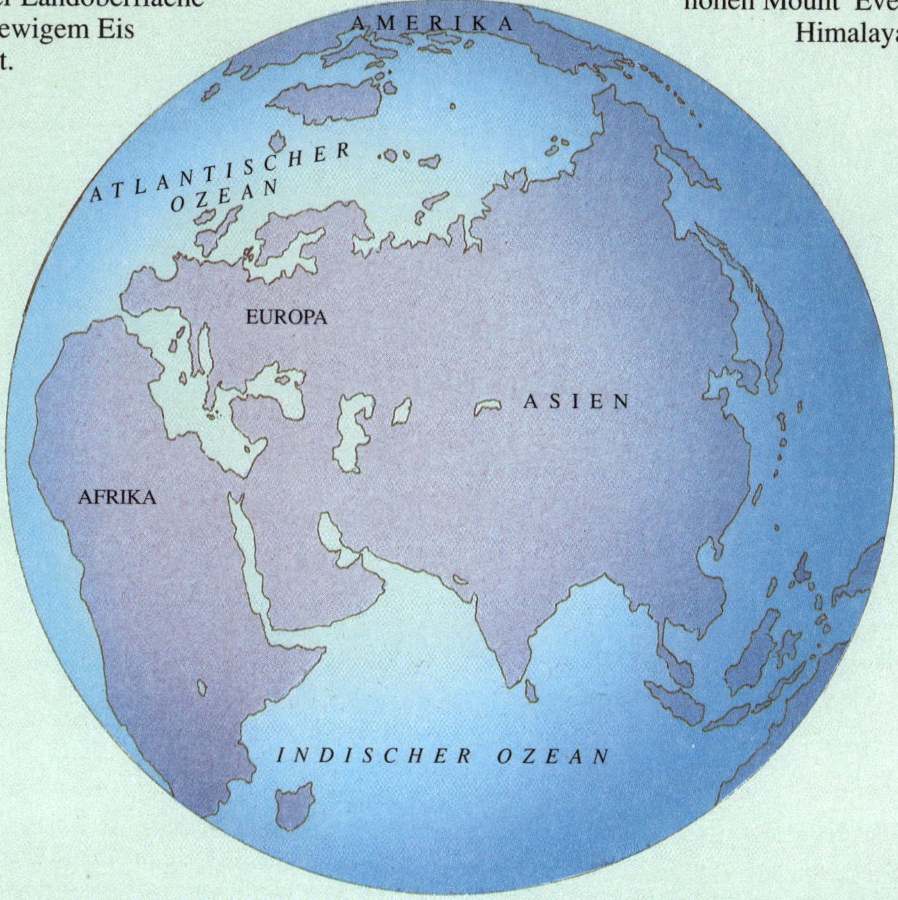

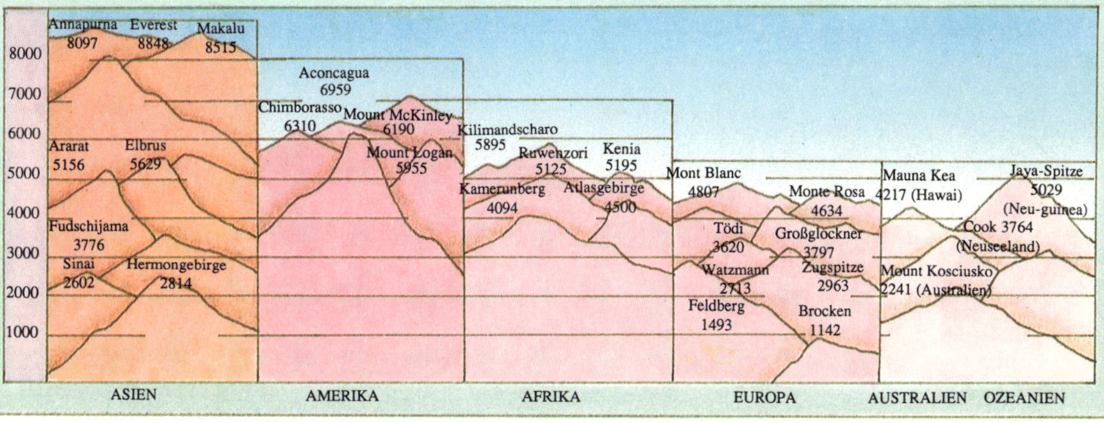

Die verschiedenen Lebensräume

Die Rolle der Sonnenwärme
Weil die Erde sich dreht, die Form einer Kugel hat und ihre Achse schräg steht, ist die Erwärmung durch die Sonnenstrahlen nicht überall gleich.
Sie ist stärker, wenn die Strahlen senkrecht auf dem Boden auftreffen, und schwächer, wenn sie schräg einfallen.

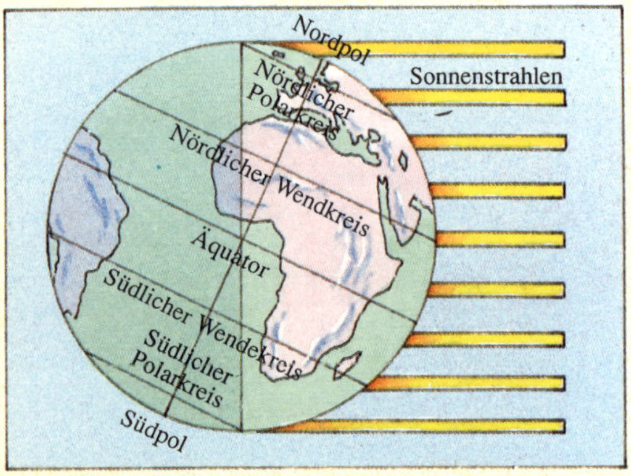

Sonneneinstrahlung zum Sommerbeginn (21. Juni)

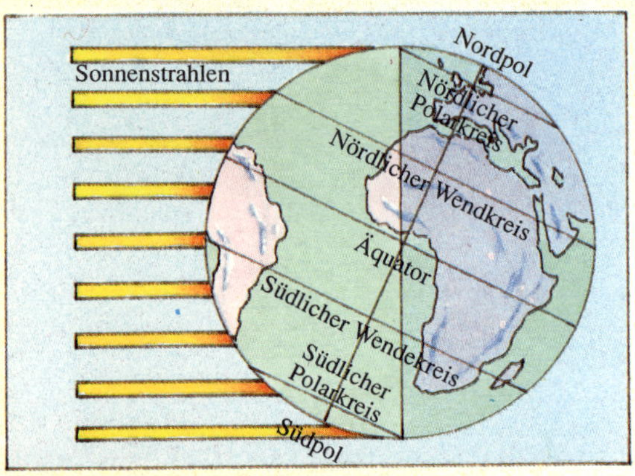

Sonneneinstrahlung am Winteranfang (21. Dezember)

Man unterscheidet deshalb drei große Klimazonen auf unserer Erde:

- die tropische Zone: sehr heiß;
- die Polarzone: sehr kalt;
- die gemäßigte Zone: mittlere Temperaturen.

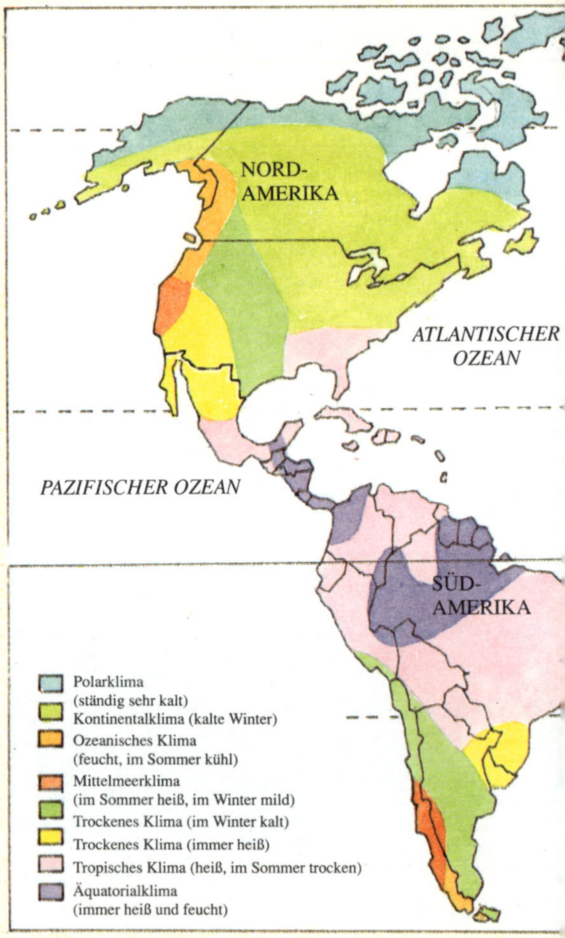

Verschiedene klimatische Bedingungen
Manchmal sind innerhalb derselben Klimazone Temperaturen, Niederschläge und Windverhältnisse unterschiedlich.
So unterscheidet man in der tropischen Zone
- ein äquatoriales Klima, das während des ganzen Jahres heiß und feucht ist;
- ein tropisches Klima mit einer trockenen Jahreszeit.

Ebenso gibt es in der gemäßigten Zone verschiedene Tendenzen:
- das ozeanische Klima (mild und feucht);
- das Mittelmeerklima (heiß und trocken im Sommer, mild und feucht im Winter);
- das (rauhere) Kontinentalklima (sehr heiß im Sommer, sehr kalt im Winter).

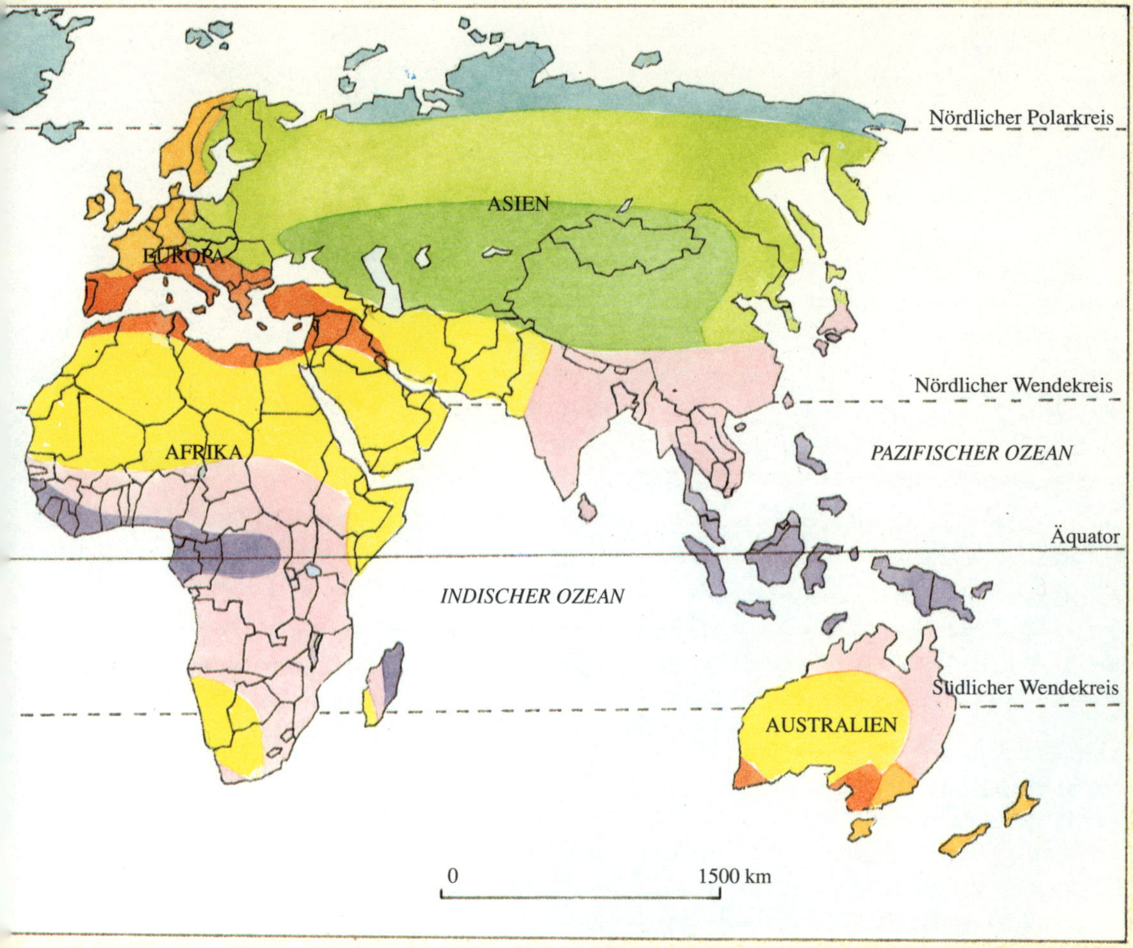

Anpassung an den Lebensraum

Um zu überleben, mußte sich der Mensch an diese große Vielfalt von Lebensräumen, die nicht selten lebensfeindlich sind, anpassen. Wirtschaft, Wohnung, Nahrung und Kleidung entwickeln sich je nach den Lebensumständen verschieden.

Dank technischer Fortschritte und der Entwicklung der Verkehrsmittel werden jedoch gewisse Hemmnisse der natürlichen Umgebung nach und nach abgebaut (Einrichtung von Stützpunkten an den Polen, Brunnengrabungen in Wüstenregionen, Bewässerungssysteme ...). Aber die Lebensbedingungen bleiben schwierig und eine Anpassung ist nicht immer möglich. So fliehen gegenwärtig in Afrika ganze Völker vor dem Vordringen der Wüste: das ist das Drama in der sogenannten Sahelzone (Afrika).

Reisanbau auf künstlich bewässerten Terrassen in Südchina

Die Erdkruste bewegt sich

Die Auswirkungen eines Erdbebens in einem Dorf: der Boden bekommt Risse und spaltet sich; Häuser stürzen ein, weil sie in ihren Grundfesten erschüttert sind.

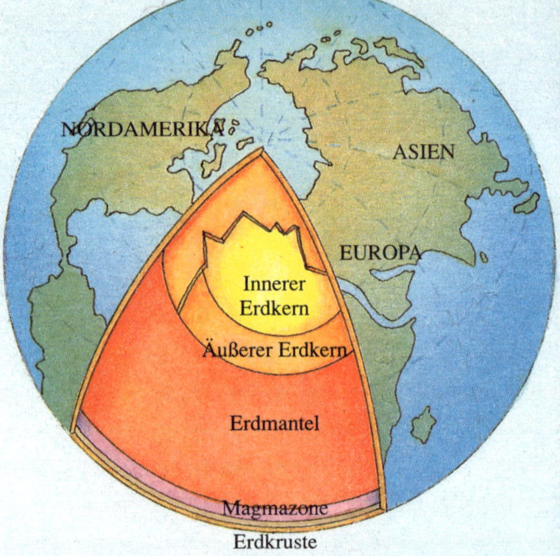

Ein Gesicht, das sich verändert

Vulkanausbrüche und Erdbeben verändern immer wieder das Landschaftsbild (es entstehen Lavafelder, Spalten, Verwerfungen). Für die Menschen hat dies oft katastrophale Folgen.
Diese zufälligen, schwer vorhersehbaren

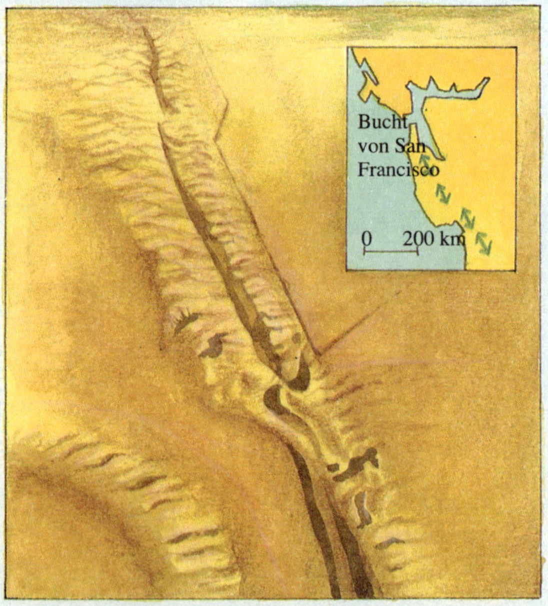

Der St.Andreas-Graben in Kalifornien (Luftbild).
Er ist 950 km lang und reicht vom Norden San Franciscos bis nach Colorado!

Bewegungen lassen sich mit dem inneren Aufbau unseres Planeten erklären.

Wie sieht das Erdinnere aus?

Es besteht aus mehreren, sich überlagernden Schichten.
Von außen nach innen sind es: *Erdkruste*, *Erdmantel* und *Erdkern*.

- Die verhältnismäßig dünne Erdkruste (etwa 40 km dick) ist erstarrt.
- Der Erdmantel ist eine zähflüssige, etwa 2 800 km dicke Masse.
- Der Erdkern, eine riesige schmelzflüssige Kugel (Temperaturen von mehr als 4000 Grad) bildet das Zentrum der Erde.

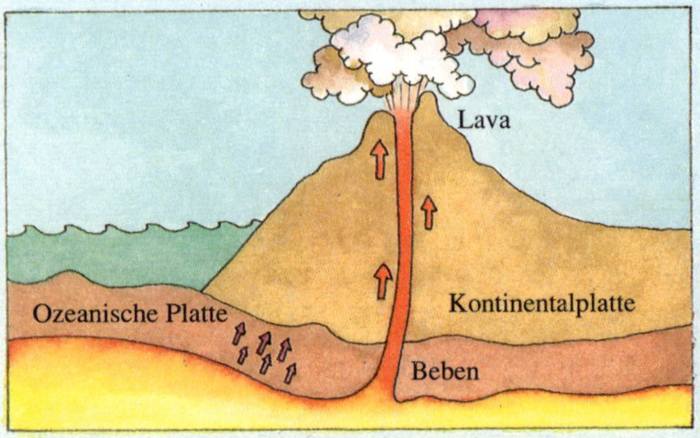

Vulkanausbruch.

Wie treibende Flöße

Die Erdkruste, auf der die Kontinente liegen, besteht aus beweglichen Platten oder Schilden, die in ständiger Bewegung auf der zäh-

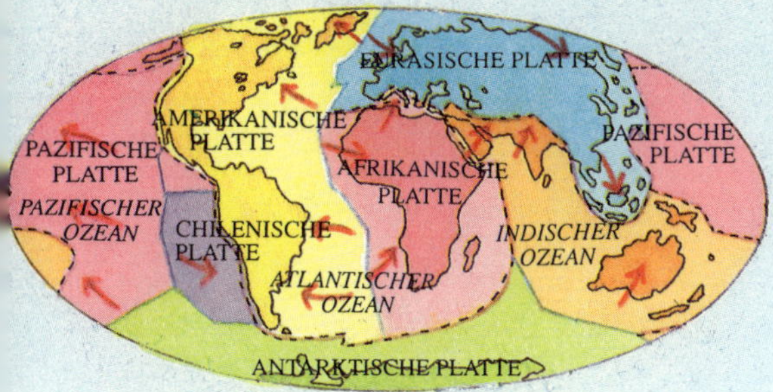

Die beweglichen Platten und ihre Driftrichtung.

flüssigen Schicht des Erdmantels »schwimmen«. Man nennt das *Kontinentaldrift*. Wenn diese Platten aufeinandertreffen, kommt es zu Erdbeben und Vulkanausbrüchen.

Vor 180 Millionen Jahren ...
...hatte unser Planet ein ganz anderes Gesicht als heute.

Vor 180 Millionen Jahren
Die Kontinentalmasse, die einen einzigen Block bildet, bricht auseinander und teilt sich.

Vor 50 Millionen Jahren
Jeder Block driftet in seine eigene Richtung. Die Kontinente bilden sich heraus.

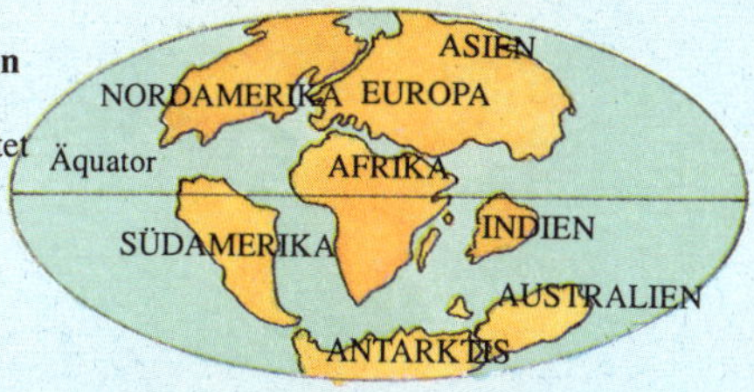

Heute
Form und Lage der Kontinente heute. Aber die Platten driften weiter...

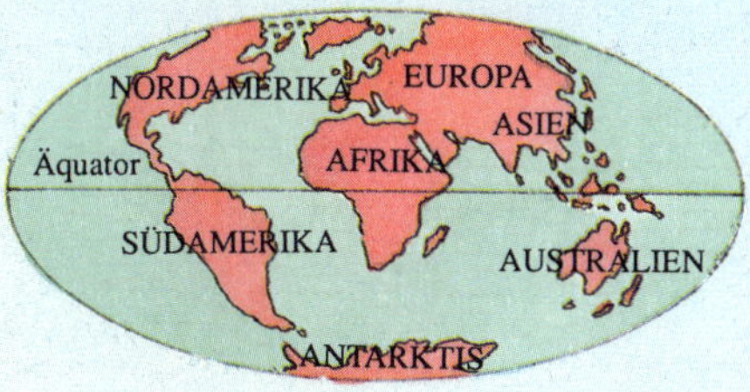

Damals brach die Kontinentalmasse, die bis dahin aus einem einzigen Block bestanden hatte, auseinander, und es bildeten sich - wie Teile eines riesigen Puzzles - die Kontinente heraus.

Ein Beweis: Afrika und Amerika passen genau aneinander

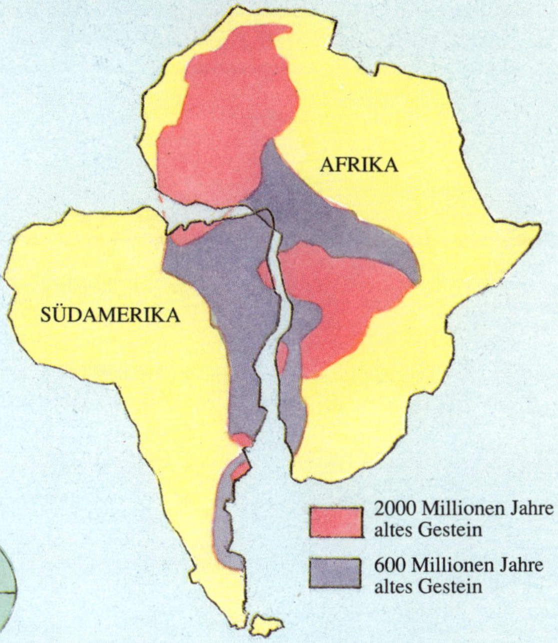

Die Stärke von Erdbeben kann mit Hilfe von Apparaten, den sog. *Seismographen*, gemessen werden. Skalen mit verschiedenen Gradabstufungen geben Aufschluß über die Wucht der Erdstöße. Die *Richter-Skala* umfaßt 9 Grade. Ein Beben ab Stärke 6 kann Häuser einstürzen lassen.

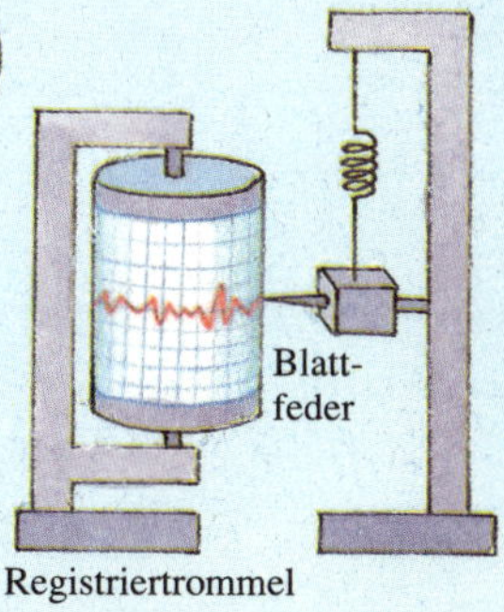

Beim Erdbeben in Friaul (Norditalien) im Jahre 1976 wurden 939 Menschen getötet, 2400 verletzt und 32000 obdachlos. Der Schaden betrug 11,7 Milliarden DM.

Bald 6 Milliarden Einwohner

Immer mehr Menschen
Die Erdbevölkerung nimmt ständig zu.
- Um Christi Geburt: 250 Millionen Einwohner.
- Im Jahr 1000: 450 Millionen Einwohner.
- 1800: die Milliarde ist erreicht.
- 1900: 1 Milliarde 650 Millionen Einwohner.
- Heute: wir haben die 5-Milliarden-Grenze erreicht.
- Zum Ende des Jahrhunderts rechnet man mit etwa 6,5 Milliarden Einwohnern.

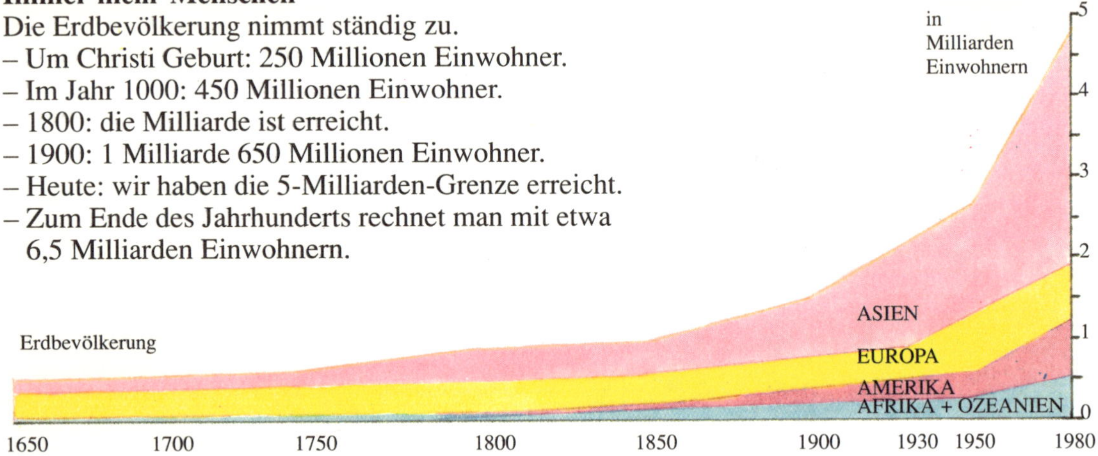

Innerhalb eines Jahrhunderts hat sich eine wahre *Bevölkerungsexplosion* ereignet: Jeden Tag sind 200 000 Menschen mehr zu ernähren. 90% der Bevölkerung leben auf 20% der Landoberfläche. Nur einer von zehn Bewohnern lebt auf der südlichen Halbkugel.

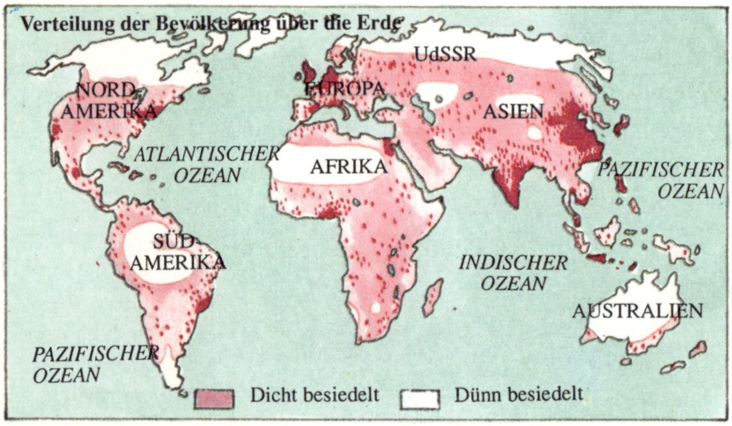

Ein Punkt stellt etwa 2 Millionen Einwohner dar.
Dunkelrote Flächen: Ballungsgebiete

Ungleiche Reichtümer, ungleiche Entwicklung
Die Staaten unseres Planeten haben nicht alle die gleichen Entwicklungschancen. Diese hängen weitgehend ab von: mehr oder weniger günstigen Klimabedingungen, der Fruchtbarkeit des Bodens, dem Reichtum an Bodenschätzen, der Inwertsetzung durch den Menschen.

Eine ungleich verteilte Bevölkerung
Vorwiegend aus klimatischen Gründen sind weite Teile der Erde nur sehr dünn besiedelt:
- kalte Länder (Sibirien, der Norden Kanadas ...)
- Trockenzonen (Sahara, Sahel, Steppen ...)

Demgegenüber stehen die dicht besiedelten Regionen:
- Ferner Osten, Indien, Europa, Indonesien, USA

Die zehn bevölkertsten Staaten der Erde

(in Millionen Einwohnern, Zählung von 1984)

1 China	1023
2 Indien	730
3 UdSSR	272
4 Vereinigte Staaten	234
5 Indonesien	156
6 Brasilien	131
7 Japan	119
8 Bangladesch	96,5
9 Pakistan	95,7
10 Nigeria	84,5

Die meisten Bauern der Dritten Welt haben nur primitive Hilfsmittel zur Bearbeitung des Bodens.

Viele Staaten leben in Abhängigkeit von anderen, reicheren Staaten.

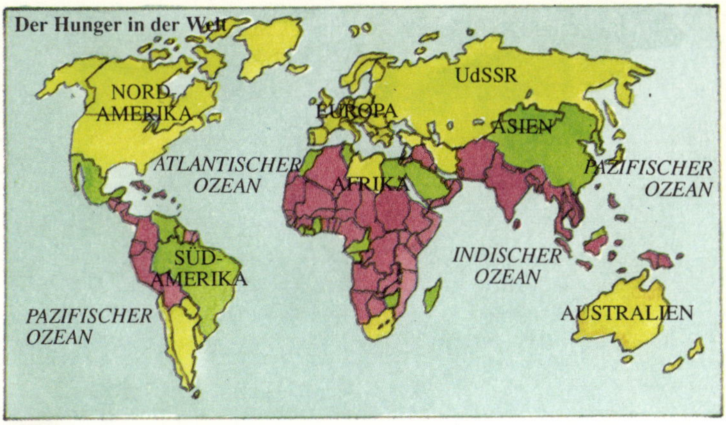

Ungenügende Nahrungsmenge

Kaum ausreichende Nahrungsmenge

Normale oder überschüssige Nahrungsmenge

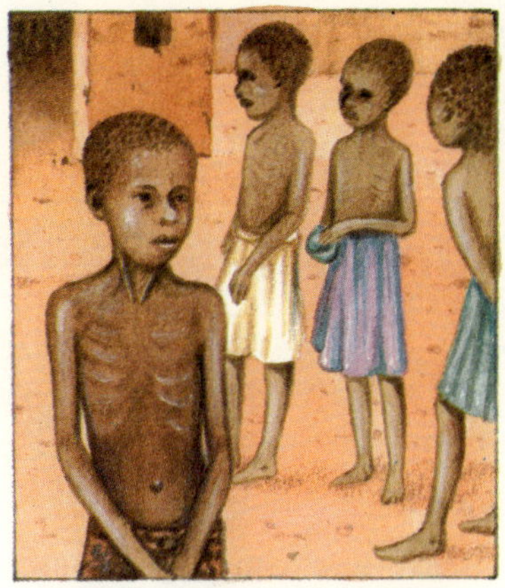

Viele Kinder sind aufgrund der Unterernährung schwach und anfällig für Krankheiten. Die Sterblichkeitsrate bei Kindern unter 1 Jahr ist in der Dritten Welt zwanzigmal höher als in Ländern mit hohem Lebensstandard.

Ein Riesenproblem: der Hunger
Diese ungleiche Entwicklung hat oft dramatische Folgen.
Mehr als zwei Drittel der Menschheit, die sog. *Dritte Welt*, leidet an Unterernährung. Verschärft wird dieses Problem durch die starke Geburtenrate dieser armen Länder: mehr als 100 Millionen Kinder werden jedes Jahr geboren, gegenüber 30 Millionen Sterbefällen!
Über internationale Organisationen wie die UNICEF, die UNESCO u.a. erhalten diese Staaten Hilfe von den reichen Ländern. Man ist allerdings der Meinung, daß die Schwierigkeiten dieser Länder nur durch eine Politik der partnerschaftlichen Zusammenarbeit und Hilfe zur Selbsthilfe gelöst werden können. Ins Auge gefaßt wird auch eine Senkung der Geburtenraten.

Kinderarbeit!
Hunger und Elend zwingen viele, oft noch kleine Kinder zur Arbeit für einen Hungerlohn. Weltweit arbeiten mehr als 50 Millionen Kinder.

Kinder müssen oft Schwerarbeit verrichten ohne Rücksicht auf ihre körperlichen Kräfte. Dies ist um so schlimmer als auch noch die Ernährung unzureichend ist.

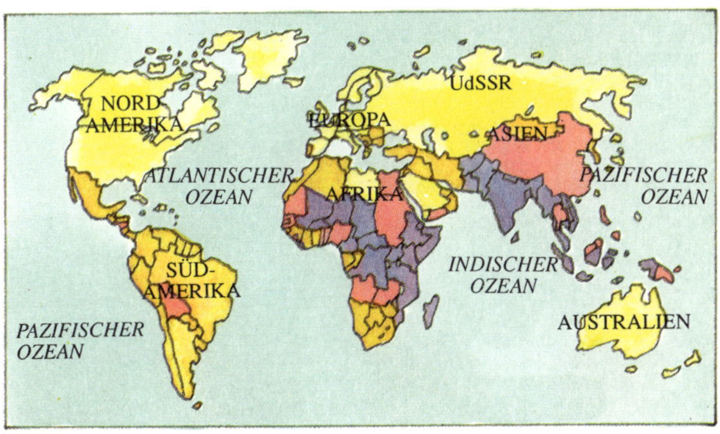

Alle Kinder gehen zur Schule

9 von 10 Kindern gehen zur Schule

2 von 3 Kindern gehen zur Schule

1 von 2 Kindern geht zur Schule

Afrika

Geographische Lage

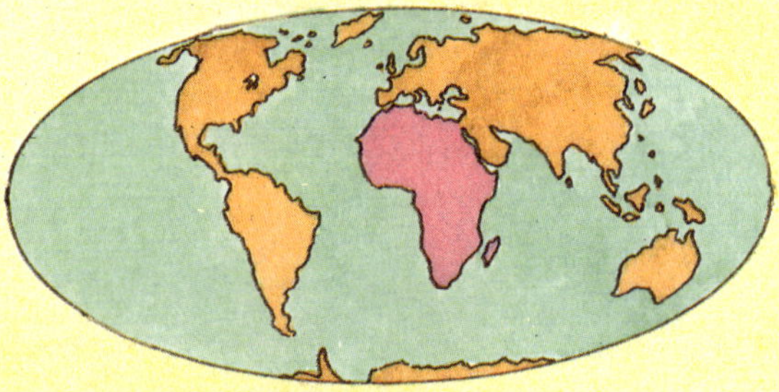

Kurzbeschreibung

Oberfläche: 30,3 Millionen km²
Bevölkerung: 513 Millionen Einwohner (1983)
Bevölkerungsdichte: 15,6 E/km²
Es ist der heißeste Kontinent der Welt.

Afrika hat:
die größte Wüste der Welt: die *Sahara*;
den längsten Fluß der Welt: den Nil (Länge 6 671 Kilometer)
Der höchste Berg Afrikas ist mit 5 964 m der *Kilimandscharo*.
Trotz seines Reichtums an Bodenschätzen ist der Kontinent unterentwickelt.
Die Menschen in Afrika haben mit zahlreichen Problemen zu kämpfen: Nahrungsmangel, Epidemien, Rassendiskriminierung (in Südafrika).
Zur Lösung ihrer Schwierigkeiten haben sich die afrikanischen Staaten in der Organisation für Afrikanische Einheit (OAU= Organisation of African Unity) zusammengeschlossen. Sitz dieser Organisation ist Addis Abeba (Äthiopien).

Die Abkürzung nach dem jeweiligen Ländernamen ist das Kraftfahrzeug-Nationalitätszeichen.

Ägypten ET  **F** 997 738 km² **B** 44 750 000 E. **H** Kairo **W** Ägypt. Pfund **S** Arabisch	**Algerien DZ**  **F** 2 381 740 km² **B** 21 000 000 E. **H** Algier **W** Dinar **S** Arabisch, Franz.	**Angola**  **F** 1 246 700 km² **B** 7 450 100 E. **H** Luanda **W** Kwanza **S** Portugiesisch	**Äquat.-Guinea**  **F** 28 050 km² **B** 380 000 E. **H** Malabo **W** CFA-Franc*) **S** Spanisch	**Äthiopien ETH**  **F** 1 223 600 km² **B** 33 300 000 E. **H** Addis Abeba **W** Birr **S** Amharisch	**Benin DY**  **F** 112 622 km² **B** 3 604 000 E. **H** Porto Novo **W** CFA-Franc*) **S** Französisch
Botswana RB 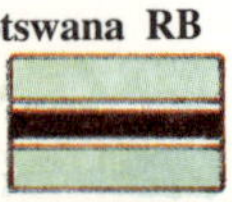 **F** 600 370 km² **B** 1 000 000 E. **H** Gaborone **W** Pula **S** Engl., Setswana	**Burkina-Faso (Obervolta)**  **F** 274 200 km² **B** 7 285 000 E. **H** Ougadougou **W** CFA-Franc*) **S** Französisch	**Burundi RU**  **F** 27 834 km² **B** 4 510 000 E. **H** Bujumbura **W** Burundi-Franc **S** Franz., Kirundi	**Dschibuti**  **F** 23 400 km² **B** 335 000 E. **H** Dschibuti **W** Dschibuti-Franc **S** Franz., Arabisch	**Elfenbeinküste CI**  **F** 322 463 km² **B** 8 500 000 E. **H** Yamoussoukro **W** CFA-Franc*) **S** Französisch	**Gabun G**  **F** 267 667 km² **B** 649 000 E. **H** Libreville **W** CFA-Franc*) **S** Französisch
Gambia WAG  **F** 11 295 km² **B** 640 000 E. **H** Banjul **W** Dalasi **S** Englisch	**Ghana GH**  **F** 238 537 km² **B** 12 500 000 E. **H** Accra **W** Cedi **S** Englisch	**Guinea**  **F** 245 857 km² **B** 6 000 000 E. **H** Conakry **W** Syli **S** Französisch	**Guinea-Bissau**  **F** 36 125 km² **B** 830 000 E. **H** Bissau **W** Guinea-Peso **S** Portugiesisch	**Kamerun TC**  **F** 475 442 km² **B** 8 938 000 E. **H** Yaoundé **W** CFA-Franc*) **S** Franz., Engl.	**Kap Verde**  **F** 4 033 km² **B** 340 000 E. **H** Praia **W** Kap-V.-Escudo **S** Portugiesisch
Kenia EAK  **F** 582 646 km² **B** 17 000 000 E. **H** Nairobi **W** Kenia-Schilling **S** Suaheli, Englisch	**Komoren**  **F** 1 802 km² **B** 420 000 E. **H** Moroni **W** Kom.-Franc **S** Französisch	**Kongo RCB**  **F** 342 000 km² **B** 1 500 000 E. **H** Brazzaville **W** CFA-Franc*) **S** Französisch	**Lesotho LS**  **F** 30 355 km² **B** 1 400 000 E. **H** Maseru **W** Loti **S** Englisch	**Liberia LB**  **F** 111 369 km² **B** 2 100 000 E. **H** Monrovia **W** Liber. Dollar **S** Englisch	**Lybien LAR**  **F** 1 775 500 km² **B** 3 250 000 E. **H** Tripolis **W** Dinar **S** Arab., Ital., Engl.

F = Fläche **B** = Einwohner **H** = Hauptstadt **W** = Währung **S** = Sprache; *)CFA = Communauté Française Africaine

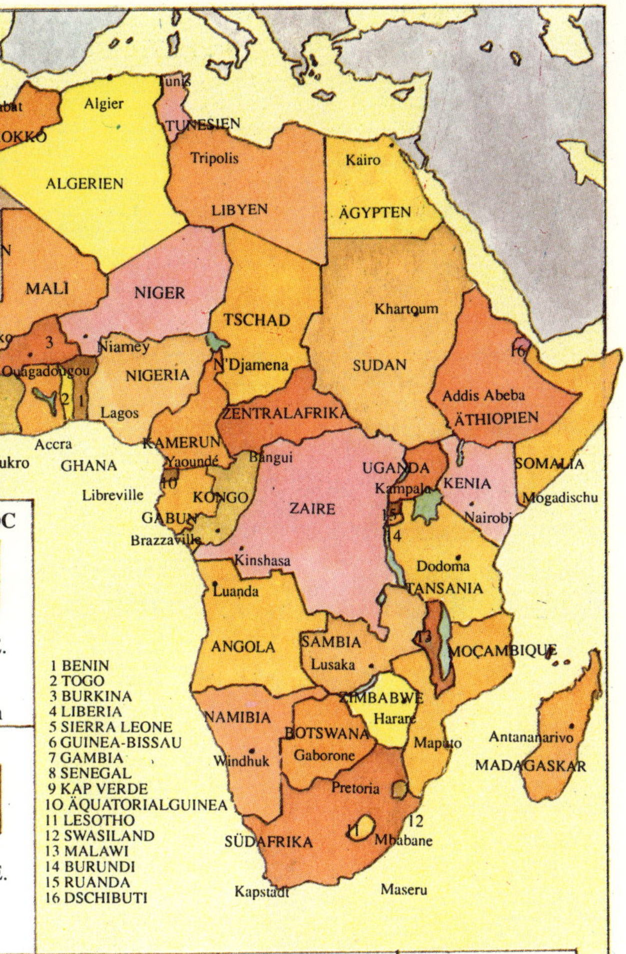

Madagaskar RM

F 587 041 km^2
B 9 190 000 E.
H Antananarivo
W Madagas. Franc
S Franz., Malagasy

Malawi MW

F 118 484 km^2
B 6 400 000 E.
H Lilongwe
W Malawi-Kwacha
S Englisch

Mali RMM

F 1 240 000 km^2
B 7 350 000
H Bamako
W Mali-Franc
S Franz., Arab.

Marokko MA

F 710 850 km^2
B 21 275 000
H Rabat
W Dirham
S Arab., Franz.

Mauretanien RIM

F 1 030 700 km^2
B 1 700 000 E.
H Nouakchott
W Ouguiya
S Arab., Franz.

Mauritius MS

F 1 865 km^2
B 1 000 000 E.
H Port Luis
W Rupie
S Englisch

Mosambik MOC

F 799 380 km^2
B 12 615 000 E.
H Maputo
W Metical
S Portugiesisch

Namibia ZA

F 824 292 km^2
B 1 200 000 E.
H Windhuk
W Rand
S Engl., Afrikaans

Niger RN

F 1 267 000 km^2
B 6 000 000 E.
H Niamey
W CFA-Franc*)
S Französisch

Nigeria WAN

F 923 768 km^2
B 92 700 000 E.
H Lagos
W Naira
S Englisch

Rèunion F

F 2 510 km^2
B 515 798 E.
H Saint Denis
W Franc
S Franz., Kreol.

Ruanda RWA

F 26 338 km^2
B 5 400 000 E.
H Kigali
W Ruanda-Franc
S Fr.*, Kinya-Rwa.

Sambia Z

F 752 614 km^2
B 6 242 000 E.
H Lusaka
W Kwacha
S Englisch

Senegal SN

F 197 161 km^2
B 6 040 000 E.
H Dakar
W CFA-Franc*)
S Französisch

Seychellen SY

F 408 km^2
B 64 410 E.
H Victoria
W Rupie
S E, F, I*

Sierra Leone WAL

F 71 740 km^2
B 3 700 000 E.
H Freetown
W Leone
S Englisch

Simbabwe RSR

F 389 303 km^2
B 7 850 000 E.
H Harare
W Zimbabwe-Doll.
S Englisch

Somalia SP

F 638 657 km^2
B 5 150 000 E.
H Mogadischu
W Somali-Schill.
S Somali

Sudan

F 2 505 813 km^2
B 20 000 000 E.
H Khartum
W Sudanes. Pfund
S Arabisch

Südafrika, Rep. ZA

F 1 221 037 km^2
B 24 500 000 E.
H Pretoria
W Rand
S Engl., Afrikaans

Swasiland SD

F 17 363 km^2
B 590 000 E.
H Mbabane
W Lilangeni
S Engl., Isizulu

Tansania EAT

F 945 087 km^2
B 19 000 000 E.
H Dodoma
W Tans.-Schilling
S Suaheli, Engl.

Togo TG

F 56 785 km^2
B 2 750 000 E.
H Lomé
W CFA-Franc*)
S Französisch

Tschad TCH

F 1 284 000 km^2
B 4 700 000 E.
H N'Djamena
W CFA-Franc*)
S Franz., Arab.

Tunesien TN

F 164 150 km^2
B 6 726 000 E.
H Tunis
W Dinar
S Arab.,Franz.,Ital.

Uganda EAU

F 236 036 km^2
B 14 200 000 E.
H Kampala
W Ugan.-Schilling
S S Englisch

Zaire ZRE

F 2 345 409 km^2
B 30 100 000 E.
H Kinshasa
W Zaire
S Französisch

Zentr.-Afr. Rep. RCA

F 622 984 km^2
B 2 500 000 E.
H Bangui
W CFA-Franc*)
S Französisch

Sprachen mit * : E = Englisch, F = Französisch, I = Italienisch

Amerika

Geographische Lage

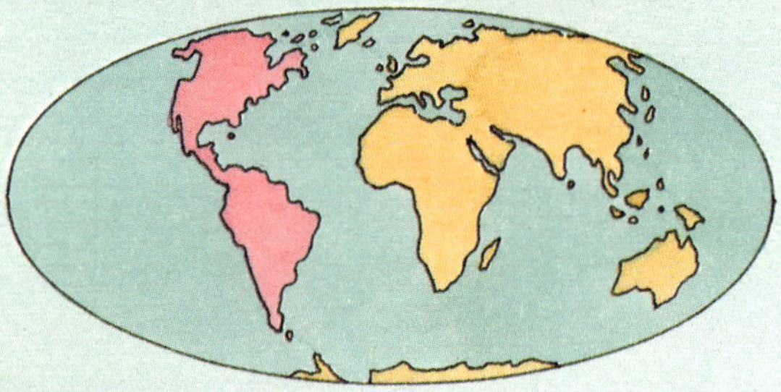

Kurzbeschreibung

Oberfläche:	*in Millionen km²*
Nordamerika	21,5
Mittelamerika	2,7
Südamerika	17,9
Gesamt	42,1

Bevölkerung:	*Einwohner in Millionen*
Nordamerika	300
Mittelamerika	90
Südamerika	260
Gesamt	650

Bevölkerungsdichte: 12 E/km²

Der amerikanische Kontinent ist von sehr langgestreckter Form: 15 000 km von Nord nach Süd. Daher seine landschaftliche Vielfalt.

Amerika hat den Fluß mit der größten Wassermenge der Erde: den *Amazonas* (Brasilien).
Der höchste Berg Amerikas, der *Aconcagua* (an der Grenze Argentinien-Chile), ist 6 959 Meter hoch.

Kennzeichnend für Amerika ist seine Bevölkerungsvielfalt: Europäer, Afrikaner, Indios, Indianer... Die sozialen Unterschiede sind groß.

Eine Vorrangstellung auf dem Kontinent nehmen die *Vereinigten Staaten (USA)* ein, die größte Agrar- und Industriemacht der Welt.
Die Vereinigten Staaten sind ein aus 50 Bundesstaaten bestehender Staatenbund.

Viele Länder Mittel- und Südamerikas leiden unter sozialen Spannungen und unter Bürgerkriegen.

Befreiungsbewegungen erzwingen nach und nach eine Abkehr von der Diktatur, die noch in einigen dieser Staaten herrscht.

Die Abkürzung nach dem jeweiligen Ländernamen ist das Kraftfahrzeug-Nationalitätszeichen.

Argentinien RA  **F** 2 766 889 km² **B** 28 300 000 E. **H** Buenos Aires **W** Peso **S** Spanisch	**Bahamas BS**  **F** 13 864 km² **B** 260 000 E. **H** Nassau **W** Bahama-Dollar **S** Englisch	**Barbados BDS**  **F** 430 km² **B** 264 000 E. **H** Bridgetown **W** Barbad.-Dollar **S** Englisch	**Belize BH**  **F** 22 965 km² **B** 180 000 E. **H** Belmopan **W** Belize-Dollar **S** Englisch	**Bolivien BOL**  **F** 1 098 581 km² **B** 5 915 000 E. **H** La Paz **W** Bolivian. Peso **S** Spanisch	**Brasilien BR**  **F** 8 511 965 km² **B** 129 660 000 E. **H** Brasilia **W** Cruzado **S** Portugiesisch
Canada CDN  **F** 9 976 139 km² **B** 25 000 000 E. **H** Ottawa **W** Kanad. Dollar **S** Engl., Franz.	**Chile RCH** 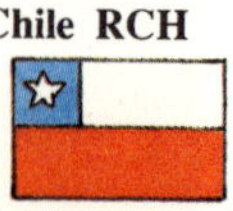 **F** 756 945 km² **B** 11 487 112 E. **H** Santiago **W** Chilen. Peso **S** Spanisch	**Costa Rica CR**  **F** 50 900 km² **B** 2 300 000 E. **H** San José **W** Colón **S** Spanisch	**Domini. Rep. DOM**  **F** 48 442 km² **B** 5 600 000 E. **H** Santo Domingo **W** Dominik. Peso **S** Spanisch	**Ecuador EC**  **F** 283 561 km² **B** 8 945 000 E. **H** Quito **W** Sucre **S** Spanisch	**El Salvador ES**  **F** 21 393 km² **B** 5 150 000 E. **H** San Salvador **W** Colón **S** Spanisch

F = Fläche. **B** = Einwohner. **H** = Hauptstadt. **W** = Währung. **S** = Sprache.

Franz.-Guyana

F 91 000 km²
B 73 000 E.
H Cayenne
W Franc
S Französisch

Grenada

F 334 km²
B 103 103 E.
H Saint George's
W Ostkarib. $
S Englisch

Guadeloupe F

F 1 779 km²
B 380 000 E.
H Basse-Terre
W Franc
S Französisch

Guatemala GCA

F 108 889 km²
B 7 500 000
H Guatemala
W Quetzal
S Spanisch

Guyana GUY

F 214 970 km²
B 900 000 E.
H Georgetown
W Guyana-Dollar
S Englisch

Haiti RH

F 27 750 km²
B 6 000 000 E.
H Port-au-Prince
W Gourde
S Französisch

Honduras HO

F 112 088 km²
B 3 900 000 E.
H Tegucigalpa
W Lempira
S Spanisch

Jamaika JA

F 10 991 km²
B 2 265 000 E.
H Kingston
W Jamaika-Dollar
S Englisch

Kolumbien CO

F 1 138 914 km²
B 28 479 000 E.
H Bogotá
W Kolumb. Peso
S Spanisch

Kuba C

F 114 524 km²
B 9 800 000 E.
H La Habana
W Kuban. Peso
S Spanisch

Martinique F

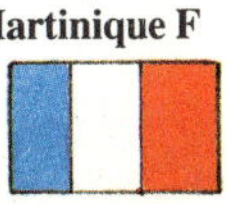

F 1 102 km²
B 334 000 E.
H Fort-de-France
W Franc
S Französisch

Mexiko MEX

F 1 958 201 km²
B 76 910 000 E.
H Mexiko
W Peso
S Spanisch

Nicaragua NIC

F 130 000 km²
B 2 800 000 E.
H Managua
W Córdoba
S Spanisch

Panama PA

F 77 082 km²
B 2 090 000 E.
H Panama
W Balboa
S Spanisch

Paraguay PY

F 406 752 km²
B 3 500 000 E.
H Asunción
W Guarani
S Spanisch

Peru PE

F 1 281 216 km²
B 18 790 000 E.
H Lima
W Sol
S Spanisch

Puerto Rico USA

F 8 897 km²
B 3 440 000 E.
H San Juan
W US-Dollar
S Englisch

Quebec CDN

F 1 540 681 km²
B 6 500 000 E.
H Quebec
W Kanad. Dollar
S Franz., Engl.

S. Pierre u. Miquel.

F 242 km²
B 6 000 E.
H Saint Pierre
W Franc
S Französisch

Surinam SME

F 163 820 km²
B 400 000 E.
H Paramaribo
W Surinam-Gulden
S Niederländisch

Tinidad/Tobago TT

F 5 128 km²
B 1 190 000 E.
H Port of Spain
W T.-und T.-Dollar
S Englisch

Uruguay U

F 176 215 km²
B 2 950 000 E.
H Montevideo
W Urug. Peso
S Spanisch

Venezuela YV

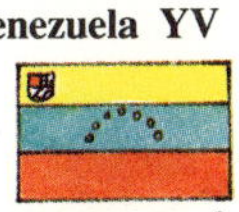

F 912 050 km²
B 15 500 000 E.
H Caracas
W Bolívar
S Spanisch

Ver. Staaten USA

F 9 363 124 km²
B 234 457 000 E.
H Washington
W Dollar
S Englisch

Asien

Geographische Lage

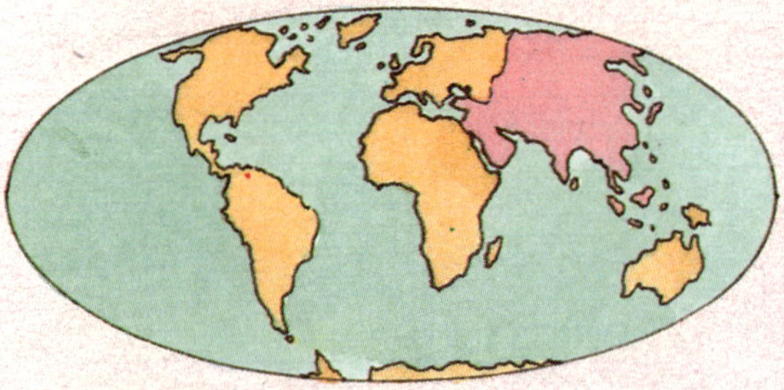

Kurzbeschreibung
Oberfläche: 44,4 Millionen km² (ohne den westlichen Teil der UdSSR).
Bevölkerung:
(ohne UdSSR) 2 Milliarden 730 Millionen Einwohner.
Bevölkerungsdichte: 50 E./km²

Asien ist der größte Kontinent des Erdballs: er stellt ein Drittel der Landfläche dar.
Es ist auch der bevölkerungsreichste Kontinent (mehr als die Hälfte der Weltbevölkerung) und seine Bevölkerungszahl wächst am schnellsten.

Seine Längenausdehnung von Nord nach Süd beträgt 9000 km.
Der Kontinent ist dadurch in drei Klimazonen geteilt:
- das kalte Asien im Norden;
- das trockene Asien in der Mitte und im Westen;
- das Asien der Monsune im Süden.

In Asien liegt der höchste Berg der Welt: der Mount Everest (8 848 m) in der Gebirgskette des Himalaya.
Asien weist eine große Vielfalt an Menschenrassen auf: Chinesen, Inder, Mongolen...
In Asien werden mehr als *100 verschiedene Sprachen und Dialekte* gesprochen.
In Asien sind auch alle großen Religionen entstanden: der Islam, der Hinduismus, der Buddhismus, die jüdische und die christliche Glaubenslehre.
Viele Länder dieses riesigen Kontinents haben gegen Überbevölkerung, Unterernährung und Unterentwicklung zu kämpfen.

Die Abkürzung nach dem jeweiligen Ländernamen ist das Kraftfahrzeug-Nationalitätszeichen.

Afghanistan AFG  **F** 652 225 km² **B** 17 220 000 E. **H** Kabul **W** Afghani **S** Persisch	**Bahrein BRN**  **F** 669 km² **B** 362 000 E. **H** Manama **W** Bahrein-Dinar **S** Arabisch	**Bangladesch BD**  **F** 143 998 km² **B** 94 200 000 E. **H** Dacca **W** Taka **S** Bengali, Engl.	**Bhutan**  **F** 47 000 km² **B** 1 300 000 E. **H** Thimbu **W** Ngultrum **S** Dzongkha	**Birma BUR**  **F** 676 552 km² **B** 35 680 000 E. **H** Rangun **W** Kyat **S** Birmanisch	**Brunei BRU**  **F** 5 765 km² **B** 192 832 E. **H** Bandar Seri **W** Brunei-Dollar **S** Engl., Malaiisch
China RC  **F** 9 561 000 km² **B** 1 032 000 000 E. **H** Peking **W** Renminbi Yuan **S** Chinesisch	**Honkong HK**  **F** 1 063 km² **B** 5 200 000 E. **H** Victoria **W** Hongkong-Doll. **S** Engl., Chines.	**Indien IND**  **F** 3 287 782 km² **B** 700 000 000 E. **H** Neu Delhi **W** Rupie **S** Hindi, Englisch	**Indonesien RI** 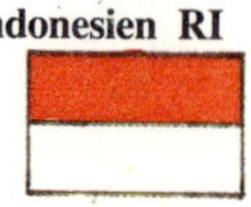 **F** 1 904 569 km² **B** 153 000 000 E. **H** Jakarta **W** Rupiah **S** Bahasa Indones.	**Irak IRQ**  **F** 434 924 km² **B** 14 000 000 E. **H** Bagdad **W** Irakischer Dinar **S** Arabisch	**Iran IR**  **F** 1 648 000 km² **B** 41 000 000 E. **H** Teheran **W** Iranischer Rial **S** Persisch
Israel L  **F** 20 770 km² **B** 3 900 000 E. **H** Jerusalem **W** Neuer Schekel **S** Hebräisch	**Japan J** 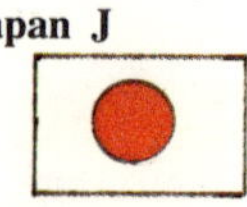 **F** 377 748 km² **B** 118 969 000 E. **H** Tokio **W** Yen **S** Japanisch	**Jordanien HKJ**  **F** 97 740 km² **B** 3 475 000 E. **H** Amman **W** Jordan-Dinar **S** S Arabisch	**Kambodscha K**  **F** 181 035 km² **B** 6 682 000 E. **H** Phnom Penh **W** Riel **S** Khmer	**Katar QA**  **F** 11 437 km² **B** 280 000 E. **H** Doha **W** Rial **S** Arabisch	**Kuwait KWT**  **F** 17 818 km² **B** 1 567 190 E. **H** Kuwait **W** Dinar **S** Arabisch

F = Fläche. **B** = Einwohner. **H** = Hauptstadt. **W** = Währung. **S** = Sprache.

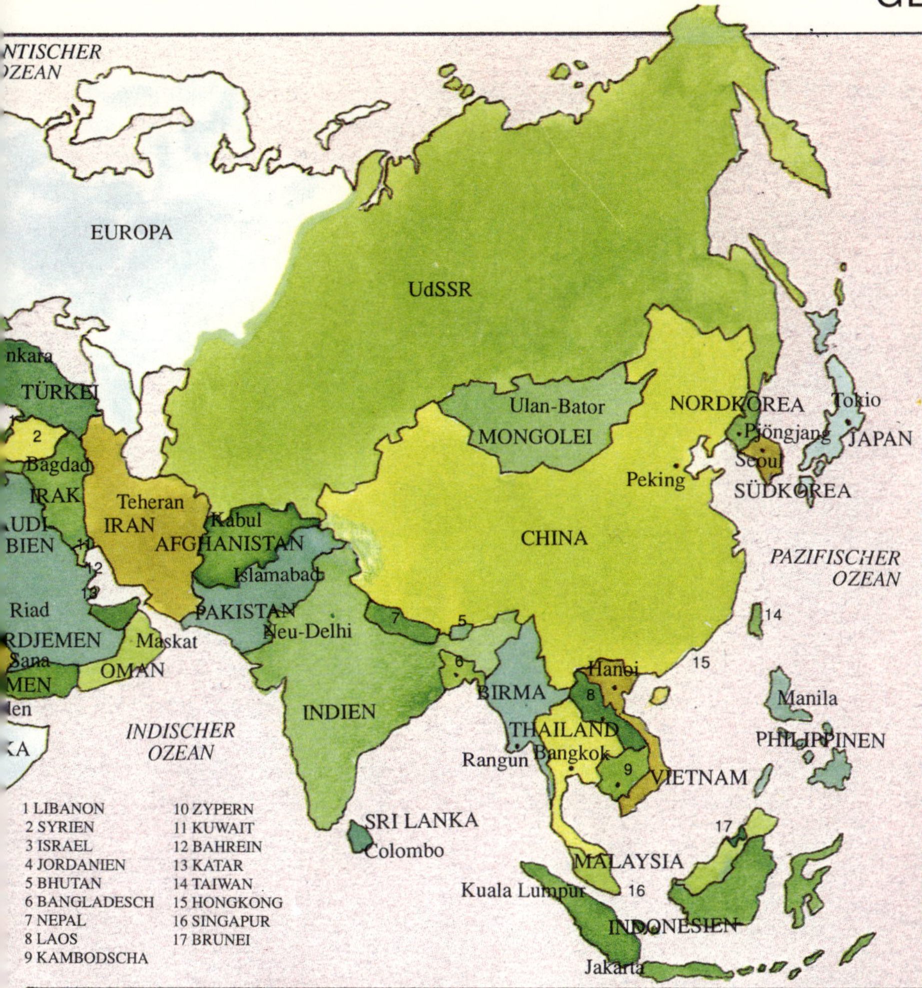

Laos LAO

F 236 800 km^2
B 3 900 000 E.
H Vientiane
W Kip
S Lao, Franz.

Libanon RL

F 10 400 km^2
B 3 500 000 E.
H Beirut
W Libanes. Pfund
S Arab., F, E *

Malaysia MAL

F 330 434 km^2
B 15 068 000 E.
H Kuala Lumpur
W Ringgit
S Malaiisch, Chin.

Mongolei

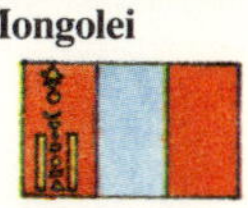

F 1 565 000 km^2
B 1 732 400 E.
H Ulan Bator
W Tughrik
S Mongolisch

Nepal NEP

F 147 181 km^2
B 15 020 451 E.
H Katmandu
W Nepales. Rupie
S Nepali

Nordjemen

F 200 000 km^2
B 8 575 000 E.
H San'a
W Rial
S Arabisch

Nordkorea

F 120 538 km^2
B 18 000 000 E.
H Pjöngjang
W Won
S Koreanisch

Oman

F 300 000 km^2
B 1 500 000 E.
H Maskat
W Oman-Rial
S Arabisch

Pakistan PAK

F 803 943 km^2
B 89 730 000 E.
H Islamabad
W Pakistan. Rupie
S Urdu, Englisch

Philippinen RP

F 300 000 km^2
B 51 960 000 E.
H Manila
W Philippin. Peso
S Tagalog

Saudi-Arabien SA

F 2 149 690 km^2
B 10 400 000 E.
H Riad
W Saudi-Riyal
S Arabisch

Singapur SGP

F 618 km^2
B 2 488 400 E.
H Singapur
W Singapur-Dollar
S Engl., Malaiisch

Sri Lanka CL

F 65 610 km^2
B 15 300 000 E.
H Colombo
W Rupie
S Singhalesisch

Südjemen ADN

F 336 869 km^2
B 2 100 000 E.
H Asch Scha'ab
W Dinar
S Arabisch, Engl.

Südkorea ROK

F 98 966 km^2
B 39 331 000 E.
H Seoul
W Won
S Koreanisch

Syrien SYR

F 185 180 km^2
B 9 660 000 E.
H Damaskus
W Syrisches Pfund
S Arabisch

Taiwan RC

F 36 981 km^2
B 18 774 917 E.
H Taipeh
W Taiwan-Dollar
S Chinesisch

Thailand T

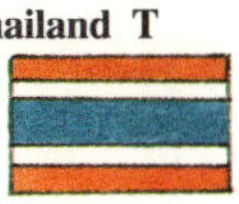

F 513 115 km^2
B 49 585 000 E.
H Bangkok
W Baht
S Siamesisch

Türkei TR

F 779 452 km^2
B 47 280 000 E.
H Ankara
W Türk. Pfund
S Türkisch

Ver. Arab. Emirate

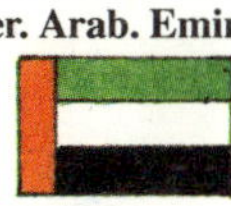

F 77 830 km^2
B 1 200 000 E.
H Abu Dhabi
W Dirham
S Arabisch

Vietnam VN

F 329 566 km^2
B 55 000 000 E.
H Hanoi
W Dong
S Vietnamesisch

Zypern CY

F 9251 km^2
B 660 000 E.
H Nikosia
W Zypern-Pfund
S Griech., Türkisch

Sprachen mit * : E = Englisch, F = Französisch

Europa

Geographische Lage

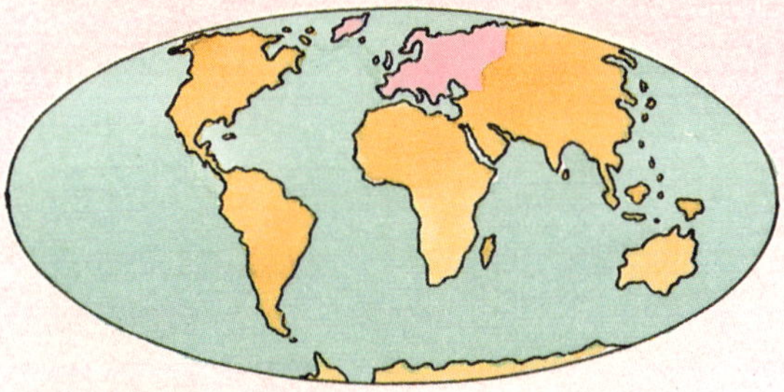

Kurzbeschreibung
Europa ist kein Kontinent für sich, sondern der westliche Teil des riesigen eurasischen Kontinents. Es erstreckt sich vom Atlantischen Ozean bis zum Uralgebirge.

Oberfläche:
10,5 Millionen km^2

Bevölkerung:
761 Millionen Einwohner
Bevölkerungsdichte: 62 E./km^2

Das Reliefbild Europas ist vielgestaltig: alte Gebirge, weite Ebenen, große junge Gebirgsketten, deren höchste Erhebung der *Mont Blanc* ist (4 807 m).

Mit Ausnahme des skandinavischen Nordens liegt Europa in der gemäßigten Zone. Drei Klimatypen machen ihren Einfluß geltend:
das ozeanische Klima, das Mittelmeerklima und das kontinentale Klima.

Europa ist zwar dicht besiedelt, seine Bevölkerung wächst aber weniger schnell als die übrige Weltbevölkerung.

Wie Mosaiksteine fügen sich die verschiedenen Völker, Kulturen, Religionen und Sprachen zu einem Gesamtbild zusammen, das Europa heißt.

In den letzten Jahren häufen sich die Zeichen dafür, daß die Trennung Europas durch den »Eisernen Vorhang« überwunden wird.

Sprachen mit * : E = Englisch, F = Französisch, D = Deutsch
I = Italienisch

Die Abkürzung nach dem jeweiligen Ländernamen ist das Kraftfahrzeug-Nationalitätszeichen.

Albanien AL	**Andorra AND**	**Belgien B**

F 28 748 km^2	**F** 453 km^2	**F** 30 513 km^2
B 2 800 000 E.	**B** 39 940 E.	**B** 9 870 000 E.
H Tirana	**H** Andorra la Vella	**H** Brüssel
W Lek	**W** Peseta / Franc	**W** Belg. Franc
S Albanisch	**S** Katalanisch	**S** F*, Niederl., D*

Bulgarien BG	**Dänemark DK**	**Deutschland BRD**	**Deutschland DDR**	**Finnland SF**	**Frankreich F**

F 110 911 km^2	**F** 43 069 km^2	**F** 248 621 km^2	**F** 108 333 km^2	**F** 337 032 km^2	**F** 551 602 km^2
B 8 929 300 E.	**B** 5 116 464 E.	**B** 61 990 000 E.	**B** 16 434 000 E.	**B** 4 812 150 E.	**B** 55 000 000 E.
H Sofia	**H** Kopenhagen	**H** Bonn	**H** Ostberlin	**H** Helsinki	**H** Paris
W Lew	**W** Dän. Krone	**W** D-Mark (DM)	**W** D-Mark	**W** Finnmark	**W** Franc
S S Bulgarisch	**S** Dänisch	**S** Deutsch	**S** Deutsch	**S** Finn., Schwed.	**S** Französisch

Griechenland GR	**Großbritannien GB**	**Irand IRL**	**Island IS**	**Italien I**	**Jugoslawien YU**

F 131 990 km^2	**F** 244 103 km^2 *)	**F** 70 282 km^2	**F** 102 846 km^2	**F** 301 263 km^2	**F** 255 804 km^2
B 9 800 000 E.	**B** 56 300 000 E.	**B** 3 443 405 E.	**B** 237 894 E.	**B** 57 140 355 E.	**B** 22 895 000
H Athen	**H** London	**H** Dublin	**H** Reykjavik	**H** Rom	**H** Belgrad
W Drachme	**W** Pfund	**W** Irisches Pfund	**W** Isl. Krone	**W** Lira	**W** Dinar
S Griechisch	**S** Englisch	**S** Irisch, E*	**S** Isländisch	**S** Italienisch	**S** Serbokr., Slow.

F = Fläche. **B** = Einwohner. **H** = Hauptstadt. **W** = Währung. **S** = Sprache.

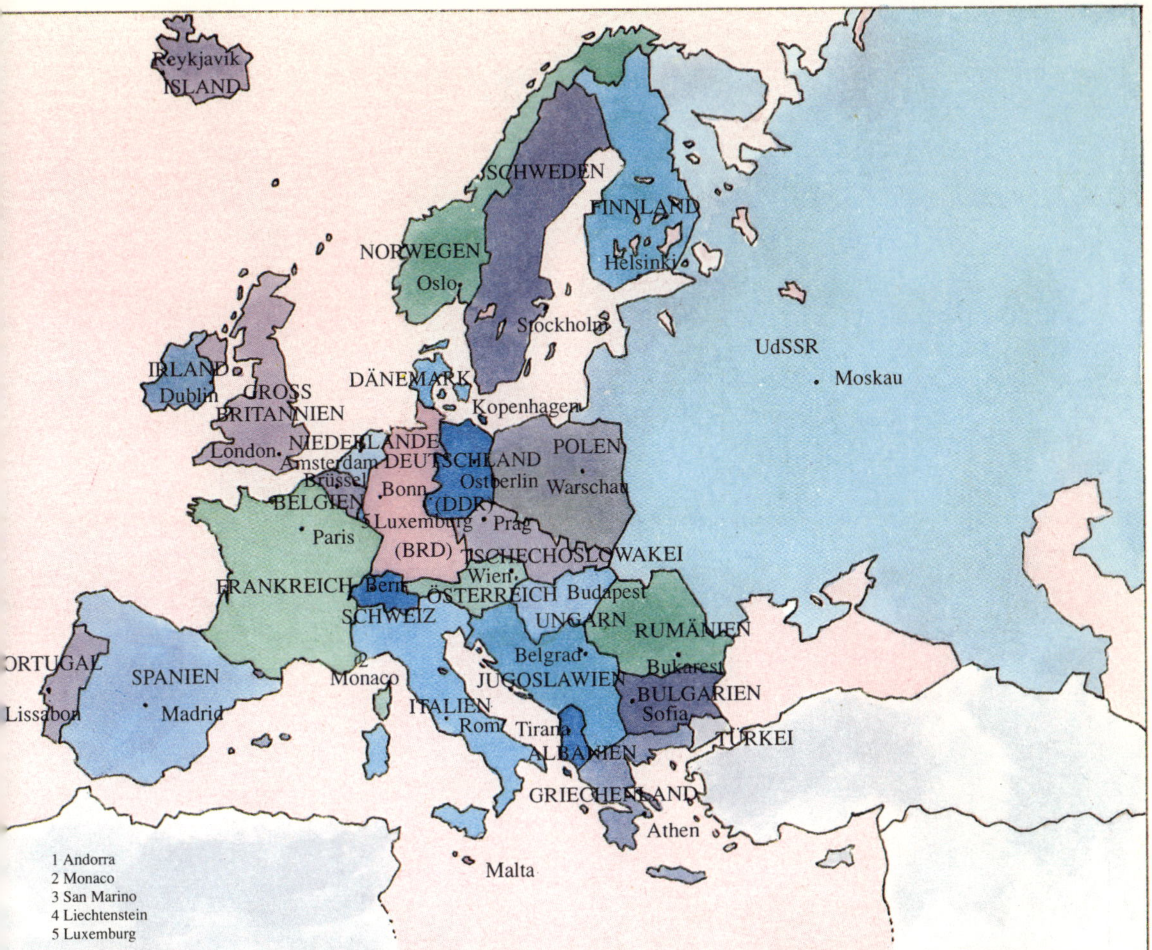

Liechtenstein FL  **F** 160 km^2 **B** 26 380 E. **H** Vaduz **W** Schweiz.-Frank. **S** Deutsch	**Luxemburg L** 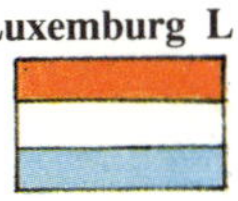 **F** 2 586 km^2 **B** 365 000 E. **H** Luxemburg **W** Luxemb. Franc **S** Franz., Letzeb.	**Malta u. Gozo M**  **F** 316 km^2 **B** 347 308 E. **H** La Valetta **W** Maltes. Lira **S** Maltes., Engl.	**Monaco MC**  **F** 2 km^2 **B** 27 063 E. **H** Monaco **W** Franc **S** Französisch	**Niederlande NL**  **F** 41 161 km^2 **B** 14 339 551 E. **H** Amsterdam **W** Holländ. Gulden **S** Niederländisch	**Norwegen N**  **F** 323 886 km^2 **B** 4 106 651 E. **H** Oslo **W** Norw. Krone **S** Norwegisch
Österreich A 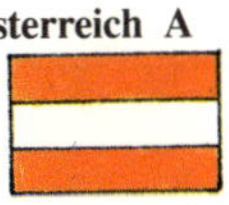 **F** 83 850 km^2 **B** 7 555 000 E. **H** Wien **W** Schilling **S** Deutsch	**Polen PL** 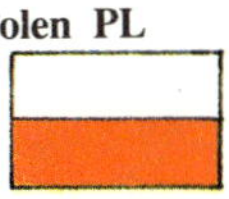 **F** 312 683 km^2 **B** 37 000 000 E. **H** Warschau **W** Zloty **S** Polnisch	**Portugal P**  **F** 91 985 km^2 **B** 10 085 900 E. **H** Lissabon **W** Escudo **S** Portugiesisch	**Rumänien R**  **F** 237 500 km^2 **B** 22 477 703 E. **H** Bukarest **W** Leu **S** Rumänisch	**San Marino RSM**  **F** 61 km^2 **B** 23 000 E. **H** San Marino **W** Ital. Lira **S** Italienisch	**Schweden S**  **F** 449 964 km^2 **B** 8 323 033 E. **H** Stockholm **W** Schwed. Krone **S** Schwedisch
Schweiz CH  **F** 41 293 km^2 **B** 6 350 000 E. **H** Bern **W** Schweiz. Frank. **S** D,F,I*, Rätorom.	**Spanien E** 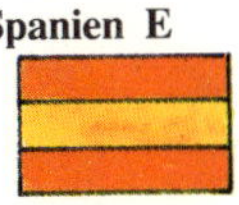 **F** 504 782 km^2 **B** 37 900 000 E. **H** Madrid **W** Peseta **S** Spanisch	**Tschechoslowakei**  **F** 127 889 km^2 **B** 15 369 000 E. **H** Prag **W** Krone **S** Tschech., Slow.	**UDSSR SU**  **F** 22 402 200 km^2 **B** 272 000 000 E. **H** Moskau **W** Rubel **S** Russisch	**Ungarn H**  **F** 93 036 km^2 **B** 10 700 000 E. **H** Budapest **W** Forint **S** Ungarisch	**Vatikan SCV**  **F** 0,44 km^2 **B** 738 E. **H** in Rom **W** Ital. Lira **S** Italienisch

*) Das Vereinigte Königreich Großbritannien und Nordirland umfaßt: England, Wales, Schottland, Nordirland und mehrere Inseln.

Ozeanien und die Polargebiete

Ozeanien
Geographische Lage

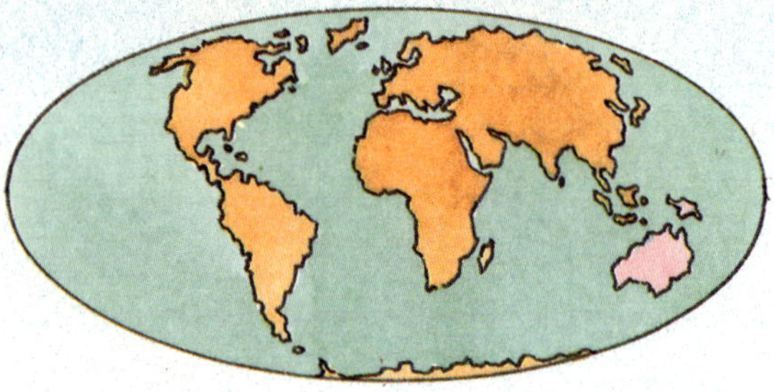

Oberfläche:
8 940 000 km²
Bevölkerung:
24 Millionen Einwohner
Bevölkerungsdichte: 2,7 E./km²

Ozeanien ist dünn besiedelt. Es besteht aus einer Vielzahl ganz unterschiedlich großer Inseln, die im Pazifischen Ozean liegen. *Mehr als 300 000 Inseln* sind es insgesamt!

Australien stellt 85% der Landfläche und 50% der Bevölkerung Ozeaniens dar. Östlich von Australien liegen bogenförmig angeordnete Inselgruppen:

Man unterscheidet:
- Melanesien, das »Land der schwarzen Inseln«, und Neuseeland;
- Mikronesien, das »Land der kleinen Inseln«;
- Polynesien, das »Land der vielen Inseln«.

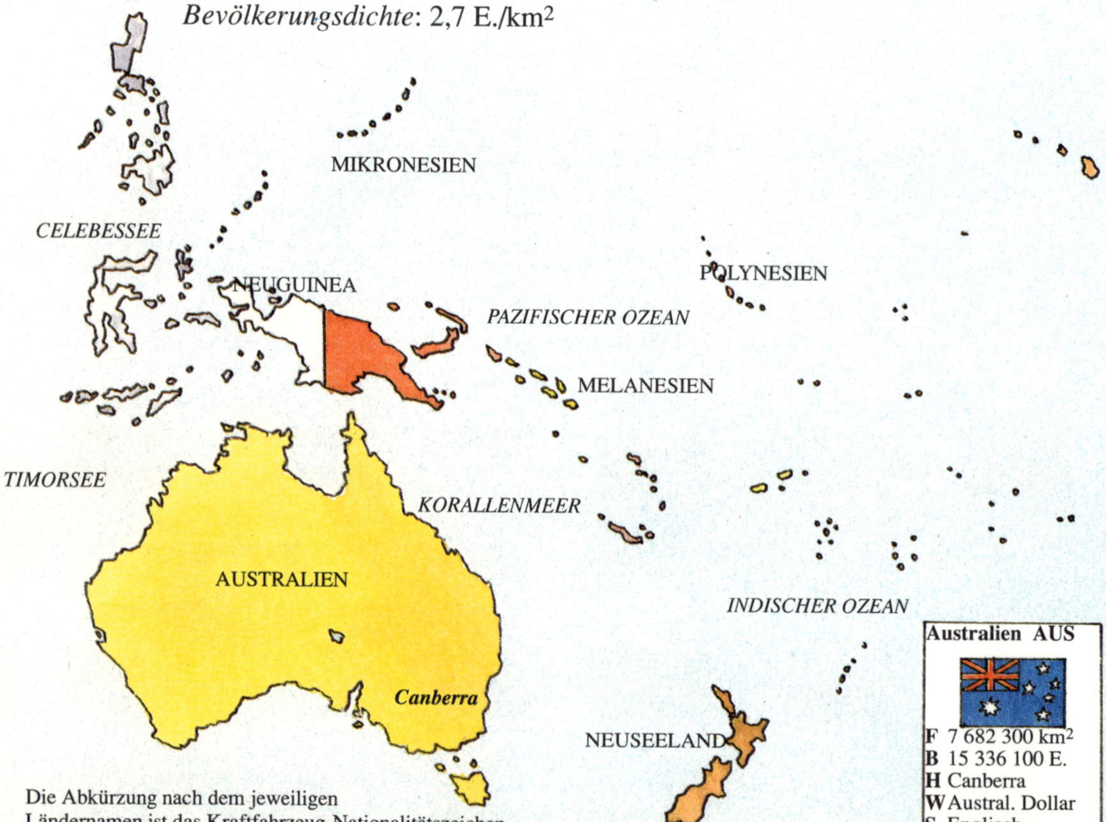

Australien AUS
F 7 682 300 km²
B 15 336 100 E.
H Canberra
W Austral. Dollar
S Englisch

Die Abkürzung nach dem jeweiligen Ländernamen ist das Kraftfahrzeug-Nationalitätszeichen.

Fidschi FJI	Neukaledonien	Neuseeland NZ	Papua-Neuguinea	Franz.-Polynesien	Vanuta

F 18 376 km²	F 16 750 km²	F 268 808 km²	F 462 840 km²	F 4 200 km²	F 12 190 km²
B 670 000 E.	B 142 500 E.	B 3 190 100 E.	B 3 192 000 E.	B 149 657 E.	B 128 000 E.
H Suva	H Nouméa	H Wellington	H Konedugu	H Papeete	H Port-Vila
W Fidschi-Dollar	W CFP-Franc	W Neuseel-Doll.	W Kina	W CFP-Franc	W Vatu
S E:* Fidschi, Hindi	S Französisch	S Englisch	S Pidgin	S F*, Tahitisch	S Französisch

F = Fläche. **B** = Einwohner. **H** = Hauptstadt. **W** = Währung. **S** = Sprache. / Sprachen mit * : E = Englisch, F = Französisch

Die Polargebiete
Geographische Lage

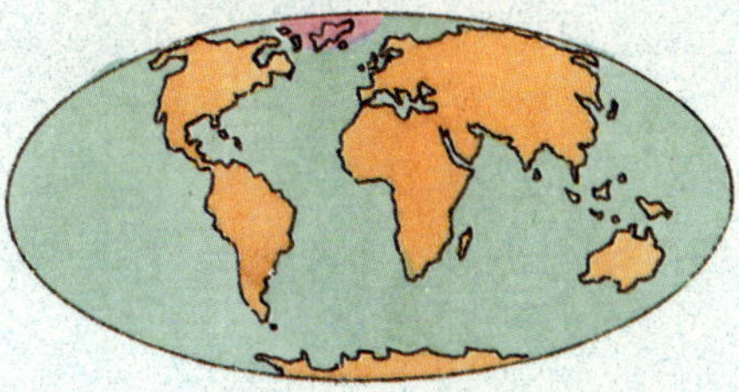

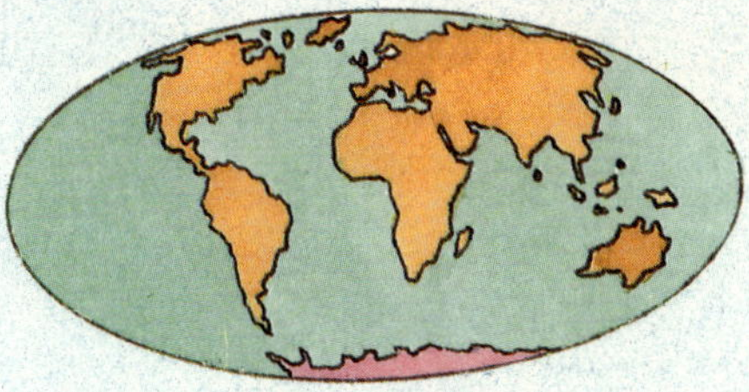

Das Klima der Polargebiete ist sehr rauh; die Durchschnittstemperatur ist im Sommer nicht höher als 10°C.

Der Grund dafür ist der starke Neigungswinkel, mit dem die Sonnenstrahlen in diesen Gebieten auftreffen.

Unterscheide:
Der Nordpol ist ein Punkt im ewigen Eis des Arktischen Eismeeres. Er ist von Inseln und Land umgeben.Der Südpol ist ein Punkt auf einem Kontinent, der Antarktis.

Die Arktis
Sie ist ein ausgedehntes Gebiet, das zu zwei Dritteln aus Meeresfläche besteht. Es enthält die größte Insel der Welt: Grönland.
Grönland gehört zu Dänemark, hat eine Fläche von 2 186 000 km^2 und 46 500 Einwohner, in der Mehrzahl Eskimos. 9/10 sind von einer im Durchschnitt 1 500 m dicken Eisschicht bedeckt.
Zur Arktis gehören auch Spitzbergen, Lappland, der Norden der UdSSR, Alaskas und Kanadas.

Die Antarktis
Das ist die größte Eiswüste der Welt: 13 Millionen km^2.
Die Lebensbedingungen sind sehr hart. Man hat hier 1960 den Kälterekord gemessen: minus 88,3°C!
Die Eisschicht, die die Antarktis bedeckt, ist etwa 4 000 m dick.
Außerdem kommt es oft zu heftigen Stürmen (Rekord: 327 km/h).
Menschen leben nur in einigen erst vor kurzem eingerichteten Forschungsstationen.

ARKTISCHE GEBIETE

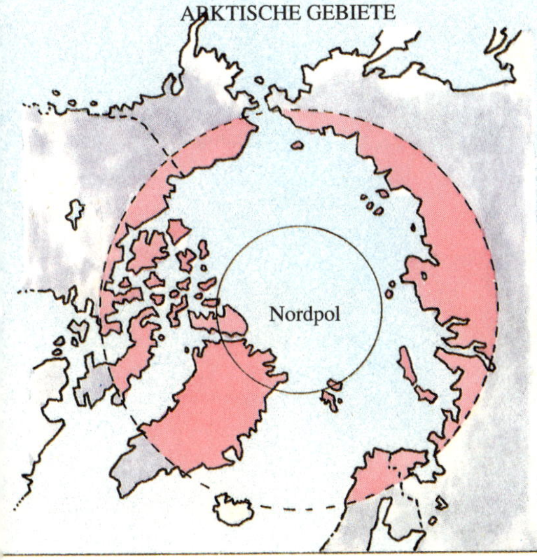

ANTARKTISCHE GEBIETE

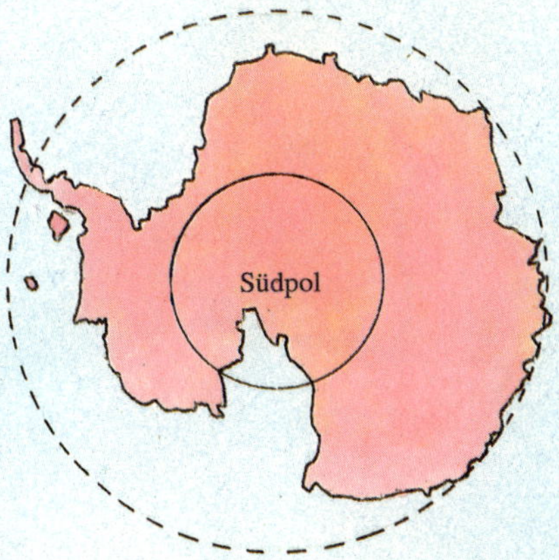

Deutschland: Politische Gliederung

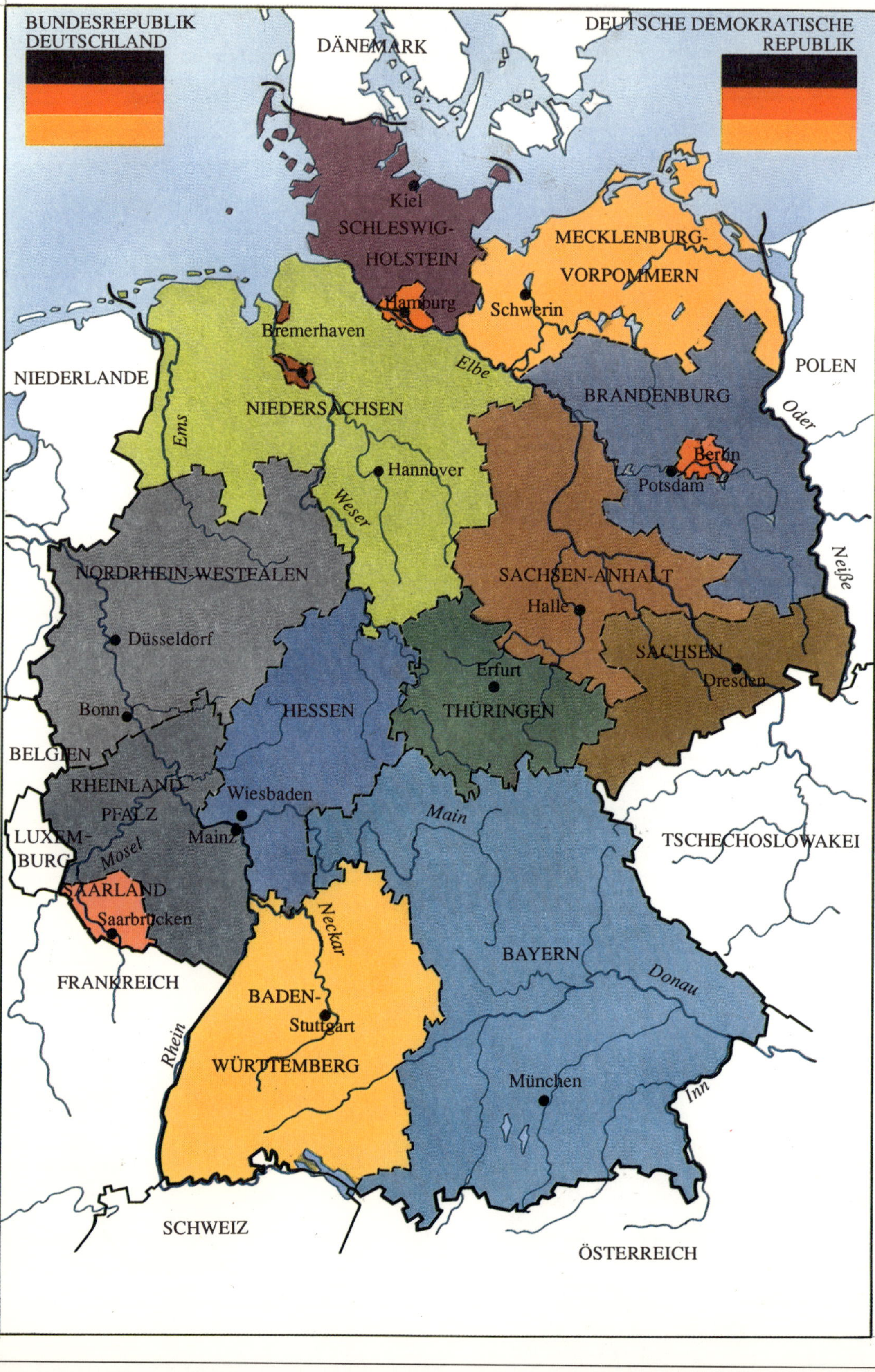

Die beiden deutschen Staaten
Die Bundesrepublik Deutschland (BRD), am 23.5.1949 gegründet, ist einer der Nachfolgestaaten des Deutschen Reichs und aus den Besatzungszonen der westlichen drei Siegermächte USA, Großbritannien und Frankreich hervorgegangen. Aus der sowjetischen Besatzungszone entstand - ebenfalls 1949 - die Deutsche Demokratische Republik (DDR).

Bundesrepublik Deutschland
Fläche: 248 621 km^2
Bevölkerung: 61 989 782 E.
Einwohner/km^2: 249
Hauptstadt: Bonn (vorläufig)

Deutsche Demokratische Republik
Fläche: 108 333 km^2
Bevölkerung: 16 674 632 E.
Einwohner/km^2: 154
Hauptstadt: Ost-Berlin

Die Bundesrepublik Deutschland: ein föderalistischer Bundesstaat
Die Bezeichnung »Bundesrepublik« verweist darauf, daß die zehn Bundesländer (Schleswig-Holstein, Hamburg, Niedersachsen, Bremen, Nordrhein-Westfalen, Hessen, Rheinland-Pfalz, Baden-Württemberg, Bayern, Saarland) sowie Berlin (West) in vielen Bereichen der Politik eine eigenständige Rolle bewahren (Föderalismus).
Außen- und wirtschaftspolitisch hat sich die BRD in die westliche Staatengemeinschaft integriert (Montanunion, EG-Mitgliedschaft, NATO-Beitritt).

Die Deutsche Demokratische Republik: vom Einheitsstaat zur Demokratie
Von 1949 bis 1990 war die DDR ein zentralistisch regierter Einheitsstaat unter dem dominierenden Einfluß der Sowjetunion.
Aus den 5 Ländern der Sowjetischen Besatzungszone wurden nach Gründung der DDR neue Verwaltungsbezirke gebildet. Ab 1952 waren es 14:
Cottbus
Dresden
Erfurt
Gera
Halle
Karl-Marx-Stadt
Leipzig
Magdeburg
Neubrandenburg
Potsdam
Rostock
Schwerin
Suhl.
Die Hauptstadt der DDR - Ost-Berlin - wurde 1981 - im Widerspruch zum Viermächtestatus der gesamten Stadt Berlin - zum 15. Verwaltungsbezirk der DDR erklärt.

Die Teilung überwinden
Die Abhaltung der ersten freien Wahlen in der DDR seit Kriegsende (18. März 1990) hat als wichtigstes Ergebnis den Wunsch der Bevölkerung zum Ausdruck gebracht, die Teilung Deutschlands zu überwinden und zu einem pluralistischen Gesellschaftssystem westlicher Prägung zu gelangen.

Die Grenzen öffnen sich
Das Zusammenwachsen der beiden deutschen Staaten wird dauern und bedarf der Zustimmung der Siegermächte. Die ersten Schritte dazu - Einführung der Wirtschafts- und Währungsunion ab 1. Juli 1990 - sind bereits getan.
Die Personenkontrollen an den deutsch-deutschen Grenzübergängen entfallen. Die Neugliederung der DDR in die 5 ehemaligen Länder (Mecklenburg, Brandenburg, Sachsen-Anhalt, Sachsen und Thüringen) anstelle der bisherigen 15 Verwaltungsbezirke ist beschlossen.

Lage in Mitteleuropa
Deutschland erstreckt sich von der Nord- und Ostsee im Norden bis zu den Alpen im Süden. Im Westen grenzt es an Frankreich und die Benelux-Länder (siehe S. 106-109), im Süden an die Schweiz und Österreich (S. 110-113), im Osten an die Tschechoslowakei und Polen (S. 114-115).

Deutschland: Landschaft, Klima, Bevölkerung

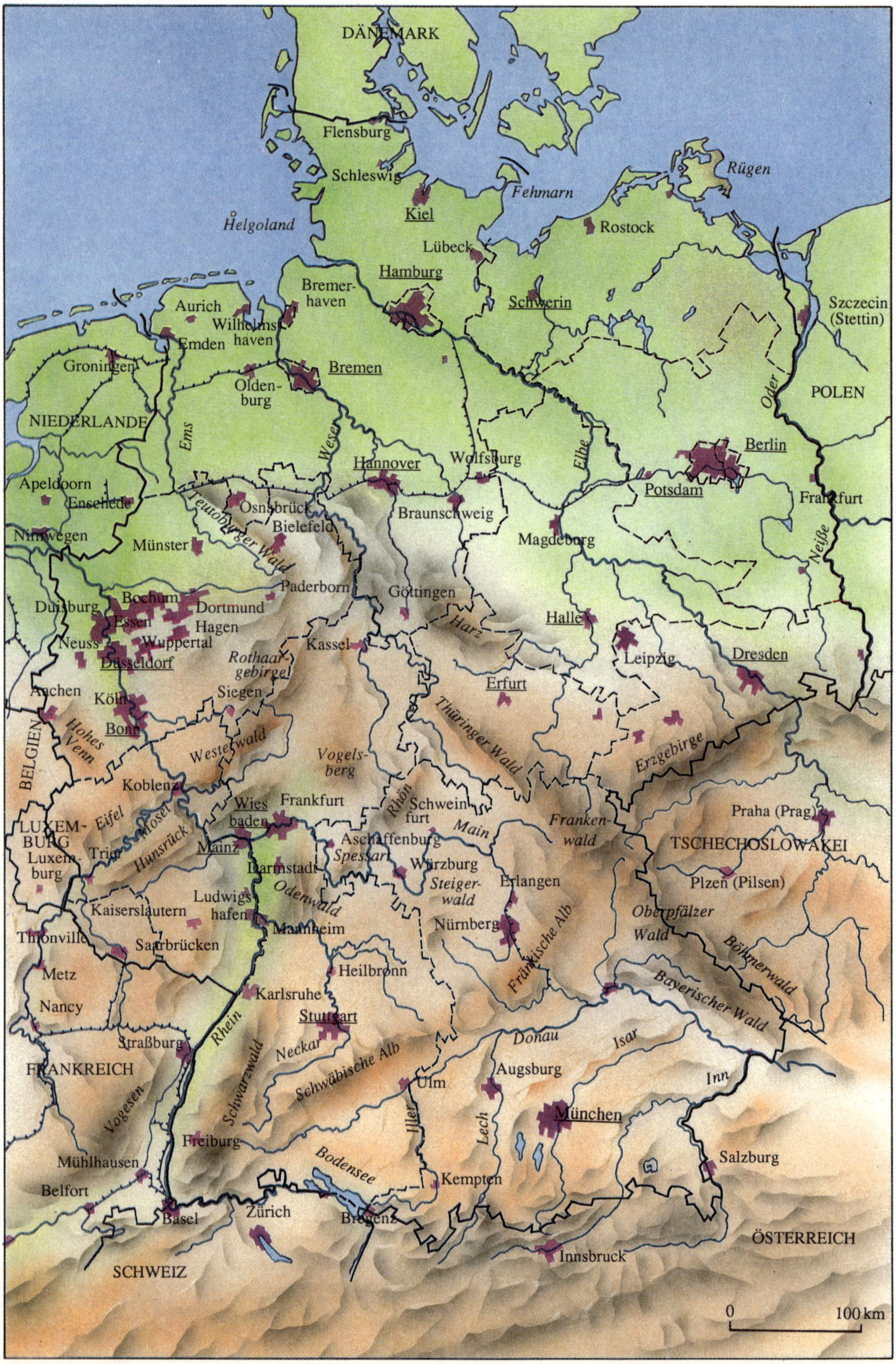

Seehöhe: von 0 bis fast 3000 m
Von Norden nach Süden sind mehrere Landschaftstypen zu unterscheiden:
Von der dänischen Grenze nach Süden erstreckt sich eine 200-400 km breite *Tieflandzone*, das *Norddeutsche Tiefland*. Im Süden schließt sich bis zur Donau die *Mittelgebirgszone* (Seehöhe 200-1 000 m) an. Darauf folgt bis zu den Alpen das *Alpenvorland*. Die Hochgebirgszone der *Alpen*, deren höchste Erhebung auf dem Gebiet der BRD die Zugspitze (2962 m) in Bayern ist, bildet einen schmalen Streifen an der südlichen Grenze zu Österreich.

Abwechslungsreiche Landschaft
Innerhalb dieser Großlandschaften wechseln die Landschaftsformen auch bei kurzen Entfernungen rasch. Die Flußlandschaften der großen Ströme vom Niederrhein bis zur Elbe gliedern das Tiefland.
An seinem südlichen Rand liegen die fruchtbaren *Börden*, ein 30-50 km breiter Lößstreifen. Reiche Bodenschätze, vor allem Steinkohle, ließen am Übergang zur Mittelgebirgszone große Städteballungen entstehen (Ruhrgebiet). Die Mittelgebirge umfassen Einzelerhebungen, Hochflächen, Stufenland und Kammgebirge mit einem großen Formenreichtum.

Gemäßigtes Klima
Deutschland liegt in der gemäßigten Westwindzone. Das Klima in Deutschland wird im wesentlichen durch das Wechselspiel von zwei Faktoren bestimmt: einerseits dem *atlantischen Meeresklima* (kühle Sommer, milde Winter) vom Westen her, andererseits dem kontinentalen Klima (kalte Winter) im Osten. Das Jahresmittel der Temperaturen liegt zwischen 6° und 10° Celsius, wobei jedoch die Wintertemperaturen von West nach Ost um ca. 2° abnehmen. Das Wetter ist im allgemeinen unbeständig, häufiger Wetterwechsel mit Niederschlägen in allen Jahreszeiten typisch.
Die Alpen im Süden bilden die *Klimascheide* zwischen dem Mittelmeergebiet und Mitteleuropa. Deutschland wird durch sie vom Einfluß des (wärmeren) Mittelmeerklimas abgeschirmt.

Durchschnittliche Lufttemperatur (Jahresmittel)

	Hamburg-Fuhlsbüttel	München-Riem
1986/87	+ 7,9° C	+ 7,5° C
1987/88	+ 9,7° C	+ 9,0° C

Durchschnittliche Niederschlagsmengen (Jahresmittel)

	Hamburg-Fuhlsbüttel	München-Riem
1986/87	889 mm	1079 mm
1987/88	847 mm	934 mm

Bevölkerung
Die Bundesrepublik Deutschland ist in Europa nach der Sowjetunion das Land mit der größten Bevölkerungszahl.
Die Besiedelungsdichte schwankt zwischen den einzelnen Ländern stark: von 152 Einwohnern pro km^2 in Niedersachsen bis 493 E./km^2 in Nordrhein-Westfalen. In der DDR ist Brandenburg mit 56 E./km^2 am dünnsten und Sachsen mit 302 E./km^2 am dichtesten besiedelt.

Seit Jahren steigt der Anteil der Ausländer an der Gesamtbevölkerung in der BRD; 1988 waren 7,3 Prozent der Einwohner in der BRD Ausländer. Unter den Ausländern waren die Türken mit 33,9 % am stärksten vertreten, gefolgt von den Jugoslawen (12,9 %), Italienern (11,3 %) und Griechen (6,1 %). Auch die vielen Über- und Aussiedler aus dem Osten brauchen Wohnungen, Arbeitsplätze und Ausbildung.
In Deutschland - wie in vielen anderen Industriestaaten - ist die Geburtenrate niedriger als die Sterberate. Der Rückgang der Bevölkerung wird durch das Zuwandern von Aus- und Übersiedlern ausgeglichen.

Die Volksgruppe der etwa 30 000 *Dänen*, die schon seit Generationen in Nord-Schleswig-Holstein ansässig ist, ist dort gut integriert.
In dem sonst fast durchwegs deutschsprachigen Gebiet der DDR leben im Spreewald und der Oberlausitz etwa 50 000 *Sorben*, die zu den westslawischen Volksstämmen gehören.

Staatsaufbau und Verwaltung

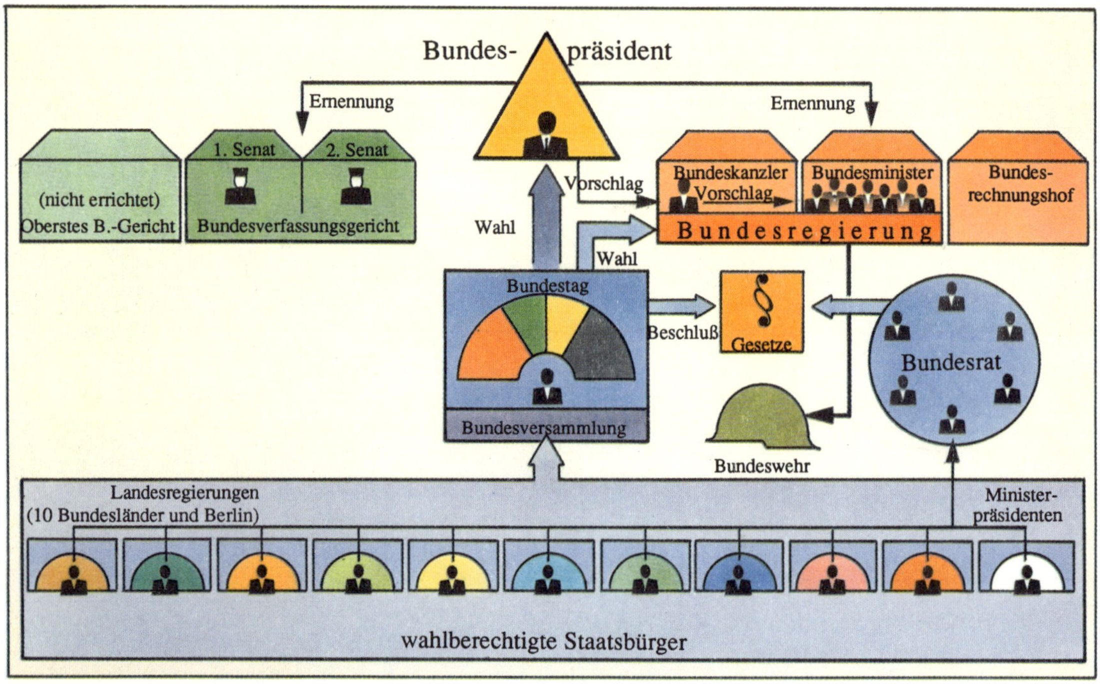

Organe und Institutionen der BRD

Das Bonner Grundgesetz

Das »Grundgesetz für die Bundesrepublik Deutschland«, das am 23.5.1949 in Kraft getreten ist, stellt eine vorläufige Verfassung dar. In der Einleitung heißt es, die Deutschen in den westdeutschen Ländern hätten »auch für jene gehandelt, denen mitzuwirken versagt war« - und damit waren die Deutschen in der sowjetischen Besatzungszone, der späteren DDR, gemeint. Nach dem Grundgesetz ist die BRD ein *demokratischer, sozialer, parlamentarischer* und *föderativer Rechtsstaat*. Vorläufige Hauptstadt ist *Bonn*.

Der Bundespräsident

An der Spitze des Staates steht der *Bundespräsident*. Er repräsentiert den Staat nach außen und schließt in seinem Namen Verträge mit ausländischen Mächten, die dann noch der Zustimmung des Bundestages bedürfen. Er wird von der Bundesversammlung für 5 Jahre gewählt.

Der Bundestag

Der Bundestag ist die Vertretung des Volkes. Er wird von den wahlberechtigten Einwohnern der Bundesrepublik für jeweils 4 Jahre in allgemeinen und geheimen Wahlen gewählt. Die Parteien stellen dafür die Kandidaten auf. Die wichtigste Aufgabe des Bundestages ist die Gesetzgebung, die Wahl des Bundeskanzlers und die Kontrolle der Regierung.

Die Bundesregierung

Die Richtlinien der Politik bestimmt der *Bundeskanzler* und trägt dafür die Verantwortung (*Richtlinienkompetenz*). Er wird vom Bundestag gewählt und schlägt Minister vor, die der Bundespräsident ernennt und gegebenenfalls entläßt. Bundeskanzler und Bundesminister bilden zusammen die *Bundesregierung*. Der Bundeskanzler hat eine starke Stellung und kann nur durch ein konstruktives Mißtrauensvotum des Parlaments (= der Bundestag muß gleichzeitig mit der Mehrheit seiner Mitglieder einen neuen Kanzler wählen) gestürzt werden.

Der Bundesrat

Der *Bundesrat* ist die Vertetung der Länder beim Bund. Jedes Land verfügt im Bundesrat über mindestens 3 Stimmen. Länder mit mehr als 2 Millionen Einwohner haben 4, mit mehr als 6 Millionen Einwohner 5 Stim-

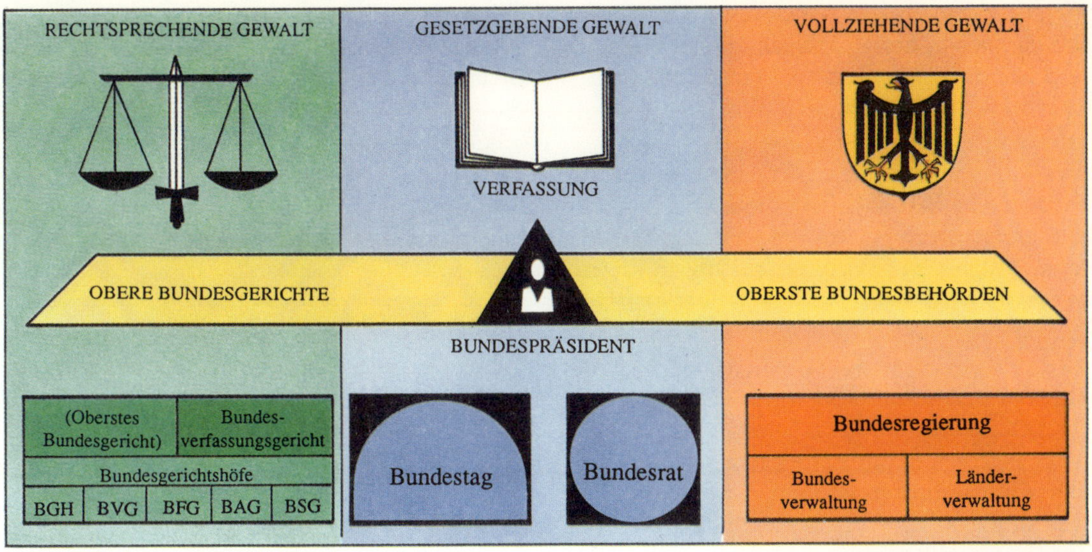

Gewaltenteilung in der BRD

men. Der Bundesrat wirkt bei der Gesetzgebung und Verwaltung des Bundes mit.

Gesetzgebung und Verwaltung
Die Aufgaben der *Staatsverwaltung* sind auf Bundes- und Länderebene größtenteils getrennt. Nach dem Grundgesetz hat der *Bund* die ausschließliche Gesetzgebung für Bereiche wie zum Beispiel Außenpolitik, Währung und Verteidigung. *Ländersache* sind beispielsweise die Justiz, die Polizei, das Gesundheits- und Bildungswesen (»Kultushoheit«). Die Gemeinden sind unter anderem zuständig für Energieversorgung, öffentlichen Nahverkehr, Gesundheitswesen, Fürsorge und Müllabfuhr.

Und in der DDR?
In der DDR wird mit Ratifizierung des Staatsvertrages auch der Geltungsbereich des Grundgesetzes auf beide Staaten ausgedehnt. Mit gesamtdeutschen Wahlen für das Jahr 1991 wird allgemein gerechnet.
Die Staatsorgane der DDR sind bisher der Staatsrat, der Ministerrat, die Volkskammer (Parlament) und das Oberste Gericht. Die Volkskammer wählt den Vorsitzenden und die Mitglieder des Staasrates und - auf Vorschlag des Staatsratsvorsitzenden - den Vorsitzenden und die Mitglieder des Ministerrates.
Außen- und wirtschaftspolitisch ist bisher die DDR eng an die Sowjetunion gebunden. Sie ist Mitglied im Rat für Gegenseitige Wirtschaftshilfe (RGW) und dem Warschauer Pakt.

Integration in Europa
Die Vereinigung der beiden deutschen Staaten ist das Ziel der Verhandlungen, die zwischen den beiden deutschen Staaten selbst und mit den Siegermächten des Zweiten Weltkriegs geführt werden.
Dabei geht es um Fragen der Grenzgarantie gegenüber Polen, um den Ersatz der bisherigen Militärblöcke (NATO und Warschauer Pakt) durch ein neues Sicherheitssystem für ganz Europa, Wirtschaftsfragen ...

Eine neue Hauptstadt
Im Zusammenhang mit den Verhandlungen über den zweiten Staatsvertrag mit der Bundesrepublik Deutschland wird auch darüber gesprochen, welche deutsche Stadt nach der Wiedervereinigung gesamtdeutsche Hauptstadt werden soll. Einige führende Politiker befürworten eine Entscheidung zugunsten von Berlin, andere bevorzugen weiterhin Bonn.

Deutschland: Wirtschaft und Verkehr

Wettbewerbsfähige Wirtschaft
Die Bundesrepublik Deutschland ist seit dem Ende des Zweiten Weltkriegs zu einer führenden Handelsnation aufgestiegen. Dazu hat die Integration in die westlichen Wirtschaftsbündnisse (1952 Montanunion, 1957 Europäische Wirtschaftsgemeinschaft) erheblich beigetragen, außerdem der Erfolg der sozialen Marktwirtschaft. Typisch für eine westliche Industrienation ist der geringe Prozentsatz von Beschäftigten in der Landwirtschaft (4 %) gegenüber mehr als 40 % in der verarbeitenden Industrie und 21 % in Dienstleistungsbetrieben (ohne Banken). Gemessen am Bruttosozialprodukt pro Kopf steht die Bundesrepublik an 7. Stelle der Weltrangliste.

Beständiges Wirtschaftswachstum
Die BRD hat trotz aller Schwierigkeiten (Umweltprobleme, Arbeitslosenzahlen, Wohnungsknappheit in Ballungsgebieten...) eine stetig wachsende Wirtschaft. In der DDR ist mit Einführung der Wirtschafts- und Währungsunion am 1.7.1990 der erste Schritt zur Einbindung in die westliche Marktwirtschaft getan.

Die Landwirtschaft
In der BRD sind rund 57 % der Bodenfläche landwirtschaftlich genutzt (Viehzucht, Milchwirtschaft, Getreideanbau...). 29 % der Bodenfläche sind bewaldet und werden durch Forstwirtschaft genutzt (Holzgewinnung). Die Fischerei wird überwiegend als Hochseefischerei betrieben. Die Landwirtschaft der BRD produziert mehr Nahrungsmittel, als im Inland verbraucht werden können.
Die Waldflächen der DDR machen nur 27 % der Bodenfläche aus. Die Landwirtschaft wurde bisher ausschließlich in staatseigenen »Landwirtschaftlichen Produktgenossenschaften (LPG)« betrieben und deckt etwa 90 % des Eigenbedarfs.

Wichtige Industriezweige
Die wichtigsten Industrierzeugnisse der BRD sind: Straßenfahrzeuge (Autos), Maschinen und Apparate, Elektrogeräte, chemische Erzeugnisse, Nahrungs- und Genußmittel; in der DDR sind Elektrotechnik, Maschinen- und Fahrzeugbau, Chemieprodukte und Metallverarbeitung besonders wichtig.

Stabile Währung
Unter den westlichen Währungen ist die D-Mark mit einer Inflationsrate unter 3 % eine der stabilsten Währungen.

Die wichtigsten Handelspartner
Den größten Teil des Außenhandels (ungefähr 50 %) wickelt die BRD mit den EG-Staaten ab. Die wichtigsten Partner sind Frankreich, die Niederlande und Italien.

Jeder zweite Deutsche hat ein Auto
Nicht nur dem Berufs- und Reiseverkehr, auch dem Güterverkehr stehen in der BRD

Das Autobahnnetz
(BRD und DDR)

mehr als 8 400 Kilometer Bundesautobahnen und über 30 000 km Bundesstraßen sowie 63 000 km Landes- oder Staatsstraßen zur Verfügung. Die Autobahnen sind - im Gegensatz zu den Alpenautobahnen der Transitländer Österreich und Schweiz - mautfrei, also ohne Benützungsgebühr zu befahren.

Das Eisenbahnnetz
Die Deutsche Bundesbahn besitzt ein Streckennetz von etwa 31 600 km Gesamtlänge, davon etwa 11 000 km elektrifiziert. Im Güterverkehr ist sie gegenüber dem Straßenverkehr ins Hintertreffen geraten (1987: 307 Millionen Tonnen auf der Schiene gegenüber 365 Millionen Tonnen auf der Straße).
Die Streckenlänge der Bahn in der DDR beträgt insgesamt 14 034 km, davon 3 784 elektrifiziert. Die wichtigsten Knotenpunkte sind Berlin, Leipzig/Halle, Magdeburg, Cottbus und Dresden.

Die Schiffahrt
Die wichtigste Wasserstraße der Binnenschiffahrt ist der Rhein (80 % des Schiffsverkehrs). Weitere wichtige Schiffahrtsstraßen sind: Donau, Main, Neckar, Mosel und Weser. Die Kanäle (Mittellandkanal...) machen mit rund 1 450 km Gesamtlänge etwa die Hälfte der Wasserstraßen aus.
Die größten Seehäfen an der Nordsee sind Hamburg, Bremen und Wilhelmshaven, an der Ostsee Lübeck und Kiel. Rostock (DDR) wurde 1952 zum Überseehafen ausgebaut.

Luftkissenboot im Fährverkehr

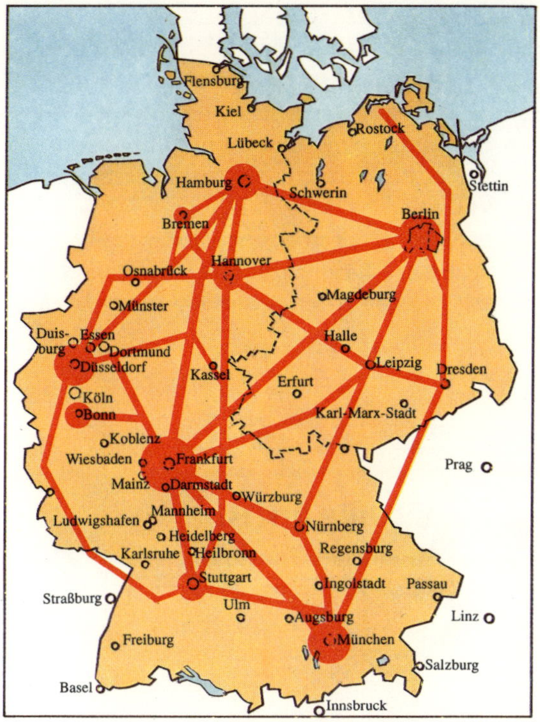

Flugverkehr in Deutschland (die Größe der Punkte für die Flughäfen entspricht ihrem Anteil am Flugverkehr).

Der Luftverkehr
Die Flughäfen von Frankfurt, Düsseldorf, München, Berlin (West) und Hamburg gehören zu den wichtigsten Flughäfen der BRD. Die Zahl der beförderten Personen hat sich in den letzten Jahren fast verdoppelt. Der Ausbau (z.B. des Flughafens Frankfurt) beziehungsweise der Neubau (z.B. in München) der Flughäfen wird unumgänglich, um die Sicherheit und reibungslose Abwicklung des Flugverkehrs zu gewährleisten.

Der Fremdenverkehr
Die Deutschen sind bekannt reisefreudig. Im internationalen Reiseverkehr standen die Deutschen in der Ausgabenstatistik 1988 an erster Stelle: Sie gaben 1988 rund 44 Milliarden DM dafür aus! Die Einnahmen aus dem Fremdenverkehr im gleichen Jahr betrugen rund 15 Milliarden DM.

Die Nachbarn im »europäischen Haus«

Die Europäische Gemeinschaft
Am 25. März 1957 unterzeichnen die Bundesrepublik Deutschland, Belgien, Frankreich, Italien, Luxemburg und die Niederlande den Vertrag von Rom und gründen die Europäische Wirtschaftsgemeinschaft (EWG).
Es geht um die Verwirklichung eines »gemeinsamen Marktes« mit freiem Warenaustausch zwischen den sechs Mitgliedstaaten.

Von sechs auf zwölf: die Gemeinschaft wächst
1972: Beitritt des Vereinigten Königreichs (Großbritanniens), Irlands und Dänemarks.

1981: Griechenland tritt der EWG bei.

1985: Spanien und Portugal schließen sich der Gemeinschaft an.

Eine Großmacht
Die EG mit ihren 272 Millionen Einwohnern ist der größte Markt der Welt und der drittgrößte Wirtschaftsblock der Erde nach den Vereinigten Staaten und der Sowjetunion.

Vier Staaten - die Bundesrepublik Deutschland, Frankreich, das Vereinigte Königreich und Italien - stellen 85 % der Bevölkerung und erbringen 85 % des Gesamteinkommens.

Ab 1992 soll der gemeinsame Markt der Zwölf voll funktionsfähig sein.

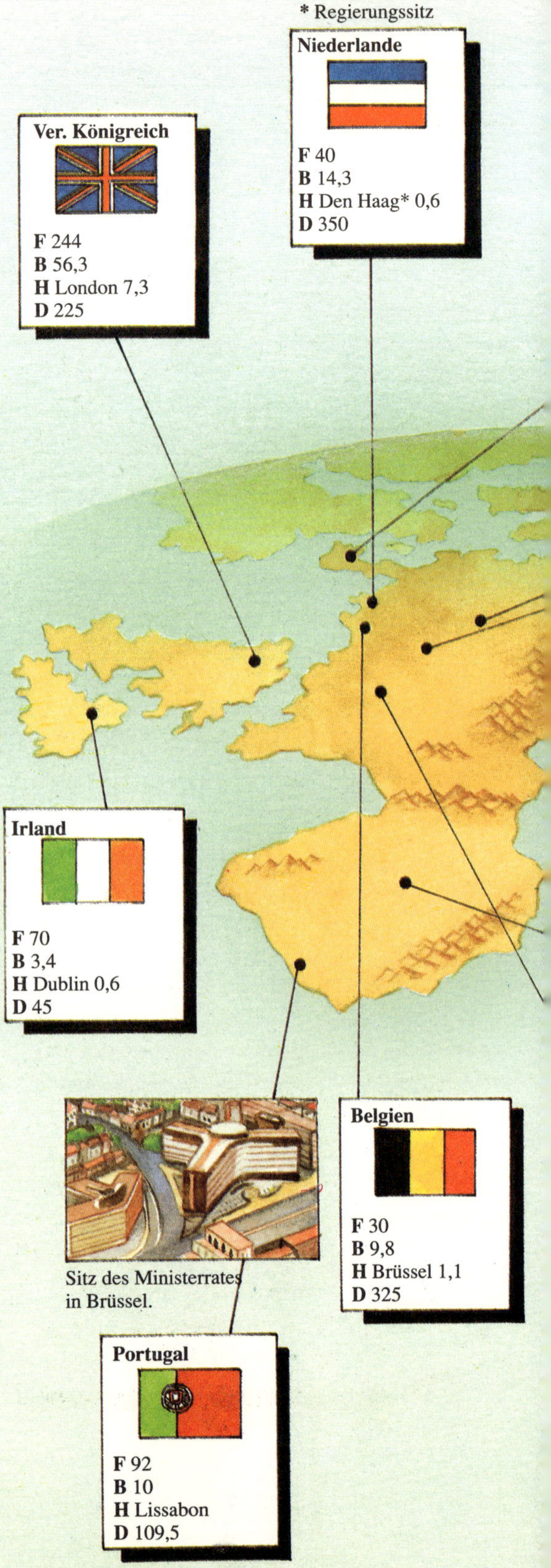

Sitz des Ministerrates in Brüssel.

Dänemark

F 43
B 5,1
H Kopenhagen 1,3
D 119

Sitz des Gerichtshofes der EG in Luxemburg.

Luxemburg

F 2,6
B 0,4
H Luxemburg 0,1
D 141

Robert Schumann (1886-1983), Initiator der Montanunion, Mitbegründer der EWG und Präsident des Europäischen Parlaments 1958-60.

BRD

F 248
B 61,9
H Bonn 0,3
D 249

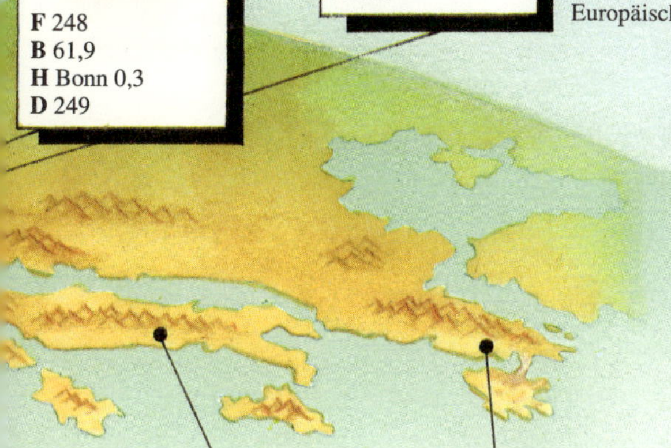

Griechenland

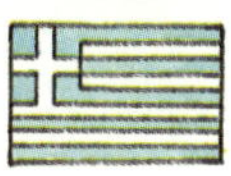

F 132
B 9,8
H Athen 3
D 70

Spanien

F 504
B 37,9
H Madrid 3,1
D 74

Italien

F 301
B 57,1
H Rom 2,9
D 174

Frankreich

F 550
B 55
H Paris
D 100

Sitz des Europaparlaments in Straßburg.

Wer leitet die EG?

Zur Lösung der Probleme der Gemeinschaft tritt der Europarat, der sich aus den Staats- oder Regierungschefs der einzelnen Länder zusammensetzt, mehrmals im Jahr zusammen. Brüssel ist der Sitz des Ministerrates. Beide Ratsgremien treffen Entscheidungen und erlassen Verordnungen, die für alle Staaten der Gemeinschaft gültig sind.

Das *Europäische Parlament* (434 Abgeordnete) wird nach dem allgemeinen Wahlrecht gewählt. Sein Sitz ist Straßburg. Es überwacht die Arbeit der europäischen Institutionen.

Der *Europäische Gerichtshof* in Luxemburg sorgt dafür, daß die Verordnungen der Gemeinschaft befolgt werden.

Eine gemeinsame Währung

Der *ECU* (European Currency Unit) wird aus den Währungen der verschiedenen Mitgliedsländer gebildet (siehe auch S. 157).

Es gibt auch Schwierigkeiten

Die Gemeinschaft sieht sich derzeit vor eine Reihe von Problemen gestellt: mangelndes Gleichgewicht zwischen den Regionen, unausgewogener Handelsaustausch zwischen den Mitgliedsstaaten und vor allem Arbeitslosigkeit. Trotz aller Schwierigkeiten ist die EG aber für ihre Mitgliedsländer ein großer Erfolg.

F = Fläche (in 1 000 km²)
B = Bevölkerung (in Millionen)
H = Hauptstadt mit Einwohnerzahl in Millionen
D = Bevölkerungsdichte pro km²

Dänemark und Benelux-Staaten

Dänemark - die »Brücke zum Norden«
Wie Schweden und Norwegen wird auch Dänemark zu den »Skandinavischen Ländern« gerechnet. Es stellt die Verbindung zwischen Mitteleuropa und Skandinavien sowie zwischen Nord- und Ostsee dar.
Die größte zusammenhängende Landmasse ist die Halbinsel Jütland, die mit der Bundesrepublik eine 67 km lange Grenze gemeinsam hat. Außerdem gehören zum dänischen Staatsgebiet viele Inseln, darunter die größte der Welt: *Grönland.*

Hochentwickelte Landwirtschaft
Dänemark hat neben den Niederlanden die höchstentwickelte Landwirtschaft, obwohl nur 9 % der Erwerbstätigen in der Landwirtschaft arbeiten. Es gehört zu den größten Exporteuren von Rind- und Schweinefleisch, Butter, Käse und Konserven.

Wenig Rohstoffe, aber viel Industrie
Obwohl Dänemark zu den rohstoffarmen Ländern gehört, hat es eine leistungsstarke Industrie entwickelt. Es hat sich auf qualitativ hochwertige Erzeugnisse (Maschinen für die Landwirtschaft, Dieselmotoren, Chemieprodukte...) spezialisiert und besitzt auch bedeutende Schiffswerften.

Verkehr
Der zeitraubende Fährverkehr zwischen den vielen Inseln ist Dänemark größtes Problem. Es plant daher den Bau großer Brücken (über den Kleinen Belt gibt es schon eine) und Tunnel.

Fläche: 43 069 km²
Bevölkerung: 5,1 Millionen E.
Bevölkerungsdichte: 119 E./km²
Hauptstadt:
Kopenhagen

Die Benelux-Staaten

Lange vor der Gründung der EWG schlossen sich **Be**lgien, **Ne**derland und **Lux**emburg zu einer Zollunion zusammen.

Belgien - Drehscheibe Europas

Das Staatsgebiet wird wird durch die Flüsse Sambre und Meuse in zwei Teile gegliedert:
- *Flandern*, ein flaches Land im Norden;
- die *Ardennen*, ein von Wald und Wiesen bedecktes Bergland im Süden.

In Belgien laufen fast alle europäischen Handelswege zusammen. Brüssel, Hauptstadt Belgiens und Sitz der EG, ist zweisprachig (Französisch und Niederländisch).
Die Bevölkerung Belgiens setzt sich aus den Niederländisch sprechenden *Flamen* (mehr als 60 %) im Norden und den Französisch sprechenden *Wallonen* im Süden zusammen. Im Osten (um Eupen und Saint Vith) wird zum Teil auch Deutsch gesprochen.
Die belgische Wirtschaft ist dynamisch. Industrie und Handel stehen im Vordergrund.

Die Niederlande - Tiefland am Meer

Wie der Name schon sagt, besteht das Staatsgebiet (nur wenig größer als Baden-Württemberg!) vorwiegend aus Tiefland. Ein grosser Teil liegt sogar *unter* dem Meeresspiegel. Im Laufe der Jahrhunderte hat der Mensch dem Meer große Gebiete abgerungen.
Amsterdam ist die *Hauptstadt* des Landes, *Den Haag* der *Regierungssitz*.
Die Wirtschaft der Niederlande ist exportorientiert. Seit dem 17. Jahrhundert ist der Handel die Grundlage für den Wohlstand des Landes. Der Dienstleistungssektor nimmt mit 60 % des Bruttosozialproduktes (65 % der Beschäftigten) den ersten Rang in der Wirtschaft ein. Seit dem Zweiten Weltkrieg hat auch die Industrie einen großen Aufschwung erlebt. Die wichtigsten Industriezentren liegen im Gebiet um die alten Hafenstädte Amsterdam und Rotterdam.

Das Großherzogtum Luxemburg

Mit 80 km größter Länge und 60 km größter Breite ist Luxemburg der kleinste Staat der EG. Der Norden des Landes, *Ösling* genannt, gehört zum Gebiet der Ardennen. Er ist waldreich, dünn besiedelt und arm. Der *Gutland* genannte Süden ist dicht besiedelt, reich und gehört zum Lothringischen Schichtstufenland.
Der Wohlstand des Landes hat zwei Wurzeln: die Eisenerzvorkommen, die Luxemburg an die 17. Stelle der Rohstahlerzeuger gebracht haben, und die Offenheit des Landes für internationale Zusammenarbeit. Luxemburg ist Sitz des Europäischen Gerichtshofes und ein wichtiger europäischer Finanzplatz. Das Land exportiert nahezu 90 % seiner Waren in andere EG-Länder.

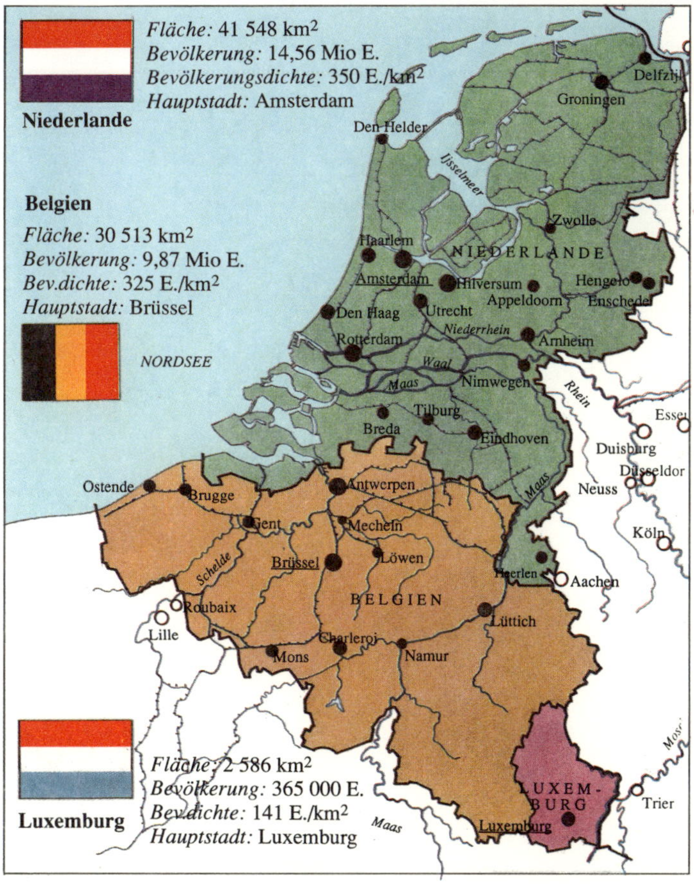

Frankreich

Frankreich
Fläche: 550 000 km^2
Bevölkerung: 55 Mio E.
Bevölkerungsdichte: 100 E./km^2
Hauptstadt: Paris

Fast genau ein Sechseck
Frankreich hat eine annähernd sechseckige Fläche - nach der UdSSR die größte unter den europäischen Staaten.

Frankreich ist im Vergleich zu Deutschland dünn besiedelt. Die Bevölkerung ist recht ungleich verteilt.
7,5 % der Bevölkerung sind Ausländer (Italiener, Spanier, Portugiesen, Jugoslawen, Maghrebiner, Afrikaner).

Die Hauptstadt Paris bildet das Zentrum der Verkehrswege, der Industrie und Kultur und ist die viertgrößte Hauptstadt Europas.

Alte, niedrige Gebirgsmassive:
Ardennen, Vogesen, Zentralmassiv.
Junge, hohe Gebirge:
Jura, Alpen, Pyrenäen.

Länge der Küstenlinie:
3 100 km.
Festlandgrenzen: 2 100 km.

Frankreich hat Anteil an 6 großen Klimazonen:
Ozeanisches Klima: ganzjährig milde Temperaturen.
Pariser Klima: häufige Regenfälle.
Halbkontinentales Klima: heiße Sommer, rauhe Winter.
Gebirgsklima: lange Winter, kühle Sommer.
Klima der Auvergne: rauhe Winter.
Mittelmeerklima: trockene, heiße Sommer, milde Winter, aber kräftige, gelegentlich sogar kalte Winde.

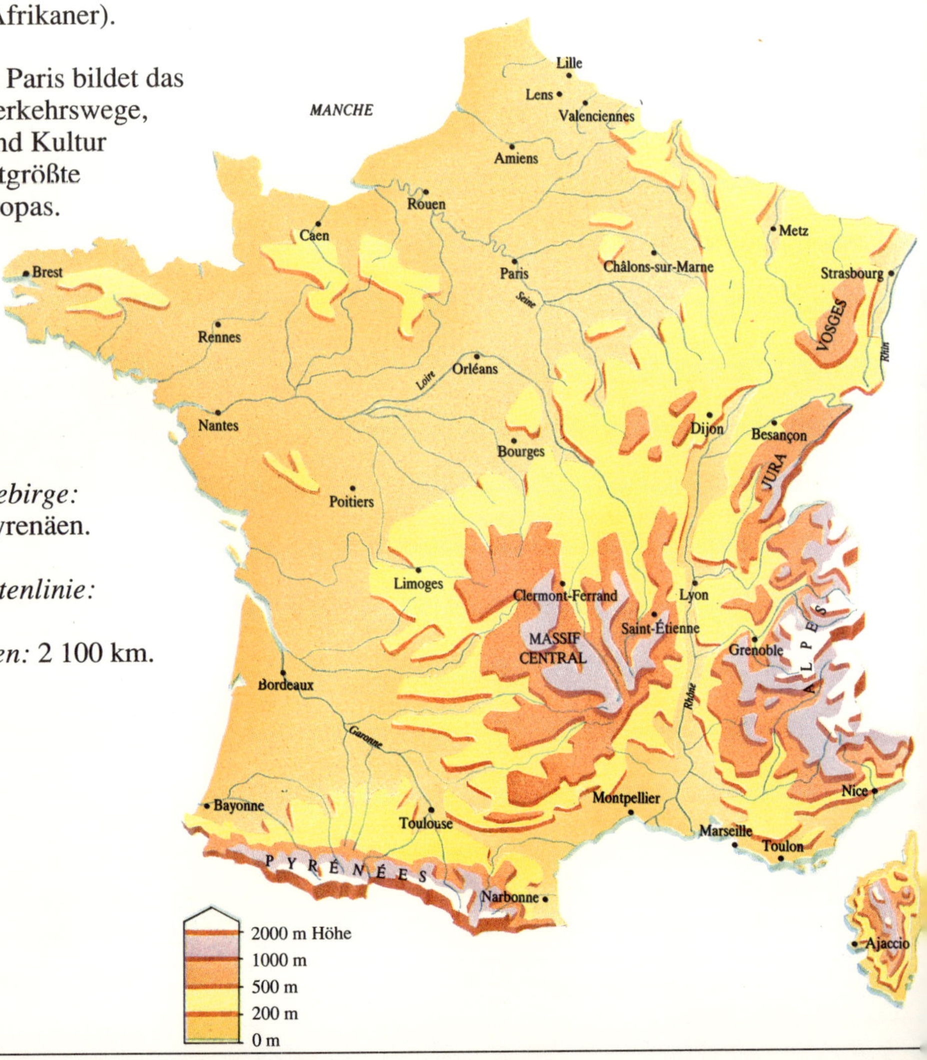

Wirtschaft
Landwirtschaftliche Produkte:
Frankreich ist der größte europäische Erzeuger von Getreide, Obst und Gemüse, Wein und Futterpflanzen.
Viehzucht:
Rinder, Schafe, Geflügel.
Energiequellen:
Wasserkraft, Kernkraft, Kohle.
Industriezweige:
Eisen- und Stahlindustrie, Metallindustrie, Maschinenbau, Chemie, Veredelungsindustrien.
Transportwesen:
Dichtes Verkehrsnetz: Straßen, Sutobahnen, Eisenbahnen, Binnen- und Seeschiffahrt.

Die Verkehrsmittel
Straßen
Frankreich hat die größte Anzahl Straßen pro Quadratkilometer. Von 900 000 km Straßen aller Größenordnungen sind 80 000 km Hauptverkehrsstraßen, 6 000 km Autobahnen. Mit einem Verkehrsaufkommen von 20 Millionen Autos ist der Straßenverkehr sehr dicht. Innerhalb von 10 Jahren hat sich der Gütertransport per LKW verdoppelt. Die Straße hat die Schiene überflügelt.

Eisenbahn
Nach der UdSSR hat Frankreich das *längste Bahnstreckennetz Europas:* 34 000 km Schiene. Jährlich befördern die französischen Staatsbahnen (S.N.C.F.) 700 Millionen Reisende und 260 Millionen Tonnen Güter. Seit der Inbetriebnahme des Hochgeschwindigkeitszuges T.G.V. (train à grande vitesse) kann die Bahn mit dem Flugzeug konkurrieren.

Die Schiffahrt
Die Wasserstraßen, die im 18. Jahrhundert für die Binnenschiffahrt eingerichtet wurden, leiden unter der Konkurrenz von Schiene und Straße, obwohl sie niedrigere Transportkosten ermöglichen.
Frankreich ist durch seine Lage nach drei Meeren hin offen: zur Nordsee und zum Ärmelkanal, zum Atlantik und zum Mittelmeer. Große Häfen (Marseille, Le Havre, Bordeaux...) sind die Umschlagplätze des französischen Außenhandels.
Luftkissenfahrzeuge werden im Fährverkehr zwischen Frankreich und England eingesetzt.

Flugverkehr
Mit dem Flugzeug werden hauptsächlich Personen im Langstreckenverkehr befördert. Paris hat zwei große Flughäfen: *Orly* und *Roissy.* Air France und U.T.A. wickeln den internationalen Flugverkehr ab, Air Inter den französischen Binnenflugverkehr auf Flugstrecken von 26 554 km Gesamtlänge.

Paris: Centre Pompidou

Schloß der Herzöge der Bretagne in Nantes

Marseille: Notre-Dame-de-la-Garde

Nancy: Place Stanislas

Toulouse: Das Kapitol

Lyon: Zusammenfluß von Saône und Rhône

Lille: Die alte Börse

Bordeaux: St.-Michaels-Kirche und die Garonne

Die Schweiz

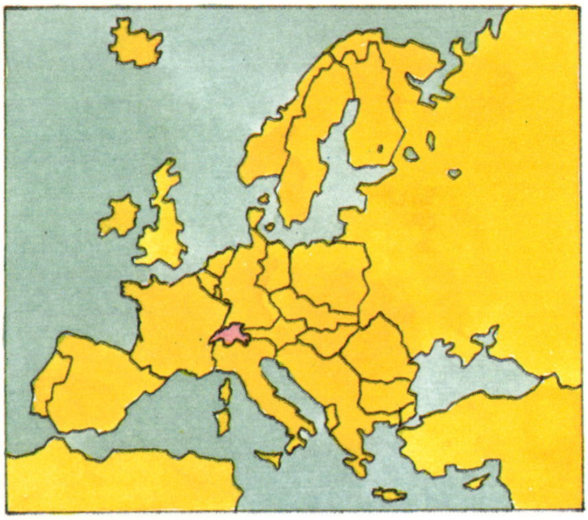

Die Schweiz, auch schweizerische Eidgenossenschaft genannt, besteht aus 23 kleinen Ländern, den *Kantonen*, die sich zu einem Bundesstaat zusammengeschlossen haben.

Die Alpen
Die Schweiz hat einen großen Anteil an den Alpen. Würde man die Schweizer Berglandschaft wie einen Teig ausrollen, so würde sie die Fläche der UdSSR erhalten.
Der höchste Gipfel, die *Pointe Defour* (4 638 m), liegt im Monte-Rosa-Gebiet.

Mehr als 1 000 Seen!
Die bekanntesten sind der Bodensee, der Neuenburger See, der Vierwaldstätter See, der Zürichsee und der Luganer See. Der größte ist der Genfer See (582 km^2). Diese Wasserflächen wirken temperaturregelnd: Im Sommer bringen sie Kühle und im Winter ein verhältnismäßig mildes Klima.

Das Mittelland
In dieser zwischen Alpen und Jura gelegenen Region, die durchschnittlich zwischen 600 und 700 m hoch ist, leben drei Viertel der Bevölkerung. Hier befinden sich die größten Städte: Zürich, Basel, Genf, Bern, Lausanne, Sankt Gallen.
In dieser Gegend blüht die Landwirtschaft: Getreide- und Obstanbau, Viehzucht...

Fläche: 41 293 km^2
Bevölkerung: 6,35 Mio E.
Bevölkerungsdichte: 154 E./km^2
Hauptstadt: Bern

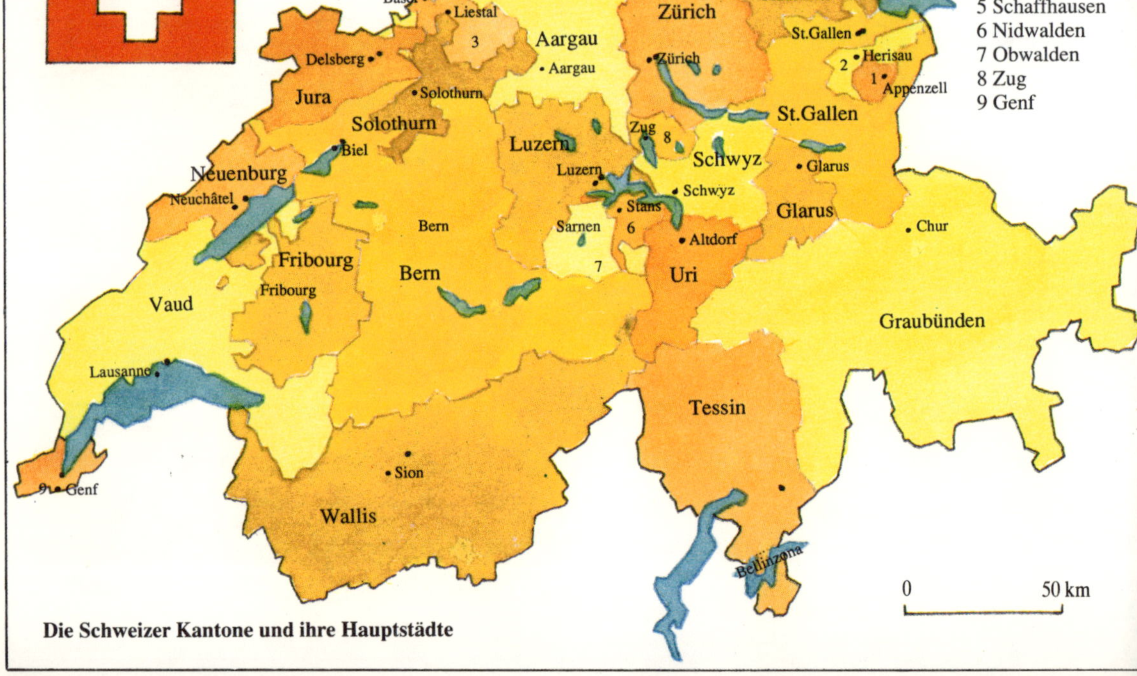

Die Schweizer Kantone und ihre Hauptstädte

Die Schweiz - Quellkammer Europas

Zwei Riesen haben ihren Ursprung in der Schweiz

Zei mächtige Flüsse, der Rhein und die Rhône, haben ihren Ursprung in den Schweizer Alpen, im St. Gotthard-Massiv.

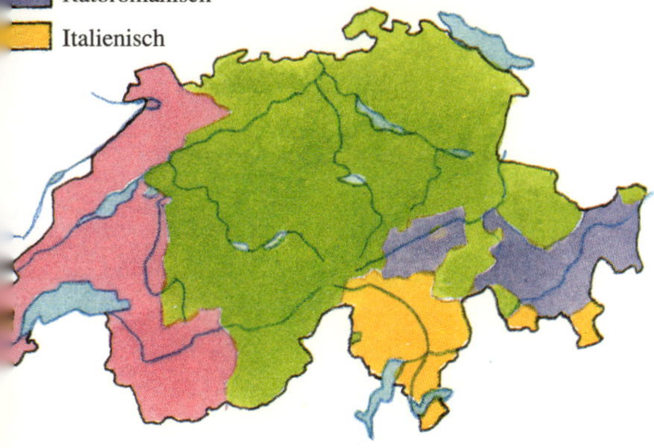

Vier Landessprachen

- Deutsch wird von 65 % der Bevölkerung gesprochen;
- Französisch von 18,4 %;
- Italienisch von 9,8 %;
- Rätoromanisch von 0,8 % (Kanton Graubünden).

Die rätoromanischen Mundarten in den Alpentälern sind aus einer Mischung aus dem Latein der Römer und der Sprache der besiegten Völker entstanden. Heute unterscheidet man noch drei isoliert lebende Gruppen: in Graubünden, in den Dolomiten und in Friaul.

Ein mächtiges Industrieland

Die Schweiz verfügt über eine weltberühmte Uhrenindustrie, chemische, Textil- und Nahrungsmittelindustrien. Bedeutend ist auch die Stromerzeugung in Wasserkraftwerken. Die verkehrsgünstige Lage zwischen Frankreich, Deutschland und Italien spielt für die Wirtschaft der Schweiz eine wichtige Rolle. Die Einnahmen aus dem Fremdenverkehr belaufen sich auf etwa 13 % des Außenhandelsvolumens.

Der »Geldschrank« Europas

Zusammen mit Schweden hat die Schweiz den höchsten Lebensstandard innerhalb Europas. Ihre politische Neutralität und ihre wirtschaftliche und finanzielle Stabilität locken ausländisches Kapital an und machen das Land zu einem der ersten Finanzplätze der Welt.

Österreich

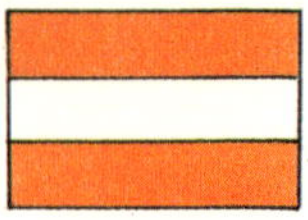

Fläche: 83 855 km²
Bevölkerung: 7,56 Mio E.
Bevölkerungsdichte: 90 E./km²
Hauptstadt: Wien

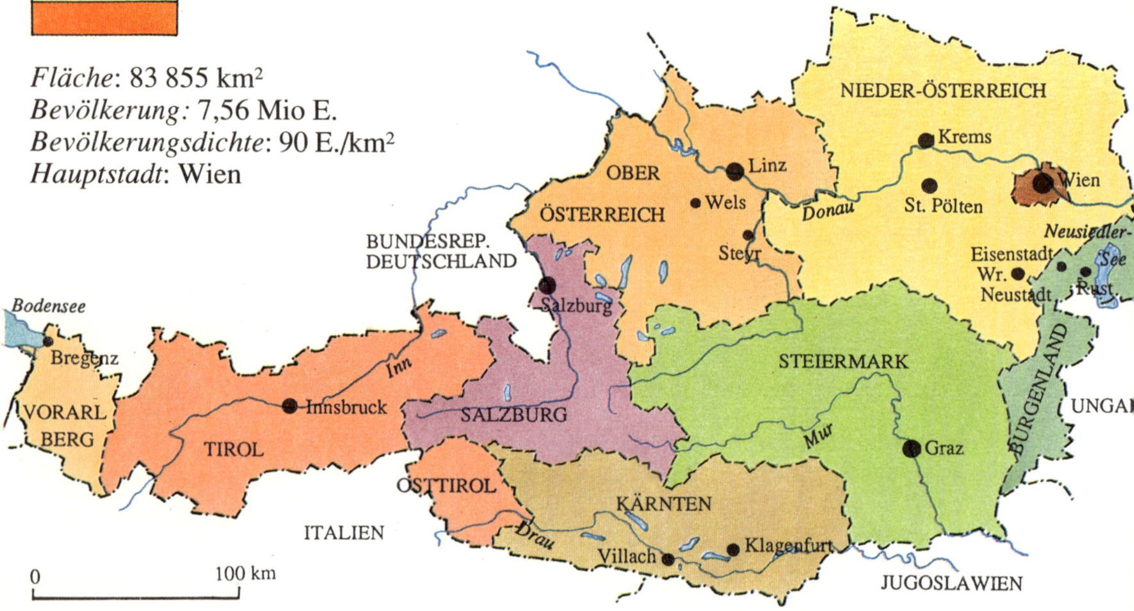

Land im Herzen Europas
Österreich ist ein Binnenstaat im südlichen Mitteleuropa. Es ist seit jeher ein Kreuzungspunkt wichtiger Verkehrswege zwischen den Wirtschafts- und Kulturräumen in Nord und Süd, Ost und West. Sein Staatsgebiet setzt sich aus 9 Bundesländern - Vorarlberg, Tirol, Salzburg, Kärnten, Steiermark, Niederösterreich, Oberösterreich, Burgenland und Wien - zusammen. Österreich ist eine Republik und seit dem Staatsvertrag von 1955 außenpolitisch ein neutraler Staat. Es gehört zu den parlamentarischen Demokratien westlicher Prägung.

Es hat Anteil an fünf Großlandschaften:
- Ostalpen (etwa 63 % der Landesfläche);
- Alpen- und Karpatenvorland (11,5 %);
- Pannonisches Tiefland (11,5 %);
- Wiener Becken (4 %);
- Granit- und Gneishochland (Anteil an der Böhmischen Masse, 10 %).

Sieben Nachbarn
Österreich grenzt an 7 Nachbarstaaten: die Bundesrepublik Deutschland, Tschechoslowakei, Ungarn, Jugoslawien, Italien, die Schweiz und Liechtenstein.

Das Erbe des Vielvölkerstaats
Die Bevölkerung Österreichs setzt sich aus den großen europäischen Völkerfamilien der Germanen, Romanen und Slawen zusammen. Der Bevölkerungsanteil ungarischer Herkunft (im Osten) gehört zu den Ural-Altai-Völkern.
Die Österreicher sind zu 95 % deutschsprachig. Anderssprachige Minderheiten leben in Kärnten (Slovenen)und im Burgenland (Ungarn).

Land der Berge, Land am Strome
Österreichs höchster Berg ist der *Großglockner* (3 797 m) in den Hohen Tauern. Der größte Fluß ist die *Donau*, die nach Verlassen der Bundesrepublik Deutschland Österreich auf einer Länge von 350 km durchfließt.
Die Gebirgsflüsse (Zuflüsse von Inn, Salzach, Donau ...) werden vielfach durch große Kraftwerke für die Energiegewinnung genutzt (Österreich hat als einziges Land in Mitteleuropa auf Kernkraftwerke verzichtet).

Übergangsklima
Entsprechend der geographischen Lage in der gemäßigten Westwindzone ist für

Österreich das atlantisch beeinflußte Mittelmeerklima bestimmend für das Wetter. Von Westen nach Osten nimmt der ozeanische Einfluß ab und der kontinentale zu. Die Temperaturunterschiede zwischen Tag und Nacht und zwischen Sommer und Winter sind im Osten größer als im Westen .
In den Alpenregionen macht sich der Einfluß des alpinen Klimas in reichlichen Niederschlägen, kurzen Sommern und langen Wintern bemerkbar.

Die Wirtschaft
Die Betriebe der österreichischen Wirtschaft sind zum Teil in Privatbesitz, zum Teil Staatsbetriebe (Post, Eisenbahn, Forste...) und zum Teil verstaatlichte Unternehmungen im Besitz von Bund oder Ländern. Dazu gehören vor allem Betriebe der Grundstoffindustrie, der Energiewirtschaft und einige Großbanken.

Landwirtschaft
Obwohl nur 20 % der Gesamtfläche Österreichs auf Ackerland und etwa 29 % auf Wiesen und Weiden entfallen, deckt die Landwirtschaft 104 % des Nahrungsmittelbedarfs. Etwa 44 % der Bodenfläche sind bewaldet und werden durch Holzgewinnung genutzt.

Die Basis der Industrie
Grundlagen der Industrie sind Erzvorkommen (Eisenerz, Blei-Zinkerz, Antimon...) sowie Erdöl- und Erdgaslager. Aus importiertem Bauxit wird mit Hilfe der in Österreich gewonnenen Energie aus Wasserkraft Aluminium erzeugt.
Österreich hat das LD-Verfahren (Linz-Donawitz) zur Stahlerzeugung entwickelt und sich auf die Herstellung von hochwertigen Produkten wie Maschinen, Anlagen und Edelstahl-Fertigteilen spezialisiert.

Wichtige Erzeugnisse
Nach dem Wert der erzeugten Produkte stehen in Österreichs Wirtschaft folgende Industrien an Spitzenplätzen: Nahrungs- und Genußmittel, Chemieerzeugnisse, Maschinen- und Stahlbau, Elektroindustrie, Eisen- und Metallwaren und Textilindustrie.

Verkehr
Österreich spielt heute eine wichtige Rolle im Warenverkehr zwischen Nord und Süd, Ost und West des Kontinent. Es besitzt ein dichtes Netz von Verkehrsverbindungen (Eisenbahn, Straßen und Autobahnen, Luftstraßen), die vielfach Teile europäischer Fernverbindungen sind. Der *Brennerpaß* (1370 m) ist der niedrigste der großen Alpenübergänge und einer der wichtigsten Verkehrswege (Eisenbahn und Autobahn) zwischen Mitteleuropa und Italien.

Außenwirtschaft
Im Außenhandel Österreichs überwiegen die Importe die Exporte, doch gleicht der Überschuß auf dem Gebiet der Dienstleistungen (Fremdenverkehr) dieses Ungleichgewicht in der Zahlungsbilanz teilweise aus.

Fremdenverkehr
Österreich ist dank seiner Landschaftsvielfalt, seinem kulturellen Erbe und seiner leistungsfähigen Fremdenverkehrswirtschaft ein beliebtes Urlaubs- und Reiseland. Seine Gäste kamen 1987 aus der BRD (64 %), den Niederlanden (11 %), Großbritannien (5%), Frankreich (3,1%)...
Das Uno-Konferenzzentrum in Wien, kulturelle Veranstaltungen (Salzburger Festspiele, Bregenzer Festspiele, Ausstellungen...), Messen und Bälle machen Österreichs Städte zu beliebten Reisezielen.

Für Musikfreunde in aller Welt sind die Mozartstadt Salzburg und Wien mit seinen Opern und Konzerten einmalig auf der Welt.

Das Strauß-Denkmal im Wiener Volksgarten.

Tschechoslowakei und Polen

Tschechoslowakei
Fläche; 127 869 km²
Bevölkerung: 15,5 Mio E.
Bevölkerungsdichte: 121 E./km²
Hauptstadt: Prag

Natürliche Grenzen
Die Tschechoslowakei hat gemeinsame Grenzen mit beiden deutschen Staaten, mit Polen, Österreich, Ungarn und der Sowjetunion. Die Gebirgszüge der Beskiden, Sudeten, des Erzgebirges, des Oberpfälzer Waldes und des Böhmerwaldes stellen ebenso wie die Flußgrenzen an der March und an der Donau natürliche Grenzen dar.

Stark gegliederte Landschaft
Nach Landschaftsform und geologischem Aufbau ist die westliche Landeshälfte - *Böhmen* und *Mähren* - der Mittelgebirgszone, die östliche Häfte - die *Slowakei* - dem Hochgebirge der Karpaten zuzurechnen. Die höchsten Erhebungen sind die *Schneekoppe* (1 603 m) im Riesengebirge und die *Gelsdorfer Spitze* (2 655 m) in der Hohen Tatra, dem kleinsten Hochgebirge in Europa.
Das Verbindungsglied zwischen Böhmen und der Slowakei sowie zwischen Schlesien und Österreich bildet Mähren mit den Niederungen der March.

Die großen Flüsse
Die Flüsse der Tschechoslowakei fließen in drei verschiedene Meere: die *Elbe* mit Moldau und Eger zu Nordsee, die *Oder* zur Ostsee und die *Donau* mit March, Waag und Gran zum Schwarzen Meer.

Tschechen und Slowaken
Von der Gesamtbevölkerung sind heute 30 % *Tschechen* und 65 % *Slowaken*. Die Slowaken haben höhere Geburtenzahlen. In Böhmen und Mähren sind 94 % der Bevölkerung Tschechen, in der Slowakei 86 % Slowaken, dazu gibt es polnische, ungarische und ukrainische Volksgruppen.

Ein hochentwickelter Industriestaat
Die Tschechoslowakei hat eine leistungsfähige Industrie und Landwirtschaft.
In den Industriegebieten um Prag, Pilsen und Aussig in Böhmen, Ostrau, Olmütz-Gottwaldov und Brünn in Mähren sowie Preßburg in der Slowakei sind vor allem *Schwerindustrie*, *Maschinenbau* und *Chemiewerke* angesiedelt. Die *Textilindustrie* hat ihre traditionellen Standorte in Nordböhmen und um Brünn. Wichtig sind außerdem die Leder-, Glas-, Porzellan, Holz- und Nahrungsmittelindustrie.

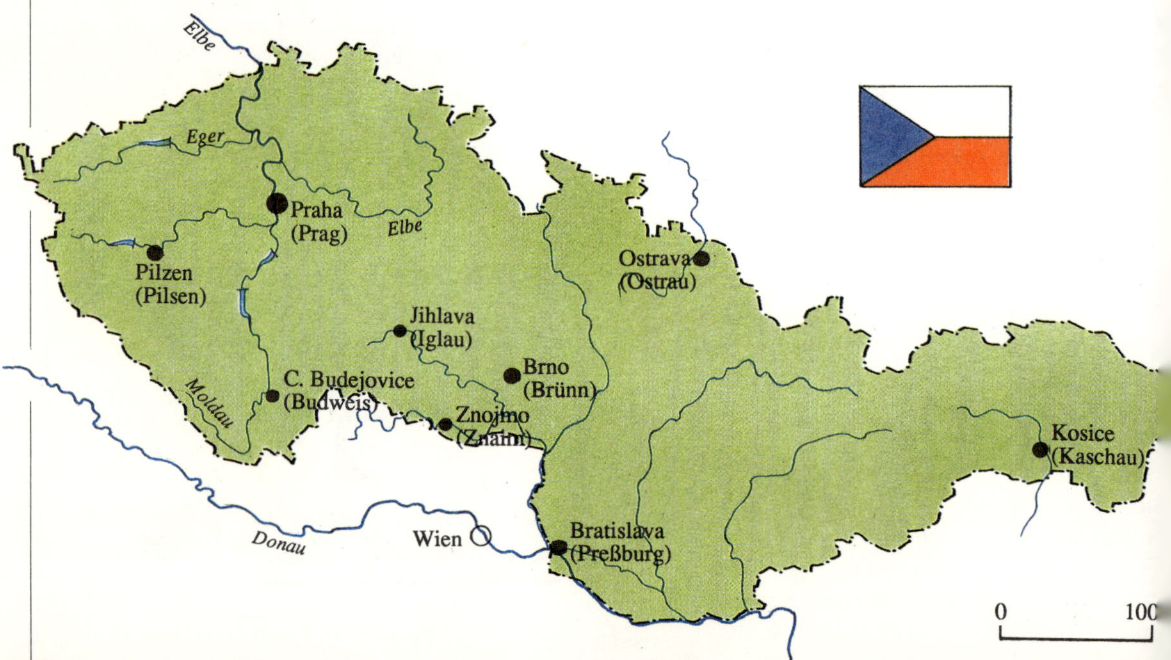

Polen
Fläche: 312 683 km²
Bevölkerung: 37,7 Mio E.
Bev.dichte: 120 E./km²
Hauptstadt: Warschau

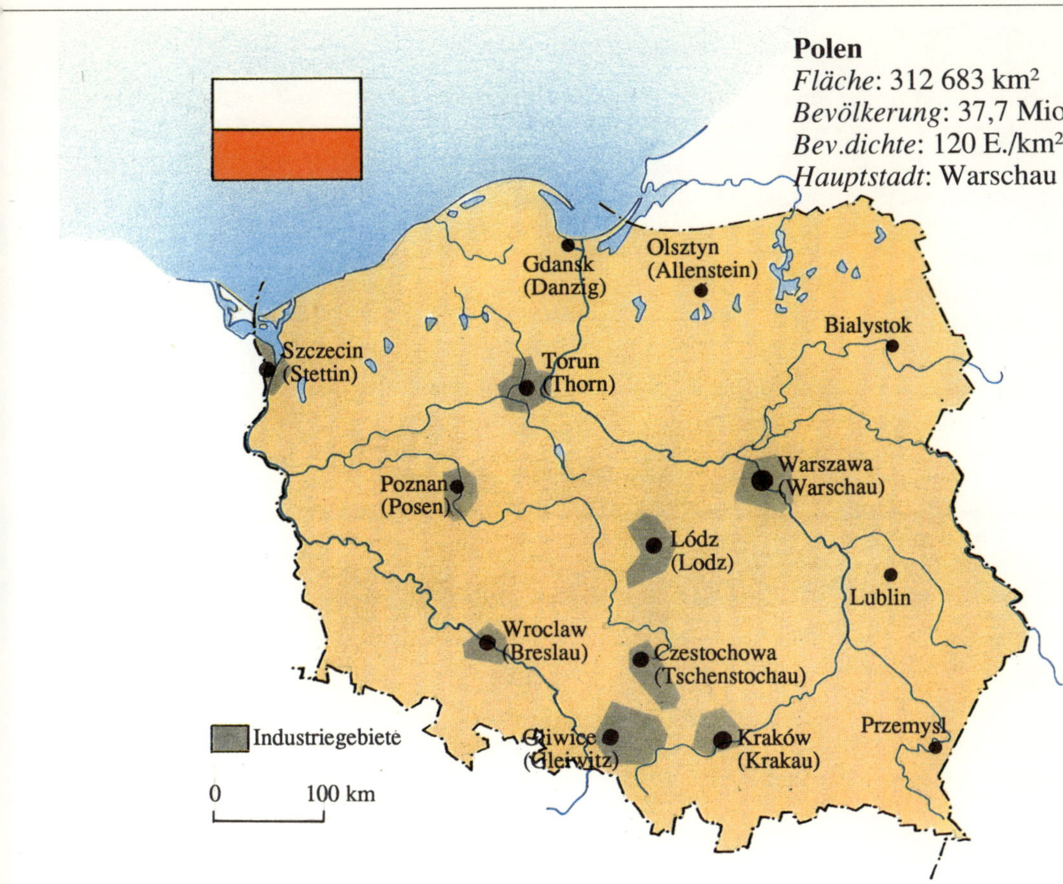

Zu drei Vierteln Tiefland

Polen reicht von der Ostseeküste im Norden über das polnische Hügelland bis zu den Gebirgszügen der *Sudeten* und *Beskiden* im Süden. Der breite Tieflandstreifen macht drei Viertel der Landesfläche aus.
Im Süden hat Polen Anteil an der Hohen Tatra.

Die drei Nachbarn

Polen hat mit drei Staaten gemeinsame Grenzen: mit der DDR im Westen, der Tschechoslowakei im Süden und der Sowjetunion im Osten. Die Vereinigung Deutschlands führte zur Anerkennung der polnischen Westgrenze.

Bevölkerung

Die Bevölkerungsdichte schwankt stark: in den *Ballungsgebieten Oberschlesiens* um das Zentrum Kattowitz sowie um Warschau, Lodz, Breslau, Krakau liegt sie bei 400 E./km², im dünn besiedelten Norden und Osten dagegen bei 50 E./km²

Wirtschaft

Im Gegensatz zu den meisten Ostblockstaaten befinden sich die Landwirtschaftsbetriebe in Polen zum Großteil in *Privatbesitz.* Rund 3 Millionen Bauern - zumeist Kleinbauern - bewirtschaften drei Viertel der landwirtschaftlichen Nutzfläche.
Die Grundlage für Polens Industrie sind die reichen Bodenschätze. Unter den europäischen Staaten (ohne Sowjetunion) liegt Polen bei der Förderung von Steinkohle (Oberschlesien), Kupfer-, Zinkerz und Schwefel erster Stelle. In Mittelpolen und Niederschlesien wird Braunkohle im Tagebau gewonnen. Die Kochsalz-, Kalisalz- und Schwefelvorkommen liefern Grundstoffe für die chemische Industrie. Die Investitions- und Konsumgüterindustrie ist relativ jung.

Strahlenförmiges Verkehrsnetz

Die wichtigsten Verkehrswege (Eisenbahn, Straßen) führen strahlenförmig vom oberschlesischen Industrierevier aus zu den großen Städten: Warschau, Lodz, Danzig...

Ausdruck und Verständigung

Durch das Wort

Sprachfähigkeit und Sprachsystem
Die*Sprachfähigkeit* gibt dem Menschen die Möglichkeit, sich auszudrücken und sich mit anderen zu verständigen. Je nach Ländern und Völkern nimmt diese Fähigkeit unterschiedliche Formen an. Diese »Spielarten« nennt man *Sprachen*. Auf der Welt werden etwa 4 000 verschiedene Sprachen gesprochen.

Die wichtigsten Sprachen
Die Abbildung unten gibt Aufschluß darüber, welche Sprachen am häufigsten gesprochen werden (von insgesamt fast vier Milliarden Menschen).

Eine Sprache für alle
Um die Verständigung zwischen den Völkern zu erleichtern, hat man versucht, eine gemeinsame Sprache zu schaffen.
So sind diesbezüglich seit dem 18. Jahrhundert mehrere hundert Vorschläge gemacht worden ... allerdings ohne großen Erfolg.
Die bekannteste Hilfssprache, das *Esperanto*, wird derzeit von etwa 3 Millionen Menschen in 100 verschiedenen Ländern angewandt. Englisch ist heutzutage die auf internationaler Ebene meistgebrauchte Verkehrssprache.

Durch die Schrift

»Die Schrift ist die Malerei der Stimme«. Diese Definition hat Voltaire im 18. Jahrhundert gegeben. Seit mehr als 5 000 Jahren bedient sich der Mensch der graphischen Darstellung von Lauten, um sich auszudrücken und zu verständigen.

3 000 Jahre v.Chr. ritzten die Sumerer Bildzeichen (Piktogramme) in Tontäfelchen.

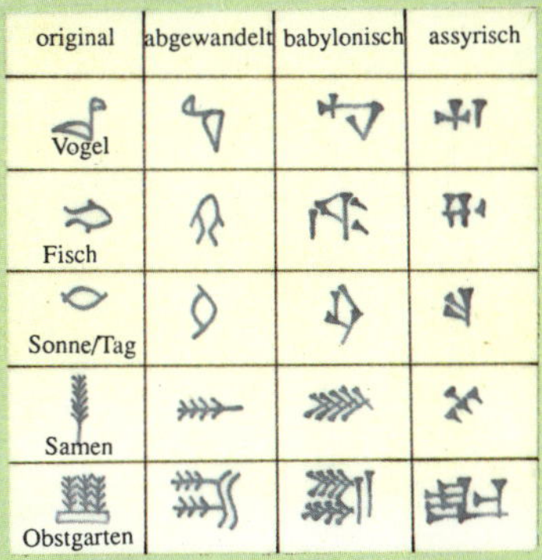

Entwicklung der Piktogramme im Nahen Osten: sie werden zunehmend abstrakter.

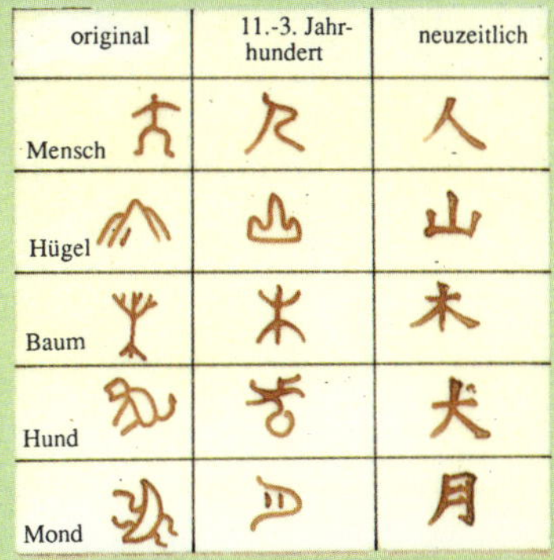

Ähnlich entwickeln sich die chinesischen Piktogramme: Aus Zeichnungen werden Zeichen. Diese Schrift hat über 3 000 Zeichen.

Ein Zeichen, ein Gedanke

Das ägyptische Piktogramm (der Himmel) setzt gleichzeitig die Vorstellung von Wolken und von Paradies um. Man nennt dies ein *Ideogramm.*

Ein Zeichen, ein Laut

In der ägyptischen Schrift steht jedes Zeichen für einen, zwei oder drei Laute. Vokale gibt es nicht. Man schreibt nur die Konsonanten auf, zum Beispiel: (Mund) bedeutet »r«; (rundes Brot) bedeutet »t«; (Thron) bedeutet "s+t" und wird sèt gesprochen.

In unseren Tagen wird die gesprochene Sprache auch mit Hilfe der phonetischen Zeichen des internationalen Lautschriftalphabets dargestellt (z.B. in Wörterbüchern, um die Aussprache eines fremdsprachlichen Wortes zu erklären). Hier drei Beispiele aus der englischen Sprache: Man schreibt [ka:] = car; [hai] = high; [ik'splein] = explain

Das Alphabet

Das Alphabet, also die Buchstabenschrift, vereinfacht das Schreiben sehr.
Die *Phönizier* waren die ersten, die ein Alphabet entwickelten und verwendeten (etwa um 1 000 v.Chr.).

Ein weiterer Meilenstein in der Entwicklung des schriftlichen Ausdrucks ist *Gutenbergs* Erfindung der Buchdruckerkunst um 1440, die die Verbreitung von Büchern ermöglichte.

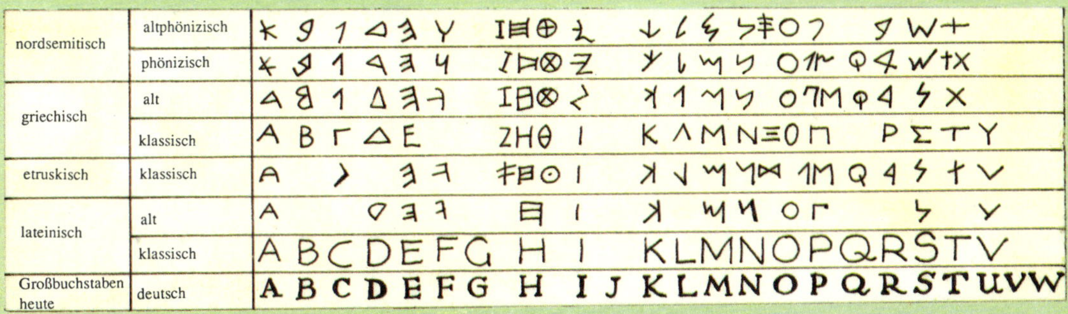

Zeichen und Signale

Die Wörter der gesprochenen und der geschriebenen Sprache sind nicht der einzig mögliche Code für eine Verständigung. Man kann sich auch mit visuellen Zeichen verständigen.

Taubstummensprache

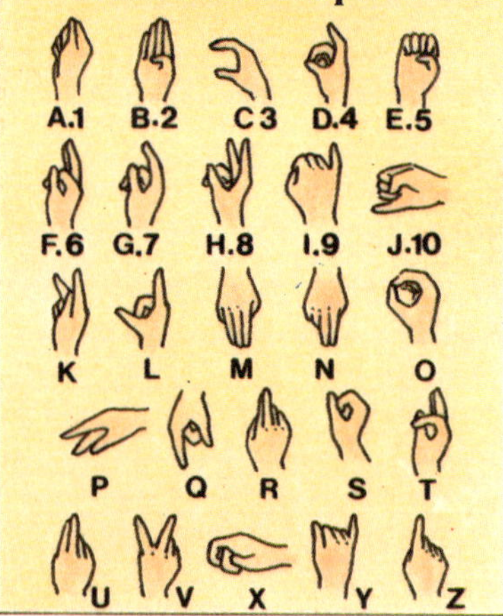

Morsealphabet

a	·—	t	—
b	—···	u	··—
c	—·—·	v	···—
d	—··	w	·———
e	·	x	—··—
f	··—·	y	—·——
g	——·	z	——··
h	····		
i	··		
j	·———	1	·————
k	—·—	2	··———
l	·—··	3	···——
m	——	4	····—
n	—·	5	·····
o	———	6	—····
p	·——·	7	——···
q	——·—	8	———··
r	·—·	9	————·
s	···	0	—————
.	·—·—·—	—	—····—
,	——··——	/	—··—·
:	———···	(	—·——·
?	··——··	)	—·——·—
;	·————·	„	·—··—·

Verkehrszeichen

Marinesignale

Die Armbewegungen werden gewöhnlich mit zwei kleinen Fähnchen in der Hand ausgeführt.

Signale für die Luftfahrt

Solche und andere Tafeln und Zeichen regeln den Verkehr von Flugzeugen im Bereich der Flughäfen.

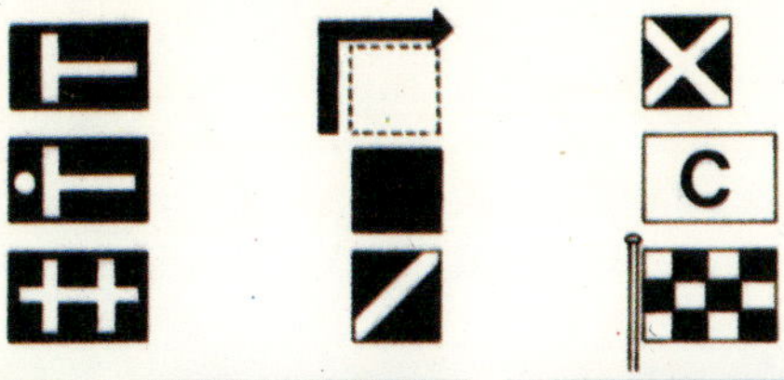

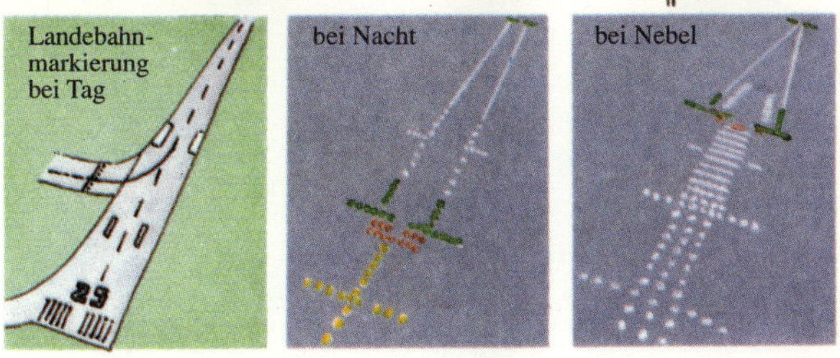

Licht-zeichen

Ampelanlage
Leuchtturm

Lichtsignale in Bergnot

Akustische Zeichen

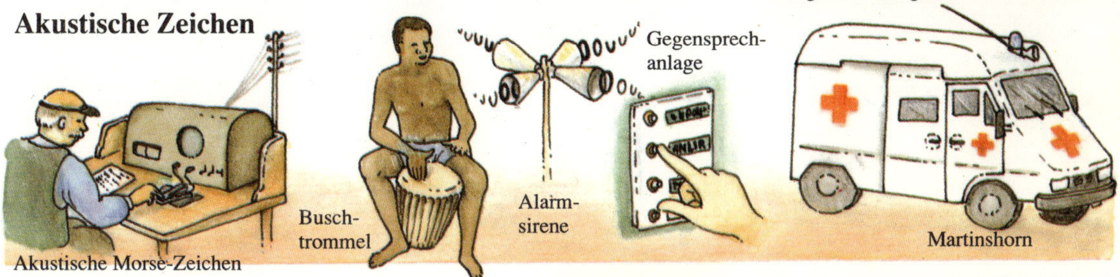

Verschiedene Symbole

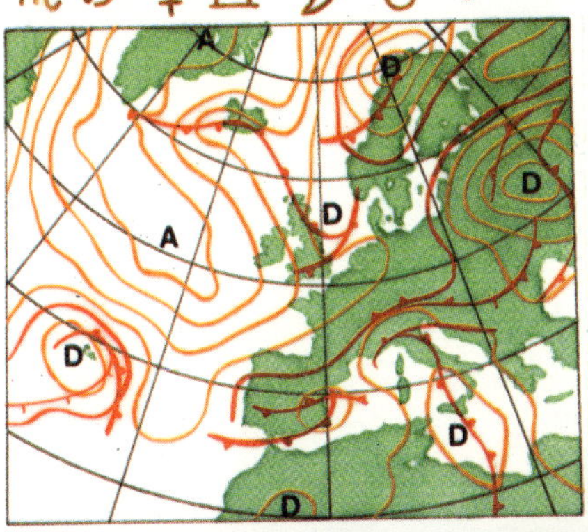

Oben: Tierkreiszeichen und Symbole verschiedener Planeten
Rechts: Symbole der olympischen Disziplinen
Links: Wetterkarte: A - Hochdruckgebiet; D - Tiefdruckgebiet

Piktogramme aus ganz Europa zum Erraten

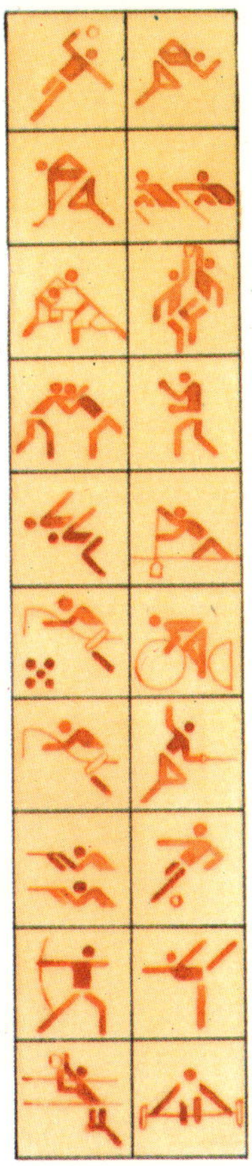

Blindenschrift

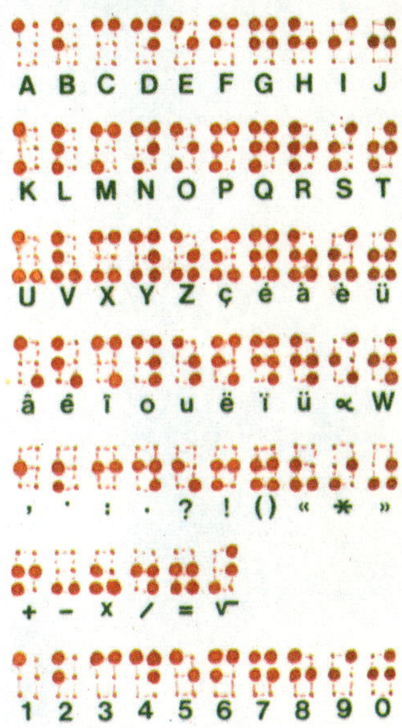

Das Braille-Alphabet
Die Braille-Schrift ist eine Reliefschrift, die ertastet werden kann. Das Braille-System kann auch für Notenschrift verwendet werden.

Die deutsche Sprache

Inschrift aus der Römerzeit

Volkssprache und Schriftsprache

Die deutsche Sprache hat eine bewegte Geschichte. Die Sprachentwicklung war bei den einzelnen germanischen Volksstämmen (Goten, Franken, Bajuwaren...) verschieden, was wir heute noch an den verschiedenen Dialekten feststellen können. Lange Zeit bestand neben der Volkssprache das Latein als »Geschäftssprache« bei Hofe und in der Dichtung als Sprache der Gebildeten fort.

Die schriftliche Überlieferung

Die ältesten Schriftzeichen der Germanen waren die *Runen.* Die schriftlichen Überlieferungen der *deutschen* Sprache gehen in das 8. Jahrhundert zurück. Um dem Volk die Idee eines einheitlichen christlichen Reiches nahezubringen, wurden unter der Herrschaft Karls des Großen (768-814) Bibeltexte in die Volkssprache übersetzt. Seine Bemühungen führten erstens zur Entstehung des Deutschen aus verschiedenen Stammessprachen, zweitens zu einer Vereinheitlichung der lateinischen Sprache und Schrift (karolingische Minuskel). Er gründete zahlreiche Kloster- und Domschulen, in denen die Sprache gefördert wurde.

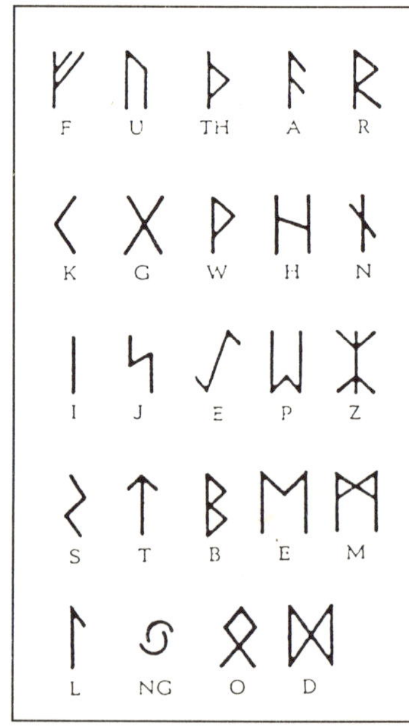

Germanisches Runenalphabet

Wie der Begriff »deutsch« entstand

Der Übergang von Germanisch zu Deutsch fand vor mehr als 1000 Jahren statt. In Frankreich wurde zur Unterscheidung zwischen Latein und der Volkssprache das Wort *diutisc* (vom Wort für »Volk«) verwendet und allmählich zu »deutsch« bedeutungsmäßig erweitert. Zeitlich folgten aufeinander das Althochdeutsche (800 - 1000) und das Mittelhochdeutsche, dann ab etwa 1500 das Neuhochdeutsche.

Die Wurzeln der deutschen Sprache

Vor dem Althochdeutschen gab es zwar bereits germanische Sprachen, die in ihrem Ursprung mit dem *Indogermanischen,* der Sprache der alten Inder, verwandt sind, aber keine allgemeine deutsche »Verkehrssprache«. Die Wanderungen germanischer Stämme in der Völkerwanderungszeit und ihr Vordringen in römische Provinzen bewirkten im Laufe der Zeit, je nach den in den einzelnen Gebieten erfolgten oder unterbliebenen Lautverschiebungen, die Gliederung des germanischen Sprachraums in *Niederdeutsch* und *Oberdeutsch.* Die unterschiedliche Lautung findet sich noch heute in der norddeutschen Aussprache von ich (*ik*) oder von Wasser (*Water*kant).

Karolingische Minuskel (Kleinbuchstaben), 10. Jahrhundert.

Reich verzierte mittelalterliche Handschrift (12. Jahrhundert).

Dichtung und Schrift im Mittelalter

Im Mittelalter wird der Wortschatz zwar wesentlich erweitert, auch auf dem Gebiet abstrakter Begriffe, und allmählich werden auch Urkunden in Deutsch abgefaßt, doch führt selbst die Blütezeit mittelhochdeutscher Sprache (1190-1250), die der ritterlich-höfischen Dichtung (z.B. Walther von der Vogelweide), zu keiner dauerhaften Volks- oder Gemeinsprache.

Vereinheitlichung der deutschen Sprache

Kaiserliche Kanzleien entwickeln mit der sogenannten »Prager Kanzleisprache« eine Sprache, die als eine Art Bindeglied zwischen den in Böhmen gesprochenen und den im baierisch-österreichischen Raum gesprochenen Mundarten anzusehen ist. Durch Gutenbergs Erfindung des Buchdrucks (um 1440) wurden Bücher und Schriften für breitere Volksschichten erschwinglich und zugänglich. Je mehr das Gedruckte von mundartlichen Färbungen gereinigt wurde, desto größer wurden die Aussichten auf eine hohe Auflage. Die Interessen der Verleger trugen daher dazu bei, die deutsche Sprache zu vereinheitlichen. Aber erst

Martin Luthers Bibelübersetzung (1521-1534)

führt zu einer einheitlichen deutschen Sprache. Um die Texte der Bibel jedermann zugänglich zu machen, bediente er sich nach seinen eigenen Worten »... keiner gewissen, sonderlichen, eigenen Sprache, sondern der gemeinen deutschen Sprache, damit mich beide, Ober- und Niederländer, verstehen mögen.« Dieses »Lutherdeutsch« war eine ungekünstelte, volksnahe Sprache mit einfachem Satzbau.

Walther von der Vogelweide, der große Minnesänger, schrieb Mittelhochdeutsch.

tikeln Paläographie und Manuskrip
Schrift, phonetische, s. Phon
Schriftarten, im weitesten
Verschiedenheit des Stammes od
bildung zeigenden Schriften de
Völker. Im engern Sinne bezeichne
Nebenarten einer Schrift, als S
Schreibschrift (s. d.). Auch die ver
einer Schrift nennt man S. und
der Antiqua (s. d.) Mediäval- od

Frakturschrift um 1900.

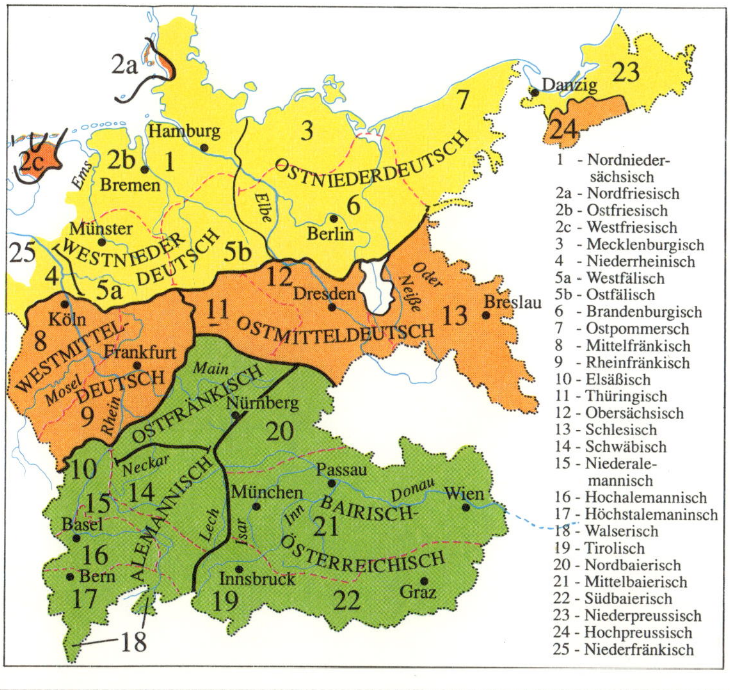

Das (Neu-)Hochdeutsch unserer Zeit

Durch die Verbreitung der gesprochenen und geschriebenen Sprache sowie ihren Gebrauch in den Medien (Bücher, Zeitungen, Rundfunk, Fernsehen) können sich alle Menschen des deutschen Sprachraums verstehen. Dazu gehören auch Österreich, die Schweiz, das Elsaß, Südtirol und einige Sprachinseln im Osten, wenn sich auch ihre Mundarten (Dialekte) zum Teil deutlich unterscheiden.

Nieder-, mittel- und oberdeutsche Mundarten zu Beginn unseres Jahrhunderts.

Der Wortinhalt

Dieselben Wörter - verschiedene Bedeutung

Jeden Morgen *nimmt* er den Bus, um zur Arbeit zu kommen. Trotz strenger Diät *nimmt* sie ständig zu.
Das *Schloß* wurde im 17. Jahrhundert erbaut. Der Einbrecher hat das *Schloß* aufgebrochen.
Hans hat sehr gute *Noten* in der Schule.
Brigitte kann dieses Lied auch ohne *Noten* spielen.
Ein durchschnittlich gebildeter Deutscher benützt einen Wortschatz von etwa 5 000 Wörtern, mit denen er etwa 20 000 verschiedene Wortinhalte ausdrücken kann.
Gleichlautende Wörter mit unterschiedlicher Bedeutung nennt man *Homonyme*. Diese Wortgruppe wird untergliedert in:

A) *Homographe:*
Ein *Homograph* ist ein Wort, das wie ein anderes geschrieben wird, aber in der Bedeutung von diesem verschieden ist.

Zum Beispiel:
Heide - sandiges Land oder Nichtchrist
Hof - Bauernanwesen oder umschlossener Platz oder fürstliches Gefolge
Strom - großer Fluß oder Elektrizität
Flügel - Vogelschwinge oder Klavier

B) *Homophone:*
Das sind Wörter, die verschieden geschrieben werden, aber gleich klingen und unterschiedliche Bedeutung haben.

Zum Beispiel:
Im *Meer* dürfte kein Giftmüll *mehr* versenkt werden.
Die *Lerche* fliegt hoch am Himmel, die *Lärche* steht im Wald.

wahr - war *Lehre - Leere*
Rain - rein *Mohr - Moor*
(du) ruhst - (der Ofen) rußt

Verschiedene Wörter - die gleiche Bedeutung
Er war über dieses *Argument* völlig *konsterniert.*
Er war über diese *Begründung* ganz *betroffen.*

Die Wörter *Argument/Begründung* und *konsterniert/betroffen* sind sinnverwandte Wörter, sogenannte *Synonyme.*
Zwei Synonyme sind selten vollkommen deckungsgleich in ihrer Bedeutung, sondern sie unterscheiden sich oft durch Nuancen. Das Synonym eines Substantivs ist ein Substantiv.
Das Synonym eines Verbs ist ein Verb.
Das Synonym eines Adjektivs ist ein Adjektiv.

Weitere Beispiele:
froh - lustig - vergnügt - freudig
benutzen - anwenden - gebrauchen
alt - betagt - bejahrt
Gesicht - Antlitz
Anmut - Grazie

Gegensätze
Der *Schuldige* wird *verurteilt.*
Der *Unschuldige* wird *freigesprochen.*
Hin- und *Rückfahrt.*
Die Wörter *Schuldiger/Unschuldiger, verurteilt/freigesprochen, Hinfahrt/Rückfahrt* werden Gegensatzpaare oder *Antonyme* genannt.
Mit Hilfe kleiner Wortteile, der sogenannten *Vorsilben (Präfixe)*, kann man viele Gegensätze bilden:

möglich - unmöglich
geschickt - ungeschickt
aufmachen - zumachen
glücklich - unglücklich
Glück - Unglück
Ordnung - Unordnung

Bezeichnungsvertauschung
Darunter versteht man die übertragene Verwendung eines Wortes für einen verwandten Begriff. Solche Worte nennt man *Metonyme.*

Zum Beispiel: Er hat eine gewandte Zunge (Sprache).
Unter meinem Dach (Haus) ist kein Platz.
Er hat einen langen Arm (weitreichenden Einfluß).

Verwandte Wörter
Es gibt ganze Gruppen von Wörtern, sogenannte *Wortfamilien*, die sich aus einem Grundbegriff entwickelt haben. Man nennt sie auch *abgeleitete Wörter.*

Zum Beispiel:
Frei: Freiheit, Freigebigkeit, Freibad, freimütig, freiwillig, Freistaat, unfrei, hitzefrei, freiheitlich...
Groß: vergrößern, Größe, Großeltern, Großmarkt, Großzügigkeit, Gernegroß...
Bild: abbilden, Paßbild, bildlich, bildhübsch, Bilderbuch, Bildung...

Geschriebenes für viele Zwecke

Gebräuchliche Abkürzungen

Von vielen Wörtern sind die Abkürzungen in der Umgangssprache geläufiger als das ursprüngliche Wort.

Auto für Automobil
Kino für Kinematograph
U-Bahn für Untergrundbahn
Dia für Diapositiv
Mofa für Motorfahrrad
Steno für Stenographie
Bahn für Eisenbahn
Stereo für Stereophonie

Auch Anfangsbuchstaben oder Zeichen werden oft als Abkürzungen gebraucht.
S.O.S. für Save Our Souls (englisch: Rettet unsere Seelen), ein international gebräuchlicher Hilferuf.
UNO für United Nations Organization (Vereinte Nationen).
BRD für Bundesrepublik Deutschland.
UdSSR für Union der Sozialistischen Sowjetrepubliken (Sowjetunion).
PKW für Personenkraftwagen.
EG für Europäische Gemeinschaft.
OB für Oberbürgermeister.
TÜV für Technischer Überwachungs-Verein.
GmbH für Gesellschaft mit beschränkter Haftung...

Wortspielereien

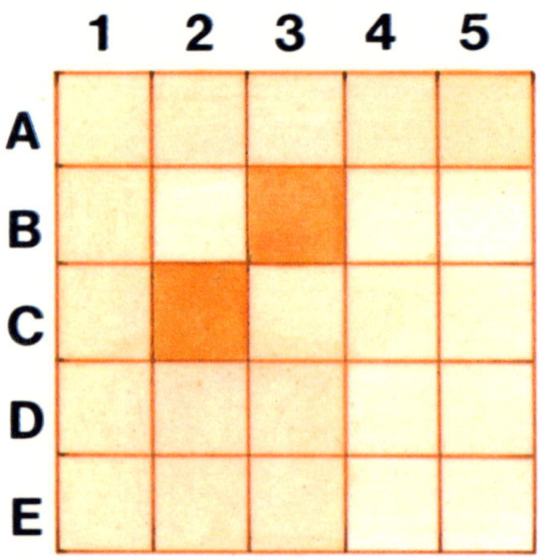

Kreuzworträtsel
Das ist mit Abstand die beliebteste Rätselart. Mit Hilfe vorgegebener Definitionen werden Wörter gesucht, deren Buchstaben entweder in waagrechter oder in senkrechter Richtung in die dafür vorgesehenen Kästchen einzutragen sind.

Waagrecht:
a) Frucht einer Gemüsepflanze
b) Abkürzung für Aktiengesellschaft / Vorwort
c) Zweig eines Baumes
d) Korb zum Fischfang
e) Metall

Senkrecht:
1) Liege für Kranke und Tote
2) Abkürzung für Obergeschoß/ Hühnerprodukt
3) Vorwort
4) Ei der Laus
5) Geflügelart (Mehrzahl)

Auflösung:
Waagrecht
A. Bohne B. AG, in C. Ast
D. Reuse E. Eisen

Senkrecht
1. Bahre 2. OG, Ei 3. Aus
4. Nisse 5. Enten

Bilderrätsel (Rebus)
Jede Zeichnung entspricht einem Wort oder einem Teil eines Wortes. Die durchgestrichenen Ziffern geben an, der wievielte Buchstabe eines Wortes nicht für die Lösung verwendet wird. Die Lösung dieses Bilderrätsels ergibt den Namen einer bekannten Beat-Gruppe.

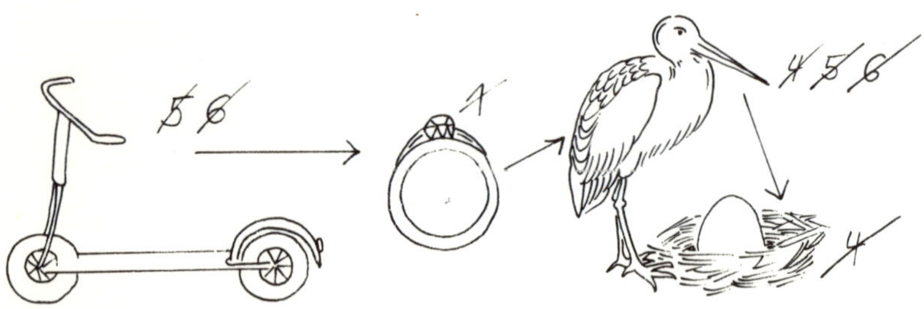

Lösung: Rolling Stones

Anagramme
Das Spiel besteht darin, die Buchstaben eines vorgegebenen Wortes so umzuordnen, daß ein neues Wort entsteht. Zum Beispiel:

MAUS SAUM NORD DORN
TIERE EITER NIE EIN

Welche Anagramme kann man aus dem Wort EISEN bilden?

Lösung: SEINE, NIESE, EINES.

Das längste Wort
Aus einer Buchstabenreihe soll das längstmögliche Wort herausgefunden werden.

T H E Ö R P I K C N S E I L
Lösung: Persönlichkeit.

Scharaden (Charaden)
Jeder Definition entspricht ein Teil des gesuchten Wortes.

Beispiel: Die erste frißt,der zweite ißt, das dritte wird gefressen.
Das Ganze wird gegessen.

Lösung: Sau - er - kraut.

Magisches Quadrat
Eine Spielart des Kreuzworträtsels: Aus einer Reihe von vorgegebenen Buchstaben sollen in die Kästchen Wörter eingegeben werden, die waagrecht und senkrecht gleich lauten.

Beispiel:
Aus den Buchstaben
A A B B E E H H I L O R R R R T
sind vier Wörter zu bilden, die waagrecht und senkrecht gleich lauten. Sie bedeuten:

1. Gangart von Pferden
2. Langer Hohlzylinder
3. Schusterwerkzeug
4. Weiche Nahrung, Mus

	1	2	3	4
1				
2				
3				
4				

Lösung: 1. Trab. 2. Rohr. 3. Ahle. 4. Brei.

Silbenrätsel
Aus einer bestimmten Anzahl von Silben sind Wörter zu bilden, deren Bedeutung angegeben ist. Wenn alle Wörter gefunden sind, ergeben die Anfangs- und/oder Endbuchstaben - in einer bestimmten Reihenfolge gelesen - einen Spruch oder einen Begriff.

Aus den folgenden 20 Silben sind 8 Wörter zu bilden. Liest man ihre Anfangsbuchstaben von oben nach unten, so ergibt sich eine beliebte Sportart.

Angst-ba-ber-de-der-fin-flug-garn-ger-ha-ho-kal-lang-lo-schnei-se-se-sil-un-zeug

Die Wörter bedeuten:
1. Fliegendes Verkehrsmittel
2. Land in Osteuropa
3. Kleidermacher
4. Edelmetall
5. Schwimmbekleidung
6. Furchtsamer Mensch
7. Dieb
8. Räumlichkeit

Lösung:
1. Flugzeug. 2. Ungarn. 3. Schneider. 4. Silber.
5. Badehose. 6. Angsthase. 7. Langfinger. 8. Lokal.
Die Anfangsbuchstaben ergeben das Wort FUSSBALL.

Versrätsel
Hier wird in Versform nach einem bestimmten Wort gesucht. Einige dieser Rätsel stammen von berühmten deutschen Dichtern.

Beispiele:
Wenn du mich jagst, so flieh' ich dich,
und fliehst du mich, so jag' ich dich.

Lösung: der Schatten

Es ist der Name einer Frucht,
die zwar dem Gaumen sehr behagt;
doch wo sie sich dem Ohr vereint,
da wird darüber nur geklagt.
Und wer sie sich gefallen läßt,
der ist das, was der Name sagt.

(Friedrich Rückert)

Lösung: Feige - Ohrfeige- feige

Kein Kluger hält mich für gering:
Ich bin ein unverträglich Ding!
Drum bringt mich nicht in eure Taschen,
wollt ihr noch etwas drin erhaschen!
Sonst fress' ich' s weg und werde doch nicht satt;
ich fresse immer mehr, je länger man mich hat.

(Johann Peter Hebel)

Lösung: das Loch in der Tasche.

Wortvermehrung
Ein kurzes Wort wird vorgegeben. Die Spieler sollen möglichst viele Wörter finden, die dieses Wort enthalten. Zum Beispiel:
alt: kalt, malt, Falter, Saaltür, Haltung, Basalt.

Bandwurmsätze
Ein Spieler nennt ein beliebiges Wort und gibt damit einen Satzanfang, zum Beispiel: *Gestern.* Der nächste Spieler wiederholt das vorangegangene Wort und fügt ein neues hinzu: *Gestern abend.* Der nächste Spieler verfährt wie sein Vorgänger, und so weiter. Es dürfen nur Wörter ergänzt werden, mit denen der Satz korrekt zu Ende geführt werden kann. Wer bei der Wiederholung des Satzes oder der Ergänzung einen Fehler macht, scheidet aus. Mitschreiben darf nur der Schiedsrichter.

Wortkette
Ein Spieler sagt ein zusammengesetztes Wort, zum Beispiel: *Haustür.* Der nächste Spieler bildet mit dem zweiten Wortelement ein neues Wort, zum Beispiel *Türrahmen...* (Rahmenhandlung, Handlungsverlauf, Verlaufsprotokoll, Protokollnotiz, Notizblock, Blockhütte...)

Helden und Gestalten der Literatur

Was nennt man Literatur?
Literatur ist die Gesamtheit aller geschriebenen Werke, die Ausdruck der Kultur eines Volkes sind. So gehören die zeitgenössischen Werke ebenso zur deutschen Literatur wie alle Werke, die seit dem *Hildebrandslied* (um 750) die Jahrhunderte überdauert haben.
Dabei können wir uns nie sicher sein, was uns alles verloren gegangen ist. Bücher sind nicht feuerfest.

Von der mündlichen Überlieferung zur Schrift
Zuerst werden Legenden, Erzählungen, Märchen und Lieder... von Mund zu Mund weitergegeben. Die *mündliche Literatur* war und ist manchmal noch heute Vorläufer der *schriftlichen Literatur.*
Ab dem 15. Jahrhundert erfahren die literarischen Werke mit der Erfindung des Buchdrucks eine weite Verbreitung und werden einem größeren Publikum bekannt.

Der Schriftsteller und die Sprache
Jedes Jahrhundert hat seine großen Schriftsteller, die den Fortbestand des literarischen Lebens über ihre Zeit hinaus gewährleisten. Zu den berühmtesten deutschsprachigen Dichtern gehören:

Mittelalter	16.-17. Jhdt.	18.- 19. Jhdt.		20. Jhdt.
Hartmann von Aue Wolfram von Eschenbach Gottfried von Straßburg Walther von der Vogelweide ...	Sachs Gryphius Grimmelshausen ...	Lessing Wieland Klopstock Lenz Goethe Schiller Hebel Hölderlin Kleist	Novalis Hoffmann Gebrüder Grimm Eichendorff Heine Büchner Keller Fontane Hauptmann...	Döblin Zuckmayer Heinrich und Thomas Mann Brecht Walser Böll Dürrenmatt Frisch...

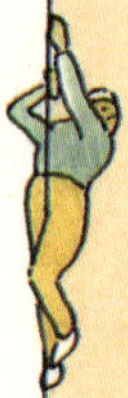

Die Weltliteratur
Die Werke mancher Autoren überschreiten die nationalen Grenzen. Dies gilt auch für viele Meisterwerke der deutschen Literatur, die in der Übersetzung im Ausland Verbreitung gefunden haben. Umgekehrt können wir Bekanntschaft mit der russischen (Tolstoi, Dostojewski), der italienischen (Dante), der französischen (Molière), der spanischen (Cervantes), der englischen (Shakespeare, Dickens, Kipling) und der amerikanischen (Poe, Cooper, London, Hemingway)... Literatur machen und diese Werke schätzen lernen.

Die verschiedenen Textarten
Sie unterscheiden sich durch das gewählte Thema oder darin, wie sie ein Thema behandeln.

Der Roman ist die beliebteste Form der *Belletristik*. Es ist ein zu großen Teilen der Phantasie entsprungenes Werk. Der Autor erweckt Personen zum Leben, zeichnet ihre Gefühle, ihre Leidenschaften nach, beschreibt ihre Erlebnisse und Abenteuer. Es gibt Kriminalromane, historische Romane, Liebesromane, Science-Fiction-Romane, Spionageromane ...

Autobiographien oder *Memoiren* sind Berichte von Ereignissen, die ein Verfasser selbst erlebt hat.

Dokumentarische Bücher (Sachbücher)
Viele Werke wie Enzyklopädien, Wörterbücher, Schulbücher, praktische Führer ... »erzählen keine Geschichten«, sondern vermitteln Kenntnisse und dienen der Information.

In einer *Zeitung* finden sich verschiedene journalistische Textsorten (z.B. *Nachricht, Reportage, Kommentar, Essay...*).

Bücher überall
Einrichtung und Ausbau zahlreicher *Bibliotheken* in den Städten, auf dem Land und in den meisten Schulen ermöglichen es, daß Bücher gegen ein geringes Entgelt allen zugänglich sind. Selbst für die Bewohner der entlegensten Gebiete gibt es dank der *Bibliotheksbusse* einen Ausleihdienst.

Literarische Preise
Sie sind zu festen Einrichtungen geworden und dienen dazu, Autoren auszuzeichnen und finanziell zu unterstützen. Zu den berühmtesten gehört auf internationaler Ebene der *Nobelpreis für Literatur* (seit 1901). Darüber hinaus gibt es nationale Preise wie z.B. den *Deutschen Jugendbuchpreis*, den *Georg-Büchner-Preis* oder den *Friedenspreis des Deutschen Buchhandels*.

Bestseller
Mit diesem Namen bezeichnet man Werke, die eine besonders große Verbreitung gefunden haben, die man eben »am besten verkauft«. So ist z.B. die *Bibel*, die in 1685 Sprachen übersetzt wurde, von Anfang des 19. Jahrhunderts bis in unsere Tage in 3 Milliarden Exemplaren aufgelegt worden. *Vom Winde verweht* von der amerikanischen Schriftstellerin Margaret Mitchell ist einer der modernen »Bestseller«.

Die großen Dichter

Unter Dichtung versteht man die Kunst, Gedanken, Erlebnisse und Gefühle in gewählte Worte zu kleiden, wobei sich der Maßstab, was »gut« und was schön ist, und damit der Geschmack verändert. Häufig werden Schriftsteller (und noch mehr Schriftstellerinnen) von ihren eigenen Zeitgenossen noch gar nicht anerkannt.
Man unterscheidet folgende drei Gattungen: *Lyrik,* die sich meist durch lautliche Besonderheiten und die Anordnung in Versen und Strophen von der *Epik/Prosa* - also erzählenden Texten - unterscheidet, und die *Dramatik,* die meist durch Wechselrede gekennzeichnet ist und Grundlage für Theateraufführungen (in neuerer Zeit auch für Filme, Fernsehstücke und Hörspiele) ist.

Homer lebte im 9. Jahrhundert v.Chr. Er wird immer als alter, blinder Mann dargestellt.

Das klassische Altertum
In Griechenland ungefähr 700 v.Chr. (also vor fast 3 000 Jahren) besingt *Homer*, der auch »Vater der Dichter« genannt wird, in den Epen »Ilias« und »Odyssee« die Taten von heldenhaften Menschen und Göttern. In diesen Werken geht es oft recht geheimnisvoll zu: Menschen werden in Tiere verwandelt, und Götter besitzen manchmal recht »ungöttliche« Eigenschaften, sie lieben und hassen, verbünden sich mit Menschen und rächen sich.

Das Mittelalter
Das früheste Zeugnis deutscher Literatur entstand mehr als 1 000 Jahre später (ungefähr 850 nach Christus): Das *Hildebrandslied.* Darin trifft ein Vater während des Krieges auf seinen Sohn, erkennt ihn aber nicht und tötet ihn. Im »Parzifal« sind von *Wolfram von Eschenbach* (um 1200) alte Erzählungen um König Artus und seine Tafelritter zusammengefaßt. Das *Nibelungenlied* zeugt von einer nüchternen, brutalen Weltsicht. Die Sagen um Siegfried, den Drachentöter, und Kriemhild mit ihrer furchtbaren Rache beschäftigen die Menschen noch im 20. Jahrhundert. Berühmt geworden sind auch die Minnelieder (Liebeslieder) von mittelalterlichen Minnesängern (z.B. *Walther von der Vogelweide*).

Frühe Neuzeit und klassische Periode in Europa
Die folgenden Jahrhunderte sind in vielen Ländern Europas durch eine Blütezeit der Literatur gekennzeichnet. Diese ergibt sich aus der Vielzahl neuer Eindrücke - seien es Entdeckungen, Erfindungen, die Anknüpfung an die Antike oder die Auseinandersetzung mit religiösen Fragen. *Dante* schreibt in Italien sein Großgedicht von Hölle, Fegefeuer und Paradies, die »Divina Commedia«. *Shakespeare* schafft in England seine tragischen Helden, wie z.B. Othello, einen Farbigen, der sich von seiner Frau hintergangen fühlt und sie deshalb ersticht, oder das Liebespaar »Romeo und Julia«. Sein bedeutendstes Drama ist »Hamlet«. In Spanien verfaßt *Cervantes* den Roman »Don Quijote«, Geschichte eines »Helden«, den alle für verrückt halten, weil er z.B. auf seinem Pferd Rosinante gegen Windmühlen kämpft. Auch die Theaterstücke der Franzosen *Corneille, Racine* und *Molière* werden heute noch gerne aufgeführt.

William Shakespeare Die Dramatik und Poesie seiner Werke macht ihn zum bekanntesten Bühnenautor der Literaturgeschichte.

In Deutschland tritt der große Aufklärer *Lessing* hervor, der in seinen Fabeln gegen die Dummheit schreibt und in seinem Theaterstück »Nathan der Weise« für die Toleranz der Religionen untereinander eintritt.

Johann Wolfgang von Goethe
Der »Dichterfürst« ist der berühmteste Vetreter der Weimarer Klassik.

Goethe (1749-1832) gilt als der fruchtbarste Dichter der deutschen Klassik. Wie kein anderer scheint er es verstanden zu haben, eigene Erfahrungen mit der Unzulänglichkeit des Menschen und Wunschvorstellungen von einem humanen Zusammenleben in Worte zu kleiden, so in dem Drama »Faust« oder in seinen Romanen und Gedichten.

»Edel sei der Mensch,
hilfreich und gut!
Denn das allein
unterscheidet ihn
von allen Wesen,
die wir kennen...«

Eine enge Beziehung verbindet ihn mit dem wesentlich jüngeren *Schiller* (1759-1805). Auch er beschreibt in kunstvoller Sprache Ideale, so z.B. in seiner Ballade »Die Bürgschaft« eine große Freundestreue. Weitere wichtige Autoren neben diesen beiden »Dichterfürsten« sind *Hölderlin* und *Kleist.*

19. Jahrhundert
In der Zeit von 1800 bis 1900 übernehmen zunächst die *Romantiker* die Rolle, ihren Lesern von der Kraft der Phantasie, den inneren Ängsten, den Geheimnissen in der Kunst zu erzählen. In England erfindet *Mary Shelley* »Frankenstein«; jenseits des Atlantiks stellt *E.A. Poe* Angstvorstellungen in seinen Erzählungen dar und wird mit seinem »Mord in der Rue Morgue« zum Mitbegründer der Gattung des Kriminalromans. In Deutschland sammeln die *Gebrüder Grimm* Märchen, die bis dahin nur mündlich überliefert worden waren. Von *E.T.A. Hoffmann* erfahren wir über den Blickwinkel von Tieren (dem Hund Berganza, Kater Murr), von Kobolden und von Außenseitern der Gesellschaft. Bekannt sind *Novalis, Tieck, Brentano.* Ein berühmter romantischer Lyriker ist *Eichendorff*, dessen Gedichte häufig vertont worden sind.

»Der Abend
Schweigt der Menschen laute Lust:
Rauscht die Erde wie in Träumen
wunderbar mit allen Bäumen,
was dem Herzen kaum bewußt,
alte Zeiten, linde Trauer,
und es schweifen leise Schauer
wetterleuchtend durch die Brust.«

Andere Dichter wenden sich den gesellschaftlichen Problemen ihrer Zeit zu - einer Zeit, als die anfangende Industrialisierung enorme Einschneidungen für das Leben der Menschen bedeutete. Kinderarbeit, Ausbeutung, Ohnmacht der kleinen Leute und politische Pläne werden von *Büchner* und *Hauptmann* auf die Bühne gebracht.

Friedrich von Schiller
Jünger als Goethe, trotzdem eng mit diesem befreundet, berühmt durch sein dramatisches und lyrisches Werk.

20. Jahrhundert
In der modernen Dichtkunst gibt es sehr unterschiedliche Strömungen. Dank preiswerter Taschenbuchausgaben und neuer Tätigkeitsbereiche in den Medien finden Schriftsteller heutzutage leichter Kontakt zu einem breiteren Publikum.
Die bewegte Geschichte des 20. Jahrhunderts und die Probleme, die sich ergeben, wenn der Einzelne vielfach nur mehr als Nummer gesehen wird und ohnmächtig scheint gegenüber Staat, Gesellschaft und Mitmensch, spiegeln sich unter anderem wider in den Werken von *Döblin, Kafka, Hesse, Thomas und Heinrich Mann, Böll, Grass, Martin Walser*. Bedeutende Dramatiker sind *Zuckmayer, Brecht, Dürrenmatt und Frisch*. Lyrik versucht in der heutigen Zeit zum Teil durch Sprachspiele, schwer zugängliche Bilder und Experimente wieder zur eigentlichen Bedeutung der Sprache zu führen - einer Sprache, die durch den Mißbrauch im Dritten Reich (1933-1945) mit all den schrecklichen Auswirkungen, aber auch durch den Verschleiß in Werbung und Politik sehr gelitten hat.

Information: drei mächtige Medien

Was nennt man »Medien«?
Man versteht darunter die Gesamtheit der Mittel (Presse, Rundfunk, Fernsehen), mit denen Informationen weltweit verbreitet werden. Die Medien, die miteinander konkurrieren und sich ergänzen, nehmen einen wichtigen Platz in unserem Leben ein.

Die Presse
Jeden Tag erscheinen Tausende von *Zeitungen* in Millionenauflage. Hinzu kommen *Wochen- oder Monatszeitschriften*, die sich mit verschiedenen Themen beschäftigen. Das war nicht immer so.

Die ersten Journalisten
In Rom werden die Informationen noch mit der Hand in Wachstäfelchen geritzt. Die ersten gedruckten Blätter tauchen mit der Erfindung des Buchdrucks gegen 1450 auf.
In Frankfurt werden schon 1548 wöchentliche Auszüge aus den wichtigsten Nachrichten gedruckt. Fünfmal in der Woche erschienen zuerst 1660 die »Leipziger Zeitungen«. Die erste Tageszeitung, der *Daily Courant*, erscheint in London im Jahr 1702. Die technischen Fortschritte des 19. Jahrhunderts machen den Weg frei für die illustrierte Presse. Die Zeitungsbranche wird zu einem echten Industriezweig und einem bedeutenden Wirtschaftsfaktor.

Kann man alles schreiben?
Prinzipiell ja. In Deutschland ist die *Pressefreiheit* durch Art. 5 des Grundgesetzes gewährleistet. Es kommt jedoch vor, daß die Justiz auf Antrag des Staatsanwalts im Interesse der öffentlichen Ordnung die Verbreitung bestimmter Zeitungen oder bestimmter Artikel untersagt.

Die Zeitungsmacher
Eine Zeitung ist das Werk eines Teams von Journalisten und anderen Mitarbeitern der Redaktion, die unter der Leitung eines Chefredakteurs arbeiten.

Gemeinsam werden in Redaktionssitzungen Artikel, Schlagzeilen und Fotos ausgewählt und über die Plazierung von Beiträgen entschieden. Mit besonderer Sorgfalt wird immer die erste Seite einer Zeitung gestaltet.

Die Rundfunksendung
Dies ist das schnellste Medium. Und am leichtesten zugänglich. Es ist allgegenwärtig. Der Rundfunkreporter oder der Sonderberichterstatter kann von einem Ereignis »live« berichten. Wichtige *Kurznachrichten* können sofort verbreitet werden. Das Radio ist eine Erfindung neueren Datums. Die ersten Sendungen wurden um das Jahr 1920 in den USA ausgestrahlt.

Das Fernsehen
Es handelt sich hier um ein besonders privilegiertes Ausdrucks- und Kommunikationsmittel. Das Fernsehen ist eine Erfindung der jüngsten Zeit: Es begann sich erst nach dem Zweiten Weltkrieg zu entwickeln. Der Aufwand an Technik und Personal ist beträchtlich. Dafür spricht das Bild von Ereignissen die Menschen direkt an. Die Information wird zur Schau, sie gewinnt an Eindringlichkeit. Das Fernsehen ist zwar in bezug auf die sofortige Verbreitung wichtiger aktueller Ereignisse nicht so flexibel wie der Rundfunk, dafür ist es aber unschlagbar bei der Direktübertragung vorhersehbarer Ereignisse aus jeder Gegend der Welt (Sportveranstaltungen, Mondlandung, Konzerte...)
Das Dabeisein einer Kamera macht manchen Fernsehbeitrag zum historischen Dokument (z.B. die Ermordung von Präsident Kennedy, das Attentat auf Papst Johannes Paul II., die Explosion eines Raumschiffs ...). Die Verwendung neuer Übertragungstechniken (Satelliten, Kabel ...) eröffnet diesem für die Menschheit so bedeutenden Ausdrucks- und Kommunikationsmittel ungeahnte Zukunftsaussichten.

Die Welt der Bilder

Die Bildersprache
Man begegnet ihr überall, sei es in Form von bewegten Bildern (Kino, Fernsehen) oder von Standbildern (Photo, Comicstrip, Werbeillustration). Immer zeigt, beschreibt, erzählt das Bild etwas und spricht die Phantasie an. Seine Sprache ist international.

Das Photo als Ausdrucksmittel
Die Photographie ist jedermann zugänglich und weist je nach ihrer Zweckbestimmung unterschiedliche Merkmale auf.

Das *Familienphoto* oder das *Erinnerungsphoto* spricht das Gefühl an, hat sentimentalen Wert. Es hält einen Augenblick im Leben eines Menschen fest.

Das *künstlerische Photo* dient der Augenweide. Es arbeitet mit technischen Effekten (Licht, Farben, Format, Motiv...), um ein möglichst schönes Ergebnis zu erzielen.

Das *Presse- oder Reportagephoto* illustriert die Zeitung und ergänzt den Kommentar. Oft sind Pressephotos bewußt schockierend, weil sie als »Aufreißer« dienen, also zum Nachdenken und Lesen auffordern sollen.

Bildergeschichten: der Comicstrip
Comics gelten als volkstümliche Unterhaltungskunst. Comics können poetisch, gewalttätig, humorvoll, phantasievoll, satirisch... sein.
Wie die Wörter eines Textes bekommen die Bilder (man nennt sie auch Vignetten) durch die Abfolge einen Sinn. Das Ergebnis ist, daß die Handlung wie im Film am Betrachter vorbeizieht.
Diese Erzählung kann *stumm* ablaufen: Das Bild spricht für sich selbst. Es ist der einzige Bedeutungsträger. Es gibt aber auch sprechende Bilder. In diesem Fall sind sie mit einem Begleittext versehen.
Dieser Begleittext wird nach strengen Re-

geln verfaßt und soll die Szene möglichst treffend wiedergeben.
Die *Sprechblasen* erwecken je nach ihrer Anordnung und Form unterschiedliche Vorstellungen wie Angst, Erregung, Zärtlichkeit, Tränen, Zorn, Ironie...
Art und Größe der Buchstaben lassen Rückschlüsse auf Varianten von Stimme und Ausdruck zu. Die Intonation, das Zögern, das Stammeln, das Flüstern, der Schrei, der Zornesausbruch, der Seufzer werden buchstäblich hörbar.
Auch die *Farbe* trägt zum besseren Verständnis des Bildes bei (Ausdruck von Gefühlen: Freude, Erschrecken, Angst...)

Der Comic-Held
Er ist als Typ sehr ausgeprägt und dient als Vorbild. Er verkörpert die Wünsche, Vorsätze, den Ehrgeiz, die Träume. Oft ist er sympathisch, ein Muster an Ehrenhaftigkeit, Mut, Gerechtigkeitssinn. Zu diesen Leitfiguren gehört Asterix ebenso wie Superman ...

Das Bild in der Werbung: durch Verführung überzeugen
Dieses Bild ist für die schnelle und doch einprägsame Lektüre bestimmt. Es dient kommerziellen Zwecken. Um den Blick zu fesseln, Aufmerksamkeit zu erwecken, zu verführen und zu überzeugen, werden ästhetische Mittel (Dekor, Farben, Raum, Personen) ebenso eingesetzt wie technische oder psychologische (Motivationsstudien). Es ist ein *manipuliertes* Bild, ein geschicktes Arrangement, das darauf abzielt, Überlegungen durch Reflexe zu ersetzen.
Das Werbephoto macht Lust, lädt ein zum Träumen, spielt mit Empfindungen, erweckt den Eindruck von Reinheit, Natürlichkeit, Schönheit, Freiheit, Kraft, Macht ...
Gestützt wird es oft durch einen *Slogan*, das ist ein kurzer, markanter Text, der leicht im Gedächtnis haften bleibt.

Das Kino

Die »siebte Kunstgattung«

Sie entstand Ende des letzten Jahrhunderts, im Jahr 1895. Zunächst galt diese Erfindung, die es möglich machte, »die Natur lebendig einzufangen«, nur als Attraktion und als Unterhaltungselement. Aber sehr bald schon wird das Kino - ähnlich wie das Theater - zum Spektakel, es schwingt sich zur echten Kunstgattung auf, die ihre eigenen Meisterwerke hervorbringt.

Der magische Zylinder oder das Praxinoskop: Der Eindruck von Bewegung entsteht durch die schnelle Drehung der Bilder, die durch eine kleine Öffnung betrachtet werden.

Das Unmögliche wird möglich

Selbst ohne Stimme (das Kino bleibt bis 1926 stumm) wird der Ausdruck mit filmischen Mitteln dank der magischen Kraft des Bildes zu einem bedeutenden Kommunikationszweig.

Das Kino bedient sich aller verfügbaren Kunstgriffe - Beleuchtungseffekte, künstliche Szenerien und Staffagen, Aufnahmewinkel, Trickaufnahmen ... - um zu faszinieren. Es entführt den Zuschauer in die Welt der *Illusion* und des *Traums*. Mit dem Einsatz von Ton und später auch von *Farbe* werden diese Eindrücke noch verstärkt.

Die soziale Rolle

Das Kino schöpft seine Anregungen aus allen Bereichen des menschlichen Lebens. Es kann unterhalten, bestärken, bewegen, nachdenklich machen, zum Träumen einladen, bilden und ... es erfüllt auch eine wichtige *soziale Funktion.*

Zahlreiche Romane werden verfilmt: *Der Glöckner von Notre Dame* von Victor Hugo, *Oliver Twist* von Charles Dickens, *Krieg und Frieden* von Dostojewski, *Die Blechtrommel* von Günter Grass, *Die verlorene Ehre der Katharina Blum* von Böll ...

Ingmar Bergmann über den Film

»Es gibt keine Kunstart - inklusive die Malerei oder die Poesie - die die spezifische Art des Traums so vermitteln kann wie der Film. Wenn es im Kino dunkel wird, und dieser weiße, leuchtende Punkt sich öffnet, und unser Blick ganz still wird, sich nicht hierhin und dorthin bewegt, wir nur dasitzen und die Bilder auf uns zukommen lassen. Unser Wille hört mehr und mehr auf zu funktionieren, unsere Fähigkeit zu sortieren und zu plazieren hört auf, wir werden in ein Geschehen hineingezogen - da sind wir sozusagen Teilnehmer in einem Traum. Und Träume herzustellen, das ist ein Fest.«
(Aus: »Bergman über Bergman«, Fischer Taschenbuch Verlag)

Im Studio wird eine Szene gedreht

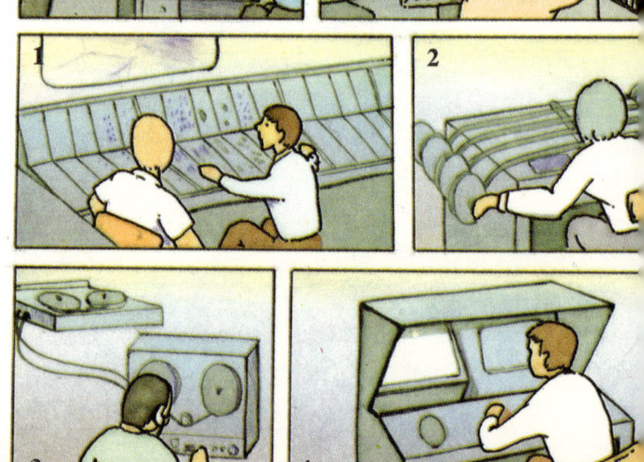

1 - 4 Ton- und Bildmontage

Der Regisseur
Er leitet das Team, das an der Entstehung eines Films beteiligt ist. Er bestimmt die Effekte, er führt die Schauspieler, die Kameraleute, die Tonleute, die Beleuchter, die Monteure ... Manche Regisseure haben Weltruhm erlangt, z.B. Orson Welles (Vereinigte Staaten), Luis Bunuel (Spanien), Federico Fellini (Italien)...

Die in der Tabelle (rechts) genannten 15 Regisseure haben die Filmgeschichte mit ihren Filmen nachhaltig beeinflußt.

Jahr	Regisseur	Film	Hauptdarsteller
1915	David Wark Griffith	*The Birth of a Nation*	Lillian Gish
1922	Robert Flaherty	*Nanook of the North*	Laien
1922	F.W. Murnau	*Nosferatu*	Max Schreck
1924	Fritz Lang	*Die Nibelungen*	Paul Richter
1925	Charles Chaplin	*The Gold Rush*	Chaplin
1925	Sergej M. Eisenstein	*Panzerkreuzer Potemkin*	Laien
1937	Jean Renoir	*La Grande Illusion*	Jean Gabin
1939	Ernst Lubitsch	*Ninotchka*	Greta Garbo
1939	John Ford	*Stagecoach*	John Wayne
1941	Orson Welles	*Citizen Kane*	Orson Welles
1945	Roberto Mussolini	*Roma città aperta*	Anna Magnani
1955	Max Ophüls	*Lola Montez*	Martine Carol
1960	Alfred Hitchcock	*Psycho*	Anthony Perkins
1972	Jean-Luc Godard	*Tout va bien*	Jane Fonda
1984	Wim Wenders	*Paris, Texas*	Harry Dean Stanton

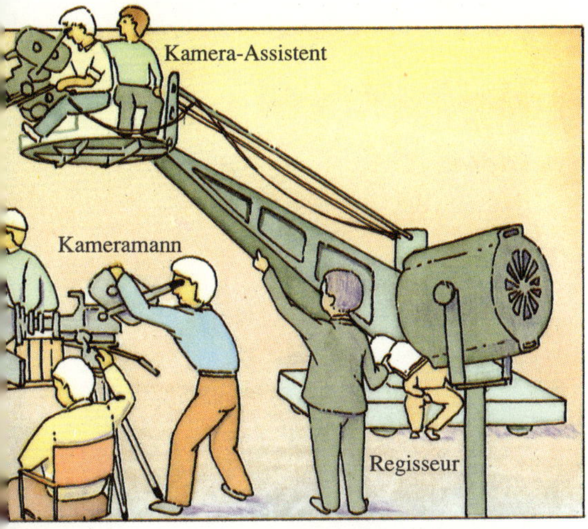

Filmruhm
Jedes Jahr wird das Kino im Rahmen großer Festwochen, der *Festivals*, gefeiert, bei denen die besten Produktionen der Welt vorgestellt werden. Zu den berühmtesten Filmfestspielen gehört das Festival von *Venedig*, das 1932 ins Leben gerufen wurde, das von *Cannes* (seit 1946), die Internationalen Filmfestspiele *Berlin* (seit 1951), das Festival von *Annecy* (seit 1960) und das von *Avoriaz* (seit 1975) für den phantastischen Film.

Was sind Filmclubs?
Zu solchen Clubs schließen sich Filmfreunde zusammen, die sich in privater Vorführung Kurzfilme (30 Minuten) oder Spielfilme (90 Minuten) ansehen. An die Vorführung schließen sich meist Diskussionen an.

Was ist ein Filmarchiv?
Man könnte es eine »Kinobibliothek« nennen. Hier werden Filme, Plakate, Filmgeräte aufbewahrt. Alte Filme werden instandgehalten und restauriert.

Kann man jeden Film aufführen?
Nein. Es gibt eine *Filmzensur*. Um in der Öffentlichkeit gezeigt werden zu können, muß ein Film erst den Freigabevermerk bekommen.

Das Theater

Die europäischen Ursprünge

Schon im Altertum kennen die Griechen das Theater. Die Zuschauer wohnen den *Tragödien* und *Komödien* im Freien, auf Holz- oder Steinstufen sitzend, bei. Die Schauspieler tragen Masken und sind prunkvoll gekleidet.

Die Mysterienspiele des Mittelalters

Auf dem Marktplatz oder dem Platz vor der Kathedrale stellen Schauspieler Szenen aus dem religiösen Leben dar, die den Glauben verherrlichen. Die Zuschauerschaft ist zahlreich und beteiligt sich aktiv.

Die »Commedia dell'Arte«

Im Italien des 16. Jahrhunderts entsteht diese Form des Komödientheaters, bei dem die Darsteller gleichzeitig Sänger, Musiker, Tänzer und Akrobaten sind.

Die Theatertruppen spielen in Schlössern für die Fürsten und auf der Straße für das Volk. Die Hauptfiguren wiederholen sich von Stück zu Stück. In diesen turbulenten Theaterstücken, mit denen die sittlichen Verfehlungen der Zeit angeprangert werden, improvisieren die Komödianten oft ihren Text.

Ein glanzvolles Zeitalter

Im Europa des 17. Jahrhunderts erfährt das Theater durch die Werke der großen Dichter eine enorme Aufwertung. Die Stücke sind häufig in Versen geschrieben und wenden sich vornehmlich an ein gebildetes Publikum. Straßentheater findet kaum noch statt. *Shakespeare* in England, *Calderon* in Spanien schreiben wundervolle Tragödien, in denen Liebe und Ehre (das Herz und die Vernunft) im Widerstreit liegen.

Neben den Theaterstücken von *Corneille* und *Racine* feiern in Frankreich am Hof Ludwigs XIV. die Komödien *Molières* Triumphe. Er bringt Höflinge, Bürger und Ärzte auf die Bühne und zögert nicht, über die Sitten seiner Zeit, ja sogar seinen Förderer, den König selbst, zu spotten.

Im 18. Jahrhundert versuchte man in Deutschland, die alten Schwänke durch

1

2

3

1. Antikes Theater: Aufführung einer griechischen Tragödie.

2. Mittelalter: Auf dem Platz vor einer Kathedrale wird ein Mysterienspiel aufgeführt.

3. 16. Jahrhundert: Harlekin in einer italienischen Komödie.

4

5

6

4. 18. Jahrhundert: An den Hoftheatern wird vor den Mitgliedern des Hofes Theater gespielt.

5. Aufführung mit reicher Ausstattung im 19. Jahrhundert.

6. 20. Jahrhundert: Schmucklos-nüchterne Inszenierung des modernen Theaters.

wertvolle Stücke zu ersetzen, bei denen die Zuschauer auch etwas lernen konnten. *Lessing* schreibt Trauerspiele, in denen es um die Kluft zwischen Adel und Bürgern geht, und verfaßt das *erste deutsche Lustspiel.* Gegen Ende des Jahrhunderts erobern *Goethes* und *Schillers* Dramen die Theater.

Das 19. Jahrhundert

Das Theater rückt von den klassischen Regeln ab und versucht, den Zuschauern soziale und politische Mißstände wirklichkeitsnah vor Augen zu führen. Doch eine echte Verbreitung finden die Stücke von *Büchner* und *Hauptmann* , die zu ihrer Entstehungszeit häufig Skandale auslösten, erst in unserem Jahrhundert.

Und das 20. Jahrhundert?

Noch immer ist das Theater ein wichtiges Ausdrucksmittel. Kein Thema wird vom Theater ausgespart. Berühmte deutschsprachige Dramatiker des 20. Jahrhunderts sind: Georg Kaiser, Carl Zuckmayer,Bert Brecht, Max Frisch, Friedrich Dürrenmatt, Rolf Hochhuth und die bayerischen Autoren Martin Sperr und F.X. Kroetz ...

Das »neue Theater« sucht den Kontakt mit dem Publikum, fordert zum Mitmachen auf. Manchmal wird das Theater auch wieder zum großen Fest und begibt sich, wie früher, auf die Straße.

Zur Orientierung

Die *Komödie* soll die Zuschauer durch die Komik der Figuren und/oder der Situationen zum Lachen bringen.

Die *Tragödie* zeichnet die Leidenschaften von Heldengestalten und ihre tragischen Folgen nach.

Die *Tragikomödie* bewegt sich sowohl im Bereich des Tragischen als auch des Komischen.

Das *Melodram* ist volkstümlicher ausgerichtet und spricht vor allem empfindsame Gemüter an.

All diese Formen werden als »Drama« bezeichnet.

Malerei und Plastik

Die ersten Künstler
Schon in vorgeschichtlicher Zeit, vor etwa 30 000 Jahren, finden Menschen mit den Felsmalereien in ihren Wohnhöhlen zu künstlerischem Ausdruck (Felsbilder der Sahara, Malereien in den Höhlen von Lascaux/Frankreich oder Altamira/Spanien). 3 000 Jahre vor Christus schmücken die *Ägypter* ihre Gräber, Tempel und Paläste mit Szenen aus dem täglichen Leben aus. Die *Römer*, die glühende Verehrer der griechischen Kunst sind, tun sich als Bildhauer, als Landschafts- und Porträtmaler und in der Darstellung mythologischer Szenen hervor.

Malerei und Religion
Wie die Musik und das Theater war auch die Malerei lange Zeit Ausdruck und Ansporn des *religiösen Eifers*. Viele Werke des Mittelalters - Kirchenschmuck, Miniaturen, Gemälde - zeugen von diesem Einfluß. In Mitteleuropa sind *Ikonen*, das sind auf Holz gemalte Heiligenbilder, beliebte Kultgegenstände.

Eine Kunst behauptet sich
Unter italienischem Einfluß entwickelt sich die Malerei weiter. Die Künstler der Renaissance suchen nach einem greifbareren, wirklichkeitsnahen, weniger starren Ausdruck. Sie studieren die *Anatomie*, die *Perspektive*, die *Proportionen*. Die Religion ist nicht mehr die einzige Quelle der Kunst. Der Künstler bezieht seine Anregungen aus allem, was ihn bewegt, erstaunt, beunruhigt oder begeistert. In Landschaften, Porträts, Schlachtenbildern, Stilleben, Szenen aus dem täglichen Leben zeichnet er ein Bild seines Landes, seiner Zeit, seiner Mitmenschen.

Tiefgreifende Veränderungen
In der zweiten Hälfte des 19. Jahrhunderts befinden Maler, die der Stilrichtung des *Impressionismus* angehören, daß die Malerei nicht eine getreue Kopie der Wirklichkeit sein solle, sondern daß sie wieder mehr Bewegung und Licht bekommen müsse. Deshalb malen sie mit kurzen Pinselstrichen (Claude Monet, *Impressions soleil levant = Impressionen von der aufgehenden Sonne).*
Zu Anfang unseres Jahrhunderts lösen sich *kubistische Maler* wie Picasso noch mehr von der Wirklichkeit los und bedienen sich geometrischer Formen, um die Realität nachzuvollziehen. Schließlich wird die Malerei völlig *abstrakt.*
Heute setzt sich die Malerei über die traditionellen Hilfsmittel oft hinweg und arbeite

nit Collagen oder mit unterchiedlichen Materialien, die uf die Leinwand oder einen nderen Untergrund aufgetraen werden.

in dreidimensionales Ausdrucksittel: die Plastik

ie folgt denselben künstlerischen Strö-ungen wie die Malerei. Ihr Ursprung eht auf die Zeit vor 35 000 Jahren rück. Lange Zeit bleibt sie als religiö- Kunst eng mit der Architektur verbun-n. Götterstatuen und später Heiligenfi-uren sind Gegenstand der Verehrung. ie profan gewordene Bildhauerkunst r Renaissance unterstreicht nach dem orbild der alten Griechen die Schönheit s menschlichen Körpers. Die Suche ch einem feinfühligeren Ausdruck rstärkt sich.

Große Namen der Malerei in Europa

Jahrhundert	*Deutschland Schweiz*	*Frankreich Belgien*	*Italien*	*Spanien*	*Holland*	*Flandern England*
15.	Witz Pacher Lochner	Froment Maître de Moulins	Angelico Botticelli		Van Eyck Bosch	Memling V.d.Weyden
16.	Dürer Grünewald Holbein Cranach Altdorfer	Jean und François Clouet	L. da Vinci Michaelangelo Raphael Tizian Veronese		Bruegel	
17.	Elsheimer Liss	G. de La Tour Le Nain P.de Champaigne Poussin Le Lorrain	Caravaggio	El Greco Ribera Murillo Vélasquez	Hals Vermeer Rembrandt Ruisdael	Rubens Van Dyck Teniers
18.	Zimmermann Asam Füssli	Q. de La Tour Watteau Chardin Boucher Greuze Fragonard	Canaletto Guardi Carriera Tiepolo	Goya		Hogarth Reynolds Gainsborough Lawrence
19.	Friedrich Leibl Schwind Böcklin Spitzweg Corinth Koch Hodler Liebermann	Manet David Delacroix Cézanne Monet Corot Courbet Gauguin Degas Renoir			Jongkind Van Gogh	Blake Constable Turner Beardsley
20.	Dix Klimt Klee Kirchner Ernst Heckel Marc Kandinsky Grosz Beckmann	Braque Rouault Matisse Vlaminck Chagall Magritte	Modigliani De Chirico Severini Boccioni	Picasso Gris Miro Dali	DeKooning Mondrian	Bacon Hockney Sutherland

Musik und Tanz

Musikantin mit Lyra aus dem antiken Griechenland.

Eine magische Kraft
Die Urvölker und auch die Antike schreiben der Musik außergewöhnliche Eigenschaften zu: Sie heilt die Kranken, zaubert Regen herbei, besänftigt den Zorn der Götter. Sie steht im Mittelpunkt zahlreicher Legenden, in denen sie günstig auf Menschen, die Natur und die Tiere einwirkt.

Die Musik ist allgegenwärtig und vielfältig in ihren Erscheinungsformen: moderne Musik, klassische Musik, Folkloremusik, Jazz, Rock ... Sie umgibt uns, und niemand kann sich ihr entziehen.

Minnesänger mit Laute.

Musik, ein ständiger Begleiter
Vom Altertum bis in die heutige Zeit entwickelt sich die Musik laufend weiter. Sie hat ursprünglich religiösen Hintergrund, wird aber ab dem Mittelalter zur *profanen Kunst*, als *Troubadoure* und *fahrende Sänger* sie als Begleitung für ihre Lieder verwenden. Große Komponisten wie *Bach, Mozart, Beethoven* und *Chopin*... machen die Musik zum Spiegel ihrer Epoche und ihres Landes. In der Musik kommen die Gefühle der Volksseele zum Ausdruck. Sie erweckt Empfindungen, Freude, Hoffnung, macht nachdenklich...

Bach
Chopin
Mozart
Beethoven

Die Instrumente
Der gewünschte Ausdruck läßt sich nicht nur durch die Melodieführung der Komposition, sondern auch durch die Wahl der Instrumente erzielen.
Saiteninstrumente sind oft besonders gut geeignet, um Gefühle wie Freude oder Trauer auszudrücken. Unter den *Blasinstrumenten* liefert das *Blech* die klaren, fröhlich-schmetternden Töne. Die *Holzblasinstrumente* erzeugen sanftere Töne, die zum Träumen einladen.
Schlaginstrumente sind die Übersetzung des Pulsschlags, der Körperschwingungen. Sie bestimmen den Rhythmus.

1) Kontrabaß. 2) Schlagzeug. 3) Harfe. 4) Fagott. 5) Blockflöte. 6. Mundharmonika. 7. Trompete.

Wissenschaft und Musik
Die Fortschritte der Elektronik haben den Bau von Geräten ermöglicht, die Musik komponieren und spielen können. So kann der *Syntheziser* die Töne aller Instrumente nachahmen. Auch mit dem Computer läßt sich Musik machen. Sie ist allerdings noch weit von der durch Menschen geschaffenen Musik entfernt.

Der Körper als Ausdrucksmittel
Die früheste Sprache der Menschheit, der Tanz, dient ebenfalls als Ausdrucksmittel. Mit ihm lassen sich Freude, Leid, Bewunderung, Gefühle, Zorn... mitteilen.
Bei allen Kulturen werden im Tanz die großen Ereignisse des Lebens dargestellt: Geburt, Krieg, Tod ...
Schon bald verbündet sich der Tanz mit der Musik und bewahrt wie diese lange Zeit den *sakralen Charakter* (für zahlreiche Länder Asiens, Afrikas und Ozeaniens gilt dies heute noch).

Afrikanischer Tanz

Flamenco

Volkstanzgruppe in regionaler Tracht

Von den Salons in die Öffentlichkeit
Der Tanz zieht sich quer durch die Geschichte. Er nimmt die unterschiedlichsten Formen an, ist einmal mondän und dann wieder volkstümlich, und er führt Vergnügungen aller Art an. Das Wesen jeder Region kommt in ihren Volkstänzen zum Ausdruck.

Das klassische Ballett
An den Höfen Italiens und Frankreichs wird das Ballett zu einer von der Oper unabhängigen Kunstform weiterentwickelt. Berühmte Ballettschulen entstehen. *Der Tanz wird zum Schauspiel.* Aus jener Zeit stammen auch die *Ballette*, das sind große, getanzte Stücke.

Klassisches Ballett

Im 20. Jahrhundert ist das Ballett zwar immer noch Tanzstück, es befreit sich aber mehr und mehr von den Zwängen des klassischen Tanzes. Der Ausdruck ist von mehr Realismus geprägt. Die Verbindung zum Zuschauer ist eine direktere.

Moderner Ausdruckstanz

Geschichte der Mathematik

Die Mathematik war lange nur wegen ihrer Nützlichkeit im Alltagsleben (für das Zählen von Waren, die Messung von Längen und Rauminhalten...) geschätzt, bevor sie zur Wissenschaft wurde und sich rasant weiterentwickelte.

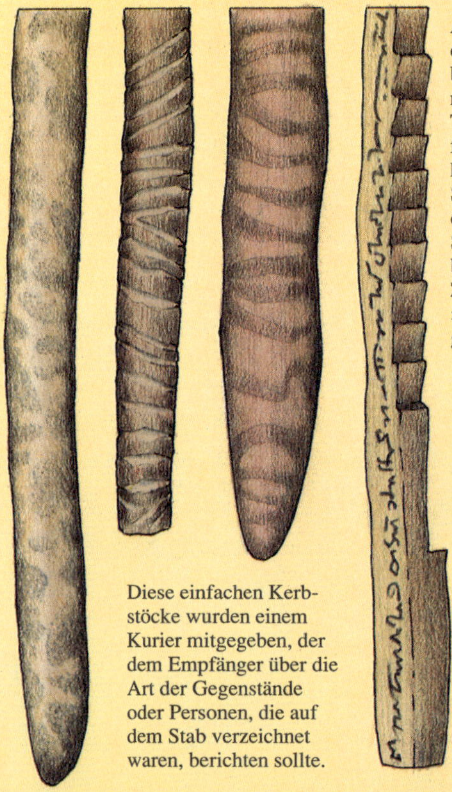

Diese einfachen Kerbstöcke wurden einem Kurier mitgegeben, der dem Empfänger über die Art der Gegenstände oder Personen, die auf dem Stab verzeichnet waren, berichten sollte.

Auf diesem babylonischen Tontäfelchen hat ein Schüler das Schreiben der Zahl »eins« geübt.

Die älteste Zählung
Auf einem Wolfsknochen, der aus der Zeit um 30 000 v.Chr. stammt und in der Tschechoslowakei gefunden wurde, fand man das älteste Beispiel einer Zählung: 55 Striche, die in Gruppen zu je 5 Strichen und in zwei Reihen angeordnet sind.

«Eins« und »viele« unterscheiden
Am Anfang alles Zählens steht diese Unterscheidung, die der Mensch schon sehr früh durch Beobachtung seiner Umwelt erlernte. Bei den alten Hindus zum Beispiel stellten lange Mond und Erde die Zahl *eins* dar, Vogelflügel *zwei*, Kleeblätter *drei*, Hundepfoten *vier* und die Finger einer Hand *fünf*. Das Zählen mit Hilfe der *zehn* Finger, manchmal zusätzlich auch der *zehn* Zehen, wurde bald zum meistverwendeten Zählsystem.

In Mesopotamien
2 500 Jahre vor unserer Zeit war Babylon bereits das Zentrum einer blühenden Kultur. Bei Ausgrabungen hat man Tontäfelchen gefunden, die Aufschluß über die mathematischen Kenntnisse dieser Zeit geben. Sie enthalten Zahlenreihen, Rechenaufgaben mit den entsprechenden Lösungen, Grundrechnungsarten, Berechnungen von Flächen und Rauminhalten sowie das Rechnen mit Gleichungen.

In Indien
Hier ist die Mathematik geprägt durch die Entwicklung des numerischen Rechnens und den Umgang mit Gleichungen. Unser Dezimalsystem, das über die Araber an uns überliefert wurde, stammt aus diesem Land.

In Arabien
Die Entdeckungen der Griechen und Inder werden weitergegeben, erweitert und bewahrt durch die Araber, über die sie bis zu uns gelangen. Die Araber erweisen sich als besonders geschickt in der Entwicklung neuer Rechenmethoden.

In Ägypten
Ein Papyrus aus dem Jahr 1650 v.Chr. (Pa-

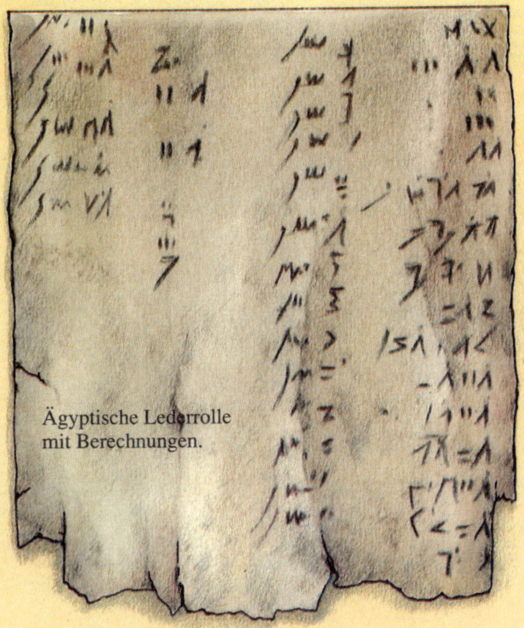

Ägyptische Lederrolle mit Berechnungen.

pyrus Rhind) belegt, daß die Ägypter sich damals schon in der Mathematik gut auskannten und sie im Alltagsleben sicher anzuwenden verstanden: in der Landwirtschaft, Buchhaltung, Landvermessung und Architektur (Pyramidenbau).

In Griechenland
Die Griechen, die auf dem Wissen der Babylonier und Ägypter aufbauen, machen die Mathematik erst zur echten Wissenschaft, das heißt zu einem Gebiet, auf dem man nach Erkenntnis um ihrer selbst willen strebt. Die griechischen Mathematiker verbessern nicht nur die Rechenmethoden, sondern formulieren und beweisen eine Reihe wichtiger Lehrsätze und Prinzipien (Zahlentheorie, Proportionenlehre, Inhaltsbestimmungen, Geometrie, Algebra...). *Thales von Milet, Pythagoras, Eudoxos,* später *Archimedes, Euklid* und *Apollonius* sind an dieser Entwicklung maßgeblich beteiligt.

Pythagoras

Archimedes

Im Fernen Osten
Chinesen und Japaner entwickeln ein eigenes Zahlensystem und eine einfache Rechenmaschine, die für alle Grundrechenarten verwendet wird und heute noch in Gebrauch ist.

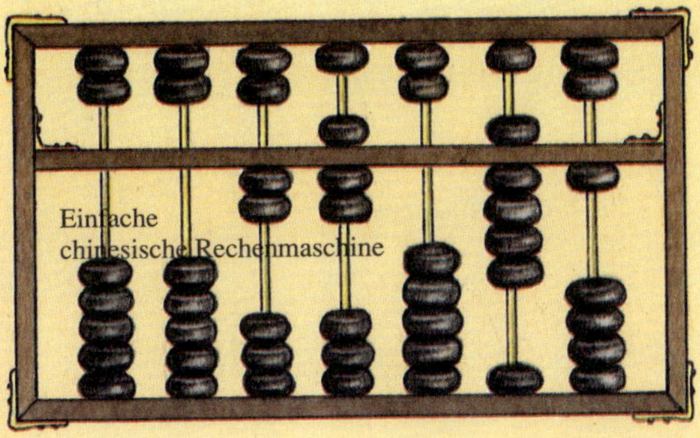

Einfache chinesische Rechenmaschine

In Amerika
Die *Inkas* (Peru) haben ihre eigene Methode, Zahlen darzustellen: die Knoten der *Quippus* stellen Zahlenwerte in einem Dezimalsystem dar. Die *Mayas* (Guatemala) verwenden einen Kalender und die Null in ihrem Zahlensystem.

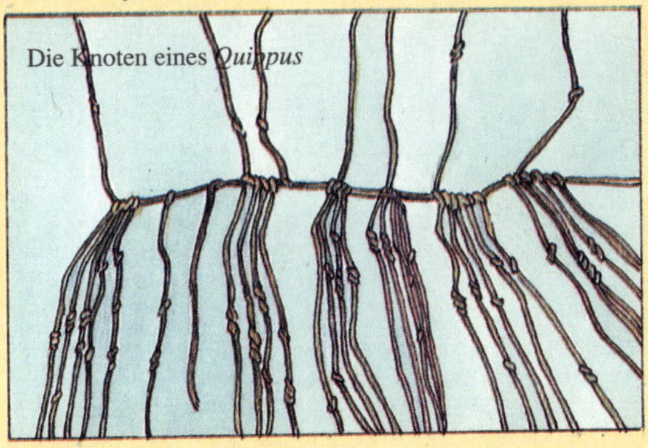

Die Knoten eines *Quippus*

In Rom
Die Römer entwickeln ein Zahlensystem, das wir noch heute verwenden (siehe S. 155).

In Europa
Nach den Wirren der Völkerwanderungszeit, die seine Kultur weitgehend zerstören, nimmt Europa im Mittelalter den Kontakt zur Mathematik verstärkt wieder auf. Die Renaissance ist eine Zeit bedeutsamer Entwicklungen auf den Gebieten der Algebra, Trigonometrie und Geometrie.
In der Folge nimmt das Tempo des Fortschritts und die Fülle des Wissens in der Mathematik ständig zu. Heute kann selbst ein Wissenschaftler nicht mehr alle Teilgebiete überschauen.

Verschiedene Zahlensysteme

Wie bereits gesagt, bemühte sich der Mensch zu allererst darum, zählen zu können - das war der Anfang alles Rechnens. Im Laufe der Zeit und bei den verschiedenen Völkern wurden unterschiedliche Zahlensysteme erfunden und entwickelt.

Die Urmenschen

Sie zählen nur *mündlich*. So verwenden die alten Sumerer das Wort »Mann« für 1, »Frau« für 2 und »mehrere« für 3.

Die Mesopotamier

Sie haben schon Schriftzeichen für Zahlen.

 bedeutet **1**  bedeutet **10**  bedeutet **60**

45 wird  geschrieben

62 wird  geschrieben

Die Ägypter

Auch sie verwenden Schriftzeichen, die Hieroglyphen, für ihr Zahlensystem:

 = **1** (ein Strich)

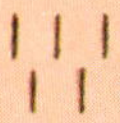 = **5** (fünf Striche)

 = **10** (ein Bogen)

 = **100** (Schriftrolle)

 = **1 000** (Lotosblume)

 = **10 000** (Zeigefinger)

 = **100 000** (Kaulquappe)

 = **1 000 000** (staunender Mensch)

Die Griechen

Sie verwenden hauptsächlich zwei Systeme: das »attische« System, das in Athen häufig in Inschriften zu finden ist, und das »ionische« oder »alphabetische« System, das im 5. Jahrhundert v.Chr. an dessen Stelle tritt.

Attisches System

Ι = **1**

ΙΙ = **2**

ΙΙΙ = **3**

ΙΙΙΙ = **4**

Γ = **5**

Δ = **10**

Η = **100**

Χ = **1 000**

Μ = **10 000**

Ionisches System

Einer

α	β	γ	δ	ε	ς	ζ	η	θ
1	**2**	**3**	**4**	**5**	**6**	**7**	**8**	**9**

Zehner

ι	ϰ	λ	μ	ν	ξ	ο	π	ϟ
10	**20**	**30**	**40**	**50**	**60**	**70**	**80**	**90**

Hunderter

ρ	σ	τ	υ	φ	χ	ψ	ϖ	ϡ
100	**200**	**300**	**400**	**500**	**600**	**700**	**800**	**900**

Die Römer

Stehen gleiche Zeichen (höchstens 3) nebeneinander, so werden ihre Werte *zusammengezählt*. Ebenso ist es, wenn *rechts* neben einem Zeichen ein anderes mit kleinerem Wert steht. Steht ein Zeichen mit kleinerem Wert *links*, so wird der kleinere vom größeren Wert *abgezogen*. Zum Beispiel: LIX = 50 + 10 - 1 = 59.

I = 1	**II = 2**	**III = 3**	**IV = 4**
V = 5	**VI = 6**	**X = 10**	**L = 50**
C = 100	**D = 500**	**M = 1 000**	**$\overline{\text{V}}$ = 5 000**

Die Mayas

Die Grundzahl ihres Zahlensystems ist 20, die Anordnung untereinander.

• = 1   **— = 5**   **═ = 10**   **•••/═ = 13**

Die Chinesen

Bei ihnen werden die Zahlen durch Multiplikation der Grundzahl 10 gebildet.

一 **= 1**   二 **= 2**   三 **= 3**   四 **= 4**   五 **= 5**   六 **= 6**   七 **= 7**   八 **= 8**   九 **= 9**, 十 **= 10**

百 **= 100 (10^2)**   千 **= 1 000 (10^3)**   万 **= 10 000 (10^4)**   十万 **= 100 000 (10^5)**   百万 **= 1 000 000 (10^6)**   千万 **= 10 000 000 (10^7)**

Die Schreibweise von Zahlen im Vergleich

	Mesopotamien	Ägypten	Griechenland	Rom	Mayas	China
1	▼	|	α'	I	•	一
5	▼▼▼▼▼	|||||	ε'	V	—	五
10	◀	∩	ι'	X	═	十
15	◀▼▼▼▼▼	∩|||||	ιε'	XV	≡	十五
18	◀▼▼▼▼▼▼▼▼	∩||||||||	ιη'	XVIII	•••/≡	十八
100	▼◀◀◀◀	𓍢	ρ'	C	—/•	百

Man kann die Zahlensysteme in zwei Grundtypen einteilen:

Additive Systeme
Die Ziffern werden addiert
Ziemlich unpraktisch, weil man eine Menge Zeichen braucht, um große Zahlen zu schreiben (Mesopotamien, Ägypten...)

Stellenwertsysteme
Praktisch
Hier legt die Position der Ziffer ihren Wert fest (Einer, Zehner, Hunderter...). Ein solches System ist unser Dezimalsystem.

Wie zählen wir?

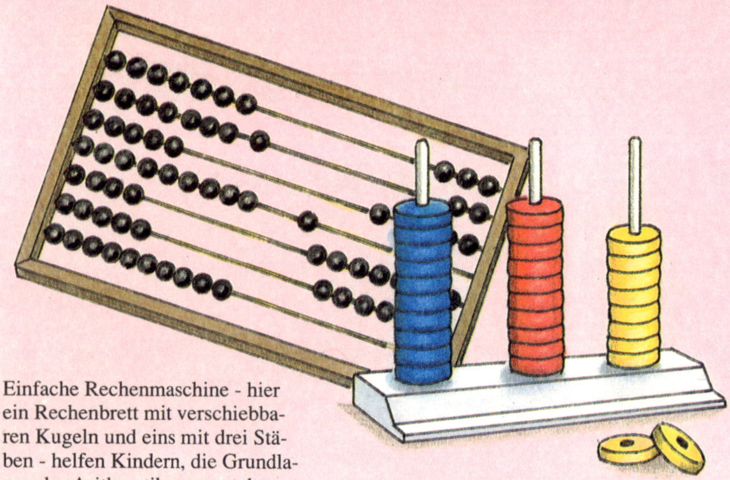

Einfache Rechenmaschine - hier ein Rechenbrett mit verschiebbaren Kugeln und eins mit drei Stäben - helfen Kindern, die Grundlagen der Arithmetik zu verstehen.

Gelehrte aus den Ländern des Islam brachten dem christlichen Abendland das Dezimalsystem, das allmählich das römische Zahlensystem ersetzte: damals benützte man zum Zählen Rechenplättchen, die auf ein Rechenbrett gelegt wurden.

Ziffer und Zahl sind nicht dasselbe

Eine Ziffer ist ein Zeichen, ein Symbol für das Schreiben von Zahlen. Wir verwenden heute die arabischen Ziffern.

1987 zum Beispiel ist eine Zahl, die aus vier Ziffern besteht.

Die Grundzahl 10 (Zehnersystem)

9 + 1 = 10 99 + 1 = 100 999 + 1 = 1 000...

Dieses Zahlensystem ermöglicht die Darstellung jeder beliebigen Zahl anhand von zehn Ziffern:

0, 1, 2, 3, 4, 5, 6, 7, 8, 9.

Je nach der Stelle, an der sie sich befindet, hat von rechts nach links jede Ziffer einen Stellenwert, der das Zehnfache der vorhergehenden Stelle beträgt.

Ausführlich könnte man die Zahl 2 548 so schreiben:

$2 \cdot 1\,000 + 5 \cdot 100 + 4 \cdot 10 + 8 \cdot 1$ oder

$2 \cdot (10 \cdot 10 \cdot 10) + 5 \cdot (10 \cdot 10) + 4 \cdot 10 + 8 \cdot 1$

Die Zahlen 1,10,100,1 000 heißen *Stufenzahlen.*

Ganze Zahlen

125 Seiten, 12 Eier, 3 585 Einwohner: 125,12,3 585 sind natürliche Zahlen.

Diese Zahlen nennen wir auch Grundzahlen. Wir verwenden sie zum Zählen. Sie bilden eine *unendliche Folge*:

N = 1,2,3,...15...170...4 624...

denn man kann zu jeder Zahl immer noch 1 dazuzählen.

Positive und negative Zahlen

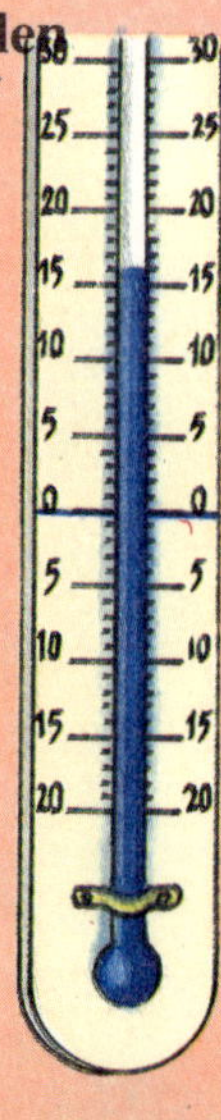

..., - 4, -3, -2, -1
man zieht 1 ab

0, 1, 2, 3, 4...
man zählt 1 dazu

Ein Kontostand von -100 DM heißt: 100 DM Schulden.

Heute morgen zeigte das Thermometer - 7°C.

Auch die negativen Zahlen bilden eine *unendliche Folge.*

Die Dezimalzahlen (Dezimalbrüche)

Man verwendet sie, um Werte zu bezeichnen, die zwischen zwei ganzen Zahlen liegen.

2 DM **2,50 DM** 3 DM 14 m **14,25 m** 15 m 1 kg **1,250 kg** 2 kg

Das Komma trennt die ganze Zahl von den Dezimalstellen (Dezimalen).

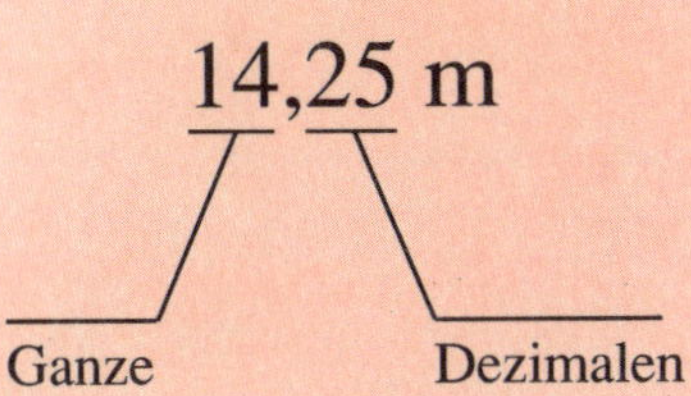

Vom Komma nach rechts hat jede Ziffer einen jeweils zehnfach kleineren Wert.

2 bezeichnet die *Zehntel* von 1 m: $\frac{2}{10}$

5 bezeichnet die *Hundertstel* von 1 m: $\frac{5}{100}$

Von einer dezimalen Größe kann man auf eine ganzzahlige Größe übergehen, indem man auf eine andere Einheit übergeht.
Beispiel: 2,50 DM ➤ 250 Pfennig; 14,25 m ➤ 1 425 cm.

Gewöhnliche Brüche

Brüche bezeichnen Teile eines Ganzen.

$\frac{1}{3}$ heißt: Man hat ein Ganzes in 3 gleiche Teile geteilt und bezeichnet einen dieser Teile.

$\frac{2}{3}$ bezeichnet zwei dieser Teile, usw.

2 Zähler
3 Nenner

Dezimalwert von Brüchen
Um einen Bruch als Dezimalbruch zu schreiben, dividiert man den Zähler durch den Nenner.

Der Bruch $\frac{1}{2}$ entspricht **0,5.**

Der Bruch $\frac{1}{4}$ entspricht **0,25.**

Nicht allen Brüchen entspricht eine Dezimalzahl mit endlicher Stellenzahl.

$\frac{1}{3}$ entspricht die Dezimalzahl **0,3333... = $0,\overline{3}$.**
Man liest: 0, Periode 3.

Die ganzen Zahlen kann man auch als Brüche schreiben:

$1 = \frac{2}{2}; \frac{3}{3}; \frac{4}{4}; \dots$

$2 = \frac{4}{2}; \frac{6}{3}; \frac{8}{4}; \frac{10}{5}; \dots$

$5 = \frac{10}{2}; \frac{15}{3}; \frac{20}{4}; \dots$

Andere Zahlensysteme

Zahlensysteme verschiedener Völker

Die Grundzahl unseres Systems ist 10 (dekadisches System).Die Babylonier rechneten mit der Grundzahl 60 (Sexagesimalsystem), die bis heute in unserer Zeitrechnung verwendet wird (Sekunden, Minuten).

Die Mayas gingen von der Grundzahl 20 aus.
Jede ganze Zahl ab der Zwei kann als Grundzahl für ein Zahlensystem benützt werden, wie die folgenden Beispiele zeigen.

Grundzahl 2 (binäres System)

In diesem System (Dualsystem oder binäres System) werden Zahlen nur mit den 2 Ziffern **0** und **1** ausgedrückt. Dieses System wird in der Informatik verwendet.
Die Stufenzahlen heißen hier 1, 2, 2 · 2, 2 · 2 · 2, ... also 1,2,4,8...
Die Zahl 7 unseres dekadischen Systems (Grundzahl 10) wird binär **111** geschrieben (und eins, eins, eins gelesen).

1 **1** **1**

$7 = \mathbf{1} \cdot 4 + \mathbf{1} \cdot 2 + \mathbf{1} \cdot 1$

Grundzahl 4 (Vierersystem)

In diesem System werden Zahlen nur mit den 4 Ziffern **0, 1, 2, 3** ausgedrückt. Die Stufenzahlen heißen 1,4,16,64...
Die Zahl 12 unseres dekadischen Systems wird im Vierersystem **30** geschrieben (und drei, null gelesen).

3 **0**

$12 = \mathbf{3} \cdot 4 + \mathbf{0} \cdot 1$

Grundzahl 6 (Sechsersystem)

In diesem System werden Zahlen nur mit den 6 Ziffern **0, 1, 2, 3, 4, 5** ausgedrückt. Die Stufenzahlen sind 1,6,36,216...
Die Zahl 21 unseres dekadischen Sy-

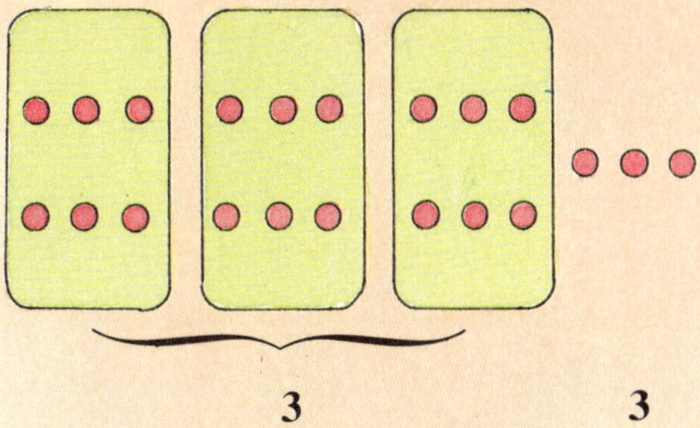

stems wird im Sechsersystem 33 geschrieben (und *drei, drei*) gelesen.

$$21 = \mathbf{3} \cdot 6 + \mathbf{3} \cdot 1$$

Grundzahl 12 (Zwölfersystem)

In diesem System werden nur die 12 »Ziffern« **0, 1, 2...9, A, B** zum Ausdrücken von Zahlen verwendet. Die Stufenzahlen sind 1,12,144,1728...

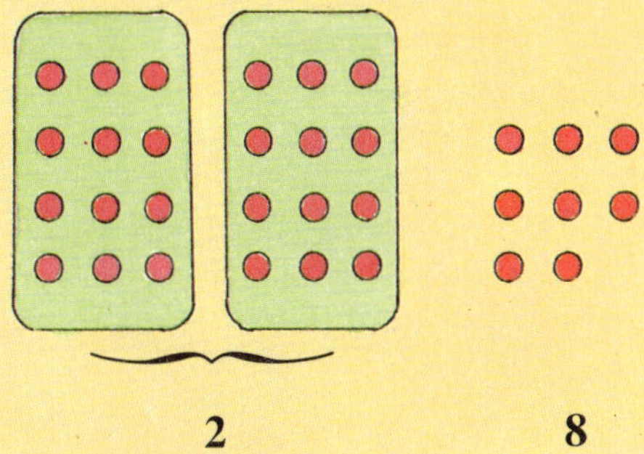

32 im dekadischen System wird in diesem System **28** geschrieben (und *zwei, acht* gelesen).

$$32 = \mathbf{2} \cdot 12 + \mathbf{8} \cdot 1$$

Umrechnen in ein anderes System (GZ = Grundzahl)

Wert jeder Stelle	·2 ·2 ·2 · 1	
(GZ 2)	...8 4 2 1	= (1 · 4) + (0 · 2) + (1 · 1) = 5 (GZ 10)
101 (GZ 2) ⟶	**1 0 1**	
Wert jeder Stelle	·4 ·4 ·4 · 1	
(GZ 4)	64 16 4 1	= (1 · 16) + (3 · 4) + 1
131 (GZ 4) ⟶	**1 3 1**	= 16 + 12 + 1 = 29 (GZ 10)

So schreibt man dekadische Zahlen in anderen Systemen (einige Beispiele zum Vergleich)

GZ 10	**0**	**1**	**2**	**3**	**4**	**5**	**10**	**20**	**50**	**60**
GZ 2	0	1	10	11	100	101	1010	10100	110010	111100
GZ 4	0	1	2	3	10	11	22	110	302	330
GZ 6	0	1	2	3	4	5	14	32	122	140
GZ 12	0	1	2	3	4	5	10	18	42	50

GZ = Grundzahl

Der Computer

Was ist eigentlich ein Computer?
Ein Computer ist eine elektronische Maschine, die mit sehr hoher Geschwindigkeit die verschiedensten Daten liefern kann: Worte, Zahlen, Zeichnungen, Musik..., die er zu *verarbeiten* gelernt hat. Ein Computer ist kein intelligentes Wesen. Er arbeitet nach den Anweisungen, die man ihm gegeben hat.
Die ersten elektronischen Rechner, die um 1940 gebaut wurden, brauchten sehr viel Platz und waren sehr teuer. Heute lösen dieselben Aufgaben kleine, relativ preiswerte und unvergleichlich schneller arbeitende Geräte: die *Mikrocomputer.*

Eine wertvolle Hilfe
Mit Hilfe von Computern sind in vielen Bereichen große technische Fortschritte möglich geworden. Mit ihnen kann man zum Beispiel:
- den Flug von Raketen, Flugzeugen, die Fahrt von Zügen steuern;
- Roboter arbeiten lassen;
- Kranke überwachen;
- Bilder erzeugen;
- Musik machen;
- unterrichten...

Auch für die Entwicklung und den Einsatz schrecklicher Kriegswaffen werden Computer verwendet.

Computerbild

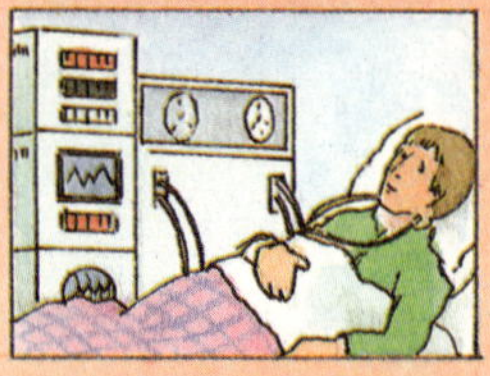

Krankenüberwachung

Steuerungstechnik

Wie arbeitet ein Computer?
Bei allen Computertypen besteht der Arbeitsablauf aus vier Phasen: Eingabe, Speichern, Verarbeiten, Ausgabe. Bei der *Eingabe* werden dem Computer Daten eingegeben und gespeichert. Dann werden sie in der *Zentraleinheit*, dem Gehirn jedes Computers, bearbeitet. Bei der *Ausgabe* wird das Ergebnis (zum Beispiel auf einem Bildschirm) angezeigt.
Der Informationsaustausch zwischen diesen verschiedenen Bausteinen findet mit Hilfe von *elektrischem Strom* statt.

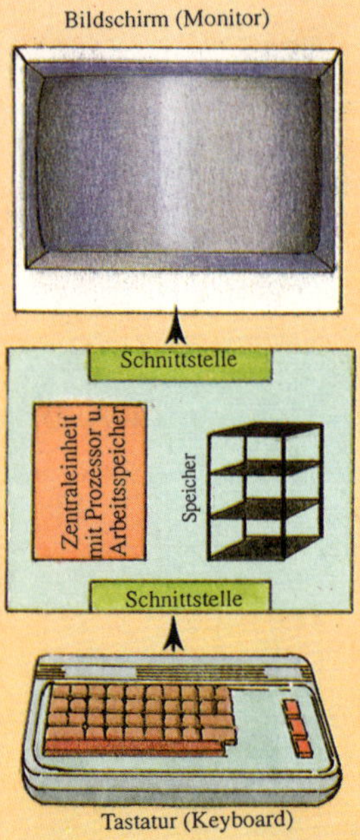

Ohne ihn geht gar nichts
Ein winziger Baustein, Mikroprozessor oder auch Chip genannt, bildet das Herzstück des Computers. Er sorgt für den Datenfluß und kann mehrere Millionen Arbeitsvorgänge pro Sekunde bewältigen.

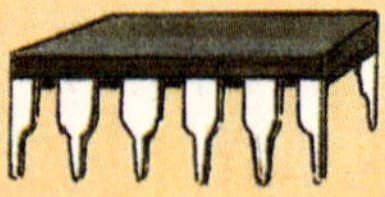

Zusätzlich zum Arbeitsspeicher stehen auch nach Wahl Hintergrundspeicher zur Verfügung.

Zentraleinheit und Peripherie

Die Zentraleinheit eines Computers arbeitet auch mit anderen, sogenannten Peripheriegeräten zusammen, nicht nur mit Tastatur und Bildschirm.

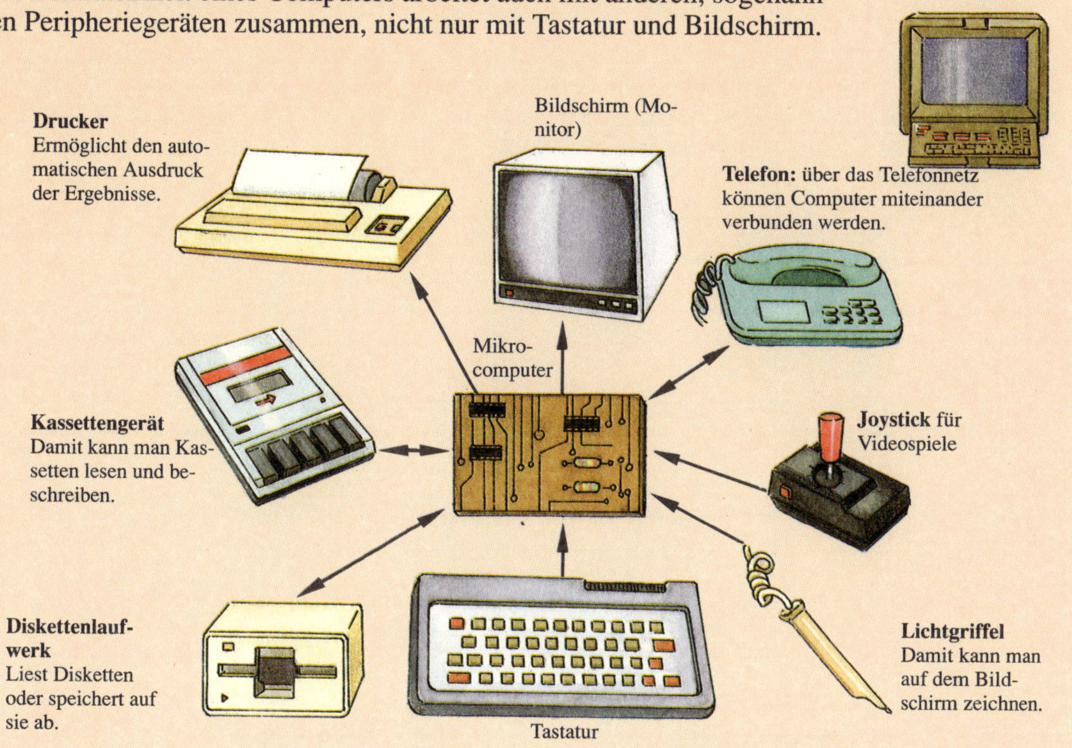

Die Computersprache

Der Computer versteht die Sprache der Menschen nicht. Er verwendet eine Maschinensprache aus Stromimpulsen, die den Datenfluß in den verschiedenen Schaltkreisen bewirken. Diese Sprache ist eine Folge aus 2 Zeichen: 0 und 1.
0: es fließt kein Strom.
1: es fließt Strom.

Es ist also eine *binäre* Sprache. Jede Information wird in diese Sprache übersetzt.

Programmieren

bedeutet, dem Computer eine Liste von Anweisungen geben.
Zu diesem Zweck sind verschiedene *Programmiersprachen* entwickelt worden. Der *Übersetzer* überträgt die Worte dieser verschiedenen Sprachen in die binären Zahlen 0 und 1.
Programmiersprachen kann man erlernen; man muß ihre Worte, ihre Grammatik beherrschen.
Am weitesten verbreitet ist die Sprache *BASIC*. Am leichtesten zu lernen ist *LOGO*.

Einige gängige Programmiersprachen:
- FORTRAN
- BASIC
- COBOL
- PASCAL
- C
- ALGOL
- APL
- RPG

Große Zahlen, Potenzen

Italien hat eine Oberfläche von 301 000 km^2.
Die Sonne ist fast 150 000 000 km von der Erde entfernt.
Die Zahl der Erdbewohner wird bald 6 000 000 000 erreichen.

Tausend, Millionen, Milliarden

Vier-, fünf- oder sechsstellige Zahlen (**2965,34 254, 987 672,...**) können wir zwar rasch lesen und schreiben, aber bei Zahlen mit noch mehr Ziffern wird es schon mühsamer.
Das Lesen und Schreiben großer Zahlen geschieht nach bestimmten Regeln.
Wenn man zum Beispiel die Zahl **234597643275** so schreibt, dann ist das sehr schwer zu lesen.

Wenn man diese Zahl **234 597 643 275** schreibt, so fällt uns das Lesen bedeutend leichter.
Von rechts beginnend, teilt man die Zahl in Blöcke von jeweils 3 Ziffern. Der erste Block von rechts enthält Einer, Zehner und Hunderter, dann kommen die Tausender, die Millionen, Milliarden und Billionen.
234 597 643 275 liest man: **234** Milliarden **597** Millionen **643** Tausend **275**.

Wie liest man diese Riesenzahlen?

128 534 217 000 **24 609 240 000 000** **398 215 132 024 013**

Die richtigen Lösungen lauten:
Einhundertachtundzwanzig Milliarden fünfhundertvierunddreißig Millionen zweihundertsiebzehntausend;
vierundzwanzig Billionen sechshundertneun Milliarden zweihundertvierzig Millionen;
398 Billionen 215 Milliarden 132 Millionen vierundzwanzigtausend dreizehn.

Weg mit den Nullen!

Um das Rechnen zu erleichtern, schreiben die Mathematiker nicht:

1 000, sondern 10^3 (zehn *hoch* drei), das heißt
$10 \cdot 10 \cdot 10$, also tausend;

1 000 000, sondern 10^6 (zehn *hoch* sechs), das heißt
$10 \cdot 10 \cdot 10 \cdot 10 \cdot 10 \cdot 10$, also eine Million.

1 000 000 000, sondern 10^9 (zehn hoch neun), das heißt
$10 \cdot 10 \cdot 10 \cdot 10 \cdot 10 \cdot 10 \cdot 10 \cdot 10 \cdot 10$, also eine Milliarde.

3, 6, 9 sind hier *Exponenten*. Sie geben an, wie oft die Grundzahl 10 mit sich selbst multipliziert werden soll (das heißt: wieviele Nullen nach der 1 stehen müssen).

Die Sätze ganz oben könnte man also auch so schreiben:

Italien hat eine Oberfläche von $301 \cdot 10^3$ km^2.
Die Sonne ist fast $150 \cdot 10^6$ km von der Erde entfernt.
Die Zahl der Erdbewohner wird bald $6 \cdot 10^9$ erreichen.

Der Vorteil der Exponenten

Wenn man eine Zahl mehrmals mit sich selbst multipliziert, kann man das mit Exponenten ausdrücken.

Statt $4 \cdot 4 \cdot 4 \cdot 4 \cdot 4$ schreibt man 4^5 (vier *hoch* fünf)
Statt $2 \cdot 2 \cdot 2 \cdot 2$ schreibt man 2^4 (zwei *hoch* vier).

Die Exponenten können *positive* oder *negative Zahlen* sein.
Positive Exponenten geben an, wie oft die Grundzahl mit sich selbst multipliziert wird (Beispiel: $10^5 = 100\,000$).
Negative Exponenten geben an, wie oft der Kehrwert der Grundzahl (ihr Reziprokes) mit sich selbst multipliziert wird (Beispiel: $10^{-2} = \frac{1}{10} \cdot \frac{1}{10} = \frac{1}{100}$
In der Astronomie, Physik und Chemie werden oft Zehnerpotenzen verwendet, um *große oder kleine Zahlen* kurz und übersichtlich zu schreiben.
Rauminhalt der Sonne: $141 \cdot 10^{25}$ m³.
Der Durchmesser eines Luftmoleküls beträgt etwa $3 \cdot 10^{-8}$ cm (oder 0,00000003 cm).

Wer kann diese Zahl in Worten schreiben?

$$(275 \times 10^9) + (834 \times 10^6) + (173 \times 10^3)$$

Antwort:
Zweihundertfünfundsiebzig Milliarden achthundertvierunddreißig Millionen einhundertdreiundsiebzigtausend.

Die römische Schreibweise für große Zahlen

Große Zahlen schrieben die Römer mit Hilfe der zusätzlich eingeführten Zeichen ‾ und ⌐¬, die eine Multiplikation mit 1 000 bzw. 100 000 darstellten.
Hier einige Beispiele:

$\overline{\text{VII}}$ = 7 000 **|III| = 300 000** **$\overline{\text{L}}$ = 50 000** **|XV| = 1 500 000**

Welchen Zahlen entsprechen folgende römische Schriftzeichen?

$\overline{\text{C}}$; |IV|; $\overline{\text{CX}}$; |X|; |LV|;

Wie schreibt man die folgenden Zahlen mit römischen Ziffern?

6000 ; 900 000 ; 12 000 ; 10 010; 511 000

Antworten:
1) $\overline{\text{C}}$ = 100 000. |IV| = 400 000. $\overline{\text{CX}}$ = 110 000. |X| = 1 000 000. |LV| = 5 500 000.
2) 6 000 = $\overline{\text{VI}}$. 900 000 = |IX|. 12 000 = $\overline{\text{XII}}$. 10 010 = $\overline{\text{X}}$X. 511 000 = |V|$\overline{\text{XI}}$.

Denksportaufgabe

Welche Zahl ist die größte, die man mit Hilfe von 3 Ziffern schreiben kann?

Antwort:
Es handelt sich um eine Zahl, die aus drei Neunern in dieser Schreibweise besteht: $(9^9)^9$
Ausgerechnet ergibt dies die Zahl $1{,}9662705 \cdot 10^{77}$,
also eine 78-stellige Zahl!

Geld, Währung, Zahlungsmittel

Das Bargeld

Jeder Staat hat seine eigene *Währung.* In Deutschland ist eine Deutsche Mark (1 DM = 100 Pfennige) die Währungseinheit, in Österreich ein Schilling (1 öS = 100 Groschen), in der Schweiz ein Schweizer Franken (1 sfr = 100 Rappen). *Bargeld* gibt es in Form von Papiergeld (Banknoten) und Geldmünzen. Folgende Münzen und Scheine sind im Umlauf.

DM-Banknoten

Man kann auch mit Scheck zahlen
Für die Bezahlung größerer Beträge verwendet man häufig Schecks.
Scheckhefte mit Scheckvordrucken werden an Personen ausgegeben, die ein Bankkonto oder ein Postscheckkonto haben, also ihr Geld - oder einen Teil ihres Geldes - auf der Bank oder dem Postscheckamt liegen haben.
Auf dem Scheck muß der Zahlungsbetrag in Ziffern und in Worten stehen, außerdem den Empfänger der Schecksumme, das Ausstellungsdatum und die Unterschrift des Kontoinhabers.

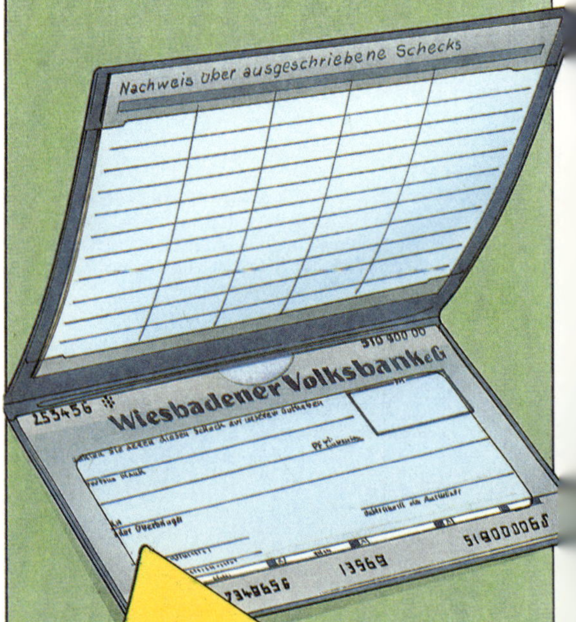

Bankscheck

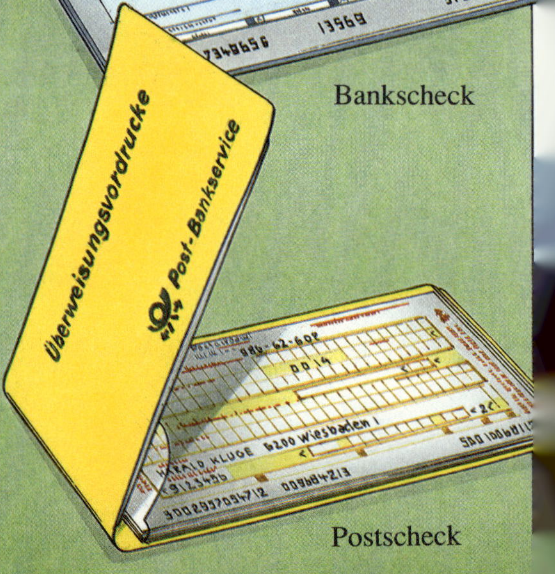

Postscheck

Scheck- und Kreditkarten
Weltweit hat die Verwendung von Kreditkarten als Zahlungsmittel enorm zugenommen.

Mit der Eurocheque-Karte (EC-Karte) oder Eurocard können Beträge bis zu bestimmten Höchstbeträgen ohne Ausstel-

lung von Schecks bezahlt werden. Die Abbuchung vom Bank- oder Postscheckkonto erfolgt wie bei Schecks. Mit der EC- oder Bankomat-Karte kann man außerhalb der Geschäftszeit der Banken an Geldautomaten Bargeld abheben.

Der ECU (European Currency Unit)
ist die Währungseinheit der EG-Staaten, die am 13. März 1979 in Kraft getreten ist. Zur Ermittlung seines Kurswerts werden die Währungen der folgenden 10 Länder herangezogen: Belgien, Luxemburg, Deutschland, Holland, Dänemark, Frankreich, Italien, Irland, Großbritannien und Griechenland (siehe auch S. 104-105).

Notenbanken
Jeder Staat hat eine Zentralbank - Deutschland die Deutsche Bundesbank -, die den Geldumlauf (Ausgabe von Banknoten und Münzen) regelt und kontrolliert. Außerdem verwaltet sie die Gold- und Devisenreserven.

Eigene und fremde Währung
Wenn man ins Ausland fährt, kauft man *Devisen*, also Geld in der Währung des anderen Landes. Von Land zu Land hat die Währung einen anderen Tauschwert (*Wechselkurs*), der sich auch häufig ändert.

Am 8.6.1990 mußte man in der BRD *bezahlen*:
1,75 DM für 1 Dollar (Währung der USA)
2,95 DM für 1 Pfund Sterling (England)
30,70 DM für 1 Franc (Frankreich)
und man *bekam*:
14,06 DM für 100 Schillinge (Österreich)
1,55 DM für 100 Peseten (Spanien)
1,31 DM für 1 000 Lire (Italien).

Wenn man Geldscheine stapelt...
zum Beispiel eine Milliarde französische Francs in 100 Franc-Scheinen, ergäbe das einen Turm von 1 000 m Höhe!

Längenmaße

Kleiner Ausflug in alte Zeiten

Als Längenmaße nahmen die Völker oft die Länge von Körperteilen oder von Schritten her.

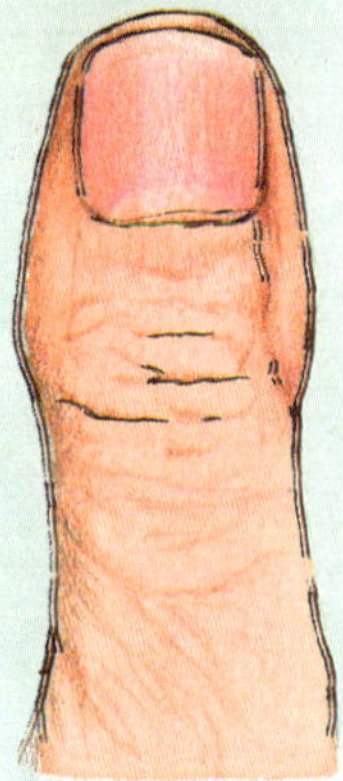

So sprach man zum Beispiel von:
Fingerbreite oder *Zoll* (ca. 2 cm),
Fuß (30,8 cm),
Spanne oder *Palm* (4 Fingerbreiten),
Elle (Unterarmlänge, 0,48 m),
Schritt (2 Fuß), *Doppelschritt* (5 Fuß),
Gehstunde (Meile = 4 000 m)...

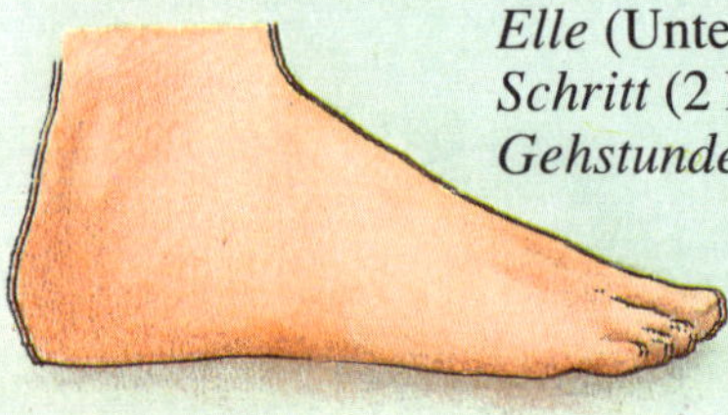

Das *metrische System*, das alle Längen in ganzzahligen oder gebrochenen Vielfachen von 1 m angibt, hat sich in Europa durchgesetzt.

Eine Einheit muß definiert werden

1795 wurde das metrische System in Frankreich gesetzlich eingeführt. Damals definierte man das Meter als den 40millionsten Teil des durch Paris gehenden Erdmeridians. Das provisorische Metermaß mußte danach mehrfach korrigiert werden. Seit 1889 wird das »Urmeter«, ein Prototyp aus Platin-Iridium, im Internationalen Büro für Maß und Gewicht (BiPM) in Sèvres bei Paris aufbewahrt. Die fünfte und letzte Definition des Meters vom 20. Oktober 1983 besagt, daß »ein Meter der Länge der Strecke entspricht, die das Licht im Raum in 1/299 792 458 Sekunde zurücklegt.«

Maße kann man in verschiedenen Einheiten angeben

Markus ist 18 cm größer als Sophie.
Der Marathon ist ein Langstreckenlauf über 42,195 km.

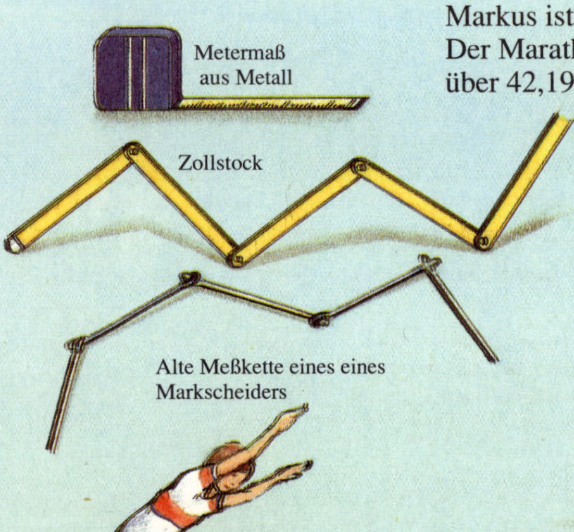

Weitsprung

Sophie ist 1,52 m groß

Markus ist 1,70 m groß

Der Eiffelturm ist 320,75 m hoch

Mit 8,90 m Weite stellte Robert Beamon (USA) bei den Olympischen Spielen 1968 in Mexiko einen neuen Weltrekord im Weitsprung auf.

Vom Millimeter bis zum Meter

Diese Linie ist 1 **dm** oder 10 **cm** oder 100 **mm** lang.

Dieses Lineal ist 2 Dezimeter lang:
2 **dm** oder 20 **cm** oder 200 **mm**

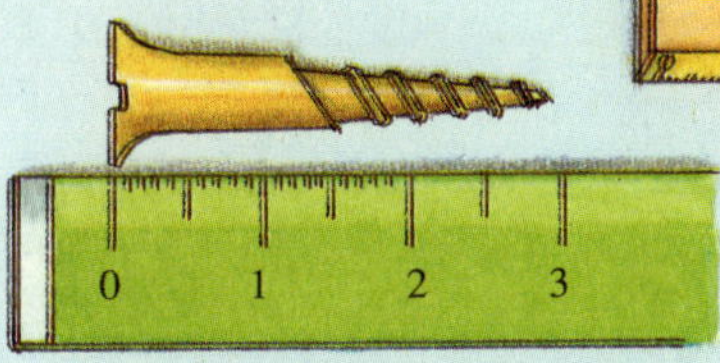

Diese Schraube ist 3 **cm** oder 30 **mm** lang (natürliche Größe).

m Meter	dm Dezimeter	cm Zentimeter	mm Millimeter
1	0	0	0

1 m hat 10 **dm** oder 100 **cm** oder 1 000 **mm**.

Vom Meter zum Kilometer (Vielfache von 1 m)

Der Kilometerzähler im Auto

Der Kilometerstand hier ist 31 252 km und 800 m

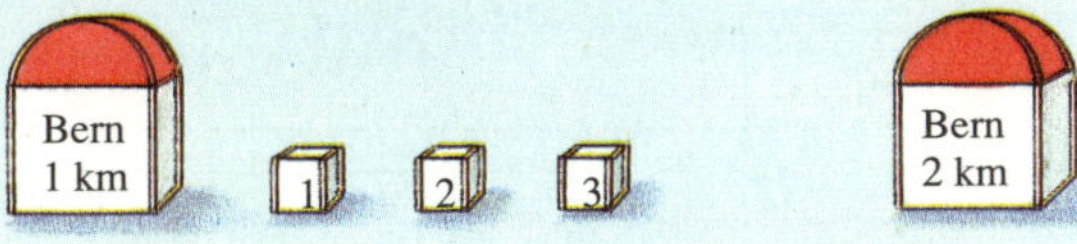

Zwischen den kleinen Steinen beträgt der Abstand 100 **m**. Zwischen den großen Meilensteinen ist der Abstand 1 **km** oder 1 000 **m**.

1 Kilometer ist **1 000 Meter**.

Maße für winzig Kleines

Zum Abmessen von mikroskopisch kleinen Lebewesen (z.B. Bakterien) oder Wellenlängen verwendet man Einheiten, die Bruchteile eines Millimeters sind.

1 Mikrometer (µm) ist 1 Tausendstel Millimeter (0,001 mm)
1 Nanometer (nm) ist 1 Millionstel Millimeter (0,000001 mm)
1 Ångstöm (Å) ist 1 Zehnmillionstel Millimeter (0,0000001 mm).

Maße für riesig Großes

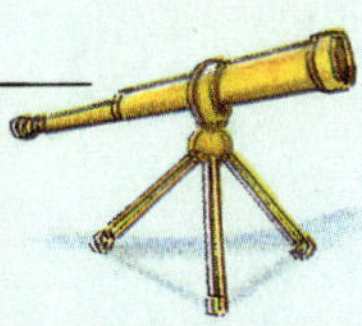

1 Megameter (Mm) ist **1 000 000 m.**
Die Astronomie verwendet als Einheiten:
1 Lichtjahr (Lj) ist die Strecke, die das Licht im Raum in 1 Jahr zurücklegt **(9 461 Milliarden km);**
1 Astronomische Einheit (AE) = 149 600 000 km.

So rechnet man um

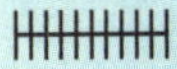	= 10 mm
10 mm	= 1 cm
10 cm	= 1 dm
10 dm	= 1 m
1000 m	= 1 km

Milli (m)	=	1 Tausendstel
Zenti (c)	=	1 Hundertstel
Dezi (d)	=	1 Zehntel
Kilo (k)	=	Tausend
Mega (M)	=	Million

Gewichtsmaße

Masse oder Gewicht?

Der Betrag der Kraft, mit der ein Körper von der Erde oder einem anderen Himmelskörper angezogen wird, heißt *Gewicht G des Körpers*. Die Einheit ist 1 Newton (1N). Das **Gewicht** eines Körpers *ändert sich* je nach seinem Standort. Je weiter ein Gegenstand vom Erdmittelpunkt entfernt ist, desto kleiner wird die Anziehungskraft der Erde und damit sein Gewicht.
Die *Masse* m eines Körpers hingegen bleibt auch bei Ortswechsel *konstant*. Sie hängt von der Menge und Art der Stoffe ab, aus denen der Körper besteht. Ihre Einheit ist 1 Kilogramm (1 kg).

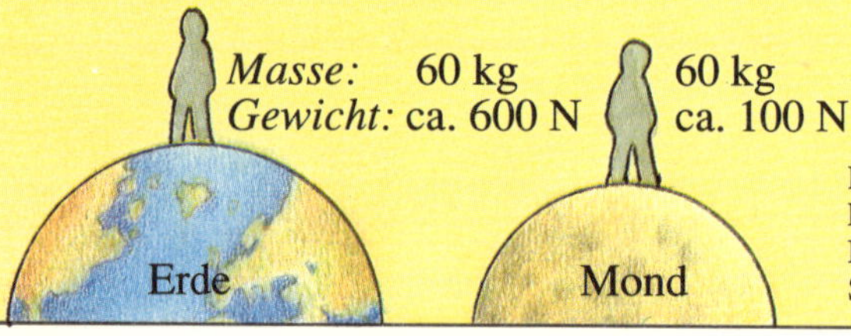

Es gilt die Formel: $G = g \cdot m = \frac{9{,}81\ N}{kg} \cdot m$

Der Mond zieht Körper sechsmal schwächer an als die Erde. Ein Astronaut, der auf der Erde 600 N wiegt, wiegt auf dem Mond nur 100 N, aber seine Masse hat sich nicht verändert. Sie beträgt überall 60 kg.

Kleine Massen

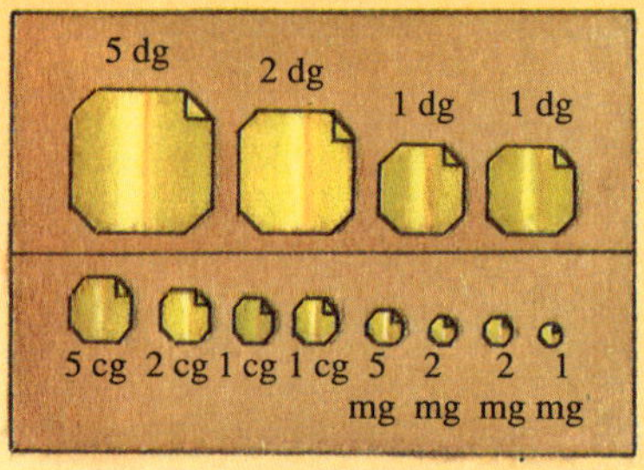

Satz Feingewichte in Plättchenform.
Solche Plättchen sind nichts anderes als kleine Stoffmengen und werden nur von bestimmten Berufsgruppen verwendet: Laboratorien und Apotheken (Zubereitung von Medikamenten), Juwelieren (z.B. Messung der Goldmasse eines Schmuckstücks).
Für solche Messungen braucht man Präzisionswaagen.
Die Masse von Edelsteinen wird in *Karat* gemessen.
Ein Karat entspricht der Masse von 0,2 Gramm.

1 g ist **1 000 mg** (Milligramm).

g	dg	cg	mg
1	0	0	0

Große Massen

Masse: 350 t oder
350 000 kg

Leergewicht: 3 t
Nutzlast: 2,5 t
Gesamtgewicht: 5,5 t

Dieser Kartoffelsack
wiegt 1 Doppelzentner.

1 **Doppelzentner** = 100 **kg**
1 **Tonne (t)** = 1 000 **kg**
oder 10 **Doppelzentner**

Verschiedene Massen und Packungen

500 g 200 g 100 g 100 g

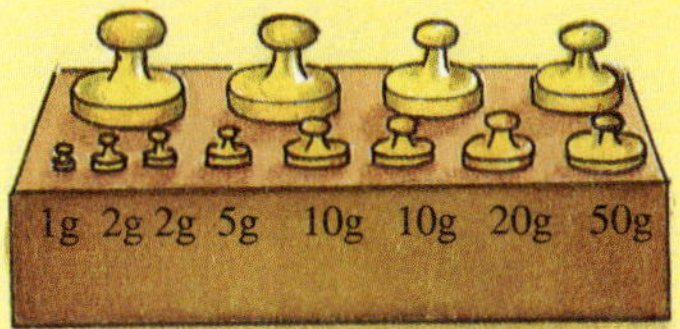

Satz Messinggewichte

250 g
Butter

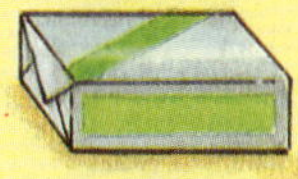

500 g
Kaffee

100 g
Schokolade

300 g
Bonbons

125 g
Butter

200 g
Tee

Ein *Kilogramm* (kg) entspricht der Masse von *1 Liter reinem Wasser* bei einer Temperatur von +4° C.

500 g ist ein halbes Kilogramm oder 1 Pfund.
250 g ist ein halbes Pfund.
125 g ist ein Viertelpfund.

Manche Einheiten (wie das Pfund) sind seit der Einführung der SI-Einheiten des metrischen Systems nicht mehr gesetzliche Einheiten, man findet sie aber häufig im Einzelhandel. In Deutschland kauft man 100 g Wurst, in Österreich würde man dieselbe Menge als 10 Dekagramm (10 dkg) bezeichnen.

1 kg (Kilogram) hat
1000 g (Gramm)

Michael wiegt 45 **kg**
= 4 500 dkg oder
= 45 000 g

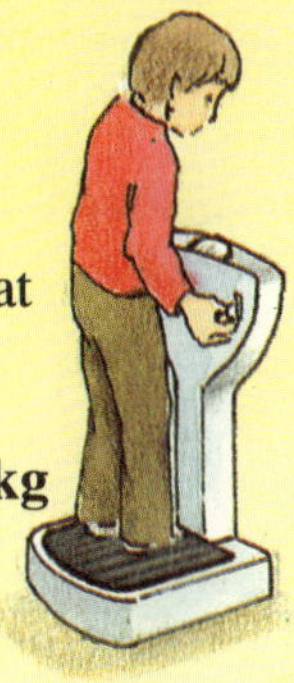

Durchschnittsgewichte im Vergleich

Pferd: 550 kg

Mensch: 75 kg

Schmetterling: 3 g

Spatz: 50 g

Hund: 25 kg

Elefant: 4 t

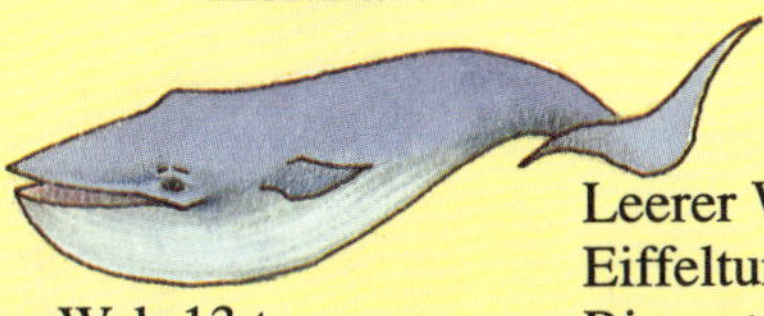

Wal: 13 t

Zuckerstück: 5 g
Hühnerei: 55 g
Banane: 90 g
Auto (PKW): 900 kg
Leerer Waggon: 12 t
Eiffelturm: 10 000 t
Riesentankschiff: 500 000 t

Kaum zu glauben!

Um 1 Milliarde Gramm mit der Bahn zu befördern, wäre ein Zug mit 40 Waggons zu je 25 t nötig. Der Zug wäre 470 m lang!

Gewichtseinheiten

10 mg	= 1 cg
10 cg	= 1 dg
10 dg	= 1 g
10 g	= 1 dkg
100 dkg	= 1 kg
100 kg	= 1 Z
1000 kg	= 10 Z = 1 t

1 Z = 1 Doppelzentner
1 t = 1 Tonne
1 Pfund = 500 g

Rauminhalte (Hohlmaße)

Verschiedene Gefäße

für kleine Mengen

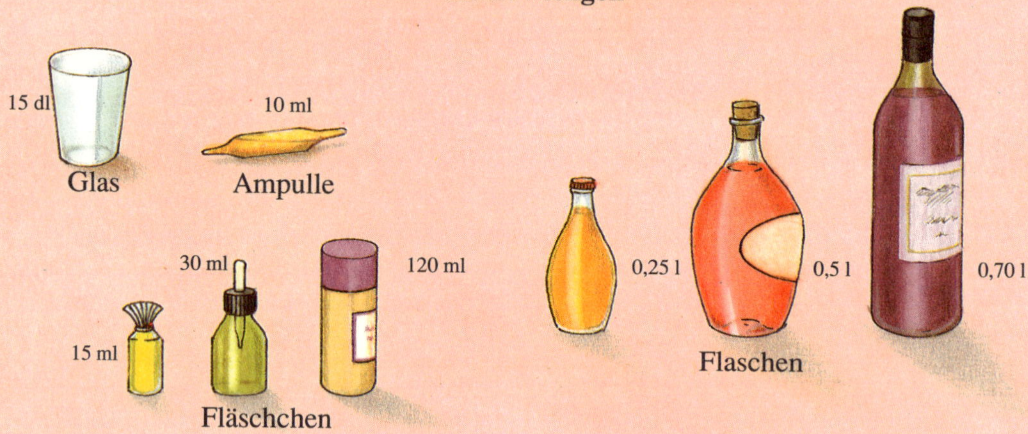

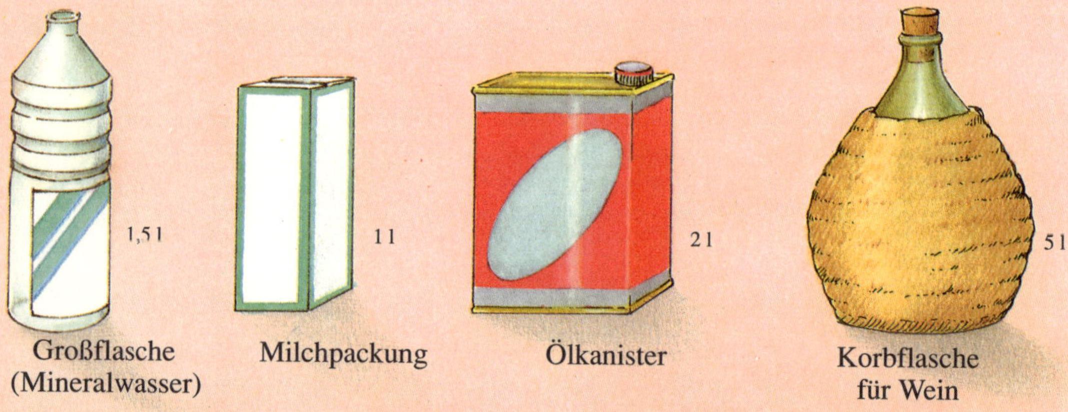

l	dl	cl	ml
1	0	0	0

1 Liter (l) entspricht 10 Deziliter (10 dl) =
100 Zentiliter (100 cl) =
1 000 Milliliter (1 000 ml)

Behälter für größere Mengen

hl		l
1	0	0

1 Hektoliter (hl) entspricht 100 Liter.
In England und Amerika sind andere Hohlmaße als die unseres metrischen Systems gebräuchlich (z.B. quart, pint, gallon...).

Große Mengen

Tankwagen sind Straßenfahrzeuge, die mehrere hundert Hektoliter transportieren können.
300 hl = 300 · 100 l
= 30 000 l

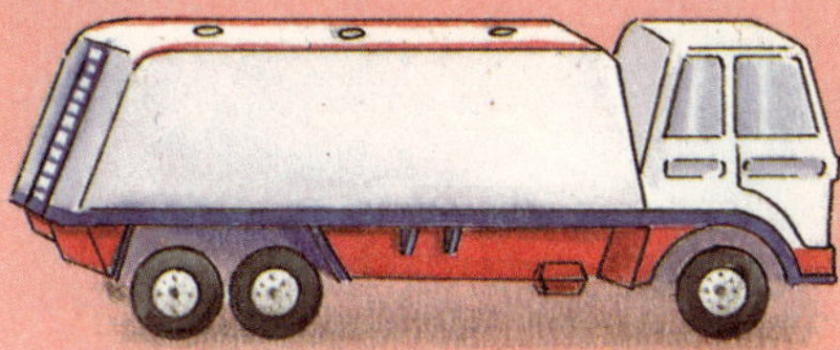

Riesenfässer (Fuderfässer) fassen zwischen 50 und 300 hl!

Tankwaggons der Eisenbahn haben im Durchschnitt ein Fassungsvermögen von 500 hl.
500 hl = 50 000 l

Eine weitere Möglichkeit, Rauminhalte zu messen

Ein Liter reinen Wassers bei 4° C hat genau dasselbe Volumen wie ein Würfel von 1 dm Kantenlänge, also 1 Kubikdezimeter (dm^3). Man kann also 1 l mit 1 dm^3 gleichsetzen.
Ebenso entsprechen 1 000 l dem Rauminhalt eines Würfels von 1 m Kantenlänge, also 1 m^3.
(10 dm · 10 dm · 10 dm = 1 000 dm^3 = 1 m^3)
Es gilt daher: 1 000 l = 10 hl = 1 m^3.

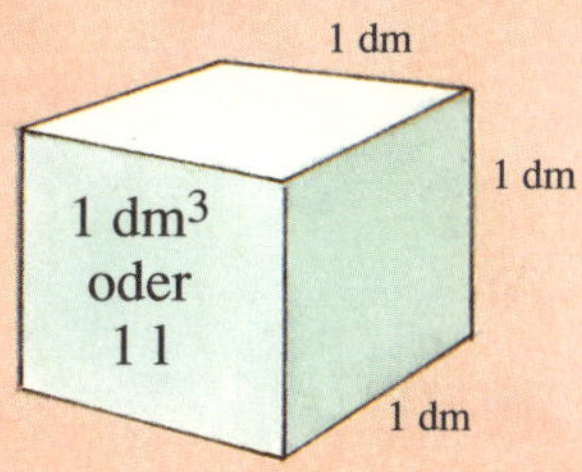

Umrechnung der Einheiten:

1 ml = 1 cm^3	1 dl = 100 cm^3	1 l = 1 dm^3
1 cl = 10 cm^3	1 hl = 100 dm^3	1 000 l = 1 m^3

Getreidemaße

Hohlmaße wie *Liter* oder *Hektoliter* können auch für einige Warengattungen, die keine Flüssigkeiten sind, verwendet werden, zum Beispiel für *Getreide* oder *Muscheln*.

Holzgefäß zum Abmessen von Getreide- oder Muschelmengen.

Wer rechnet in Gallons?

Gallon ist ein Hohlmaß der Engländer und Amerikaner. 1 Gallon in Großbritannien entspricht 4,54 l, 1 US Gallon 3,785 l).
Der Erdölpreis wird weltweit pro *Barrel* angegeben (1 barrel = 42 US gallons = 158,9 l).

Hohlmaß-Einheiten

	1 ml
10 ml	= 1 cl
10 cl	= 1 dl
10 dl	= 1 l
100 l	= 1 hl

Zeitmessung

Einige Rekorde

100 m in 9,93 s

Paris - New York in 3 h 30 min

Marathonlauf: 42,195 km in 2 h 10 min 03 s

10 000 m in 27 min 13,81 s

Stunden (**h**), Minuten (**min**), Sekunden (**s**) sind Zeiteinheiten.
Schreiben kann man entweder 12 **min** 13 **s** oder 12' 13".

Rechnen im Sexagesimalsystem (Grundzahl 60)

60 Sekunden sind *1 Minute.*
60 Minuten sind *1 Stunde* oder *3 600 Sekunden.*

In der Zeitmessung ist die Grundzahl 60.

Beispiel: 75 s = 60 s + 15 s
= **1 min** 15 s

65 min = 60 min + 5 min
= **1 h** 05 min

1 min 15 s und 1 h 05 min sind *Zahlen des Sexagesimalsystems.*

Damit das Rechnen einfacher wird

Manchmal werden Zeiteinheiten im Dezimalsystem ausgedrückt.
Dazu teilt man die Stunde in Hundertstel.

Es ergeben sich folgende Entsprechungen:

7 h 15 min = 7,25 h	7 h 30 min = 7,50 h	7 h 45 min = 7,75 h...
25 Hunderstel Stunde	50 Hundertstel Stunde	75 Hundertstel Stunde

Messung ganz kleiner Zeitspannen

Wenn es auf ganz exakte Messung ankommt, verwendet man elektronische Zeitmeßgeräte mit einer Meßgenauigkeit von:

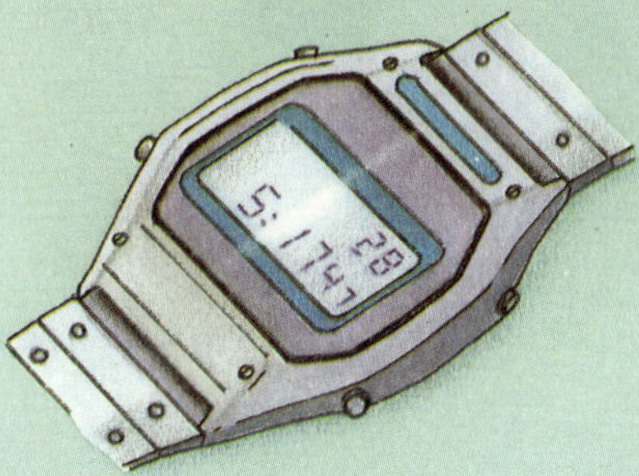

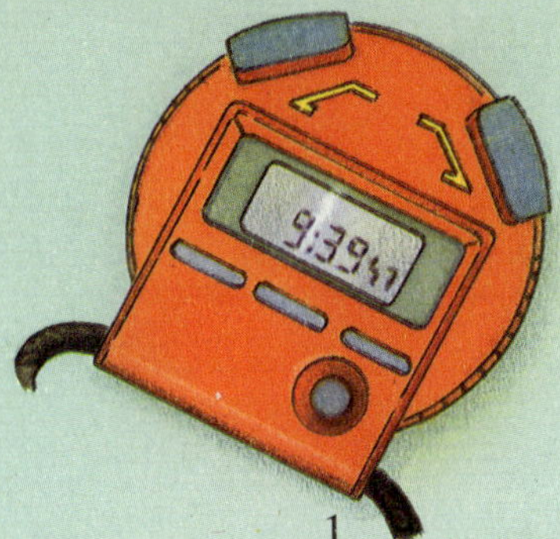

$\frac{1}{10}$ s: 2" 3
Zehntelsekunde

$\frac{1}{100}$ s: 2" 35
Hundertstelsekunde

$\frac{1}{1000}$ s: 2" 352
Tausendstelsekunde

So rechnet man um

A. Rechne 3 h 12'20" in Sekunden um:

3 h	3 600 s · 3	=	10 800 s
12'	60 s · 12	=	720 s
20"			20 s
			11 540 s

B. Rechne 7 348 s in Stunden, Minuten und Sekunden um.

7348 : 60 = 122 min   122 min : 60 = **2 h**
134   **2 min**
 148
  28 s   **02 min**   **2 h**

1) Man dividiert durch 60 und erhält so die Minutenzahl. Es bleibt ein Rest von Sekunden.

2) Man dividiert die Minutenzahl durch 60 und erhält so die Stundenzahl. Es bleibt ein Rest von Minuten.
7 348 s = 2 h 02 min 28 s

Tag und Stunde

Der Tag (**d**) wird in 24 Stunden (h) eingeteilt.

1 d = 24 h = 60 · 24 min = 1 440 min
= 3 600 · 24 s = 86 400 s

Jahr, Monat, Woche

Das Jahr besteht aus:
- **365** oder **366** Tagen (jedes 4. Jahr ist ein Schaltjahr, das Ende Februar einen Schalttag zusätzlich hat. 1988 war ein Schaltjahr);
- **12** Monaten (2 Semester oder 4 Trimester);
- **52** Wochen.

100 Jahre sind ein Jahrhundert.
1 000 Jahre sind ein Jahrtausend.

Kaum zu glauben!

Eine Milliarde Sekunden sind **31 Jahre 8 Monate 15 Tage!**

Konstruktion geometrischer Figuren

Parallele Gerade, rechtwinkelige Gerade

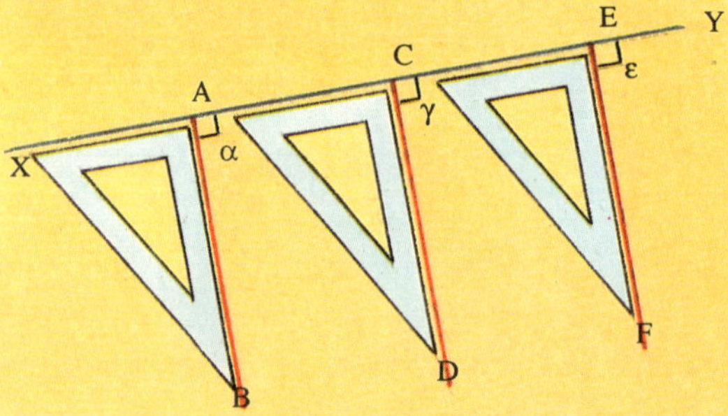

AB, CD, EF sind zueinander *parallel*.
AB, CD, EF stehen *senkrecht* auf **XY** .
α, γ, ε sind *rechte Winkel*.

Mittelsenkrechte

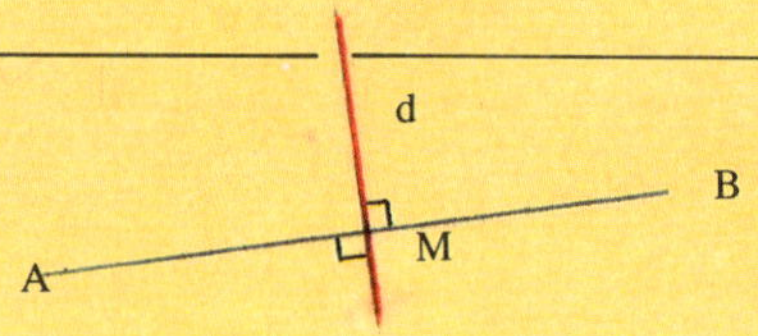

Die Gerade **d** steht senkrecht auf der Strecke [**AB**].
Sie schneidet die Strecke in ihrem Mittelpunkt M.
Die Gerade **d** heißt *Mittelsenkrechte* der Strecke[**AB**].

Winkelhalbierende

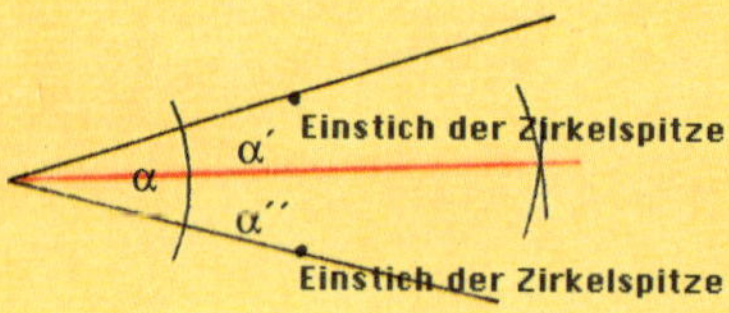

Die *Winkelhalbierende* teilt den Winkel in zwei gleiche Winkelhälften.
α = α' + α" mit α' = α"

Dreiecke (3 Seiten)

h ist die *Höhe* der Dreiecke.

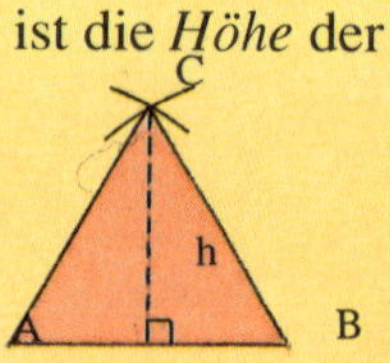

Das *gleichseitige* Dreieck hat 3 gleich lange Seiten.
$\overline{\mathbf{AB}} = \overline{\mathbf{AC}} = \overline{\mathbf{BC}}$

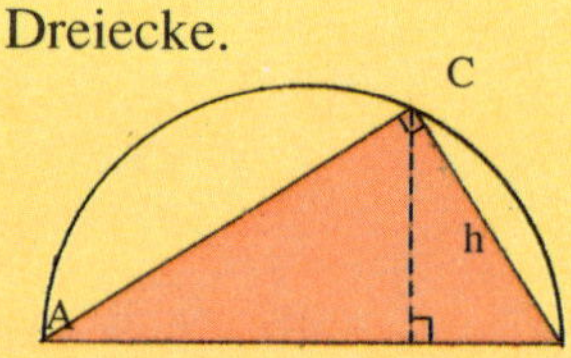

Beim *rechtwinkligen* Dreieck bilden 2 Seiten einen rechten Winkel.

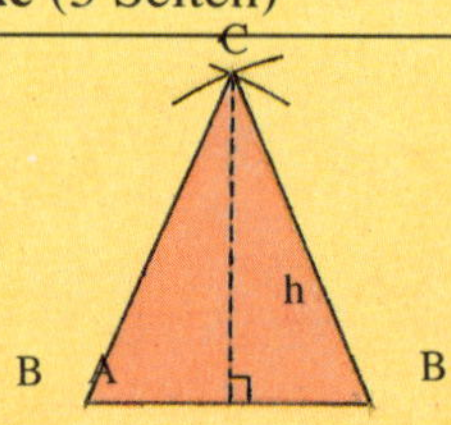

Das *gleichschenklige* Dreieck hat 2 gleich lange Seiten.

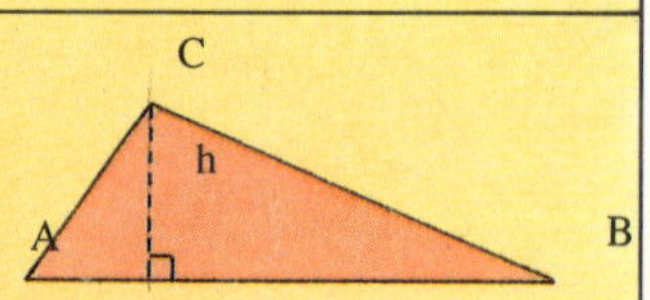

Im *allgemeinen* Dreieck sind alle 3 Seiten und Winkel verschieden.

Trapeze (4 Seiten)

h ist die Höhe der Trapeze.

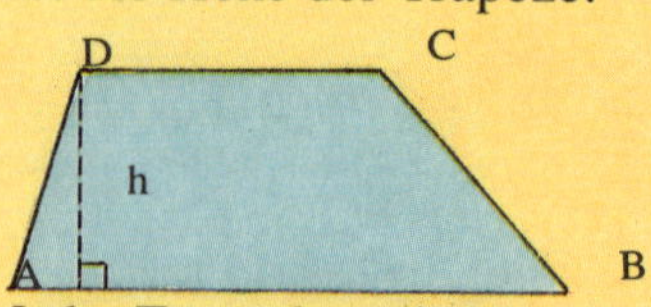

Jedes Trapez hat mindestens 1 Paar parallele Seiten (hier [**AB**] und [**CD**]).

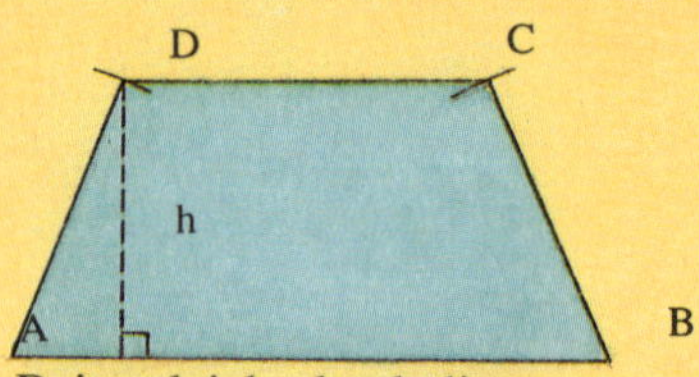

Beim gleichschenkeligen Trapez sind $\overline{\mathbf{AC}}$ und $\overline{\mathbf{BD}}$ gleich lang.

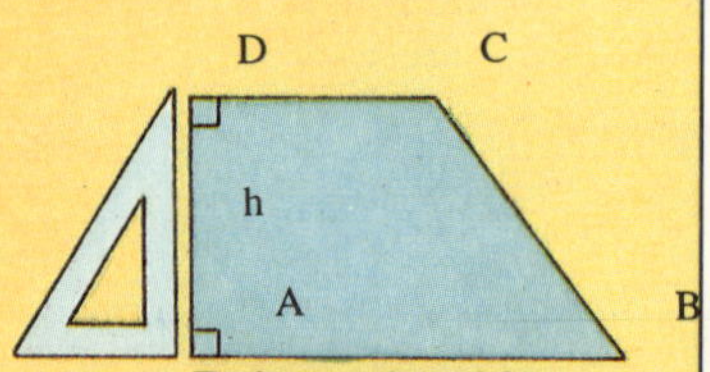

Beim rechteckigen Trapez liegen sich zwei rechte Winkel gegenüber.

Parallelogramme, Vierecke (4 Seiten)

Entsteht, wenn zwei *verschieden breite* Streifen *schräg* übereinander gelegt werden.

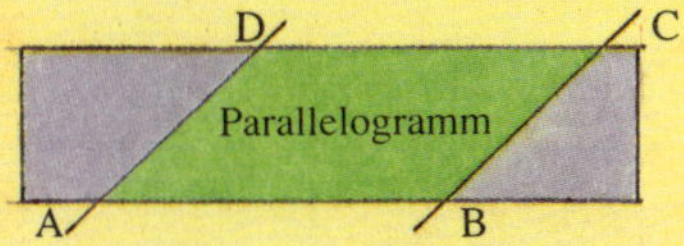

Gegenüberliegende Seiten sind parallel und gleich lang.

Entsteht, wenn zwei *gleich breite* Streifen *schräg* übereinander gelegt werden.

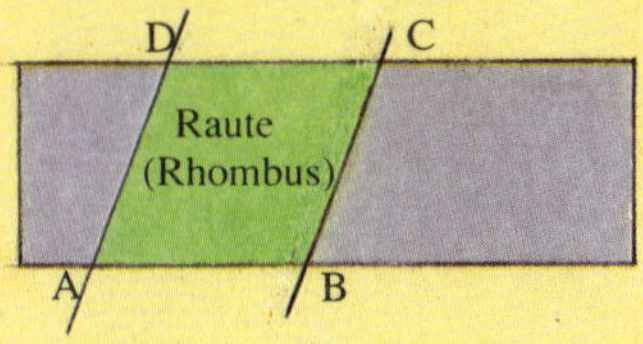

4 gleich lange Seiten, die paarweise zueinander parallel sind.

Entsteht, wenn zwi *verschieden breite* Streifen *rechtwinklig* übereinandergelegt werden.

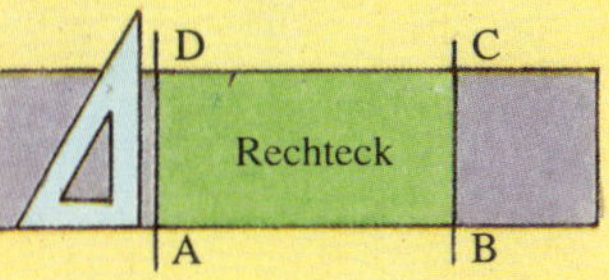

Von 4 Seiten sind je zwei gleich lang und parallel. 4 rechte Winkel.

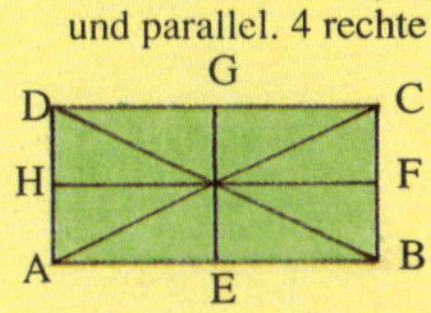

Die *Diagonalen* $\overline{AC}$ und $\overline{BD}$ sind gleich lang. Die *Mittelparallelen* [EG] und [FH] bilden einen rechten Winkel.

Entsteht, wenn zwei *gleich breite* Streifen *rechtwinklig* übereinandergelegt werden.

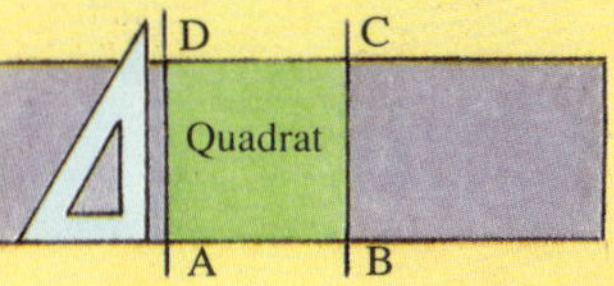

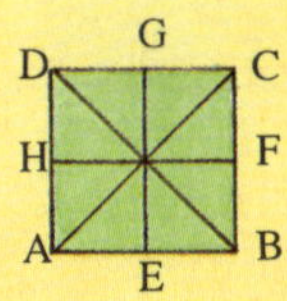

4 gleich lange Seiten. 4 rechte Winkel. Die *Diagonalen* und die *Mittelparallelen* sind jeweils gleich lang und stehen aufeinander senkrecht.

Kreis

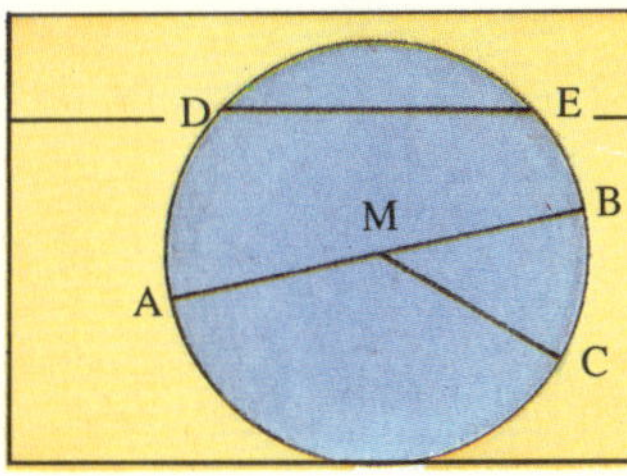

[AB] ist der Durchmesser.
[MC] ist der Radius (1/2 Durchmesser).
[DE] ist eine Sehne.
$\widehat{DE}$ ist ein Kreisbogen.

Unregelmäßige Vielecke (Polygone)

Konvexes Polygon mit 5 Seiten (Fünfeck). Ein Vieleck ist konvex, wenn zwei beliebige Punkte im Polygon durch eine Strecke *innerhalb* des Polygons (ab) verbunden werden können.

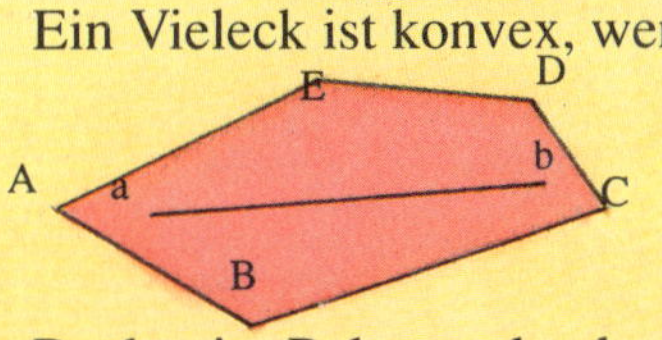

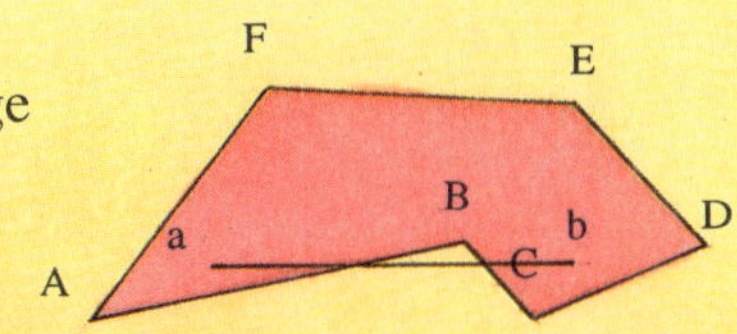

Nicht konvexes Polygon. Die Strecke ab *liegt nicht vollständig innerhalb* des Polygons.

Regelmäßige Vielecke (alle Seiten sind gleich lang)

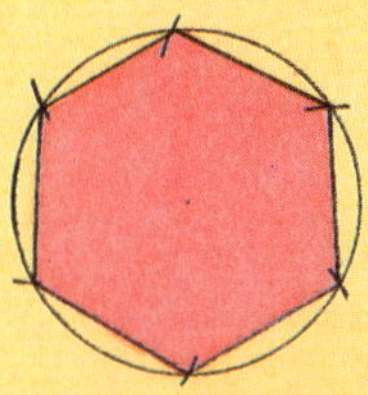

Mit Hilfe des Zirkels werden auf dem Kreisumfang 6 Radien abgetragen.

Sechseck (Hexagon)
6 gleich lange Seiten.

Zwei Durchmesser, die aufeinander senkrecht stehen, und die zugehörigen Winkelhalbierenden werden eingezeichnet.

Achteck (Oktogon)
8 gleich lange Seiten.

Ein *Pentagon* hat 5 gleich lange Seiten.
Ein *Dekagon* hat 10 gleich lange Seiten.
Ein *Dodekagon* hat 12 gleich lange Seiten.

Messung von Flächen und Volumen

Flächenmaße

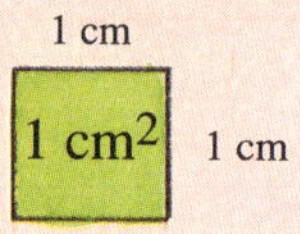

Ein Quadratzentimeter (cm²) ist der Flächeninhalt eines Quadrats mit der Seitenlänge 1 cm.

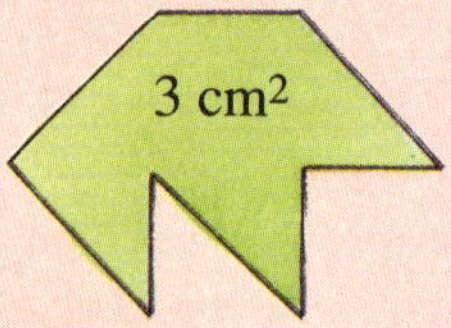

Die Fläche dieser Figur ist 3 cm², das heißt: sie benötigt genauso viel Platz wie 3 Quadrate mit je 1 cm Seitenlänge.

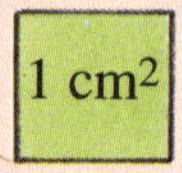

= 100 mm²

km²						m²		dm²		cm²		mm²	
											1	0	0
							1	0	0				
	1	0	0	0	0	0	0						

Formeln für die Flächenberechnung

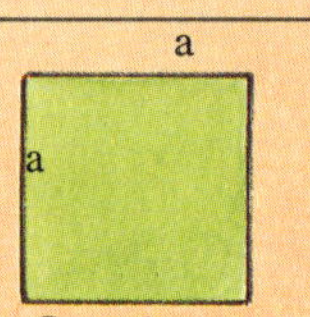

Quadrat
$A = a \cdot a = \mathbf{a^2}$

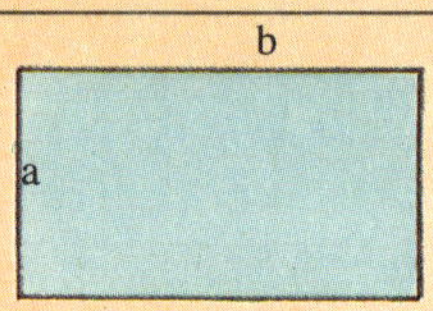

Rechteck
$A = \mathbf{a \cdot b}$

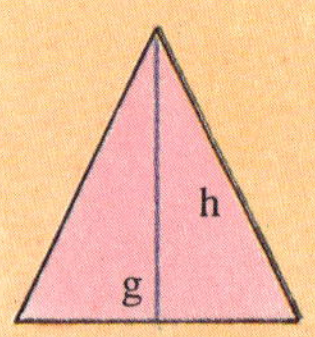

Dreieck

$$A = \frac{\mathbf{g \cdot h}}{\mathbf{2}}$$

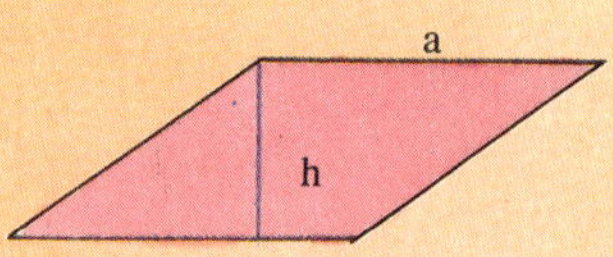

Parallelogramm

$$A = \mathbf{a \cdot h}$$

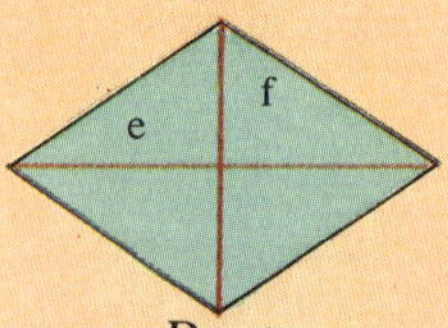

Raute

$$A = \frac{\mathbf{e \cdot f}}{\mathbf{2}}$$

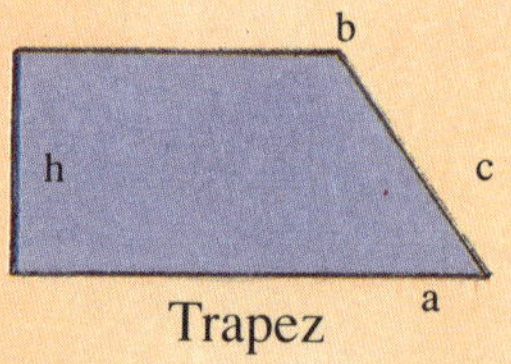

Trapez

$$A = \frac{\mathbf{a + c}}{\mathbf{2}} \cdot \mathbf{h}$$

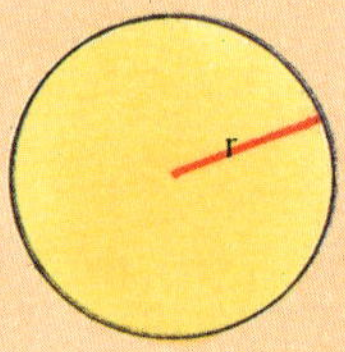

Kreis
$A = \mathbf{r^2\pi}$
π (Ludolfsche Zahl)
$\pi = 3{,}14159...$

Flächenmaße der Landwirtschaft

In der Landwirtschaft wird als Einheit das Ar (a) verwendet.
Umrechnung:

(100m)²	(10m)²	(1m)²
1 ha	1a	0,01 a

1 Ar (**a**) = 10 m · 10 m = 100 m²
1 Hektar (**ha**) = 100 m · 100 m = 100 a = 10 000 m²

Flächenmaße

1 Quadratmeter (m²) ist der Flächeninhalt eines Quadrats mit 1 m Seitenlänge.

= 100

100 mm² = 1 cm²
100 cm² = 1 dm²
100 dm² = 1 m²
100m² = 1a
100 a = 1 ha
100 ha = 1 km²

Die Volumeinheiten

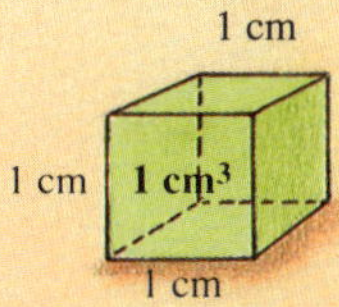

Ein Kubikzentimeter (cm^3) ist der Rauminhalt eines Würfels mit 1 cm Kantenlänge.
In einem Kubikdezimeter (1 dm^3), das heißt einem Würfel mit 1 dm Kantenlänge, haben 1 000 cm^3 Platz.

m^3			dm^3			cm^3		
		1	0	0	0			
					1	0	0	0

1 m^3 = 1 000 dm^3 = 1 000 000 cm^3
1 dm^3 = 1 000 cm^3

Formeln für das Volumen verschiedener Körper

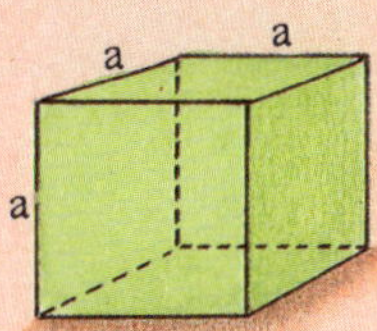

Würfel
V = **Grundfläche · Höhe**
= a · a · a = **a³**

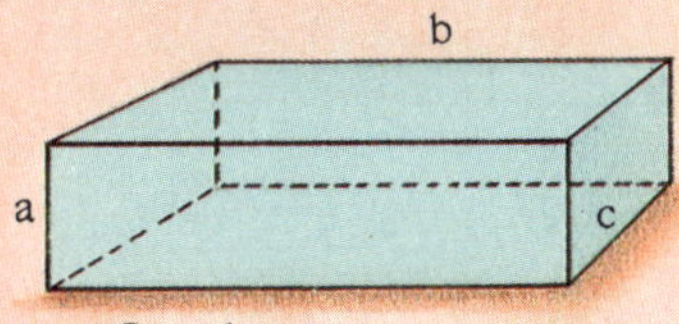

Quader
V = **a · b · c**

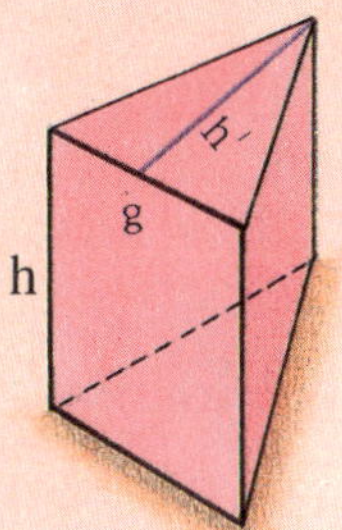

$$V = G \cdot h$$

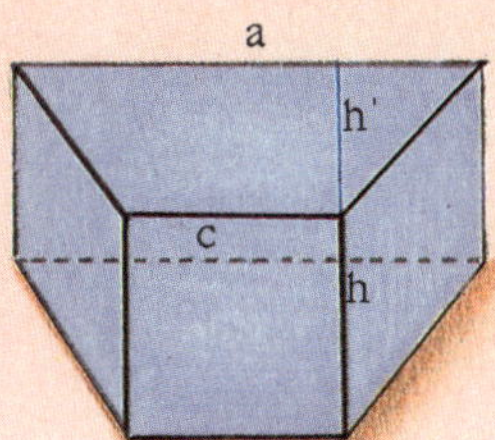

Prisma
(Grundfläche: Dreieck)
V = **Dreiecksfläche · h**

$$V = \frac{g \cdot h'}{2} \cdot h$$

Prisma
(Grundfläche: Trapez)
V = **Trapezfläche · h**

$$V = \frac{a + c}{2} \cdot h' \cdot h$$

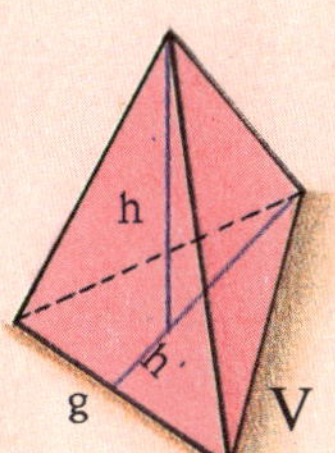

$$V = \frac{1}{3} G \cdot h$$

Pyramide
(Grundfläche: Dreieck)

$$V = \frac{1}{3} \cdot \frac{g \cdot h'}{2} \cdot h$$

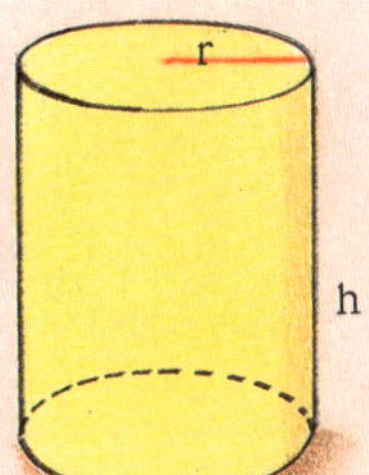

Zylinder
V = **Kreisfläche · Höhe**
V = **r²π · h**

Holzmaß: der Ster

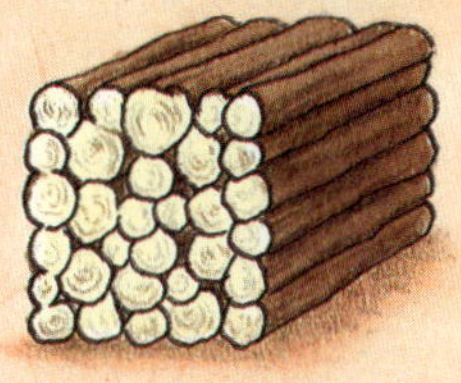

Ein Ster Holz entspricht ungefähr 1 m^3.
Es ist ein veraltetes Maß, wie der Klafter (1 Klafter = 4 Ster).

Volummaße

1 Kubikmeter (m^3) ist der Rauminhalt eines Würfels mit 1 m Kantenlänge.

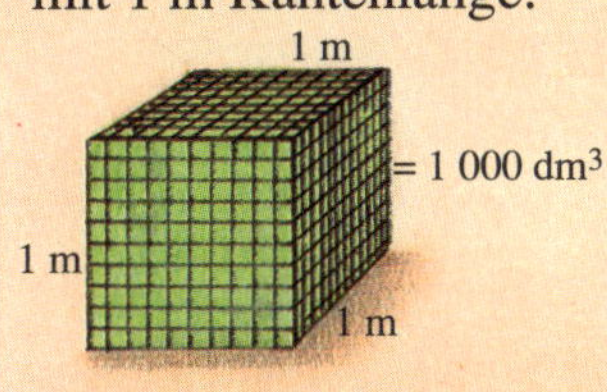

1 000 mm^3	=	1 cm^3
1 000 cm^3	=	1 dm^3
1 000 dm^3	=	1 m^3
1 dm^3	=	1 l
1 m^3	=	10 hl
1 cm^3	=	1 ml

Konstruktion von Körpern

Polyeder

Polyeder (griechisch: Vielflächner) sind Körper, die von *ebenen Flächen* begrenzt werden. Die Randlinien der Flächen nennt man Kanten. Ein Punkt, in dem drei oder mehrere Kanten zusammenlaufen, nennt man *Ecke* oder *Spitze*.

Der Würfel

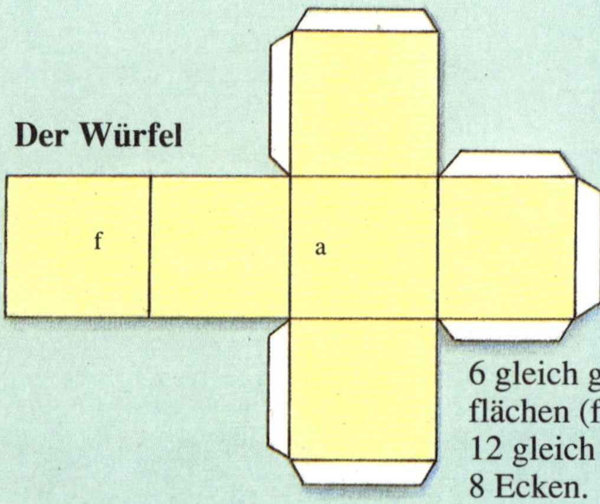

6 gleich große Quadratflächen (f).
12 gleich lange Kanten (a).
8 Ecken.

Der Quader
6 paarweise gleich große Rechtecksflächen.
12 Kanten.
8 Ecken.

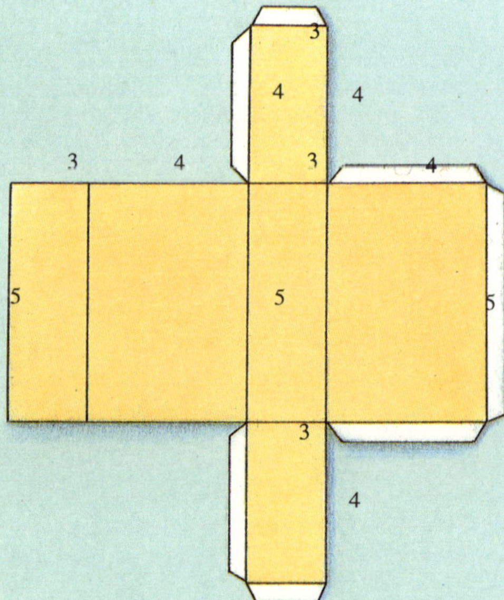

Gerades Prisma (dreieckige Grundfläche)

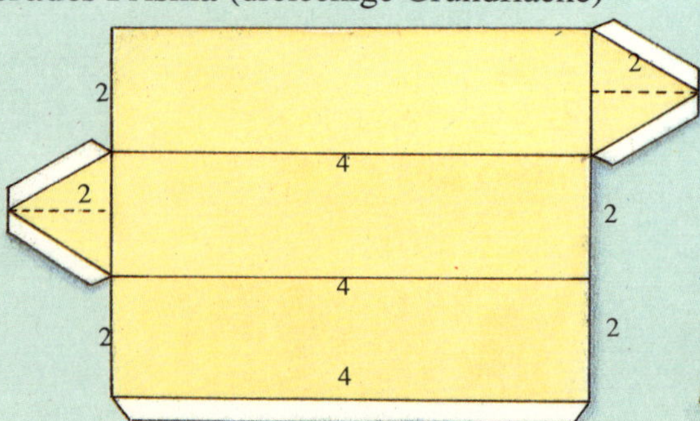

5 Flächen. 9 Kanten. 6 Ecken.
Die 3 rechteckigen Flächen sind die *Seitenflächen* des Prismas.
Die beiden *Dreiecksflächen* sind die Grundflächen des Prismas.

Die Pyramide
Hier ist die Grundfläche ein gleichseitiges *Dreieck*. 4 gleich große Flächen. 6 gleich lange Kanten. 4 Ecken.
Diesen Körper nennt man auch *Tetraeder*.

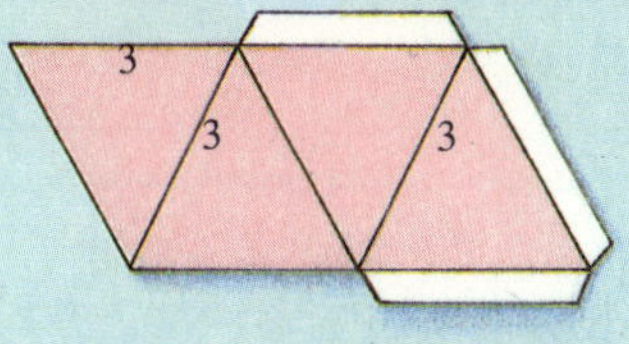

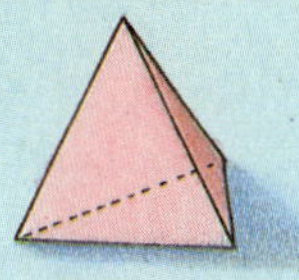

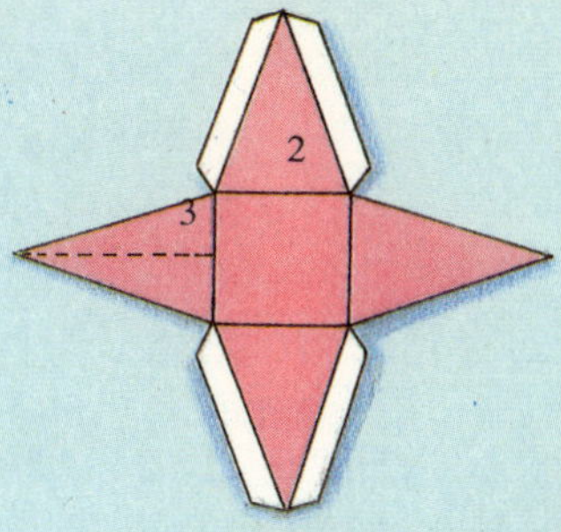

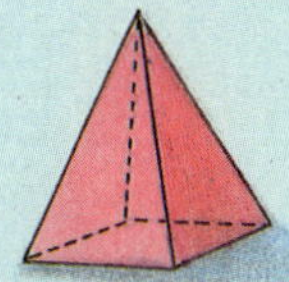

Hier ist die Grundfläche ein *Viereck*.
5 Flächen. 8 Kanten. 5 Ecken.

Der Pyramidenstumpf

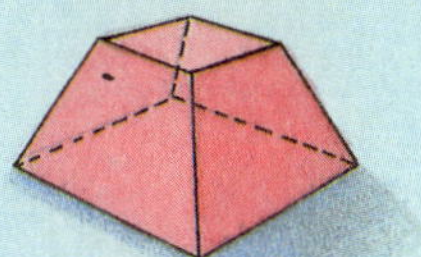

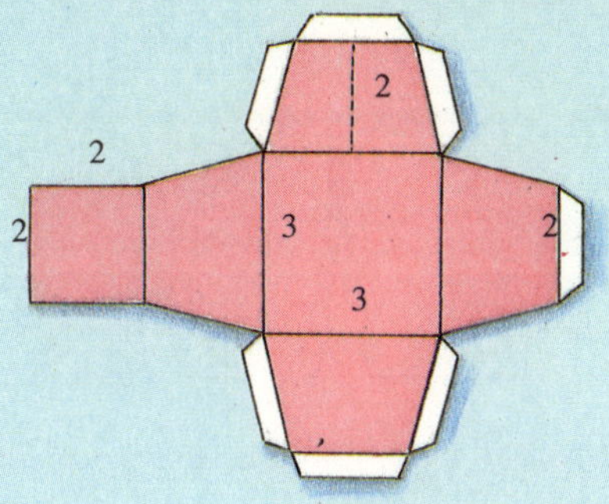

6 Flächen. 12 Kanten. 8 Ecken.

Das Oktaeder

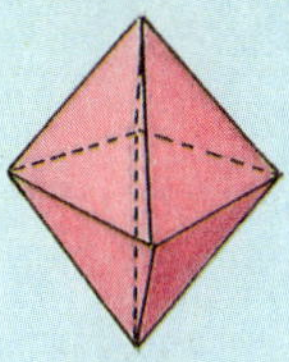

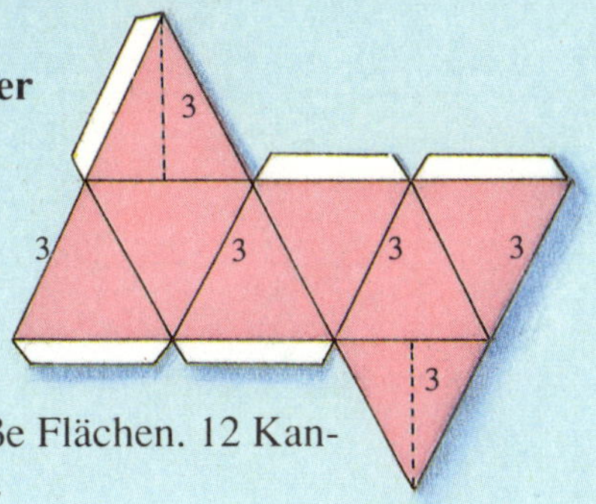

8 gleich große Flächen. 12 Kanten. 6 Ecken.

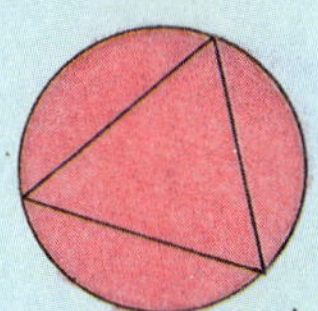

A

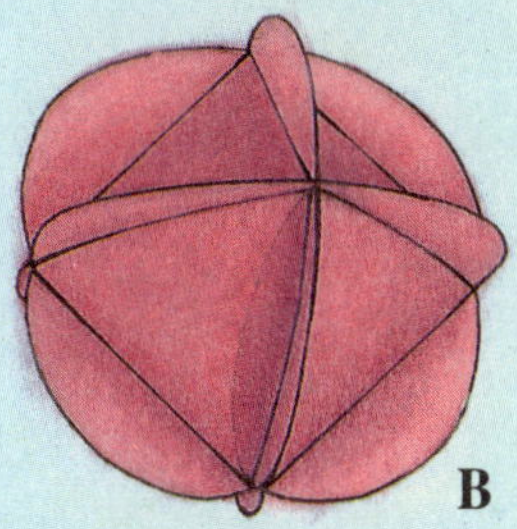

B

Wenn man 8 solche Flächen (A) zusammenklebt, entsteht dieser Körper (B).

Der Kegel

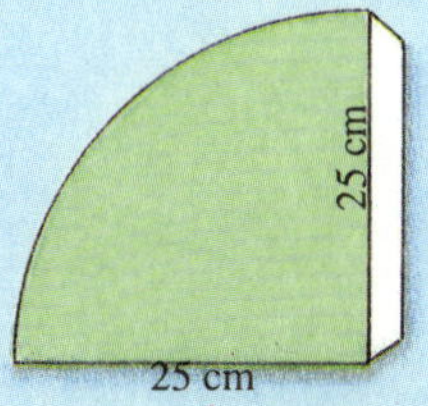

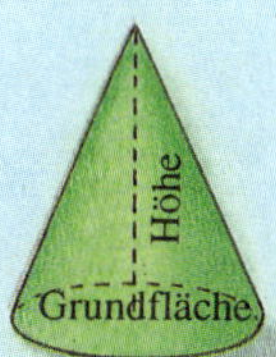

Der Kegelstumpf

Plan, Karte, Maßstab

Maßstabgetreue Modelle, Pläne und Karten sind verkleinerte Darstellungen von Gegenständen, Flächen oder Gebieten.

Je größer der Gegenstand, die Fläche oder das Gebiet sind, die dargestellt werden sollen, umso stärker muß verkleinert werden. Dabei werden Einzelheiten immer weniger erkennbar.

Beispiel: der Eiffelturm (wirkliche Höhe 300 m)

Die echten Maße werden durch 10 000 dividiert
1 cm ≙ 100 m

Eiffelturm im Maßstab 1:10 000

Die echten Maße werden durch 15 000 dividiert
1 cm ≙ 150 m

1:15 000

1 cm ≙ 300 m

1:30 000

1:10 000, 1:15 000 und 1:30 000 sind die Maßstäbe der drei Zeichnungen.

Pläne

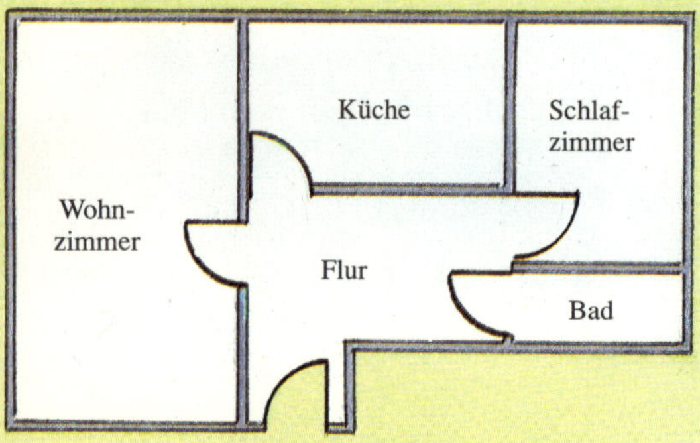

Maßstab 1:200

1 cm im Plan entspricht 200 cm = 2 m in der Wohnung.
1 cm ≙ 2 m

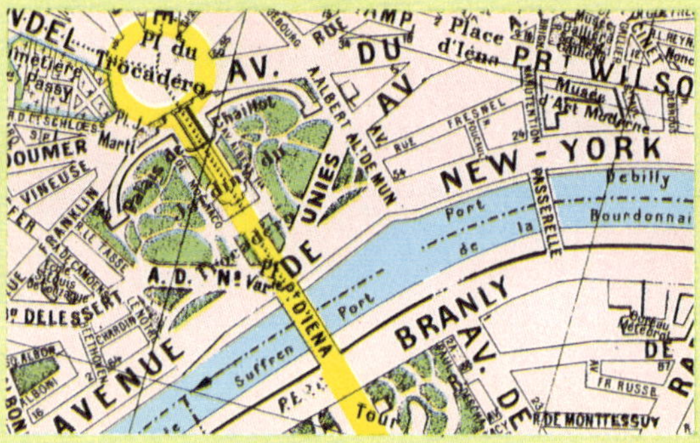

Maßstab 1:15 000

1 cm im Stadtplan entspricht 15 000 cm in Wirklichkeit.
1 cm ≙ 150 m

Grafische Darstellung des Verkleinerungsmaßstabs

Eine andere Art der Darstellung für die angewandte Verkleinerung. Solche Maßstabszeichnungen findet man oft bei Karten und Stadtplänen.

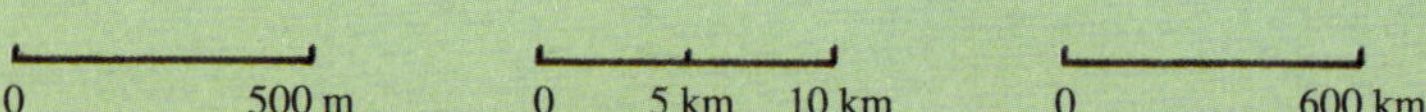

Landkarten

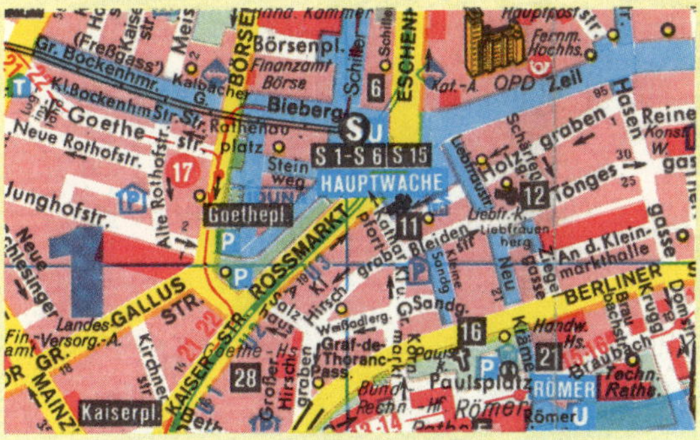

Stadtplan im Maßstab 1:12 500
1 cm ≙ 125 m

Stadtplan im Maßstab 1:115 000
1 cm ≙ 1,5 km

Straßenkarte im Maßstab 1: 650 000
1 cm ≙ 6,5 km

Landkarte im Maßstab 1: 18 000 000
1 cm ≙ 180 km

Je größer der Maßstab ist, desto mehr Details sieht man auf einer Karte. 1:25 000 ist ein *großer Maßstab*, 1:1 000 000 ist ein *kleiner Maßstab*.

Je nachdem, wie wichtig die Einzelheiten sind, desto kleiner oder größer wählt man den Maßstab (Stadtplan 1:25 000, Wanderkarte 1:50 000, Straßenkarte 1:100 000 bis 1: 1 500 000 sind gebräuchliche Maßstäbe).

Ermittlung des Maßstabs

5 cm im Plan entsprechen 120 m

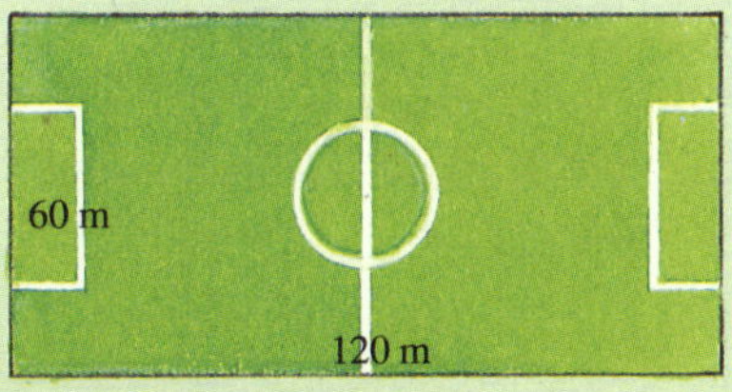

auf dem Spielfeld.
1 cm entspricht 120 m : 5 = 24 m
oder 2 400 cm.

Lösung:

Der Maßstab ist 1:2 400.

Welcher Maßstab wurde verwendet?

A Wirkliche Strecke: 70 m
Strecke im Plan: 14 mm

B Wirkliche Abmessungen: 800 m · 400 m
Maße im Plan: 4 cm · 2 cm

C Wirkliche Entfernung: 2 500 km
Entfernung auf der Karte: 12,5 cm

Lösungen:

A: 1:5 000
B: 1:20 000
C: 1:20 000 000

Prozente und ihre graphische Darstellung

Was versteht man unter »Prozenten«?

25 % liest man 25 Prozent. Man kann dafür auch $\frac{25}{100}$ schreiben.

Eine Ermäßigung von 25 % bedeutet:
Wenn der Warenwert 100 DM beträgt, macht die Ermäßigung den Betrag von 25 DM aus.

Man rechnet auch: 100 DM $\cdot \frac{25}{100}$ = 25 DM.
Der ermäßigte Preis beträgt:
100 DM - 25 DM = 75 DM

Bei einem Preis von 950 DM sind 25 % Ermäßigung 950 DM $\cdot \frac{25}{100}$
oder 950 DM · 0,25 = 237,50 DM.
Der ermäßigte Preis beträgt:
950 DM - 237,50 DM = 712,50 DM

Abgekürzte Rechenmethode

25 % Ermäßigung heißt: man zahlt nur 75 % des angegebenen Preises.

75 % von 950 DM sind 950 DM · 0,75 = **712,50 DM**

Was bedeutet das?

10 % Preiserhöhung ab 1. April

Das bedeutet, daß bei einem Preis von 100 DM die Preiserhöhung 10 DM ausmacht (100 DM → 110 DM).

Bei einem Preis von DM 1,50 beträgt die Preiserhöhung:
1,50 DM · 0,10 = 0,15 DM

Neuer Preis der Zeitung: 1,50 DM + 0,15 DM = **1,65 DM**

Abgekürzte Rechnung: 1,50 DM · 110 = **1,65 DM**

Berechnung der Ermäßigung in Prozenten (Prozentsatz)

Beispiel 1: Ursprünglicher Preis: 8,50 DM
ermäßigter Preis: 6,80 DM
Ermäßigung: 8,50 - 6,80 = 1,70 DM

Auf 1 DM trifft eine Ermäßigung von 1,70 DM : 8,50 = 0,20 DM.
Auf 100 DM trifft eine Ermäßigung von 0,20 DM · 100 = 20 DM.
Ergebnis: die Ermäßigung beträgt 20 %.

Lösungen: Aufgabe 3: 15 %
Aufgabe 2: 30 %

Graphische Darstellung von Prozenten

Durch graphische Darstellungen wird das Lesen von vergleichenden Angaben in Prozenten leichter und anschaulicher. Es gibt verschiedene Darstellungsmethoden.

Am gängigsten sind folgende:

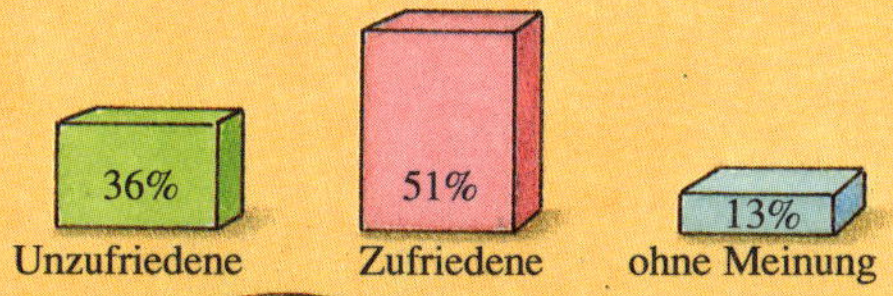

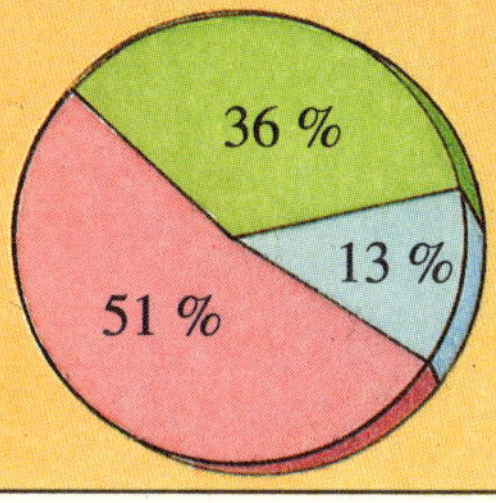

Der Kreis stellt die Gesamtzahl (100 %) der befragten Personen dar.

Unzufriedene

Zufriedene

Ohne Meinung

Diagramme

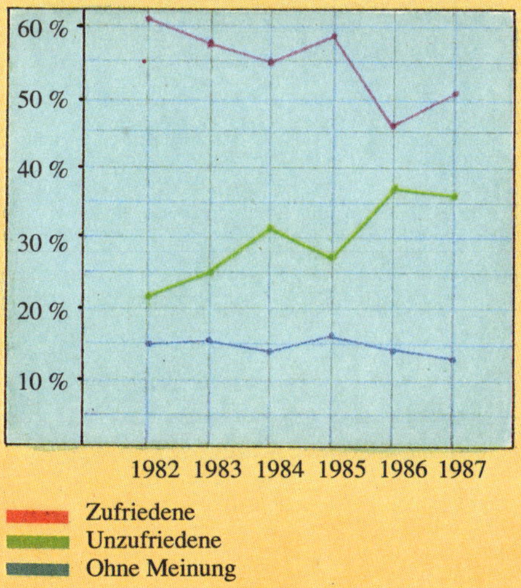

Dieses Diagramm zeigt die gleichzeitige Entwicklung verschiedener Tendenzen in einem Zeitraum von 5 Jahren.

Logische Spiele

Wer ist der Nachfolger?

A.

B.

C.

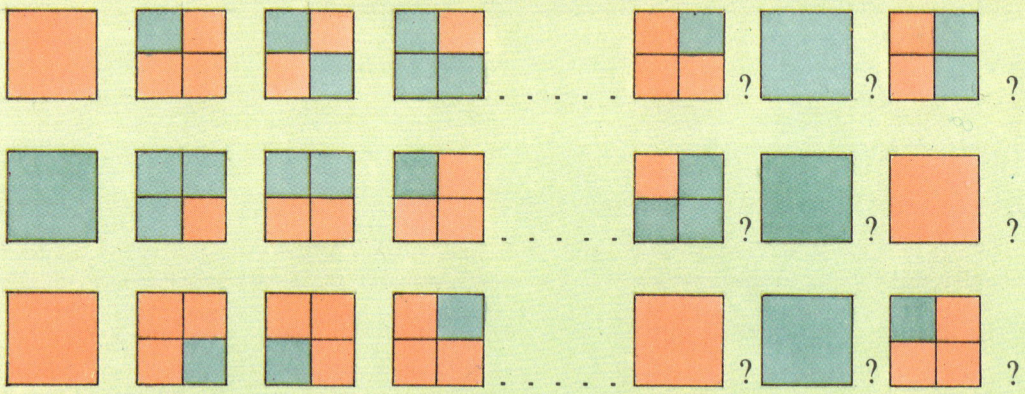

D. 7, 11, 9, 13, 11, 15, 13, ... 14 oder 19 oder 17?
E. 1, 3, 6, 10, 15, ... 19 oder 21 oder 28?
F. 10, 101, 1010, 10101, 101010, ... 1001001 oder 1010101 oder 1110001?

Buchstaben einsetzen

A	B	C	D	E
P	Q	R		
	X	Y	T	G
N	W		U	
M		K	J	I

A	B	D	E
G	H		K
		P	Q
S	T		

A	C	F	J
B	E		M
D			
G	K		P

A	Z	B	Y
C	X	D	
E			U
G	T		

In jeder Figur wurden die Buchstaben nach einem anderen System angeordnet.

Logische Reihen

Zu ergänzen:

Wer errät die Rückseite?

Zu erraten ist die Punktezahl der Würfelseite, die der gezeigten Seite gegenüberliegt.

Fehlende Teile

Welcher Teil paßt hinein?

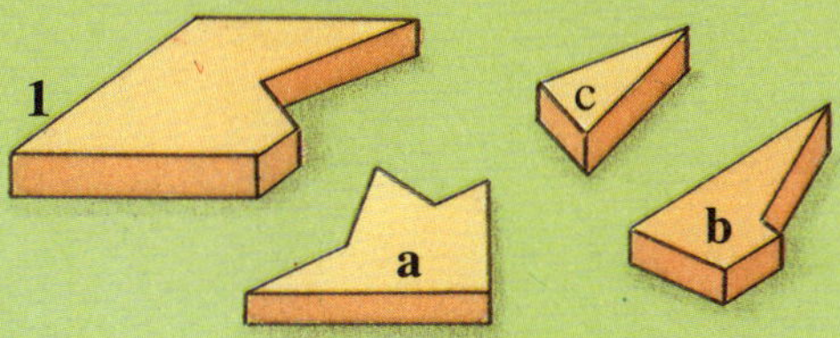

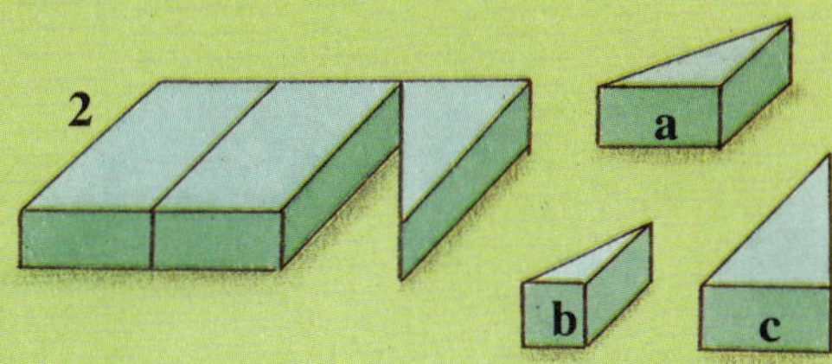

Geduldsspiel

Viereckiges Tangram
Wenn man die Zeichnung unten vergrößert und die Teile entlang der stärker gezogenen Linien ausschneidet, erhält man 7 Teile.

Wer schafft es, aus diesen 7 Teilen die folgenden Figuren zusammenzusetzen?

Denksportaufgabe

Wie lange klettert die Schnecke?
Am Fuß einer 30 m hohen Mauer sitzt eine Schnecke. Jeden Tag klettert sie 2 m hinauf, rutscht aber jede Nacht 1 m hinunter. Am wievielten Tag kommt sie oben an?

Die richtigen Lösungen

Wer ist der Nachfolger?

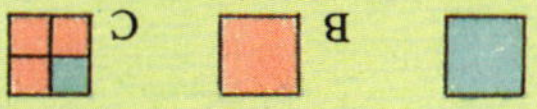

D: **17** (+4) E: **21** (+6)
F: 1010101.

Buchstaben einsetzen

A	B	C	D	E
P	Q	R	S	F
O	X	Y	T	G
N	W	V	U	H
M	L	K	J	I

a)

A	B	D	E
G	H	J	K
M	N	P	Q
S	T	V	W

b)

A	C	F	J
B	E	I	N
D	H	L	O
G	K	N	P

c)

A	Z	B	Y
C	X	D	W
E	V	F	U
G	T	H	S

a) jeder dritte Buchstabe wird übersprungen
b) Buchstaben in diagonaler Anordnung
c) Alphabet abwechselnd von vorne und von hinten

Logische Reihen

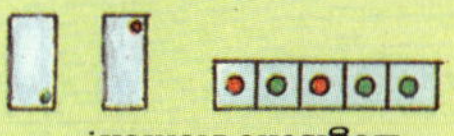

Fehlende Teile

1) **c** 2) **c**

Wer errät die Rückseite?

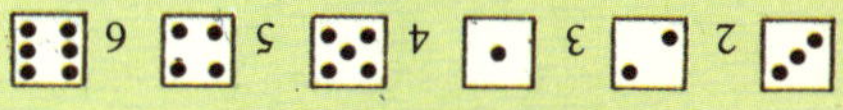

Geduldsspiel

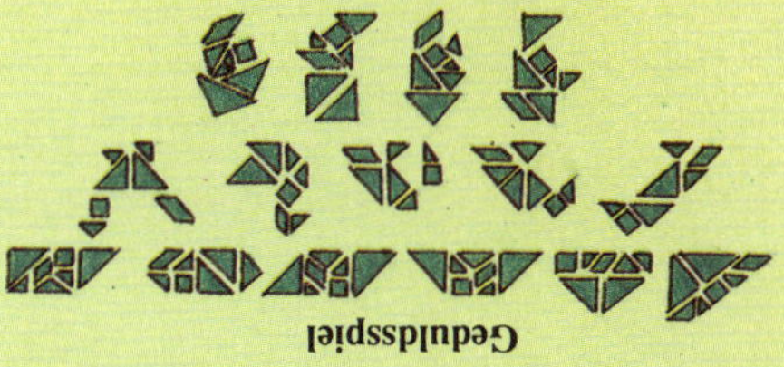

Denksportaufgabe

Wie lange klettert die Schlange?

Am 29. Tag. (Am Morgen des 29. Tages befindet sie sich in 28 m Höhe. An diesem Tag schafft sie die letzten 2 m.)

Spielereien mit Zahlen

Magische Quadrate

4	9	2
3	5	7
8	1	6

Die Summe der Ziffern jeder Zeile, Spalte, Diagonale ist 15.

Man drückt das so aus: 15 ist die *Konstante* des Quadrats.

Welche Ziffern müssen in die leeren Felder eingesetzt werden, damit »magische Quadrate« entstehen?

6		4
	3	8

Konstante: 21

7		
		10
11		

Konstante: 24

1	15	14	
12	6		
	10		5
			16

Konstante: 34

	17	16	6
		9	
10			7
15			18

Konstante: 42

Spiele mit Streichhölzern

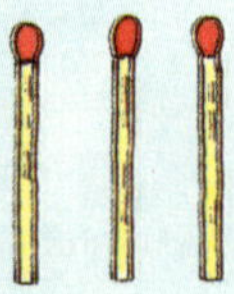

Die Streichhölzer so legen, daß die ursprüngliche Zahl *verdoppelt* wird.

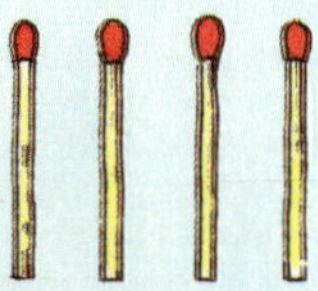

Jetzt die Zahl *verdreifachen.*

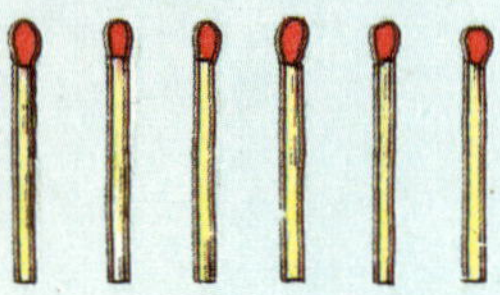

Mit diesen 6 Streichhölzern die Zahl *25* legen.

6 + 3 = 11

Ist das möglich?

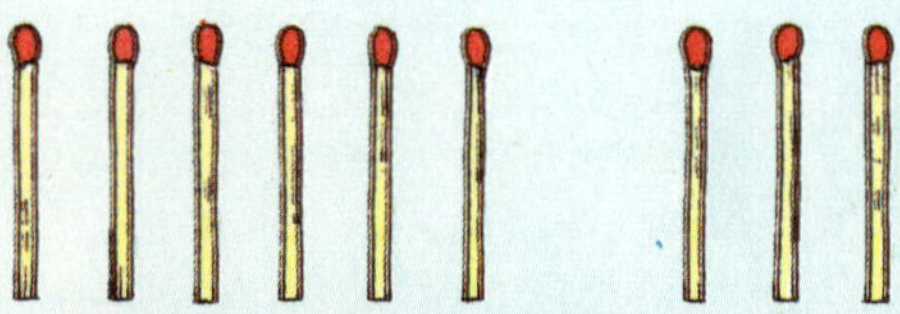

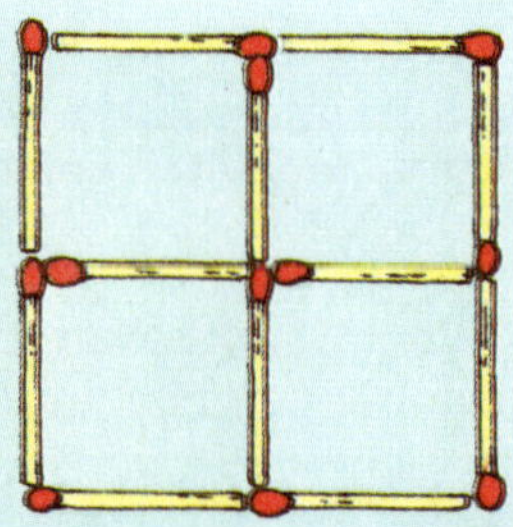

2 Streichhölzer wegnehmen; 2 Quadrate übrig lassen.

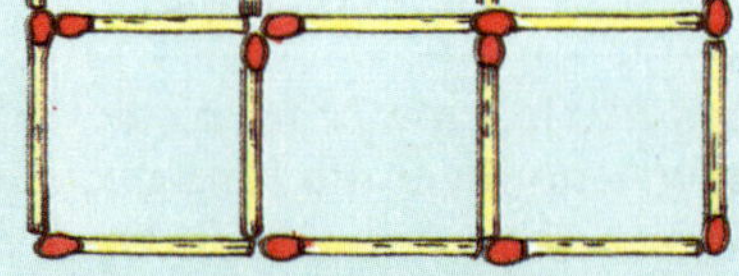

4 Streichhölzer weg; 5 Quadrate übrig lassen.

6 Streichhölzer weg; 3 Quadrate übrig lassen.

8 Streichhölzer weg; 2 Quadrate übrig lassen.

Ein Spiel zu zweit
17 Streichhölzer liegen am Tisch. Zug um Zug nimmt einmal der eine, dann der andere Spieler 1, 2 oder 3 Streichhölzer weg. Wer das letzte Streichholz wegnimmt, hat gewonnen. (Der Sieg ist dem sicher, der das 13. Streichholz nimmt).

Kniffeliges für schlaue Köpfe

Wie schreibt man 23, wenn man nur die Ziffer 2 verwenden darf?
Wie schreibt man 45, wenn man nur die Ziffer 4 verwenden darf?
Wie schreibt man 1 000, wenn man nur die Ziffer 9 verwenden darf?

Die kürzeste Linie

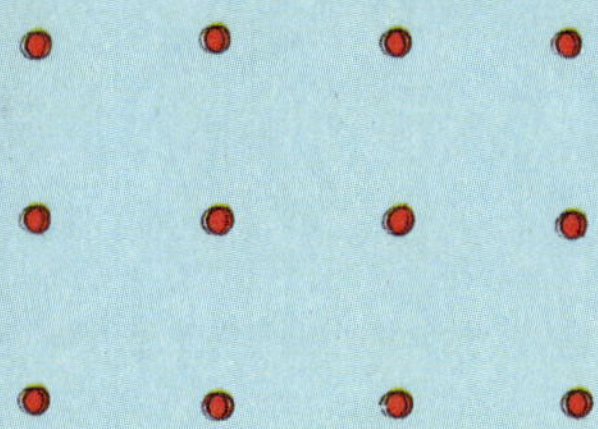

Wie sieht die kürzeste Verbindungslinie zwischen den Punkten aus?

Anfangen kann man, wo man will.

Jeder Punkt darf nur einmal berührt werden.

Wie heißt diese Zahl?

Elfhundertelf Millionen elfhundertelftausend elfhundertelf: wie schreibt man diese Zahl in Ziffern?

Ein Kreuz aus Punkten

12 Punkte sind mit geraden Linien so miteinander zu verbinden, daß *5 Punkte innerhalb* und *8 Punkte außerhalb* des Kreuzes liegen. Das Kreuz muß *symmetrisch* sein und *gleich lange Seiten* haben.

Die Verteilung

Peter verteilt seine Äpfel an drei Freunde. Dem ersten gibt er die Hälfte seiner Äpfel und noch einen Apfel dazu. Von den restlichen Äpfeln gibt er dem zweiten die Hälfte und noch einen halben Apfel dazu. Vom Rest gibt er dem dritten die Hälfte und einen halben Apfel dazu. Ein Apfel bleibt Peter übrig.

Wieviele Äpfel hatte er vorher?

Die richtigen Lösungen

6	11	4
5	7	9
10	3	8

7	12	5
6	8	10
11	4	9

1	15	14	4
12	6	7	9
8	10	11	5
13	3	2	16

3	17	16	6
14	8	9	11
10	12	13	7
15	5	4	18

Spiele mit Streichhölzern

Das Doppelte: VI Das Dreifache: XII

Die Zahl 25: XXV

6 + 3 = ELF

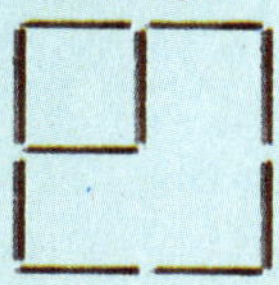

2 Quadrate:

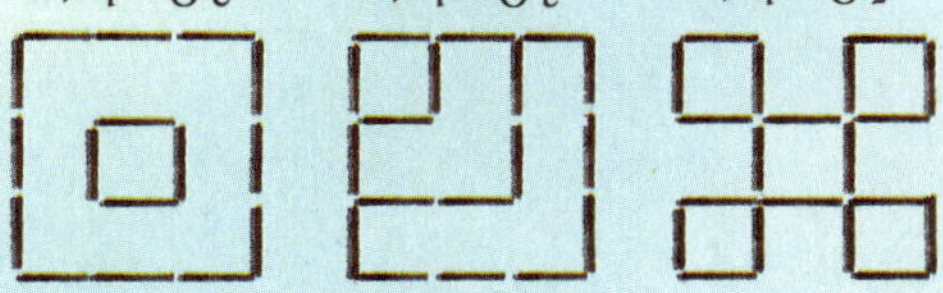

5 Quadrate: 3 Quadrate: 2 Quadrate:

Wie heißt diese Zahl?

1 112 112 111

Kniffeliges für schlaue Köpfe

$23 = 22 + \frac{2}{2}$ $45 = 44 + \frac{4}{4}$ $1000 = 999 + \frac{9}{9}$

Die kürzeste Linie

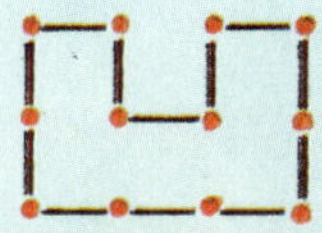

Ein Kreuz aus Punkten

Die Verteilung

Peter hatte 16 Äpfel.

Das Wasser

Drei Viertel der Erdoberfläche sind von Wasser bedeckt. Ohne Wasser ist kein Leben möglich. Der menschliche Körper besteht zu 60-70 % aus Wasser, Pflanzen zu etwa 95 %.

Der Weg von den Wolken bis zum Meer

Wenn Wasser verdunstet, steigt der Dampf auf und bildet Wolken. Als Regenwasser dringt es in den Boden ein und bildet Grundwasser, das in Form von *Quellen* wieder zutagetritt. Die Quellen fließen in *Bäche*, die sich zu Flüssen vereinigen und ins *Meer* münden. Dieser *Kreislauf des Wassers* wiederholt sich ständig.

Von der Wasserleitung zum Stausee

Wie wichtig das Wasser für uns ist, zeigen die vielen Bauwerke, die Menschen errichten, um das Wasser:
- zu fassen (Schächte, Brunnen);
- weiterzuleiten (Aquädukte);
- vorrätig zu haben (Stauseen, Wassertürme);
- überqueren zu können (Brücken, Viadukte);
- abzuhalten (Deiche, Dämme).

Wasser dient auch als Transportweg (Kanäle) und als Energiequelle (Mühlen, Wasserkraftwerke).

Ein bißchen Chemie

Wasser besteht aus zwei Elementen: *Wasserstoff (H)* und *Sauerstoff (O)* im Mengenverhältnis zwei zu eins. Die chemische Formel für Wasser lautet: H_2O.

Wasser, das nicht fließt!
Wenn Wasser auf Temperaturen unter Null Grad abgekühlt wird, gefriert es und wird fest.
In festem Zustand nimmt Wasser mehr Platz ein als flüssiges; deswegen platzt eine verschlossene Wasserflasche, wenn sie gefriert.
Bestimmte Regionen in den Kältezonen unserer Erde (Arktis, Antarktis) sind vollständig von einer Eisschicht bedeckt, die bis zu 4 000 m dick sein kann!

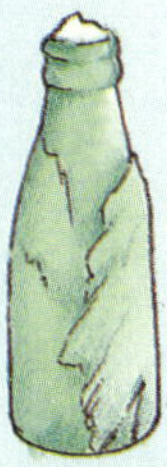

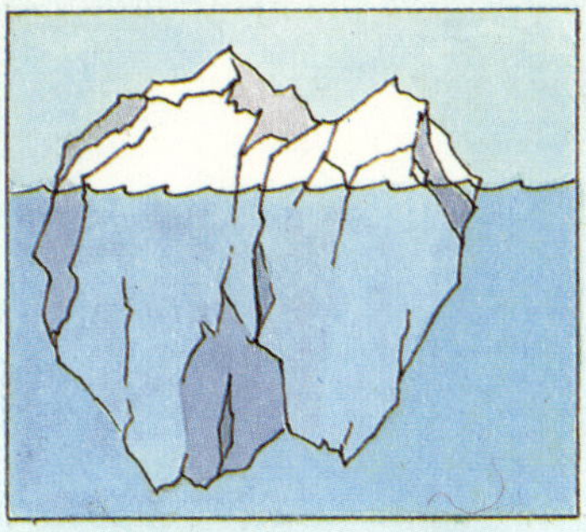

Eis schwimmt auf Wasser
Bei einem Eisberg ist der Teil unter Wasser viel größer als die sichtbare Spitze.

Wasserdampf ist ein unsichtbares Gas, das sich mit der Luft vermischt. Wärme und Wind beschleunigen die Verdunstung. Jede Sekunde verdunsten auf der Erde *Millionen Tonnen Wasser*! Wenn der Wasserdampf auf kalte Flächen oder auf kalte Luft stößt, kondensiert er und wird als *Wolke*, *Nebel* oder *Tau* sichtbar.

Wolken selbst zusammenbrauen
Benötigt werden: Metallbehälter mit Eiswürfeln und 1 Glas heißes Wasser.

Im Finstern ist die Wolkenbildung mit einer Taschenlampe gut sichtbar zu machen.

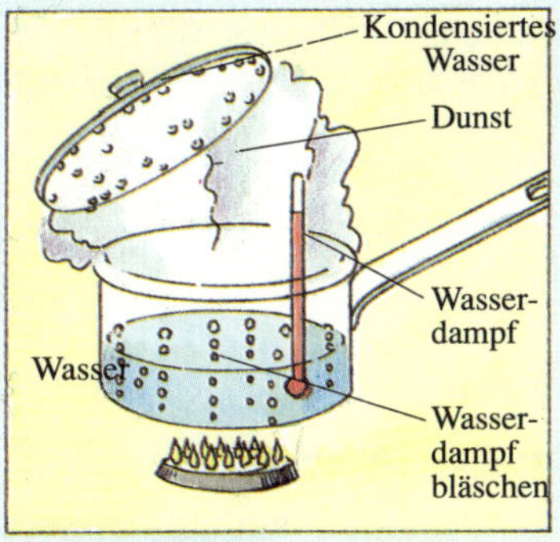

Wenn die winzigen Wassertröpfchen, aus denen die Wolken bestehen, in kalte Luftströmungen geraten, gefrieren sie zu Flocken (Schnee) oder Eiskörnern (Hagel, Graupeln).

Unsichtbares Wasser
Beim Trocknen verschwindet das Wasser aus der Wäsche, ohne daß man es sieht: Es verdunstet.

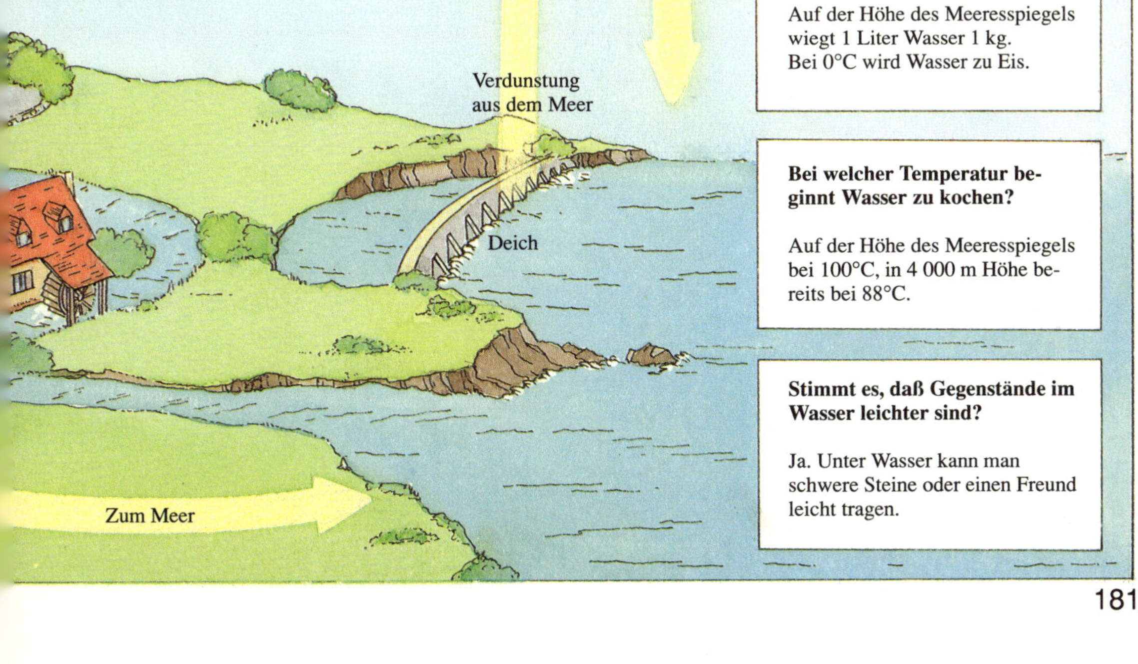

Wieviel wiegt 1 Liter Wasser?

Auf der Höhe des Meeresspiegels wiegt 1 Liter Wasser 1 kg.
Bei 0°C wird Wasser zu Eis.

Bei welcher Temperatur beginnt Wasser zu kochen?

Auf der Höhe des Meeresspiegels bei 100°C, in 4 000 m Höhe bereits bei 88°C.

Stimmt es, daß Gegenstände im Wasser leichter sind?

Ja. Unter Wasser kann man schwere Steine oder einen Freund leicht tragen.

Die Luft

Überall Luft
Luft ist ein unsichtbares Gas. Es hat keine Farbe und keinen Geruch. Trotzdem können wir sein Vorhandensein feststellen.
Die Erde wird von einer Lufthülle umschlossen, die zwischen 50 und 100 km dick ist und *Atmosphäre* genannt wird. Die Atmosphäre schützt die Erde wie ein Filter vor zu starker Sonnenbestrahlung.

Ohne Luft kein Leben
Wenn sie keine Luft bekommen, sterben die meisten Lebewesen, weil ihre Atmung aufhört.
Ohne Luft verlöscht jede Flamme, sind Töne nicht mehr zu hören.

Eine Flasche ist nie leer
Die Luft nimmt jeden Raum ein, der ihr zur Verfügung steht. Sie ersetzt auch die Flüssigkeit in einer Flasche, wenn sie geleert wird. Die Flasche scheint zwar leer, in Wirklichkeit aber ist sie voll mit Luft. Mit den folgenden 3 Versuchen kann man das nachweisen.

3) Unter Wasser kann die Luft in der Flasche in ein anderes Gefäß umgefüllt werden.

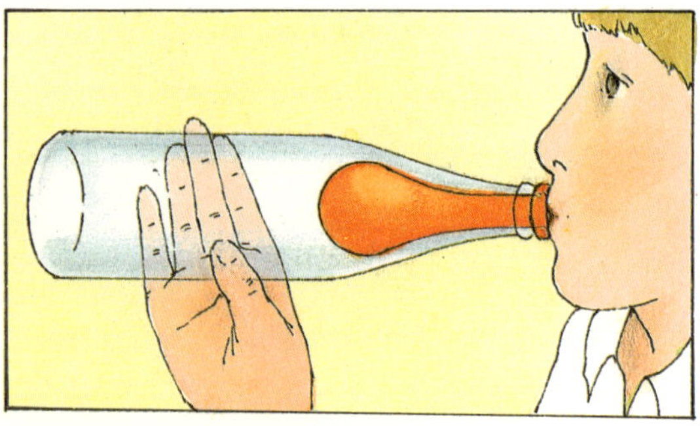

1) Die Luft in der Flasche bildet einen Widerstand, der das Aufblasen des Ballons verhindert.

2) Einen Trichter in den Hals einer zu 2/3 mit Wasser gefüllten Flasche stecken.

Den Spalt zwischen dem Trichter und dem Flaschenhals mit Knetmasse abdichten. Wasser in den Trichter schütten: das Wasser kann kaum abfließen. Knetmasse mit einer Nadel einstechen: jetzt fließt das Wasser ab.

Chemische Zusammensetzung
Luft ist ein Gemisch, das aus mehreren Gasen besteht. Die größten Anteile an diesem Gemisch haben Stickstoff (78 %), Sauerstoff (21 %) und andere Gase wie Kohlendioxid und Wasserdampf (1 %).

Luft hat ein Gewicht

Ein aufgeblasener Ballon wiegt mehr als ein leerer. Ein Liter Luft wiegt etwas mehr als 1 g. Der Luftinhalt eines mittelgroßen Zimmers von 15 m^2 wiegt ungefähr 50 kg. Das Gewicht der Atmosphäre, die ja viele Kilometer dick ist, ist also beträchtlich.

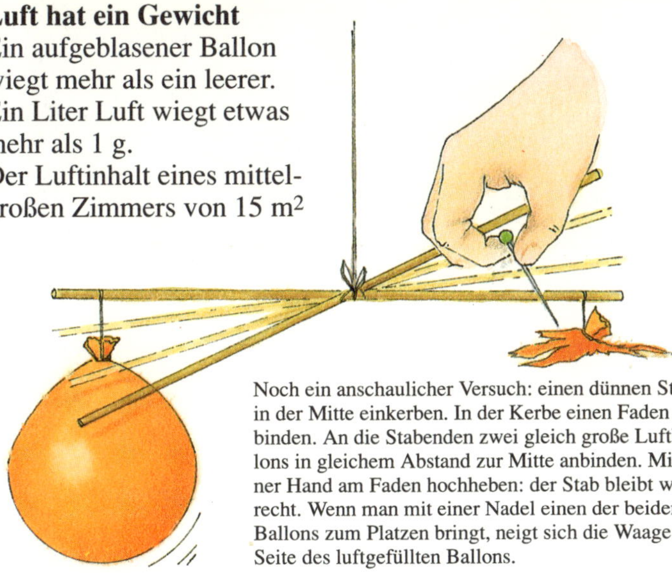

Noch ein anschaulicher Versuch: einen dünnen Stab in der Mitte einkerben. In der Kerbe einen Faden festbinden. An die Stabenden zwei gleich große Luftballons in gleichem Abstand zur Mitte anbinden. Mit einer Hand am Faden hochheben: der Stab bleibt waagrecht. Wenn man mit einer Nadel einen der beiden Ballons zum Platzen bringt, neigt sich die Waage zur Seite des luftgefüllten Ballons.

Luft ist komprimierbar

Das Volumen von Luft kann man durch Zusammenpressen verkleinern. Luftgefüllte Flaschen kann man mit einem Korken verschließen, randvoll mit Wasser gefüllte nicht. Denn Wasser ist - wie alle Flüssigkeiten - nicht komprimierbar.

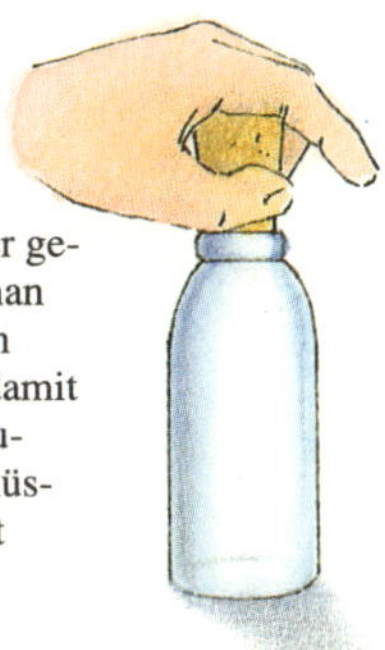

Diese Flasche ist randvoll mit Wasser gefüllt. Auch wenn man fest auf den Korken drückt, kann man damit das Wasser nicht zusammenpressen: Flüssigkeiten sind nicht komprimierbar.

In die Flasche eines Tiefseetauchers sind ungefähr 1200 l Luft gepreßt.

Flüssige Luft

Luft läßt sich verflüssigen, und zwar durch Zusammenpressen und anschließendes Tiefkühlen auf -190°C. Sie wird in Spezialflaschen gelagert.

Warum verwenden Bergsteiger im Hochgebirge Sauerstoffflaschen?
Je höher sie hinaufkommen, desto dünner wird die Luft. Ab 6 000 m Höhe fällt das Atmen und jede Anstrengung schwer. In Flugzeugen, die in großer Höhe (über 10 000 m) fliegen, wird die Atemluft für die Passagiere speziell aufbereitet.

Was ist jenseits der Atmosphäre?

Der luftleere Weltraum - Raketen und Satelliten bewegen sich dort.

Das Feuer

Zerstörerische Naturgewalt...
An zahlreichen Stellen unserer Erde finden wir Feuer im Urzustand. Dumpf grollend quellen aus den Klüften glühende Gesteinsmassen hervor.
Die *Vulkane* speien Feuer und richten durch ihre schwer vorhersehbaren Ausbrüche oft große Verwüstungen an.
Die Lava besteht aus glühenden, teils geschmolzenen Steinen. Sie kann bis über 1 000°C heiß sein.

...aber unentbehrlich für unser Leben
Das Feuer ist die größte Entdeckung der Menschheit. Vor ungefähr 750 000 Jahren lernte der Mensch, wie man Feuer macht und es nutzt. Seither war das Feuer immer sein Helfer. Es spendet Wärme, dient zum Kochen, Schmelzen von Metallen, als Lichtquelle, zur Müllbeseitigung...

Was versteht man unter »Verbrennung«?
Die Umwandlung eines Brennstoffs (also einer brennbaren Substanz) in Licht und Wärme.

Feuermachen bei den Urvölkern

Flüssiges Roheisen aus dem Hochofen

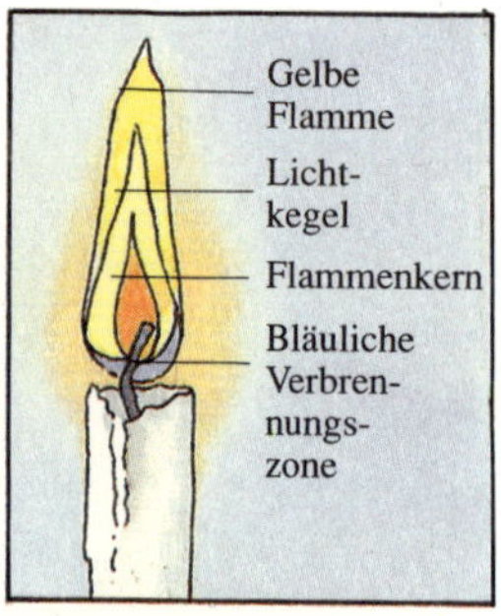

Es gibt feste Brennstoffe: Holz, Kohle...
flüssige: Öl, Benzin, Alkohol...
gasförmige: Erdgas, Propangas...
Damit ein Brennstoff verbrennen kann, muß Sauerstoff aus der Luft vorhanden sein. Bei der Verbrennung entsteht Kohlendioxid und Wasserdampf.

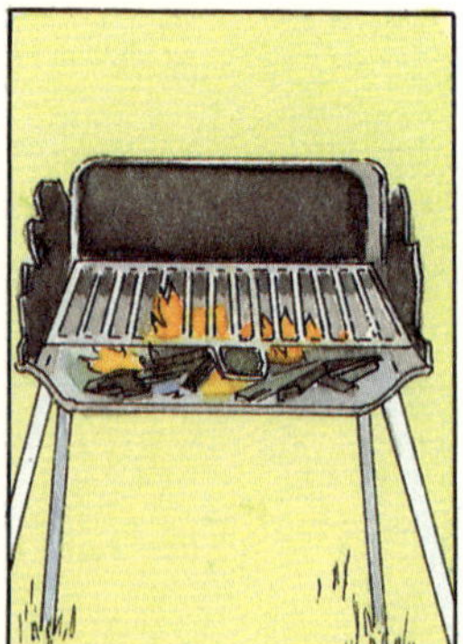

Holzkohlengrill

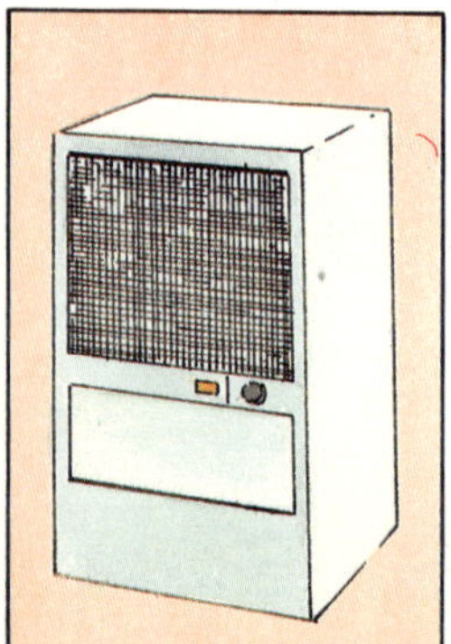

Gasheizung

Gasherd

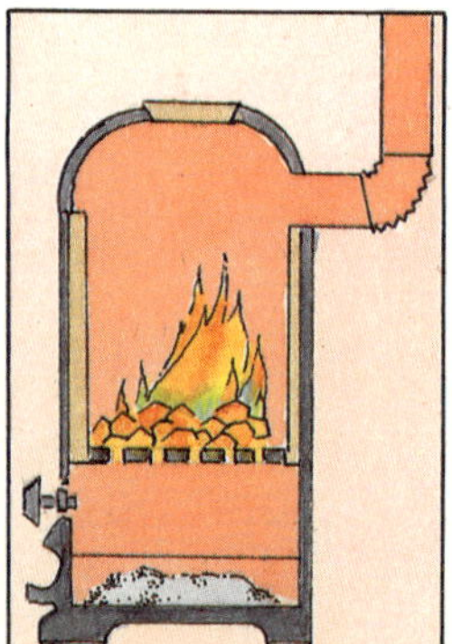

Allesbrenner (Kohle, Holz)

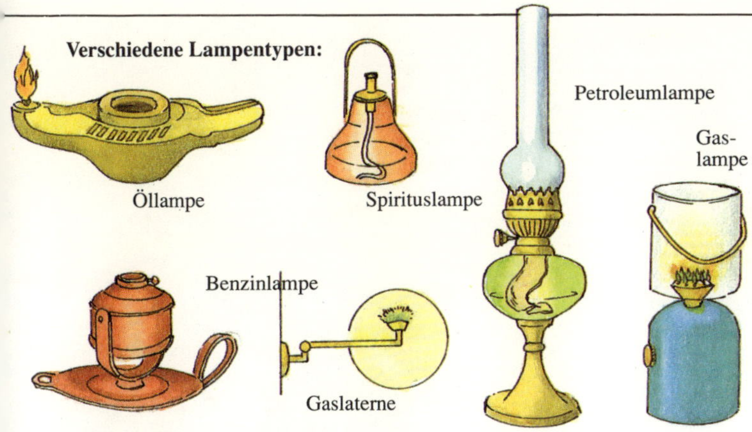

Flamme ist nicht gleich Flamme
Flammen können verschieden aussehen. Je nach Brennstoff ist ihre Farbe verschieden: gelb, gelb-rot, rot-blau, blau...
Je blauer die Flamme brennt, desto heißer ist sie. Eine gelbe Flamme ist weniger heiß. Sie enthält Stoffe, die nicht verbrannt sind. Diese Stoffe können als Rauch sichtbar werden.
Manche Brennstoffe verbrennen ohne Flamme: zum Beispiel Zigarettentabak.

Achtung, Brandgefahr!
Dieses Schild erinnert daran, daß Feuer auch gefährlich ist. Aus dem Helfer der Menschen kann leicht ein Feind werden. Alljährlich zerstören im Sommer Waldbrände riesige Waldflächen. Feuer in Wohnhäusern, Hotels und Kinos kann zu Katastrophen führen und Menschen das Leben kosten. Die Methoden der Brandbekämpfung sind heute hoch entwickelt und sehr wirksam, die Feuerwehrmänner gut geschult. Oft ist purer Leichtsinn an Bränden schuld.

Canadair: Einsatz von Spezialflugzeugen zur Bekämpfung von Waldbränden

Ein Feuerball spendet uns Wärme und Licht
Obwohl die Sonne 150 Millionen Kilometer von der Erde entfernt ist, bekommen wir manchmal einen Sonnenbrand! Das kommt davon, daß die Hitze, die dieser Feuerball entwickelt, gewaltig ist. Die Temperatur an der Sonnenoberfläche erreicht 6 500°C, im Mittelpunkt 16 bis 20 Millionen Grad!

So verhütet man Brände

- Im Wald kein Feuer machen.
- Flaschen mit brennbarem Inhalt (zum Beispiel Benzin, Äther) nie in der Nähe einer Flamme öffnen.
- Nie brennbare Flüssigkeiten auf ein Feuer gießen, um es anzufachen;
- Wenn man bemerkt, daß eine Gasleitung undicht ist, keine Funken oder Flammen in der Nähe erzeugen;
- Wenn Kleider Feuer fangen, nicht rennen, sondern Feuer zu ersticken versuchen (mit Decken...)

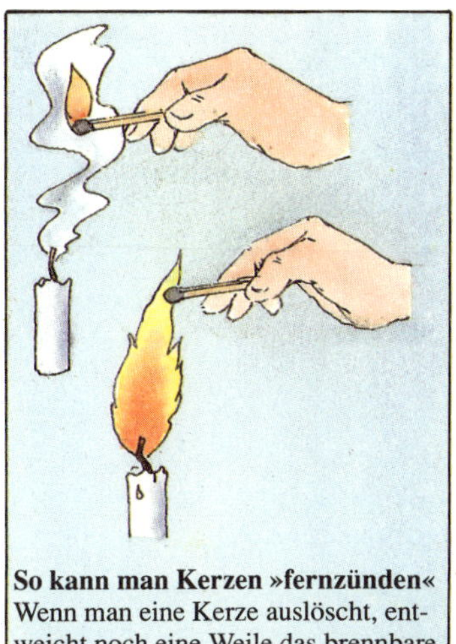

So kann man Kerzen »fernzünden«
Wenn man eine Kerze auslöscht, entweicht noch eine Weile das brennbare Gas Stearin. Man kann das Gas aus einiger Entfernung entzünden - und schon brennt die Kerze wieder!

Wir bauen eine Wetterstation

Was ist eine Wetterstation?
Eine Wetterstation ist ein Ort, an dem mit genauen Meßinstrumenten Daten zusammengetragen werden, die eine Wettervorhersage möglich machen.
Weltweit gibt es derzeit etwa *10 000 Wetterstationen*. In zehn Jahren hat sich der Zeitraum, auf den sich die Wettervorhersage erstreckt, von 24 Stunden auf 6 Tage erhöht. Innerhalb der nächsten 15 Jahre, so hofft man, wird man Wettervorhersagen für jeweils 10 Tage erstellen können.
Die am Erdboden gemessenen Werte werden ergänzt durch die Meßwerte aus Wetterballons, Meßbojen im Meer, Schiffen und vor allem Wettersatelliten wie Meteosat, die in bestimmten Abständen hervorragende Fotos von der Wetterlage an verschiedenen Punkten der Erdkugel aufnehmen und zur Erde senden.

Das Thermometer
Damit ermittelt man die *Temperatur*, z.B. die niedrigste Nachttemperatur und dic höchste Tagestemperatur, die in °C festgehalten werden.

Das sogenannte Maximum-Minimum-Thermometer dient der Messung beider Werte.

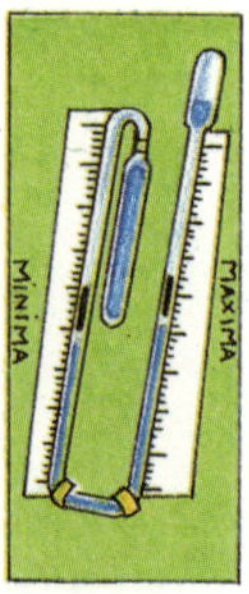

Maximum-Minimum-Thermometer

Der Psychrometer
Dieses Instrument mißt die *Luftfeuchtigkeit* anhand von 2 Thermometern: eins davon ist trocken, das andere eingehüllt in wassergetränkte Gaze. Diesem wird durch die Verdunstung des Wassers Wärme entzogen, und zwar umso mehr, je trockener die Luft ist.

Das Barometer
Meßgerät zur *Luftdruckbestimmung*. Dieser Wert schwankt: wenn er sinkt, wird das Wetter häufig schlecht. Steigt er, wird das Wetter meist besser. Das Quecksilberbarometer weist eine Millimeterskala auf. Der Mittelwert für den Luftdruck in Meereshöhe liegt bei 760 mm. Man kann selbst ein Barometer nach folgendem Modell bauen:

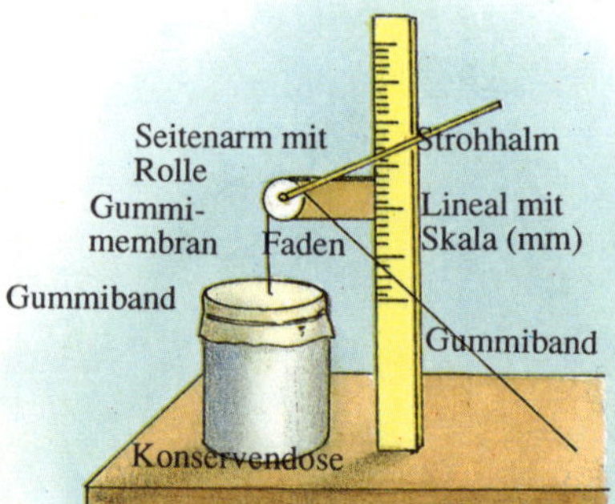

Je nach Luftdruck biegt sich die Membran stärker oder schwächer durch. Ihre Auf- und Abwärtsbewegung überträgt sich auf den Strohhalm, der sie auf der Meßskala anzeigt.

Die Wind-/Wetterfahne
Sie zeigt die *Windrichtung* an.

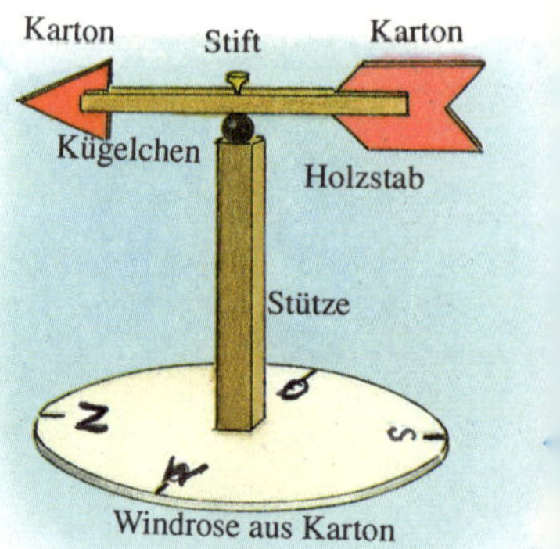

Das Anemometer zeigt die *Windgeschwindigkeit* an.

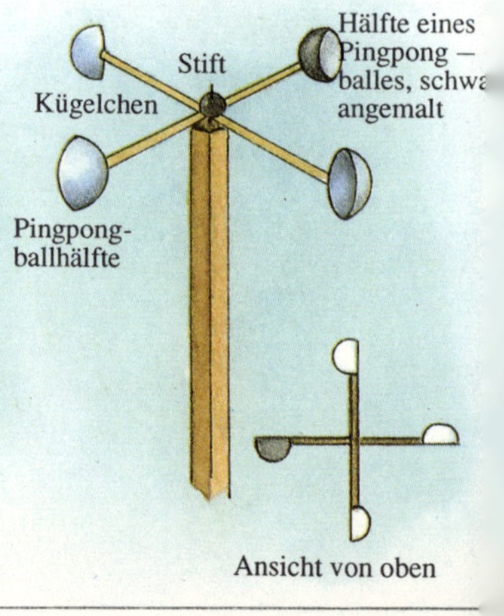

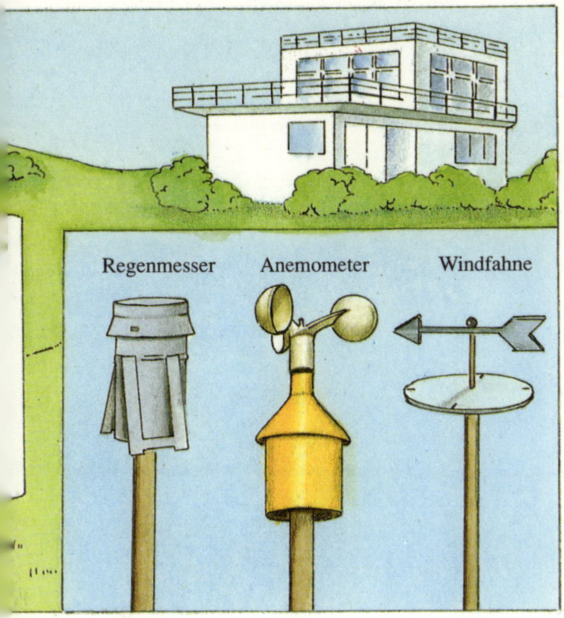

Die Meßblätter
Auf ihnen werden die verschiednenen Meßwerte eingetragen. Sie sind die Grundlage für gewisse Prognosen.
So könnte ein Meßblatt aussehen:

	Temperatur max. min	Luftdruck morg. abend	Wind Richtg. Stärke	Luftfeuchtigkeit	Niederschlag	Wetterlage
Montag						
Dienstag						
Mittwoch						
Donnerstag						
Freitag						
Samstag						
Sonntag						

Der Regenmesser
dient zur Messung der *Niederschlagsmengen* in einer bestimmten Zeitspanne. Aus einer großen, auf halber Höhe durchgeschnittenen Mineralwasserflasche aus Plastik und einem genau in den Querschnitt passenden Trichter kann man so ein Gerät selbst bauen. Die Niederschlagsmengen sind auf der Millimetersakala abzulesen.

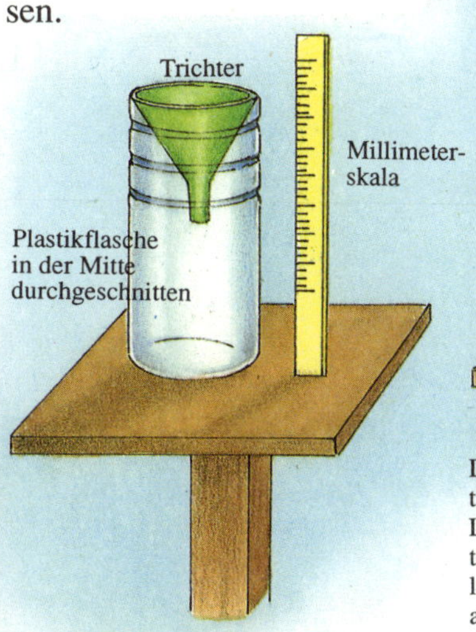

Das Hygrometer
mißt die *Luftfeuchtigkeit.* Seine Skala zeigt Werte von 0 bis 100 an. Je höher der Wert, desto feuchter ist die Luft. Man kann sich auch selbst eines basteln:

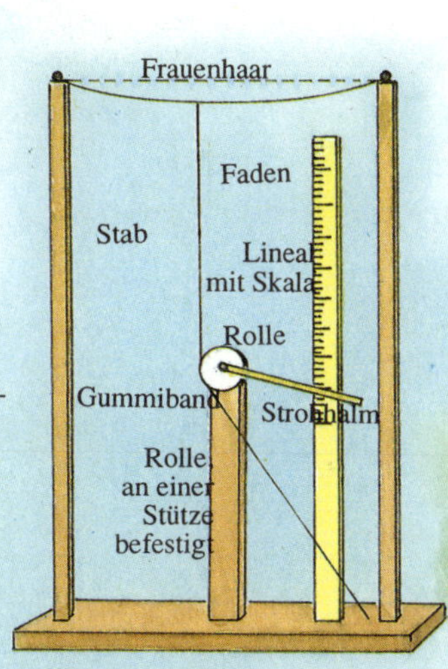

Das Haar ist je nach Luftfeuchtigkeit stärker (bei trockener Luft) oder schwächer (bei feuchter Luft) gespannt. Über die Rolle überträgt sich seine Bewegung auf den Strohhalm, der sie auf der Skala (0 - 100) anzeigt.

Wo soll die Wetterstation aufgestellt werden?
Windfahne, Regenmesser und Anemometer müssen frei stehen, damit Wind und Regen ungehindert hinkommen.
Barometer, Thermometer und Hygrometer müssen vor Regen und Sonne geschützt aufgebaut werden. Sie sollten in einem weiß gestrichenen, gut belüfteten Gehäuse stehen.

Die weiße Farbe reflektiert den Großteil der Sonnenstrahlen, so daß die Temperatur im Inneren des Gehäuses nicht zu stark ansteigt.

Ist die Meteorologie (Wetterkunde) eine neue Wissenschaft?
Nein. Schon 350 v. Chr. hatte der griechische Gelehrte Aristoteles eine Abhandlung mit dem Titel *Meteorologie* geschrieben. Aber die ersten Meßinstrumente wurden erst im 17. und 18. Jahrhundert entwickelt. Seit damals gilt die Meteorologie erst als Wissenschaft.

Der elektrische Strom

Bei welchen Abbildungen leuchtet die Lampe auf?

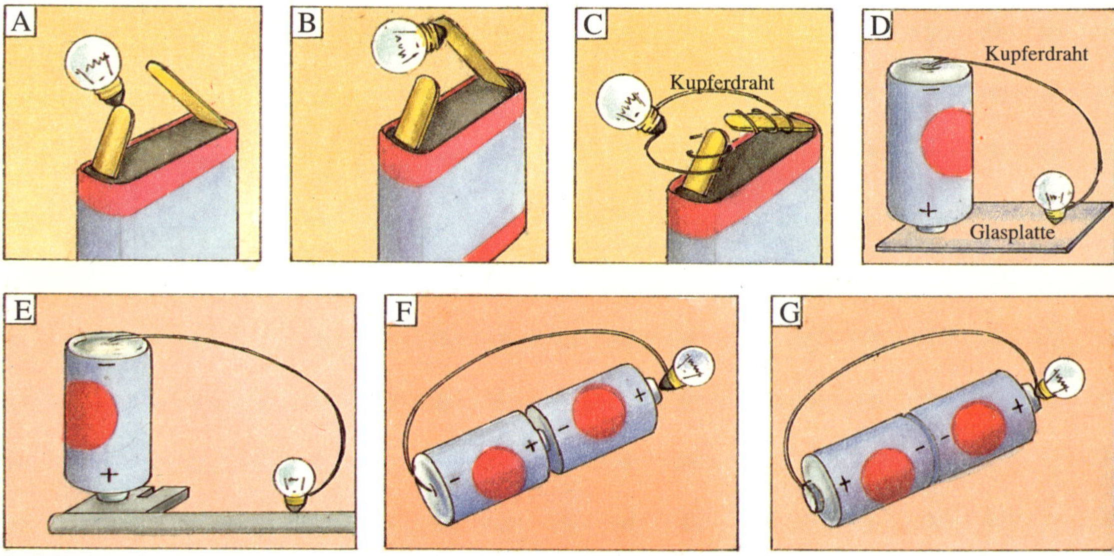

Richtige Antwort: C, E, F.

Die Aufgabe des Schalters
In jeder elektrischen Anlage fließt nur dann Strom, wenn der Stromkreis geschlossen ist, das heißt, wenn eine durchgehende leitende Verbindung besteht.
Mit Hilfe des Schalters kann der Stromkreis unterbrochen oder geschlossen werden.

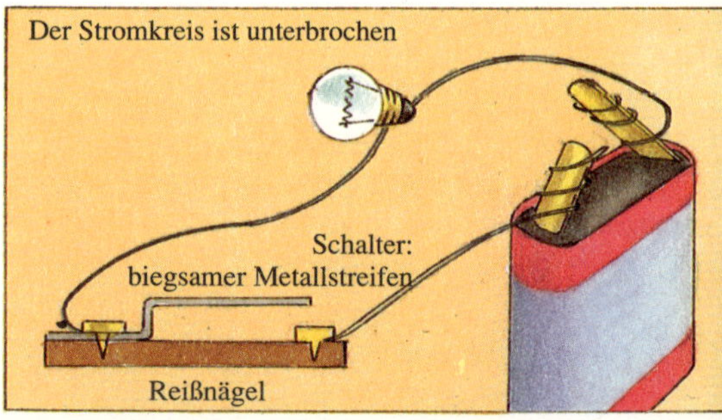

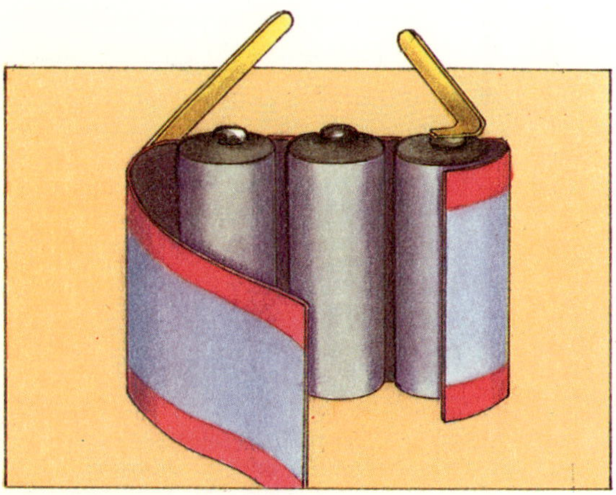

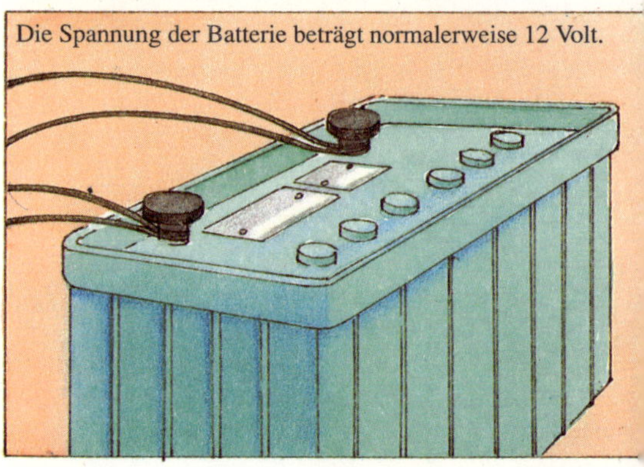

So sieht eine Flachbatterie innen aus
Jede der runden Batterien hat eine Spannung von 1,5 Volt.
Eine Flachbatterie, die aus 3 Stabbatterien besteht, hat 4,5 Volt Spannung.

Die Autobatterie
Sie ist ein Speicher für elektrische Energie aus Akkumulatoren. Sie liefert die Energie für das Starten und für den Betrieb aller Elektroanlagen bei abgeschaltetem Motor. Bei laufendem Motor wird sie wieder aufgeladen.

Das Elektrizitätswerk (Wärme-, Wasser- oder Kernkraftwerk) stellt die täglich benötigte Energie für Haushalt und Industrie zur Verfügung. Die Spannung in der Steckdose zuhause beträgt 220 Volt.

Vorsicht! Hochspannung!

Ab einer Spannung von 24 Volt wird der Strom gefährlich. Stromschlag kann tödlich sein. Wasser und Feuchtigkeit vergrößern die Risiken.

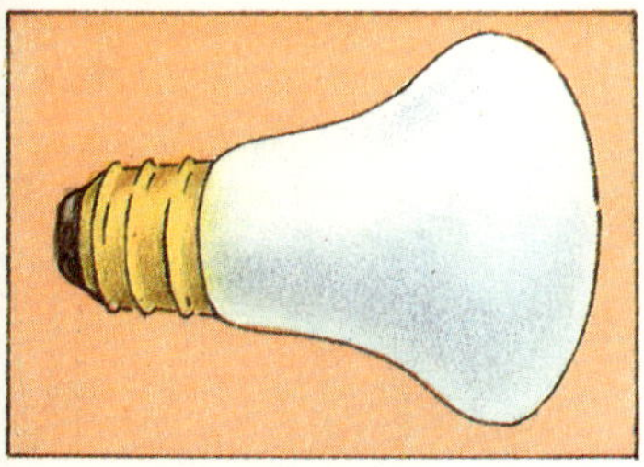

Die Glühbirne wird heiß

Der Strom, der durch den Glühdraht der Birne fließt, bewirkt die Freisetzung großer Wärmemengen. Wenn der Draht überhitzt wird (über 3 000°C), schmilzt der Draht. Die Birne »brennt durch«. Die Freisetzung von Wärme wird im Haushalt durch viele Elektrogeräte genutzt: Toaster, Herdplatten...

Was man nie machen darf (Stromschlaggefahr!)

Eine Glühbirne auswechseln, ohne vorher den Stecker der Lampe herauszuziehen.

Ein Elektrogerät im Bad benützen.

Es ist lebensgefährlich, Metallgegenstände in eine Steckdose zu stecken.

Nie mit nassen Füßen ein Elektrogerät anfassen.

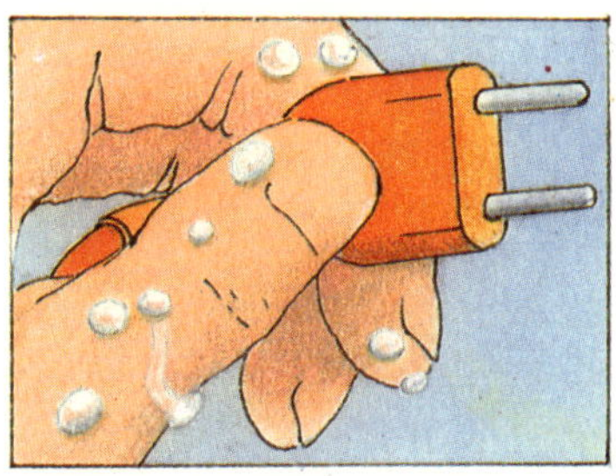

Nie mit nassen Händen einen Stecker anfassen.

Nie im Freien ein Stromkabel berühren, das am Boden liegt. Der Boden wird dann zur zweiten Leitung, und man bekommt einen tödlichen Stromschlag (380 000 Volt!).

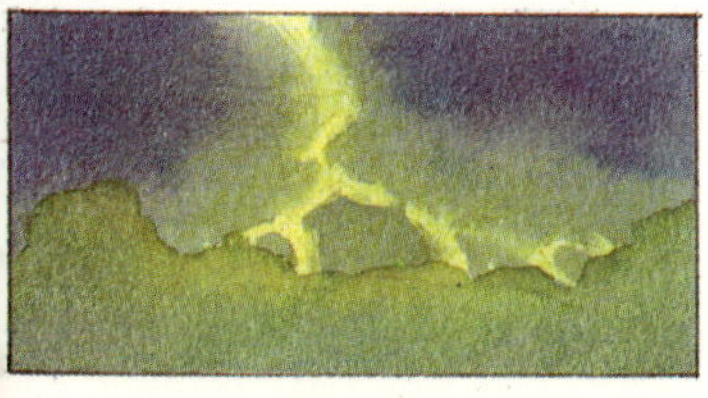

Der Blitz

Die Blitze, die bei Gewitter am Himmel aufzucken, sind Stromentladungen zwischen Himmel und Erde oder zwischen zwei Wolken. Die Temperatur in diesen Funkenstrecken kann bis zu 30 000°C erreichen. Blitze können Menschen und Tiere töten und große Brände entfachen. Der von Benjamin Franklin im Jahr 1752 erfundene Blitzableiter bewirkt eine direkte Ableitung des Stroms in die Erde.

Energieqellen

Für das Funktionieren von Geräten und Maschinen, für die Fortbewegung eines Gegenstandes braucht man Energie. Diese gibt es in verschiedenen Formen.

Muskelkraft (chemische Energie)

Am Anfang hatte der Mensch nur seine Muskeln
Die Menschen der Urzeit hatten keine andere Energiequelle zur Verfügung als ihre *Muskelenergie*, mit der sie alles bewältigen mußten: jagen, Nahrung beschaffen, heben, tragen, sich selbst und Lasten fortbewegen. Um 10 000 v.Chr. lernten sie, die Arbeit von Tieren, die sie zähmten, zu nutzen.

Windenergie wird seit alter Zeit durch Windmühlen genutzt und seit vorgeschichtlicher Zeit als Antriebskraft für Segelboote verwendet.

Mechanische Energie
Die Feder eines Uhrwerks, das Gewicht einer alten Uhr liefern den mechanischen Bestandteilen die Energie, die sie in Gang setzt.

Wasser und Luft: Arbeitskraft aus der Natur
Ab etwa 100 v.Chr. benutzte man mit *Wasserenergie* betriebene Mühlen zum Mahlen des Getreides. Heute verwenden wir dieselbe Kraft zur Erzeugung einer anderen Energieform: *elektrischer Energie* (in Wasserkraftwerken).

Windmühle (Windenergie)

Uhrwerke aus alter Zeit

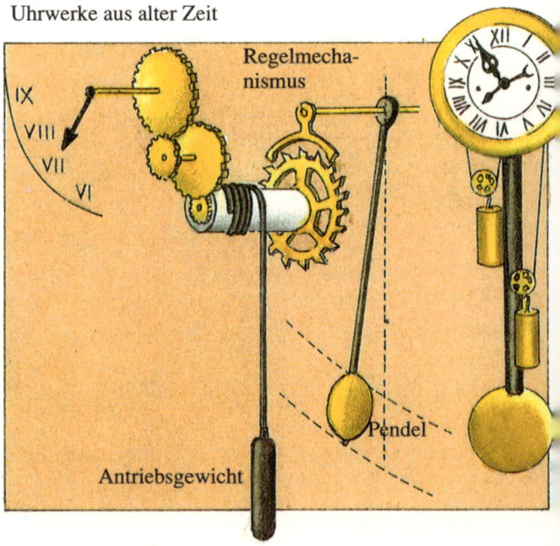

Natürliche Energiequellen

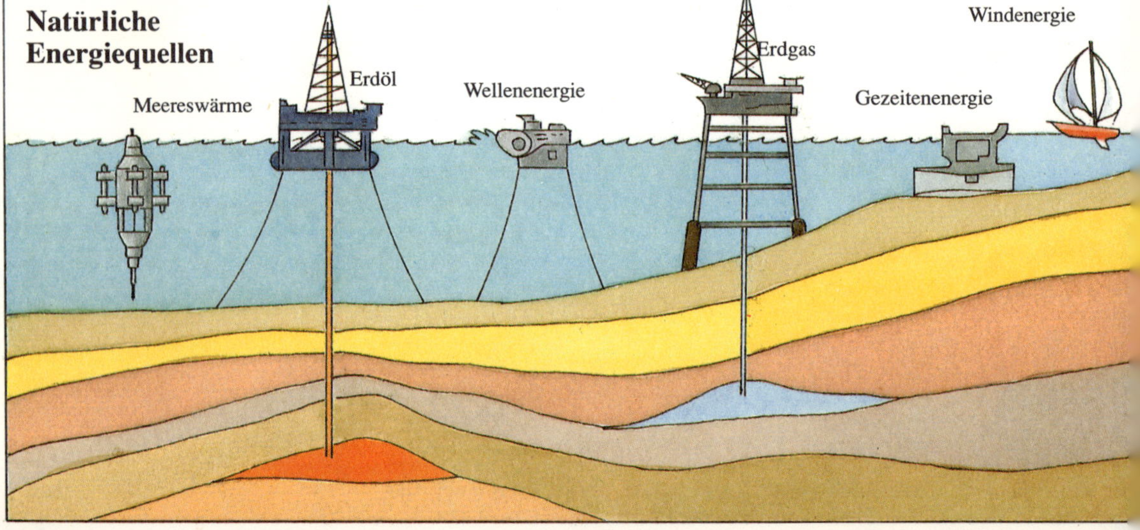

Energie aus Brennstoffen
Mit *Holz* und vor allem mit *Kohle* heizte man die ersten Maschinen, die den Menschen das Leben erleichterten. Mit dem *Erdöl* und dem *Benzin* tauchten die ersten *Motoren* auf, die die industrielle Revolution auslösten. Raketen schließlich werden von Energie angetrieben, die bei der Verbrennung gewisser Gase entsteht.

Elektrische Energie
Diese Energieform wird in großen Mengen erzeugt und verwendet (Beleuchtung, Heizung, Motoren) und ist außerdem die am schnellsten transportierbare.

Elektrische Energie

Der Bedarf en elektrischer Energie nimmt ständig zu; er verdoppelt sich alle 10 Jahre! Da die Reserven an Brennstoffen nicht unerschöpflich sind, sucht der Mensch nach neuen, alternativen Energieformen.

Sonnenenergie
Mit Hilfe von Spiegeln oder Kollektoren kann man die *Wärme der Sonnenstrahlen* für den Betrieb von Hochtemperaturöfen (bis zu 3 800° C), für Heizzwecke im Haushalt und für die Stromerzeugung nutzbar machen.

Erdwärme
Manchmal findet man in tieferen Erdschichten Ansammlungen von *heißem Wasser*, das man heraufpumpen und als billiges Heißwasser für Heizzwecke verwenden kann.

Energie aus dem Meer
In Frankreich gibt es ein Kraftwerk (Saint-Malo), das die *Gezeitenenergie* als Antriebskraft für Turbinen nutzt und damit Strom erzeugt.
Derzeit sucht man auch nach Wegen, die Energie der Wellen und der Meereswärme für die Energiegewinnung nutzbar zu machen.

Die Kernenergie
Seit vielen Jahren wird in den führenden Industrieländern ein Teil des Energiebedarfs durch Kernkraftwerke gedeckt. In der BRD lieferten 1988 Kernkraftwerke etwa 39 % des Strombedarfs (Kohlekraftwerke 49 %, Wasserkraftwerke 5%).

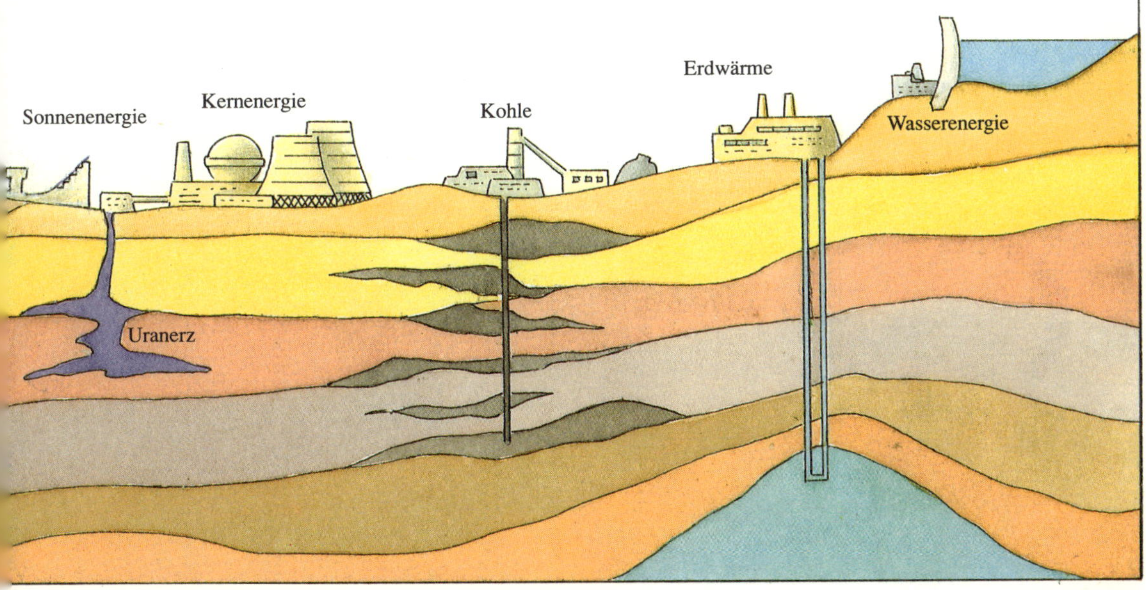

Die Kernenergie - eine neue Energieform

Als »Kernbrennstoff« verwendet man Uran, das üblicherweise dafür aufbereitet werden muß. 1 Gramm Uran setzt dieselbe Energiemenge frei wie 2,8 Tonnen Kohle!

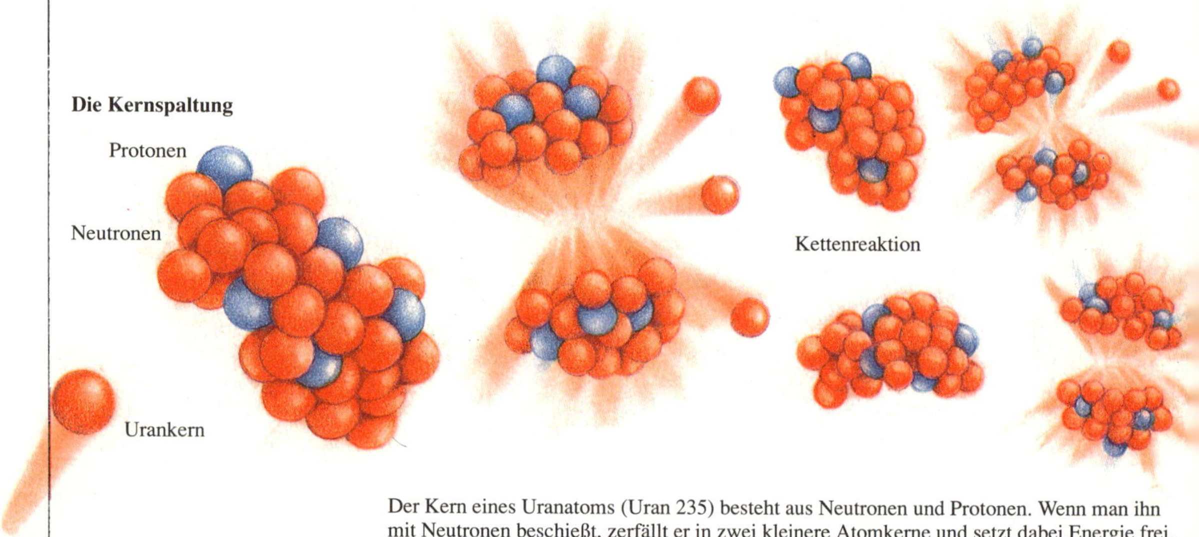

Der Kern eines Uranatoms (Uran 235) besteht aus Neutronen und Protonen. Wenn man ihn mit Neutronen beschießt, zerfällt er in zwei kleinere Atomkerne und setzt dabei Energie frei.

Wie wird Kernenergie gewonnen?
Im Inneren eines vollständig abgedichteten Gebäudes, des Reaktors, wird im Uran eine kontrollierte Reaktion (Kettenreaktion) ausgelöst, die durch Spaltung von Uranatomkernen Kernenergie in Form von Wärme freisetzt.

Wo gibt es Uranvorkommen?
Besonders ergiebig sind die Uranvorkommen in den USA, in Kanada, Südafrika, in der UdSSR, Tschechoslowakei und in Frankreich.

Die Atombombe
Sie nutzt die Kernenergie für militärische und kriegerische Zwecke in Form einer unkontrollierten Kettenreaktion, die auf einen Schlag die gesamte Energie des Spaltmaterials in der Bombe freisetzt. Die Wucht der Explosion, die freigesetzte Hitze und die radioaktive Strahlung vernichten das Ziel.
Am Ende des Zweiten Weltkrieges wurden zwei Atombomben über Japan abgeworfen - auf *Hiroshima* und *Nagasaki*, wo sie innerhalb von Sekunden *170 000 Menschenleben* auslöschten!

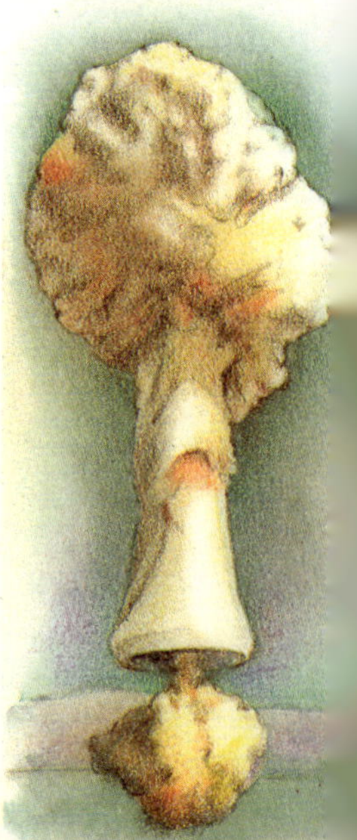

Explosion einer Atombom

Schützen vor Strahlung: Atemgerät und Schutzanzug.

Ist Kernenergie gefährlich?
Ja. Daher werden die Reaktoren sorgfältig abgesichert und ständig überwacht. Bei der Gewinnung von Kernenergie wird nämlich eine starke *radioaktive Strahlung* erzeugt, die für die meisten Lebewesen tödlich wäre. Daher sind Sicherheitsmaßnahmen zur Kontrolle der Radioaktivität sowie sorgfältige Behandlung des radioaktiven Abfalls unerläßlich.

Atomstrom aus Kernkraftwerken
Diese friedliche Nutzung der Kernenergie verwendet die freiwerdende Hitze zur Umwandlung von Wasser in einem Kessel in Heißdampf mit hohem Druck, der Turbinen antreibt und so elektrische Energie erzeugt. 1988 waren in 27 Ländern 429 Kernkraftwerke in Betrieb, weitere 110 Kraftwerksblöcke in 20 Ländern im Bau. Da Kernkraftwerke für die Umgebung gefährlich werden können, müssen sie so gebaut werden, daß sie selbst einen gewaltigen Aufprall (z.B. bei einem Flugzeugabsturz) und Erdbeben unbeschädigt überstehen.

Die Kernkraftwerke der Welt (Stand 8/89)

Land	Gesamt	davon: in Betrieb	davon: im Bau	davon: Projekt
Ägypten	2	-	-	2
Argentinien	3	2	1	-
Belgien	7	7	-	-
Brasilien	3	1	2	-
Bulgarien	10	6	2	2
BRD	23	22	1	-
China, VR	3	-	3	-
DDR	13	5	6	2
Finnland	4	4	-	-
Frankreich	67	55	10	2
Großbritannien	35	32	1	2
Indien	19	8	7	4
Iran	2	-	2	-
Japan	56	40	12	4
Jugoslawien	2	1	-	1
Kanada	23	18	4	1
Korea	11	8	1	2
Kuba	2	-	2	-
Mexiko	2	-	2	-
Niederlande	2	2	-	-
Pakistan	1	1	-	-
Philippinen	1	-	1	-
Polen	8	-	2	6
Rumänien	5	-	5	-
Schweden	12	12	-	-
Schweiz	5	5	-	-
Sowjetunion	94	57	29	8
Spanien	14	10	-	4
Südafrika	2	2	-	-
Taiwan	6	6	-	-
Tschechoslowakei	16	8	8	-
Ungarn	6	4	-	2
USA	124	113	9	2
Gesamt 33 Länder	583	429	110	44

Kernenergie - Für und Wider
Viele Menschen sind gegen die Kernenergie. Sie begründen diese Haltung mit den Gefahren radioaktiver Strahlung, die lebensbedrohlich werden kann, und mit der Tatsache, daß die Sicherheitsvorkehrungen in den Kernkraftwerken keinen absolut sicheren Schutz vor Unfällen darstellen (Reaktorbrand im sowjetischen Kernkraftwerk Tschernobyl im April 1986). Manche Gemeinden lassen den Bau von Kernkraftwerken auf ihrem Gebiet nicht zu. Es wird auch öffentlich dagegen demonstriert.
Die *Umweltschützer* protestieren gegen die Methoden der Beseitigung radioaktiver Abfallprodukte (z.B. die Wiederaufarbeitung und Endlagerung in tiefen Gesteinsschichten).
Die *Befürworter der Kernenergie* verweisen dagegen auf den außergewöhnlichen Nutzen, den die Menschheit aus der Verwendung dieser Energieform ziehen kann. Sie halten die Kernenergie für sauberer, weniger umweltschädigend und weniger gefährlich als so manchen chemischen Industriezweig...

Die Welt des Schalls

Jeder vibrierende Gegenstand erzeut Töne (die Saiten einer Gitarre, unsere Stimmbänder...). Die Schallwellen pflanzen sich in der Luft fort und gelangen so an unser Ohr. Im Weltraum, auf dem Mond, überall, wo es keine Luft gibt, sind Töne unhörbar.

Blitz und Donner
Warum dauert es oft eine gewisse Zeit, bis wir nach einem Blitz den Donner hören, obwohl doch Blitz und Donner gleichzeitig entstehen?
Der Grund dafür ist, daß Lichtwellen sich in der Luft schneller fortpflanzen als Schallwellen: das Licht legt *300 000 km* pro *Sekunde* zurück, der Schall *340 m pro Sekunde*!

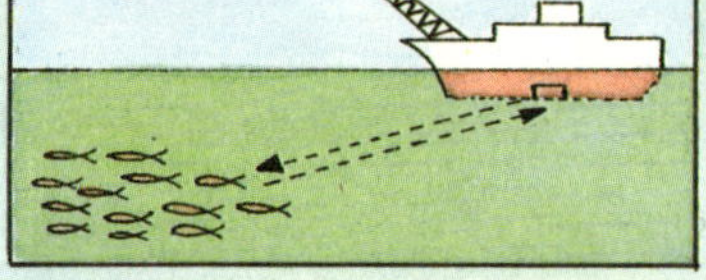
Mit Hilfe des Echolots kann dieser Fischdampfer Fischschwärme aufspüren.

Das Echolot
Zur Auffindung und Bestimmung von Gegenständen unter Wasser werden Schiffe mit einem Echolot ausgerüstet, das Schallwellen aussendet. Sie breiten sich unter Wasser aus, werden aber zum Schiff reflektiert, wenn sie auf ein Hindernis stoßen.

Das Bindfadentelefon
Man braucht dafür: 2 Pappbecher und ein paar Meter Bindfaden. Es funktioniert, weil Schall sich auch in festen Körpern fortpflanzt. Hier folgen die Schallwellen dem gespannten Bindfaden.

Noch ein Beispiel (Abb. rechts): das *Stethoskop* des Arztes ermöglicht das Abhören der Herztöne, der Atemgeräusche... Die Schallgeschwindigkeit ist in festen Körpern höher als in der Luft: in Stahl zum Beispiel *5 km pro Sekunde*, im Wasser *1,5 km/s*!

Das Echo
Wenn Schallwellen von einem Hindernis (Wand, Felsen, Hügel) zurückgeworfen werden, hört man einen Widerhall, das Echo.

Wenn man die Sekunden zwischen Blitz und Donner zählt, kann man die Entfernung des Gewitters errechnen.

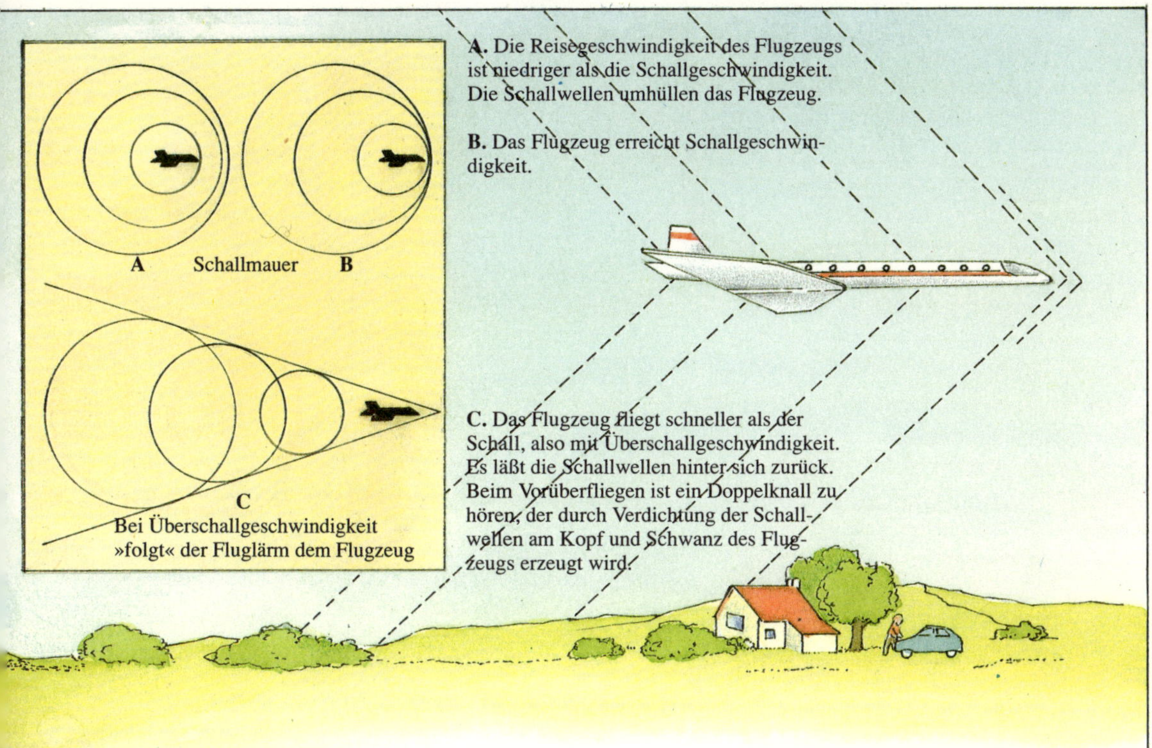

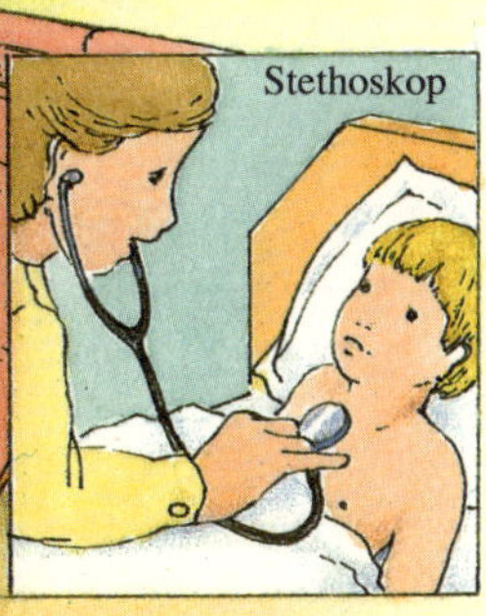

Schneller als der Schall

Überschallflugzeuge fliegen schneller, als sich der Schall fortpflanzt. Wenn sie die Schallgeschwindigkeit von ungefähr 1000 km/h erreichen, ist die Verdichtung der Schallwellen besonders groß, man hört einen gewaltigen Knall.
Die ersten Flugzeuge, die Schallgeschwindigkeit erreichten, wurden durch die Vibration in Stücke gerissen. Der erste Ultraschallflug gelang dem Amerikaner Charles Yeager am 14. Oktober 1947.

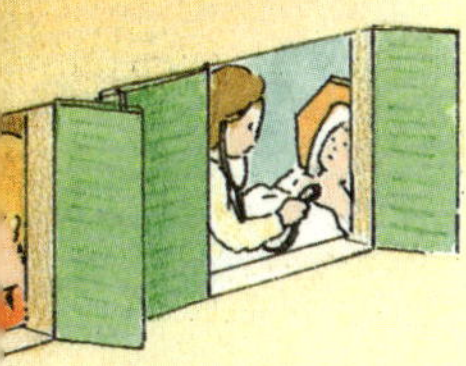

Wieviel Dezibel?

Je nachdem, welcher Körper gerade schwingt, ist die Stärke (Intensität) der Schallwellen größer oder kleiner. Mit Hilfe von Meßgeräten kann man die Schallstärke messen. Die dafür verwendete Einheit heißt *Dezibel (dB)*.
Hier eine Übersicht über die Stärke der Schwingungen verschiedener Schwingkörper:

Rascheln von Blättern: 0-10 dB
Ruhige Unterhaltung: 20-50 dB
Lebhafte Unterhaltung: 50-65 dB
Vorbeifahrender Zug: 65-90 dB
Donner: 90-110 dB
Startendes Düsenflugzeug: 110-140 dB
Startende Weltraumrakete: 140-190 dB

Die Schmerzschwelle des menschlichen Ohrs liegt bei 120 Dezibel.

Gibt es Schallwellen, die wir nicht hören können?
Ja, denn unser Ohr kann nur bestimmte Frequenzen hören. Ultraschall ist zu hoch und Infraschall zu tief für unseren Hörbereich.
Das *Echolot* der Schiffe sendet Ultraschallwellen aus. Die *Fledermaus* ist blind: dank Ultraschallwellen, die sie aussendet und die als Echo zu ihr zurückkommen, kann sie sich trotzdem orientieren. Die Orientierung der *Delphine* im Wasser beruht auf demselben Prinzip.

Wir machen Musik

Der Magnetismus - eine seltsame Naturerscheinung

Der Magneteisenstein
Dieses vor mehr als 2 500 Jahren bereits entdeckte Erz hat die Eigenschaft, Gegenstände aus Eisen anzuziehen. Es stellt also einen natürlichen Magneten dar. Ein noch größerer natürlicher Magnet ist die Erde selbst.

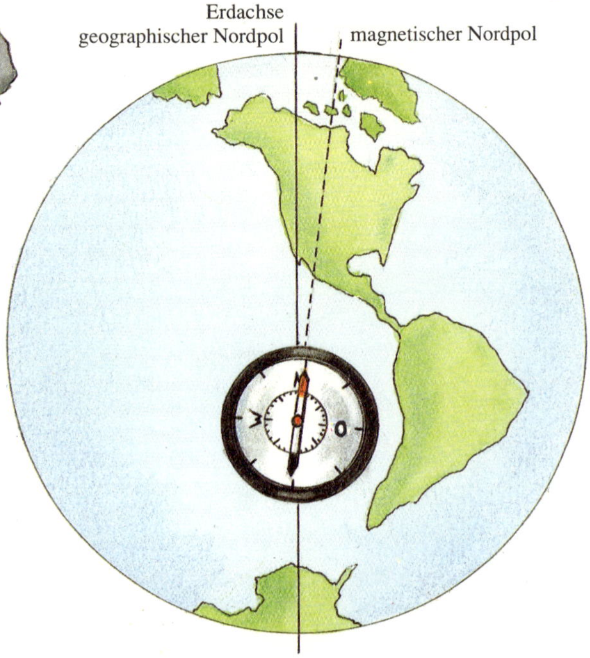

Eine hilfreiche Anwendung: der Kompaß
Er besteht aus einer Magnetnadel, die leicht drehbar gelagert ist. Auf der Grundplatte unter ihr sind die Himmelsrichtungen eingezeichnet.

Was zieht ein Magnet an?
Nur Metallgegenstände, die Eisen oder Nickel enthalten. Nicht angezogen werden Gegenstände aus Glas, Holz, Plastik, Kupfer, Silber...

Die Nadel stellt sich immer in Nord-Süd-Richtung ein und ermöglicht dadurch die Orientierung.
Als erstes Volk erlernten die Chinesen den Umgang mit dem Kompaß. Sie waren die Lehrmeister der Araber, die im Mittelalter den Kompaß im Abendland bekannt machten.

Künstliche Magneten
Heute verwendet man nicht mehr natürliches Magneteisen, sondern stellt Magneten künstlich her, wobei deren Form je nach Verwendungszweck verschieden ist.

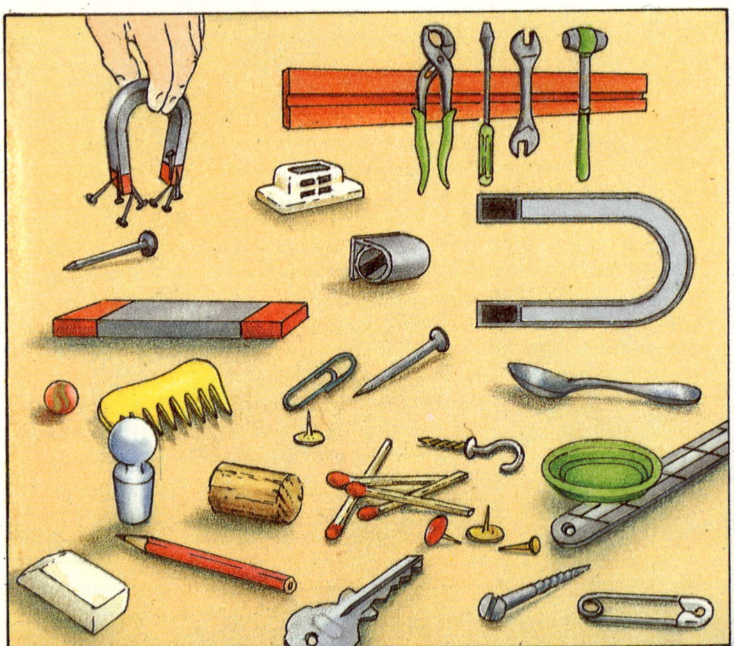

Welche der abgebildeten Gegenstände werden vom Magneten nicht angezoge

Die Magnetpole

Als Pole bezeichnet man die Teile eines Magneten, an denen die Magnetisierung am stärksten ist.
Stabmagnete, die an Fäden aufgehängt werden, richten sich genau gleich aus. Gleichnamige Enden, die man vorher entsprechend markiert, um sie wiederzufinden, weisen immer in dieselbe Richtung.

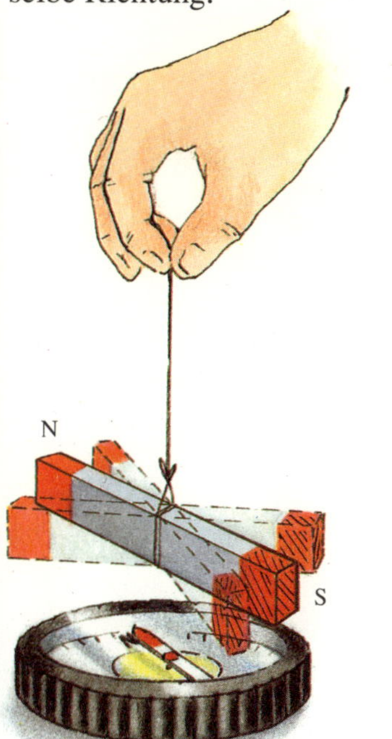

Eine dieser Richtungen entspricht Nord, die andere Süd. Wenn man die Enden von Stabmagneten einander nähert, stellt man fest, daß sich gleichnamige Pole (zum Beispiel 2 Nordpole) abstoßen. Man kann sie nicht zusammenbringen. Ungleichnamige Pole (Nord und Süd) hingegen ziehen sich an.

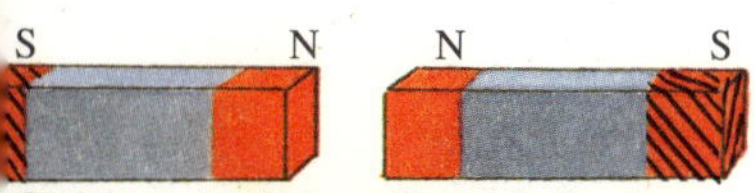

Gleichnamige Pole stoßen sich ab.

Ungleichnamige Pole ziehen sich an.

Was heißt »magnetisieren«?

Metallgegenstände, die Eisen, Stahl oder Nickel enthalten, können durch Entlangstreifen an einem starken Magneten magnetisch gemacht, *magnetisiert* werden. Jeder magnetisierte Gegenstand hat sofort zwei Pole: einen Nord- und einen Südpol.

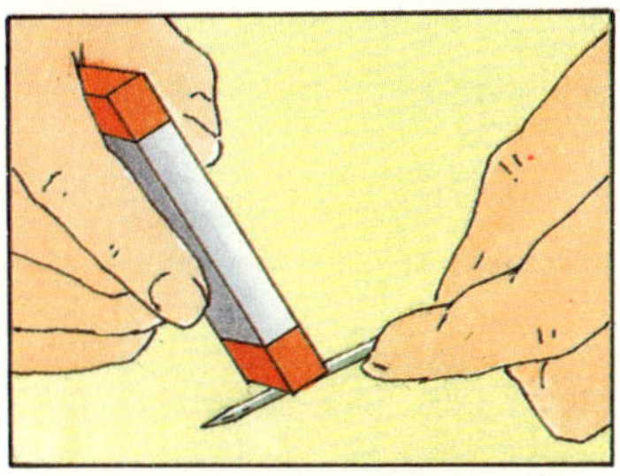

Kann man die magnetischen Kräfte sichtbar machen?

Ja. Wenn man ein Blatt Papier auf einen Magneten legt und es mit Eisenspänen bestreut, sieht man Linien, die *Feldlinien*, die von den Polen ausgehen und die Richtung der Magnetwirkung anzeigen.

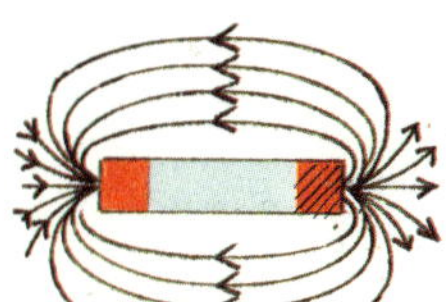

Eisenspäne über einem Magneten bilden Bögen von Pol zu Pol.

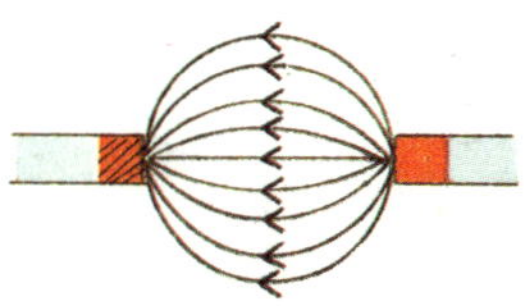

2 ungleichnamige Pole: die Linien verbinden sich.

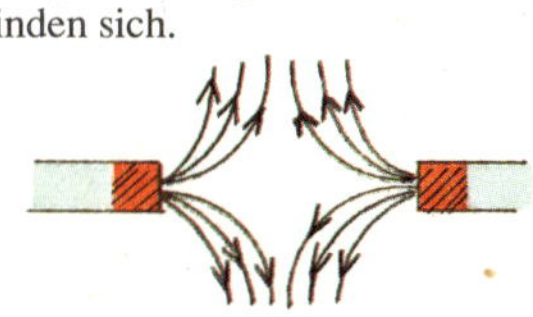

2 gleichnamige Pole: die Linien streben auseinander.

Magnetisierung durch Strom

Man umwickelt einen großen Nagel mit Draht und schließt die Enden an eine Batterie an.
Wenn der Strom durch den Draht fließt, wird der Nagel magnetisiert. Man hat einen Elektromagneten erzeugt.
Mit Hilfe starker Elektromagnete können gewaltige Lasten aufgehoben werden.

Einfacher Elektromagnet

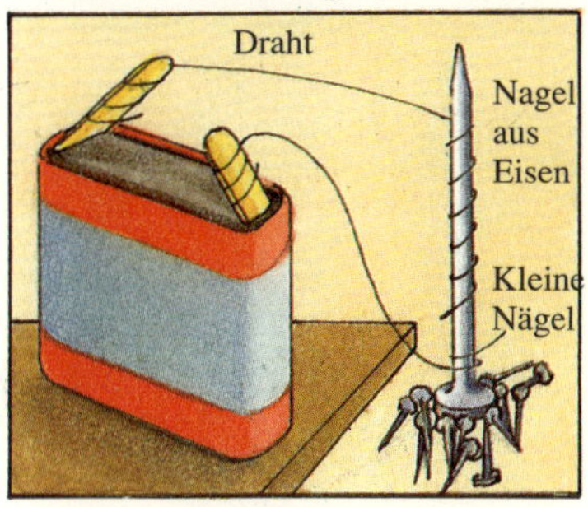

Kann die Magnetisierung auch wieder verschwinden?

Ja, wenn man den Magneten erhitzt oder ihm Stöße versetzt. Eine Nadel entmagnetisiert man, indem man sie erhitzt.

Welche Geräte arbeiten mit Elektromagneten?

Elektrische Klingeln, Telegraphen und alle kleinen Elektromotoren.

Kassettenrecorder (Aufnahme- und Abspielgerät für Kassetten)

Hebel und Waagen

Kraft ohne Anstrengung

Wer schwere Lasten heben oder fortbewegen muß oder aus einem tiefen Brunnen Wasser schöpfen will, ohne sich dabei gewaltig anzustrengen, braucht eine einfache Hilfsvorrichtung: *den Hebel.*
Hebel waren schon sehr früh bekannt und in Verwendung. Der griechische Gelehrte *Archimedes* (287-212 v.Chr.) hat als erster die Gesetze der Hebelkraft entdeckt und ihre Wirkungsweise untersucht.

Verschiedene Arten von Hebeln

Anwendung von Hebelkraft in einer Akrobatennummer.

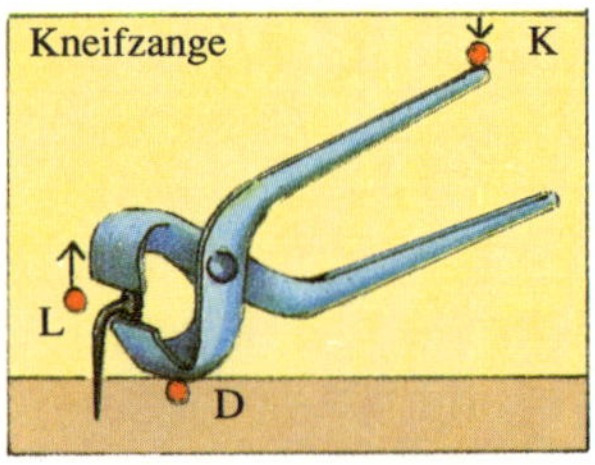

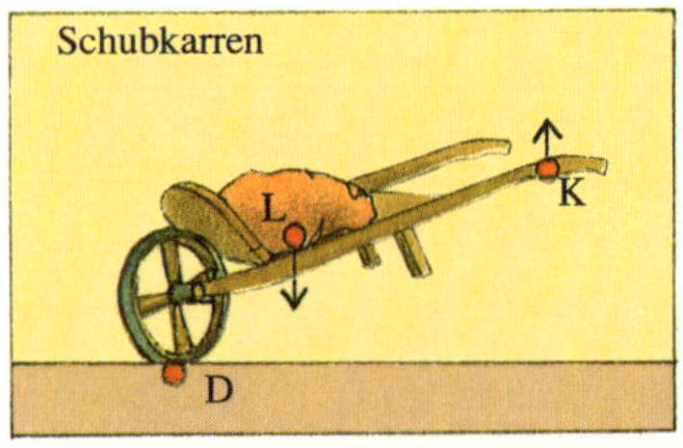

Die Wirksamkeit dieses Hebels hängt von seinem Auflagepunkt auf der Unterlage ab: man kann das selbst ausprobieren.

Aufheben einer Last mit Hilfe einer Seilrolle

Ein bißchen Technik
Jeder Hebel weist drei wichtige Punkte auf:

- den Drehpunkt **D**;
- den Punkt **L**, in dem die Last aufliegt;
- den Punkt **K**, in dem die Kraft wirksam wird.

Zum Anheben der stets gleichen Last wird umso weniger Kraft benötigt, je größer der Abstand **DK** wird.

Eine praktische Anwendung der Hebelkraft: die Waage
Seit dem Altertum sind Waagen in Gebrauch. Schon um 2 000 v.Chr. benützten die *Ägypter* Waagen. Die ältesten Waagen waren aus Holz.
Die einfachste Ausführung einer Waage ist ein Hebel, dessen Drehpunkt genau zwischen der Kraft und der Last liegt, die Arme des Hebels sind gleich lang. Die vergleichende Kraft rührt vom Gewicht der Wägestücke her.

Tafelwaage

Eine Präzisionswaage: die Goldwaage

Wippe

Gleicharmige Hebelwaagen

Tafelwaagen, also Waagen, bei denen die Waagschalen oberhalb des Waagebalkens liegen, waren seit etwa 1670 die gebräuchlichsten Waagen.

Die *Goldwaage*, die auch als *Apothekerwaage* verwendet wird, ist eine Feinwaage, mit der kleinste Mengen gewogen werden.

Die bei Kindern so beliebte *Wippe* ist eine weitere Anwendung desselben Prinzips. Bei gleich schweren Kindern bleibt das Brett in der Waage.

Automatische Waagen

Bei bestimmten Waagen kann man das Gewicht des zu wiegenden Gegenstandes sofort ablesen: zum Beispiel bei den vollautomatischen Waagen im Einzelhandel, den Briefwaagen, den Küchenwaagen...
Für große Lasten (von etwa hundert Kilogramm bis zu vielen Tonnen) gibt es besonders belastbare Waagen, die *Brückenwaagen*.

Küchenwaage

Lebensmittelwaage

Briefwaage

Personenwaage

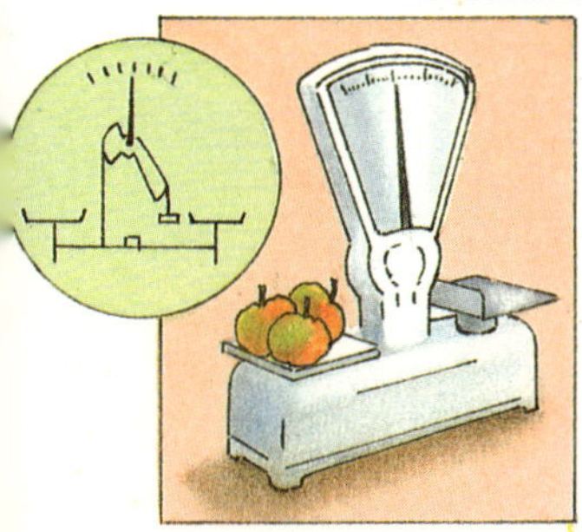
Lebensmittelwaage (Grobeinstellung mit Gewichtsstücken)

Ladenschnellwaage mit automatischer Ablesung

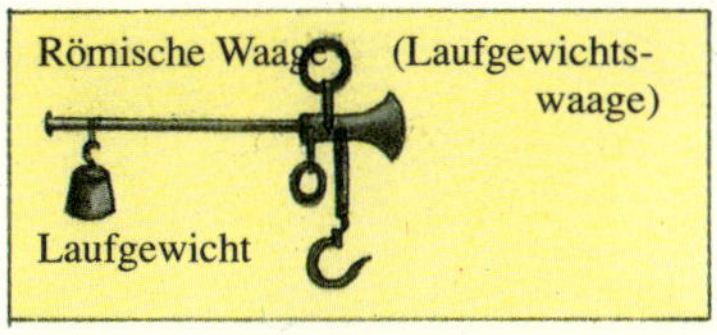

Römische Waage (Laufgewichtswaage)

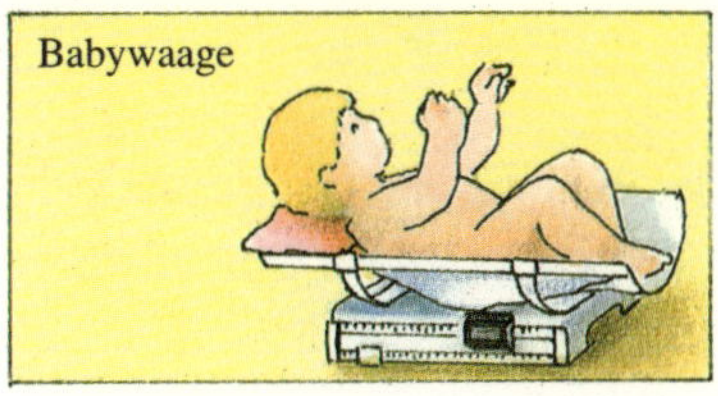
Babywaage

Eine ausgefallene Waage

Schon um 1 000 v.Chr. waren in China ungleicharmige Hebelwaagen bekannt, die später als römische Waagen bezeichnet wurden. Am kurzen Hebel wird die Last befestigt, am langen Hebel mit Skala ein Laufgewicht oder Läufer so lange verschoben, bis die Waage im Gleichgewicht ist und das Gewicht abgelesen werden kann. Auch als Babywaage werden manchmal solche Läuferwaagen verwendet.

So kann man selbst eine Waage bauen

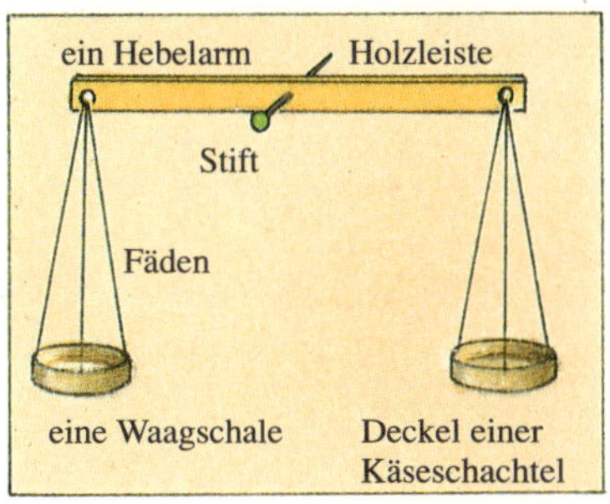

Masse oder Gewicht?

Die *Masse* eines Körpers ist die Stoffmenge, aus der er besteht. Sie *bleibt konstant*. Das *Gewicht* hingegen besagt, wieviel diese Masse *wiegt* - und das ändert sich je nachdem, wo gewogen wird. Am Mond zum Beispiel wiegt dieselbe Masse ein Sechsel im Vergleich zur Erde.

Die Welt der Farben

Eine der wesentlichsten Eigenschaften des Lichts ist die Farbe.

Ein bißchen Magie
Wenn man einen weißen Lichtstrahl (Tageslicht) durch ein Prisma aus Glas schickt, wird das Licht in verschiedene Farben gebrochen!

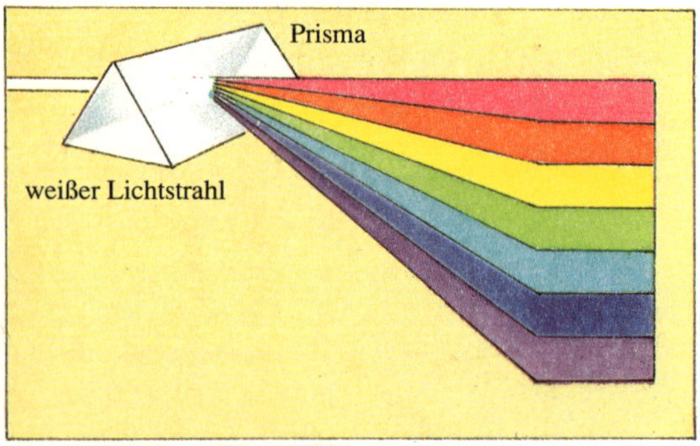

Zerlegung des Lichts durch das Newton'sche Prisma.

Weißes Licht setzt sich aus vielen Spektralfarben zusammen. Deutlich sind *Rot, Orange, Gelb, Grün, Hellblau, Dunkelblau und Violett* zu erkennen.

Das Spektrum des Sonnenlichts
So wird das Spektrum sichtbar: Ein Glas Wasser auf einem weißen Papier hinter einem Stück Karton mit einem 1 cm breiten Schlitz - wie hier gezeigt - an ein Fenster in die Sonne stellen.

Alle diese Farben zusammen bilden das *Lichtspektrum.* Mit dem Versuch, den wir hier beschrieben haben, hat Isaac Newton vor 300 Jahren die Zusammensetzung des Lichtes dargestellt.

Zu sehen ist nur noch Weiß!
Aus Karton einen Kreis ausschneiden und wie auf der Abbildung mit den sieben gezeigten Farben bemalen. Wenn man die Scheibe schnell dreht, können die Augen die Farben nicht mehr unterscheiden. Sie verschmelzen und werden als eine einzige Farbe - Weiß - gesehen.

Die Farbenscheibe

Der Regenbogen
Die Regentropfen wirken wie kleine Glasprismen und brechen die Sonnenstrahlen in die Spektralfarben, die im Regenbogen zu sehen sind.

Auf einem Hocker, die Sonne im Rücken. Der Schatten unterbricht den Regenbogen.

Warum sehen wir Kirschen rot, einen Apfel grün, Papier weiß?

Die Gegenstände in unserer Umgebung verschlucken (absorbieren) gewisse Farben des Spektrums und werfen die übrigen zurück. Die reflektierten Farben sind es, die unser Auge wahrnimmt. Die Kirsche erscheint uns rot, weil sie alle Farben außer Rot absorbiert, Rot aber reflektiert. Der Apfel reflektiert die Farbe Grün und absorbiert alle übrigen. Das Papier sehen wir weiß, weil es alle Farben des Spektrums reflektiert. Blaue Augen absorbieren Blau nicht...

Die Kirsche sehen wir rot, weil sie nur die Farbe Rot reflektiert.

Und was ist dann schwarz?

Alles, was uns schwarz scheint (Kohle, Stoff), absorbiert alle Farben des Spektrums und reflektiert keine einzige. Ein schwarzer Gegenstand wird also nur durch den Kontrast zu seiner Umgebung sichtbar. Schwarz sieht man, wo keine Farbe ist.

Das Papierblatt reflektiert alle Farben und erscheint uns weiß.

Was alle Farben absorbiert, sehen wir schwarz.

Von einer Farbe zur andern

Wenn man Farben miteinander mischt, erhält man neue Farben.

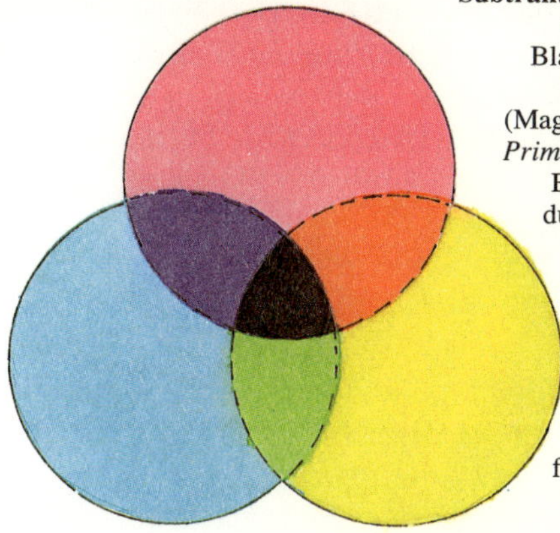

Subtraktive Farbmischung
Blau (Cyan), Gelb, Rot (Magenta) sind *Primärfarben.* Blickt man durch Farbfilter mit den 3 Primärfarben, erkennt man Mischfarben und Schwarz.

Wenn man Gelb und Blau mischt, erhält man Grün

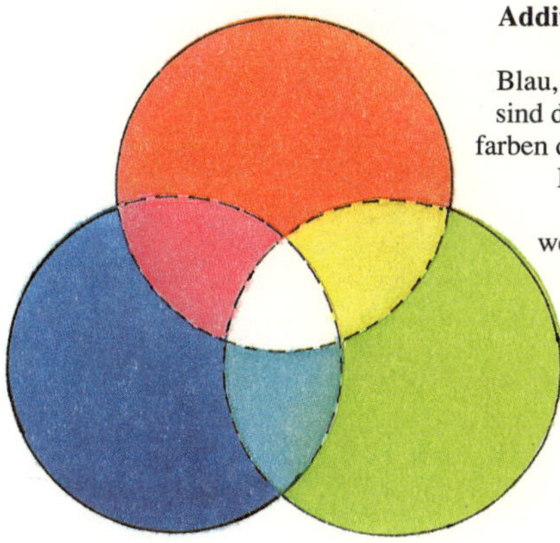

Additive Farbmischung
Blau, Grün, Rot sind die Primärfarben des Lichts. Beleuchtet man eine weiße Wand mit den 3 Primärfarben, erhält man Mischfarben und Weiß.

Wenn man Rot und Gelb mischt, bekommt man Orange.
Wenn man Blau und Rot mischt, ist das Ergebnis Violett.

Warum färbt sich die Sonne beim Sonnenuntergang rot?
Ab Abend fallen die Sonnenstrahlen schräg ein und durchqueren mehrere tausend Kilometern staubhaltiger Atmosphäre. Auf ihrer Reise werden die blauen und violetten Strahlen von diesen winzigen Partikeln - wie von einem Filter - absorbiert. Nur die roten Strahlen gelangen bis zu uns.

Die Himmelskunde

Schon seit der Antike beobachten die Menschen den Himmel, versuchen seine Geheimnisse zu ergründen und seinen Aufbau zu begreifen.

Wer hat recht?
Im 2. Jahrhundert n.Chr. beschrieb der griechische Astronom *Ptolemäus* ein Universum von bescheidenen Ausmaßen, in dessen Mitte sich die feststehende Erde befindet, um die herum die Sonne, die Planeten und die Sterne kreisen.
Im 16. Jahrhundert erklärte der Astronom *Kopernikus* dieses Weltbild für falsch und behauptete, daß im Gegenteil die Erde und die übrigen Planeten sich um die Sonne drehen und außerdem auch um sich selbst.
Im 17. Jahrhundert bestätigte der italienische Gelehrte *Galilei* die Richtigkeit der kopernikanischen Lehre, wurde deswegen aber von der Kirche verurteilt. Heute wissen wir, daß er recht hatte.

Weiß man, wie groß das Weltall ist?
Nein. Selbst mit Hilfe von Riesenteleskopen und Satelliten ist es noch nicht gelungen, es zu vermessen.

Das Universum besteht aus *Galaxien*. Von der Erde aus wurden schon *Millionen* solcher Galaxien gezählt.
Jede Galaxie umfaßt Fixsterne und Planeten, die zusammen ein *System* bilden. *Milliarden* solcher Systeme gibt es pro Galaxie. Unser Planet Erde gehört zum *Sonnensystem* und dieses wiederum zu »unserer« Galaxie: der *Milchstraße*.

Fixstern oder Planet?
Ein Fixstern *erzeugt* Lichtenergie, während Planeten erkaltete Himmelskörper sind, die lediglich die ankommenden Lichtstrahlen reflektieren.

Vor einigen Jahren entdeckte man, daß die Himmelskörper auch Radiowellen ausstrahlen. Daraufhin wurden Radioteleskope gebaut, deren Riesenohren diese Wellen »hören« können.

Woraus besteht unser Sonnensystem?

Aus einem Fixstern, der Sonne, in der Mitte und 9 Planeten, die sich um die Sonne drehen.

Planeten	Symbole	Durchmesser in km	Entfernung von der Sonne in Mio km	Dauer einer Umdrehung um sich selbst	Umlaufzeit um die Sonne
Merkur	☿	4 878	58	59 Tage	88 Tage
Venus	♀	12 100	108	243 Tage	225 Tage
Erde	⊕	12 742	150	24 Stunden	365 Tage
Mars	♂	6 792	228	24 h 37 min	687 Tage
Jupiter	♃	142 800	778	9 h 50 min	11,9 Jahre
Saturn	♄	120 000	1 428	10 h 14 min	29,5 Jahre
Uranus	⛢	51 800	2 872	10 h 49 min	84,0 Jahre
Neptun	♆	49 500	4 498	15 h 40 min	164,8 Jahre
Pluto	♇	3 300	5 910	6 Tage 9 h	247,7 Jahre

Außerdem aus den Trabanten, die sich um den jeweiligen Planeten drehen.

Was versteht man unter einem »Lichtjahr«?

Das Lichtjahr ist eine Längeneinheit, die man verwendet, um die unvorstellbar weiten Entfernungen im Weltall auszudrücken. Da das Licht sich mit einer Geschwindigkeit von 300 000 km/s ausbreitet, entspricht 1 Lichtjahr der Entfernung, die das Licht pro Jahr zurücklegt, also 9 460 Milliarden Kilometern! Das Sonnenlicht braucht mehr als 8 Minuten bis zur Erde!

Was ist eine Sternschnuppe?
Manchmal gelangen Körper aus dem Weltall, Meteoriten genannt, in die Erdatmosphäre, wo sie sich so stark erhitzen, daß sie zu brennen beginnen und verglühen. Dabei leuchten sie hell und sind als Lichtstreifen am Himmel zu sehen.

Gibt es Lebewesen auf anderen Planeten des Sonnensystems?
Das ist wenig wahrscheinlich, denn die Lebensbedingungen sind dort zumeist sehr unwirtlich (gefrorener oder glühend heißer Boden); doch vielleicht gibt es Leben in anderen Sonnensystemen.

Und was ist der Mond?

Der Mond ist ein Erdtrabant, der sich in einer mittleren Entfernung von 380 000 km in etwas mehr als 29 Tagen um die Erde dreht. Je nach Stellung zur Sonne sehen wir den Mond nicht immer in derselben Gestalt, sondern manchmal ganz (Vollmond), manchmal nur als Viertel (Halbmond) oder Sichel. 1969 sind amerikanische Astronauten erstmals auf dem Mond gelandet.

Die Mondphasen

Mit welcher Geschwindigkeit dreht sich die Erde um die Sonne?
Mit der phantastischen Geschwindigkeit von 107 136 km/h, das sind etwa 30 km in der Sekunde!

Himmelskarten

Die Sterne des Nördlichen Sternenhimmels

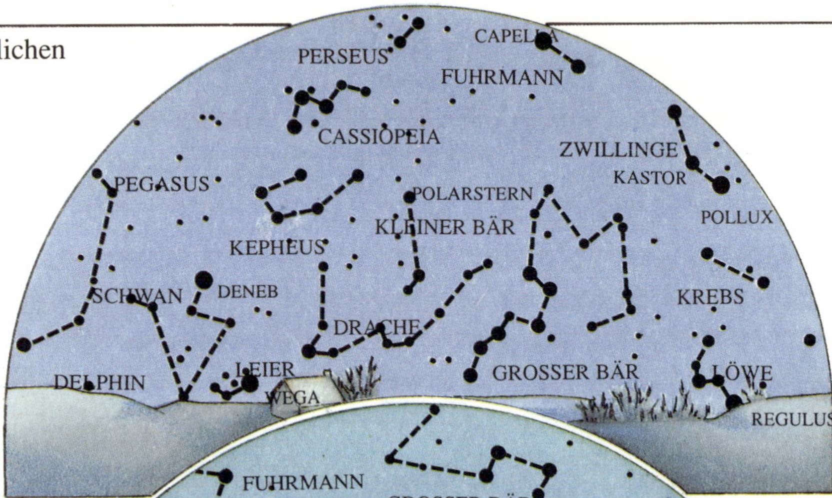

Nord, 1. Januar
21 Uhr

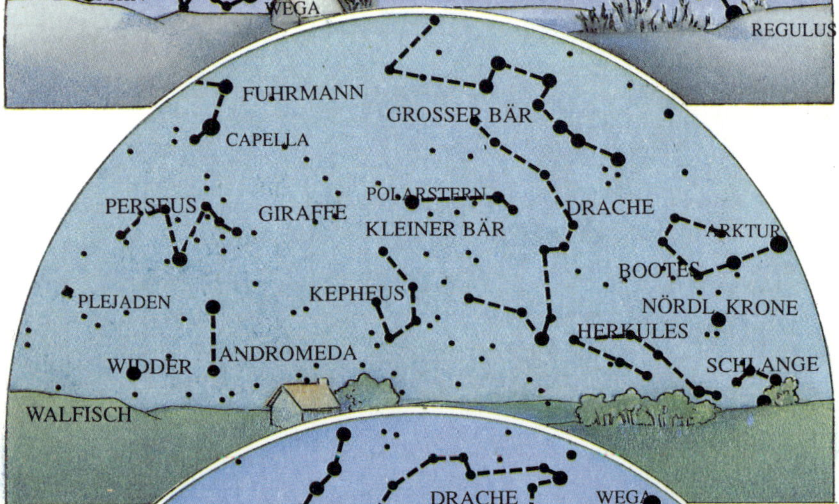

Nord, 1. April
21 Uhr

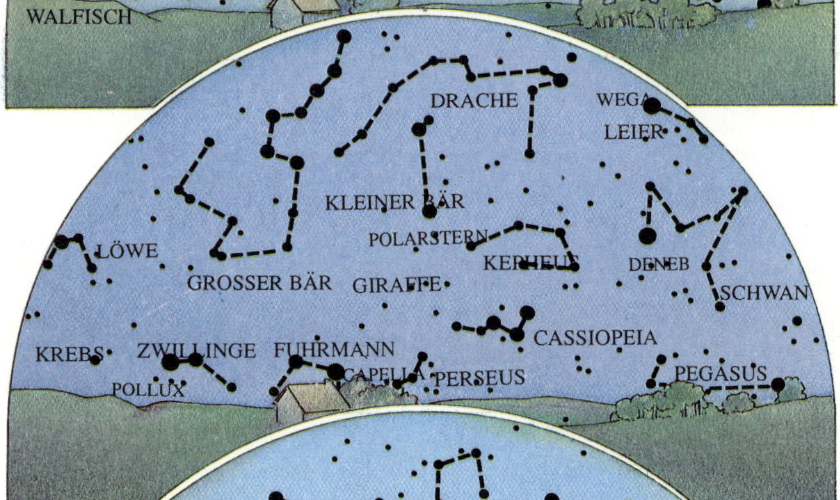

Nord, 1. Juli
21 Uhr

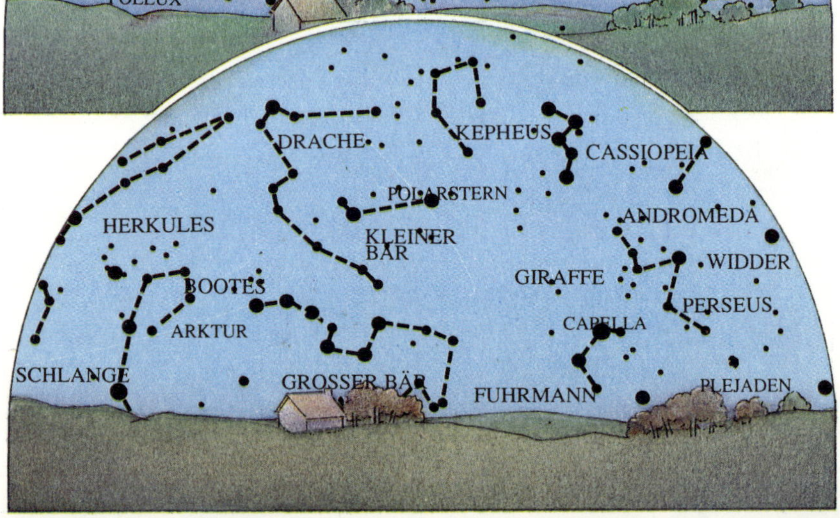

Nord, 1. Oktober
21 Uhr

Die Sterne des Südlichen Sternenhimmels.

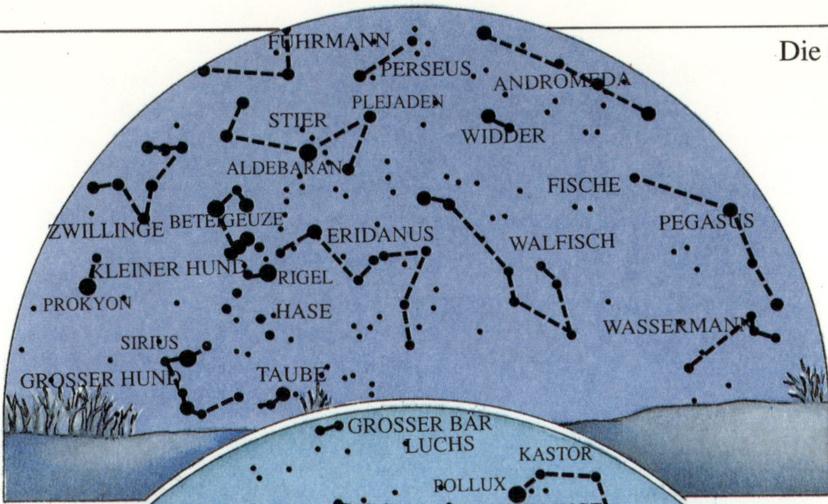

Süd, 1. Januar
21 Uhr

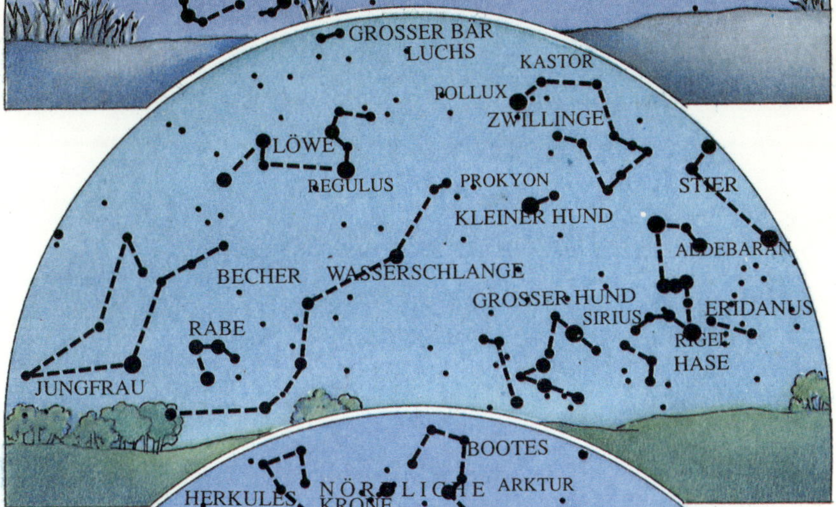

Süd, 1. April
21 Uhr

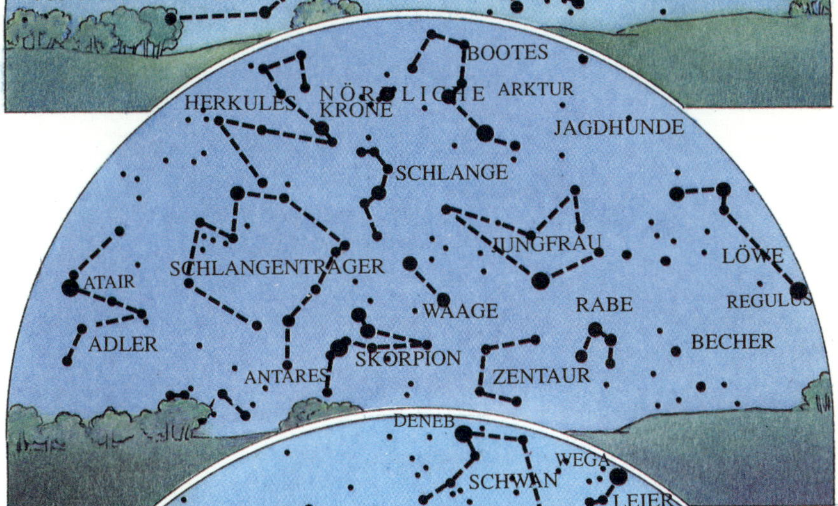

Süd, 1. Juli
21 Uhr

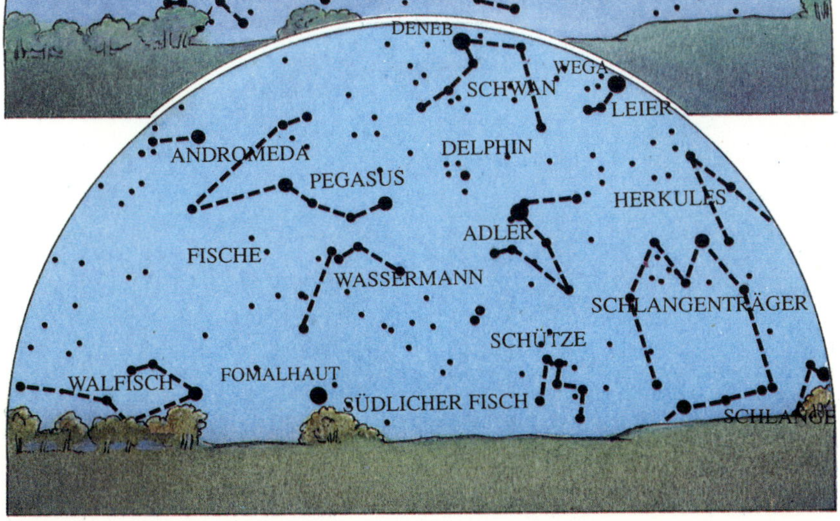

Süd, 1. Oktober
21 Uhr

Uhren und Zeitmessung

Armbanduhren, Tischuhren, Kirchturmuhren gibt es noch nicht so lange. Jahrtausendelang hat der Mensch die Zeit auch ohne Instrumente gemessen: er stützte sich dazu auf die Beobachtung von Naturphänomenen wie den Wechsel von Tag und Nacht, den unterschiedlichen Stand der Sonne am Himmel, die Mondphasen, Gezeiten...

Eines der ältesten Zeitmeßgeräte: der Schattenstab
Zu verschiedenen Tageszeiten hält man die Länge und die Richtung des Schattens fest, den ein senkrecht im Boden stehender Gegenstand, *Gnomon* genannt, wirft. Dank dieser Werte kann man feststellen, wie spät es ungefähr ist.
Die meisten frühen Kulturen kannten dieses Instrument bereits. Es ist der Vorläufer der *Sonnenuhren*, die bis in unsere Zeit in Gebrauch sind.

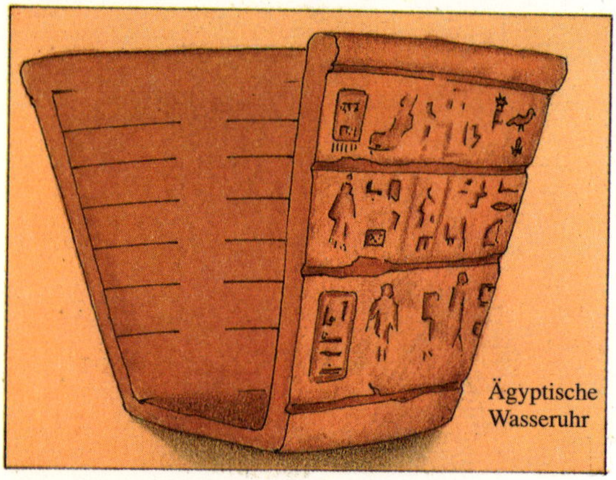

Ägyptische Wasseruhr

Man nennt diese hauptsächlich nachts verwendeten Uhren *Klepsydren*. Sie waren leicht herzustellen, aber nicht sehr genau.

Die einfallsreichen Ägypter
Um 3 500 v.Chr. tauchen die ersten uns bekannten Uhren in Ägypten auf. Sie bestehen aus seltsam geformten Gefäßen, deren Boden ein Loch aufweist. Gemessen wird die Zeit, in der sich das gefüllte Gefäß entleert.

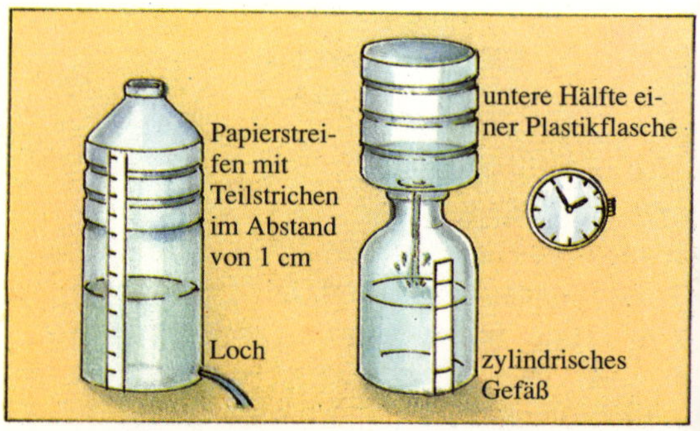

Diese beiden Wasseruhren kann man selbst leicht nachbauen. Die Uhr rechts im Bild braucht man, um die Meßskala (Stab mit Teilstrichen) herzustellen.

In etwa 2 Stunden wird die Kerze 5 cm kürzer.

Die »Wachsuhren« des Mittelalters

Die Kügelchen, die in regelmäßigen Abständen außen am Kerzenwachs festgedrückt sind, fallen beim Niederbrennen derKerze herunter (z.B. 1 Kugel pro Viertelstunde) und messen so die Zeit. Man kann die Zeit auch mit normalen Kerzen messen.

An der Kerze haften Kügelchen

Beim Niederbrennen der Kerze fallen die Kugeln herunter.

Heute noch aktuell: die Sanduhr

Sanduhren messen die Zeit nach demselben Prinzip wie die Wasseruhren, nur rinnt bei den Sanduhren feiner Sand durch eine Öffnung. Die Dauer der Entleerung ist je nach Sandmenge und Öffnungsdurchmesser verschieden.

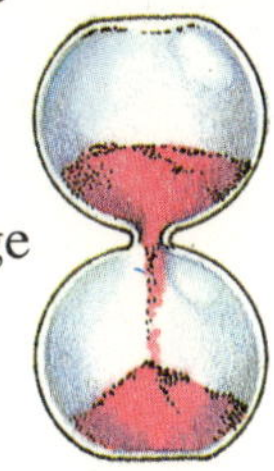
Sanduhr

Mechanische Uhren

Die ersten mechanischen Uhren entstanden im 14. und 15. Jahrhundert und gingen noch nicht sehr genau. Erst mit dem Einsatz des Pendels im 17. Jahrhundert gelang eine wirksame Regulierung der Uhrwerke und damit ein echter Fortschritt.

Die Hauptbestandteile einer Räderuhr

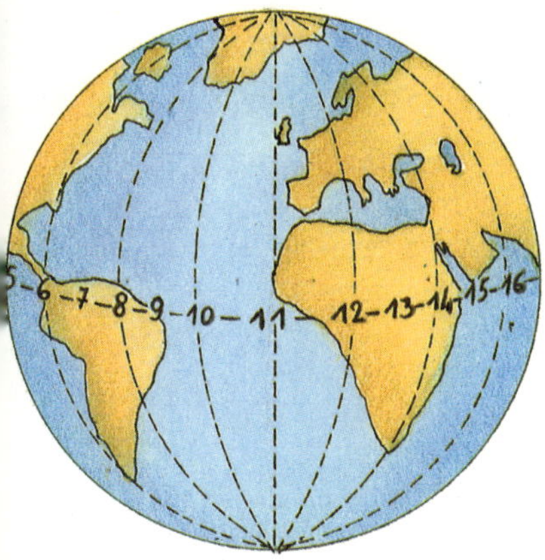

Die Erdkugel ist in *Zeitzonen* eingeteilt.

Quarzuhr

Kuckucksuhr

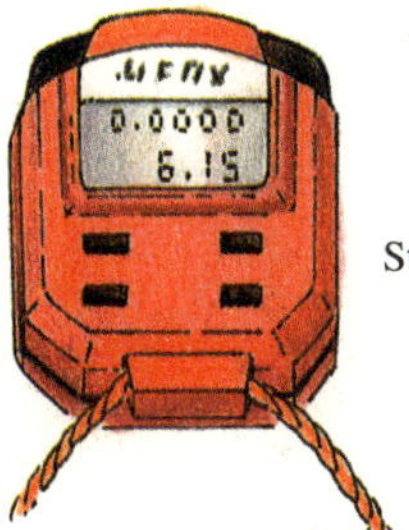

Stoppuhr

Kalender

Zeitmessung heute

In unserer Zeit wird die Zeit sehr genau gemessen. Mechanische Uhren, Quarzuhren, Stoppuhren sind aus unserem Alltag nicht mehr wegzudenken.

Um Energie zu sparen, wurde in vielen Staaten die *Sommerzeit* eingeführt: wenn die Tage länger werden, stellt man alle Uhren um 1 Stunde vor.

Für ihren Umlauf um die Sonne braucht die Erde 365,24 Tage. Um das »Nachhinken« des Kalenders auszugleichen, bekommt alle 4 Jahre der Februar einen *Schalttag* dazu: wir haben dann ein *Schaltjahr*.

Der Mensch wird immer schneller

Zu Fuß kann der Mensch große Entfernungen zurücklegen, aber er schafft nur 4-6 km in der Stunde und wird rasch müde. Jahrtausendelang konnte er sich nur so fortbewegen. Dann aber erfand und verbesserte er mit großem Einfallsreichtum technische Mittel, die ihm eine bequemere Fortbewegung in seiner Umgebung ermöglichten. Heute kann er mühelos und schnell beträchtliche Entfernungen überwinden.

Ältestes Transportmittel: die Tiere
Esel, Ochsen und - später - Pferde wurden eingefangen, als Haustiere gehalten und als Last- und Zugtiere eingesetzt.

Römischer Streitwagen

Ochsengespann

Ein Markstein im Transportwesen: die Erfindung des Rades
Das Rad ist schon einige Jahrtausende alt. Quer durch die Jahrhunderte wurde es auf vielfältige Weise verwendet.

Eine originelle Erfindung: das Fahrrad
Es ist das erste Fahrzeug mit zwei hintereinander angeordneten Rädern.

1875. Das Hochrad hatte bereits Pedale.

1818. Geburtsstunde des Laufrads, aus dem sich unser Fahrrad entwickelte.

1770. Eines der ersten Automobile war der Dampfwagen von Cugnot.

Das Automobil
Der Siegeszug der Kraftfahrzeuge, der mit dem ersten *Motorwagen von Carl Benz* (1886) begann, schuf einen neuen Industriezweig, machte die Menschen erst *mobil* und veränderte Lebensgewohnheiten, Städtebild und Landschaft.

1876. Der erste Benzinmotor wird gebaut. Das Bild zeigt ein Automobil aus dem Jahre 1923.

Der Mensch lernt fliegen

Die Eroberung der Luft stellt eine echte Revolution dar. In der Entwicklung jagt eine Sensation die andere. In nur wenigen Jahrzehnten werden phantastische Fluggeschwindigkeiten erreicht. Wunschträume der Menschheit werden wahr.

Die Eisenbahn

Die ersten Lokomotiven fuhren mit Dampf, dann elektrisch und mit Dieselmotoren.

Schiff über die Weltmeere

: Suche nach unerforschten Gebieten und der ndel mit fernen Ländern waren schon lange Grund für ausgedehnte Seereisen. Immer ıe, sicherere und schnellere Schiffstypen entnden mit dem Fortschritt der Technik.

Die Photographie

Kleiner Ausflug in die Geschichte
Schon in der Antike war das Prinzip der Lochkamera (»Camera obscura«) bekannt, dessen man sich bei der Beobachtung von Sonnenfinsternissen bediente. 1826 gelang Niepce die erste Schwarz-Weiß-Photographie auf Papier. Daguerre entwickelte das Verfahren um 1937 weiter. 1907 gelangen den Brüdern Lumière die ersten Farbphotographien.

Daguerre

Niepce

Camera obscura

So kann man eine Lochkamera selbst herstellen: ein Loch in die Bodenmitte einer Schachtel bohren, ein Pauspapier über die Öffnung spannen und mit einem Gummiband befestigen. Man muß sich in einem dunklen Raum aufhalten, um damit beobachten zu können.

Vorfahre unserer Photokameras: die Lochkamera
Aus einem vollkommen abgedunkelten Raum kann man mit Hilfe einer kleinen Wandöffnung beobachten, was draußen geschieht... aber das Bild steht kopf! Im 16. Jahrhundert verwendete man dieses Prinzip für die Anfertigung von Zeichnungen.

Moderne Phototechnik
Unsere heutigen Kameras sind hochentwickelte, kleine und leicht tragbare Geräte. Im Inneren des Gehäuses wird das Bild auf einer lichtempfindlichen Folie, dem Film, festgehalten.

Einer der ersten Photoapparate

Die ersten Kameras
Sie besaßen ein Objektiv, eine Glaslinse, die die Lichtstrahlen bündelte. Ihre Funktionsweise war die einer Lochkamera. Das Bild entstand auf einer lichtempfindlichen Platte. Solche Geräte brauchten viel Platz und waren nur mit Mühe zu transportieren.

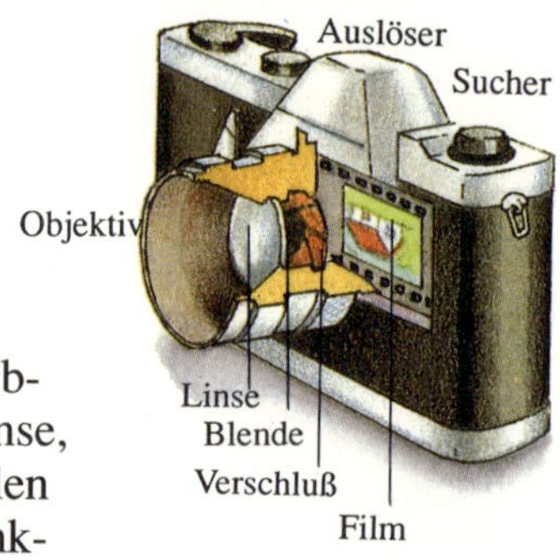

Moderne Kamera

Ein bißchen Technik
Mit dem Sucher wählt man den Bildausschnitt.
Der Verschluß regelt die Belichtungszeit, die man kürzer oder länger einstellt, je nachdem, ob das Motiv unbewegt oder in Bewegung ist.
Wenn man auf den Auslöser drückt, öffnet und schließt sich der Verschluß.
Die Blende steuert die Lichtmenge, die das Bild auf dem Film hervorbringt.

Ein unentbehrliches Hilfsmittel

Den meisten Bereichen der Wissenschaft und Technik leistet die Photographie wertvolle Hilfsdienste.
In der Medizin dient sie der Forschung, der Analyse und dadurch der Behandlung bestimmter Krankheiten; in der Astronomie der Erforschung des Weltalls.
Luftaufnahmen helfen, genaue Karten zu zeichnen.
Auch die Tiefen der Ozeane lernen wir durch die Photographie besser kennen.
Sie ermöglicht die Untersuchung von Kunstgegenständen.
Im Alltag finden wir Photoabdrucke in Zeitungen, Büchern, in der Werbung...

Filmentwicklung:

aufspulen

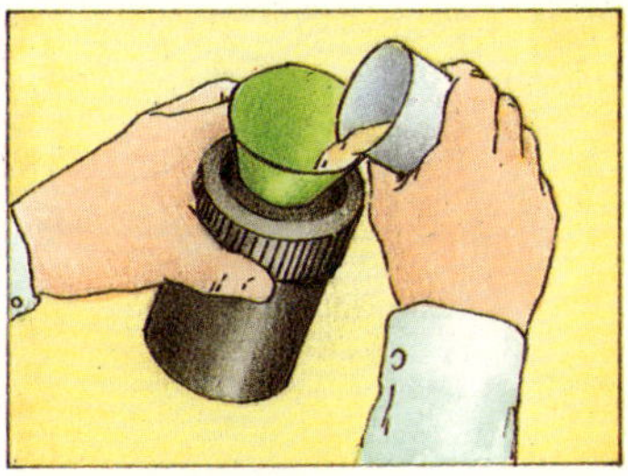
Entwickler einfüllen, entwickeln

ausleeren

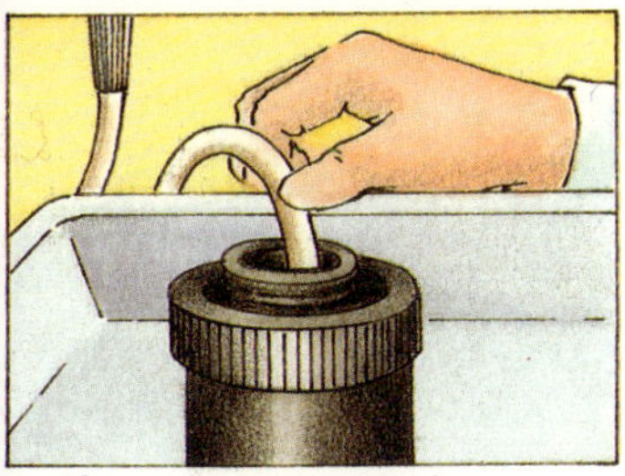
spülen

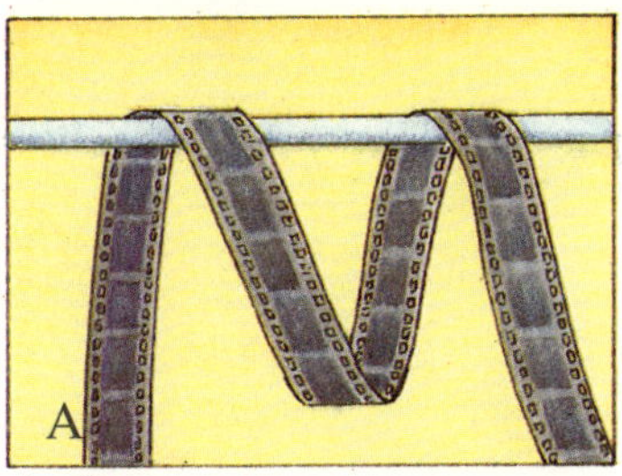

trocknen

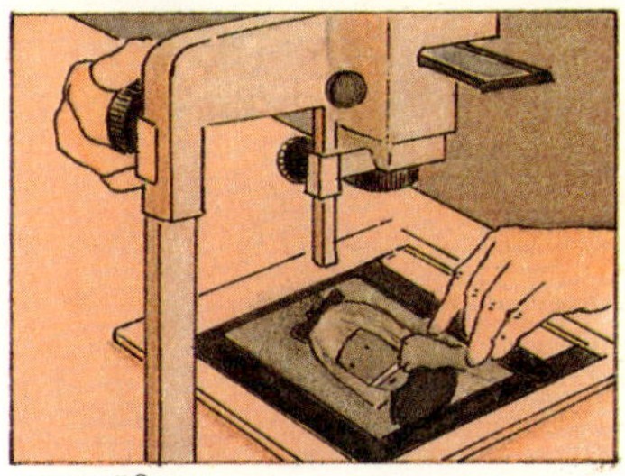
vergrößern

entwickeln

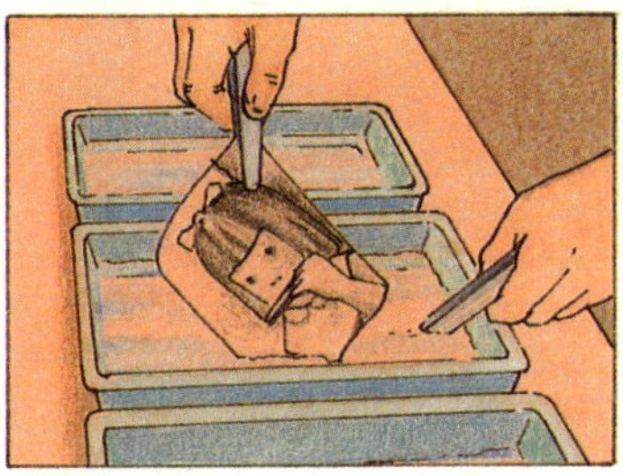
fixieren

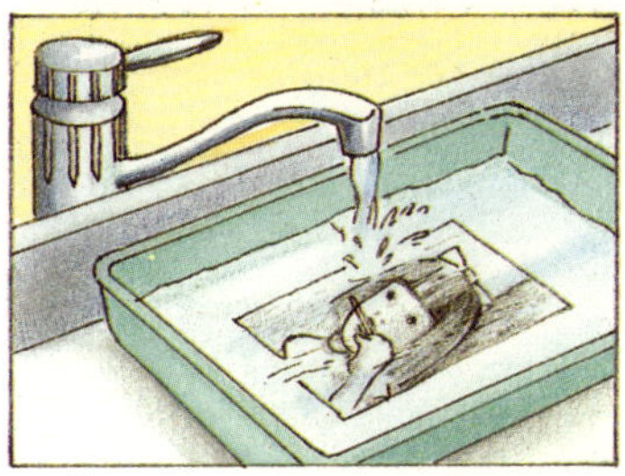
spülen

trocknen

Vom Negativ zum Positiv

Wenn der gesamte Film belichtet ist, wird er chemisch behandelt: man taucht ihn in verschiedene Flüssigkeiten (Bäder).
Zunächst erhält man ein Bildnegativ (A) des Fotos auf einer Spezialfolie, von dem man in einem weiteren Entwicklungsgang das Positivbild (B), den Abzug, zieht.

Sofortbildkameras

Bestimmte Kameras (Polaroid) entwickeln die Aufnahmen und liefern gleich fertige Abzüge.

Eine Polaroidkamera

Wenn neues Leben entsteht

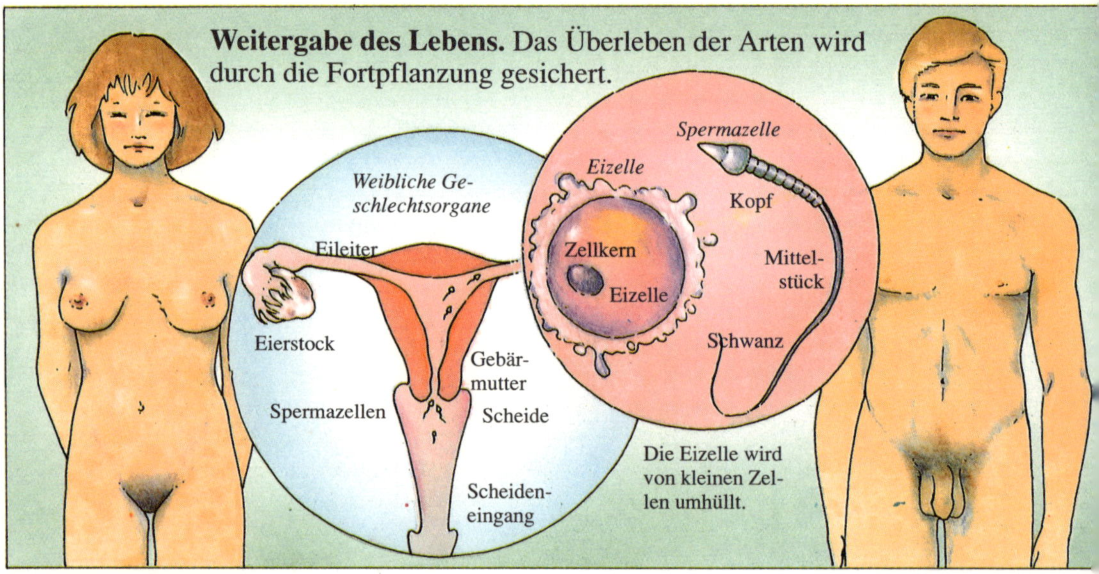

Bei den Menschen - wie bei den meisten Tieren - stellt die Verschmelzung einer männlichen Spermazelle mit einer weiblichen Eizelle die erste Phase bei der Entstehung neuen Lebens dar. Diese Vereinigung nennt man *Befruchtung*.

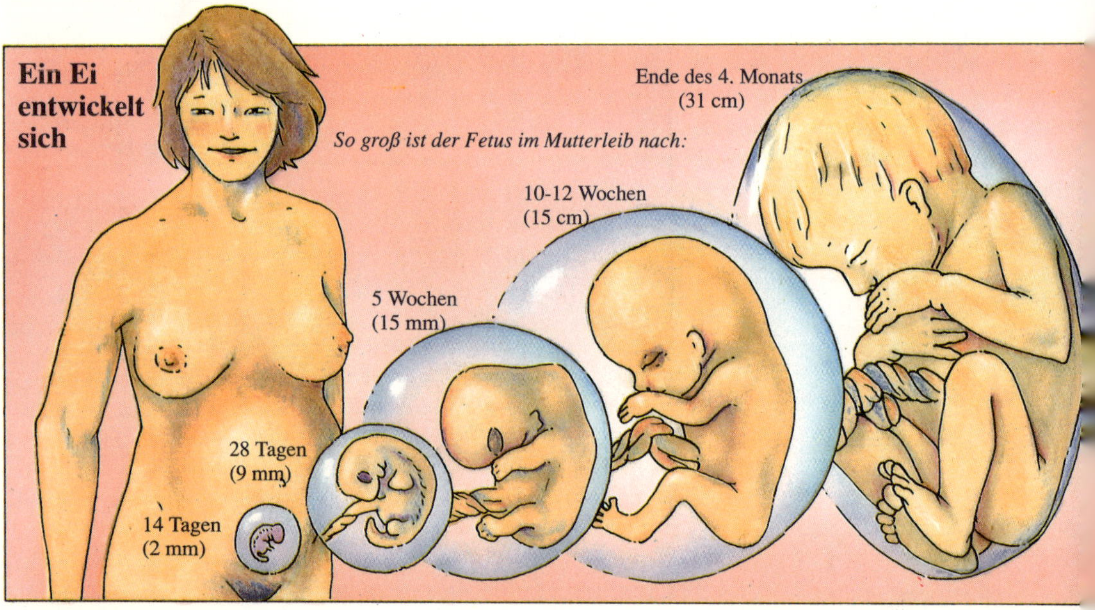

Die befruchtete Eizelle entwickelt und verändert sich:
- entweder außerhalb des Mutterleibes, wie bei den Vögeln, Insekten, Fischen..., die Eier legen und oft auch ausbrüten;
- oder im Mutterleib, was bei allen *Säugetieren* der Fall ist.

Der Embryo reift im Ei heran, wobei die Reifezeit je nach Gattung verschieden ist (von einigen Tagen bis zu mehreren Monaten). Beim Menschen dauert die Schwangerschaft ungefähr 270 Tage (9 Monate).

Tragezeit (in Tagen) zum Vergleich
Schwalbe: 12, Hamster: 20, Kaninchen: 30, Frettchen: 40, Katze, Hündin: 56/60, Löwin: 100/116, Schaf: 150, Äffin: 240, Kuh: 280, Stute: 335, Elefantenkuh: 620.

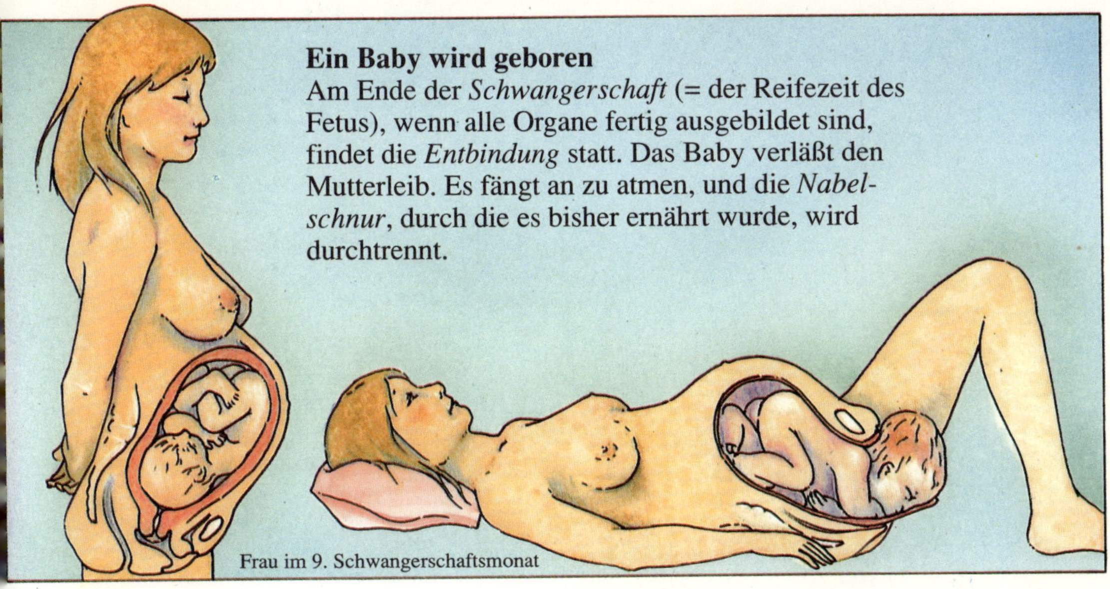

Ein Baby wird geboren

Am Ende der *Schwangerschaft* (= der Reifezeit des Fetus), wenn alle Organe fertig ausgebildet sind, findet die *Entbindung* statt. Das Baby verläßt den Mutterleib. Es fängt an zu atmen, und die *Nabelschnur*, durch die es bisher ernährt wurde, wird durchtrennt.

Frau im 9. Schwangerschaftsmonat

Menschen bekommen pro Schwangerschaft normalerweise nur ein Kind. Manchmal aber gibt es *Zwillinge*. Sehr viel seltener sind *Drillinge* (3 Kinder), *Vierlinge* (4 Kinder)...

Mittlere Lebensdauer (im Tierreich):

Eintagsfliege (Insekt)	einige Stunden	Pferd	25 Jahre
Maus	3 Jahre	Rabe	50 Jahre
Kaninchen	8 Jahre	Elefant	70 Jahre
Hund	15 Jahre	Krokodil	80 Jahre
Forelle	20 Jahre	Galapagos-Schildkröte	100-150 Jahre

Bei manchen Säugetieren - Hunden, Katzen, Kaninchen... - sind *Würfe* von 3, 6, 10 oder mehr Jungen keine Seltenheit.

Die Lebensabschnitte des Menschen

Nach der Geburt folgt eine Periode langsamen Wachstums, das erst mit etwa 20 Jahren abgeschlossen ist. Auf die *Kindheit* folgt die *Jugend*, dann das *Erwachsenenalter*. Der *Lebensabend* endet mit dem Tod. Die mittlere Lebenserwartung der Menschen beträgt heute 70 bis 80 Jahre. Manche werden sogar 100 Jahre und älter.

Aus der Kaulquappe wird ein Frosch

Ein junger Frosch durchläuft verschiedene *Verwandlungsstadien*. Aus dem Ei schlüpft zunächst eine Larve. Diese entwickelt sich zur Kaulquappe. Allmählich bilden sich an ihr die Hinterbeine, dann die Vorderbeine, sie verliert den Schwanz und ändert ihr Atmungssystem. *Ovipar (eierlegend)* nennt man Tierarten, die Eier legen (Amphibien, Vögel...), und *vivipar (lebendgebärend)* diejenigen, die ausgebildete Junge zur Welt bringen.

Und wie ist das bei den Pflanzen?
Auch bei den meisten Pflanzen findet die Fortpflanzung durch das Zusammenwirken von männlichen Blütenorganen, den Staubblättern, mit weiblichen Blütenorganen, den Fruchtknoten, statt. Der in den Staubbeuteln gebildete Blütenstaub (Pollen) befruchtet die Eizelle in der Samenanlage des Fruchtknotens. Aus dem Fruchtknoten wird dann die Frucht, welche die Samen enthält. Wenn ein Samen keimt, wird daraus eine neue Pflanze. Es gibt im Pflanzenreich aber auch andere Arten der Fortpflanzung (Zwiebeln, Ableger, Stecklinge...).

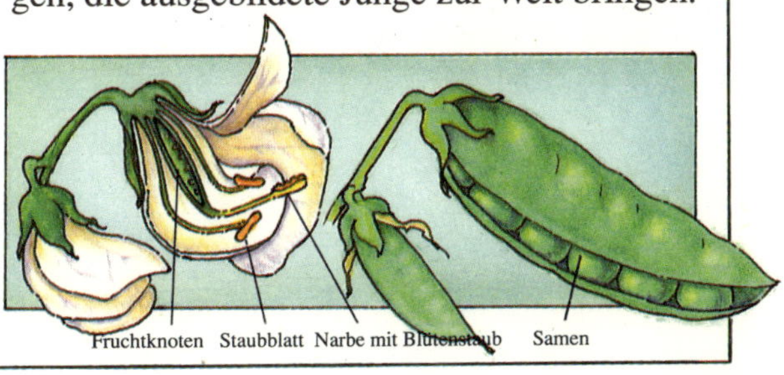

Die Atmung

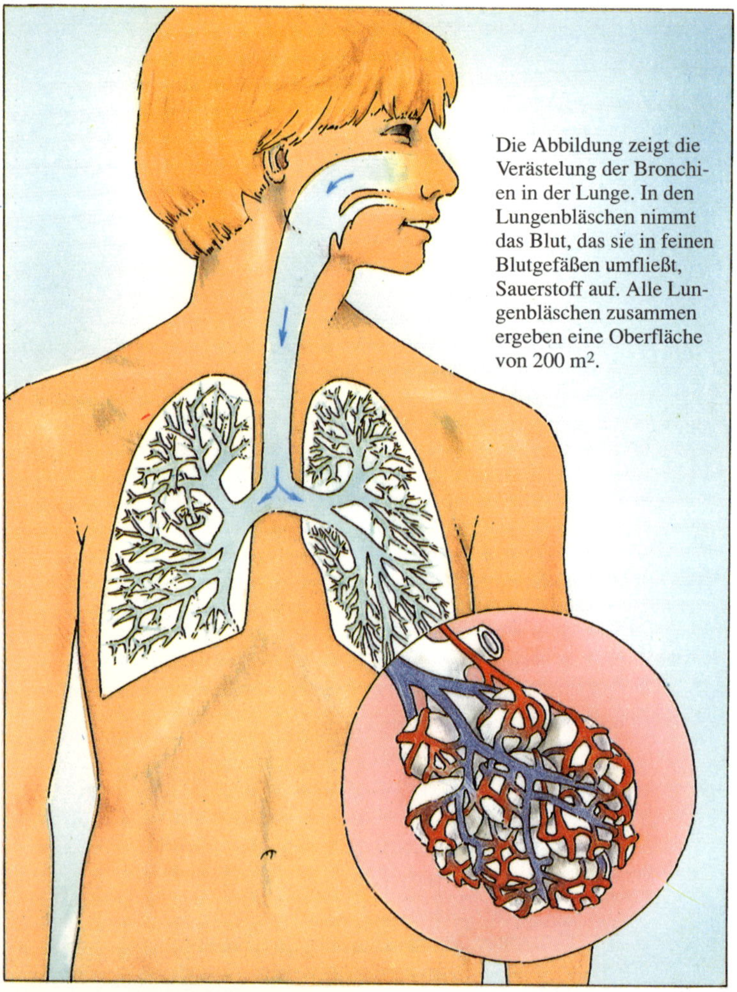

Die Abbildung zeigt die Verästelung der Bronchien in der Lunge. In den Lungenbläschen nimmt das Blut, das sie in feinen Blutgefäßen umfließt, Sauerstoff auf. Alle Lungenbläschen zusammen ergeben eine Oberfläche von 200 m².

Ein ununterbrochener Kreislauf

Mehrmals in der Minute (die Zahl der Atemzüge pro Minute schwankt je nachdem, was wir gerade tun) hebt und senkt sich unser Brustkorb: *Wir atmen*. Beim *Einatmen* gelangt die Luft durch die *Nase* in die *Luftröhre*, von dort in die *Bronchien* und in die Lungenflügel, die sich aufblähen.
Beim *Ausatmen* wird die Atemluft wieder nach außen abgegeben, das Volumen der Lungenflügel wird wieder kleiner.
Die Atmung wird nicht durch unseren Willen gesteuert.

Ein Austausch findet statt

Wenn man die eingeatmete mit der ausgeatmeten Luft vergleicht, stellt man fest, daß eine bestimmte Menge

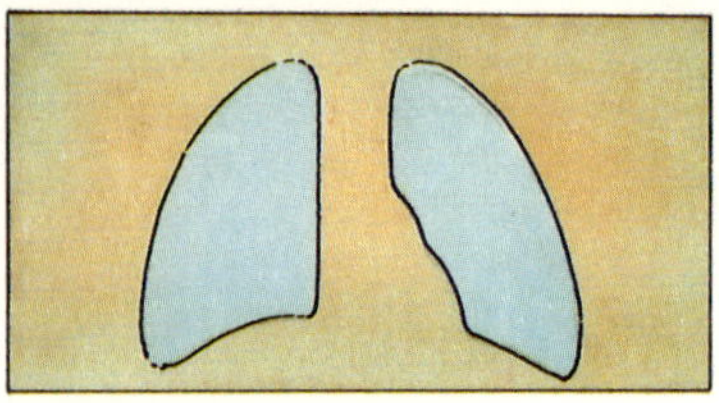

A. Das Einatmen
Die eingeatmete Luft bläht die Lungen auf.

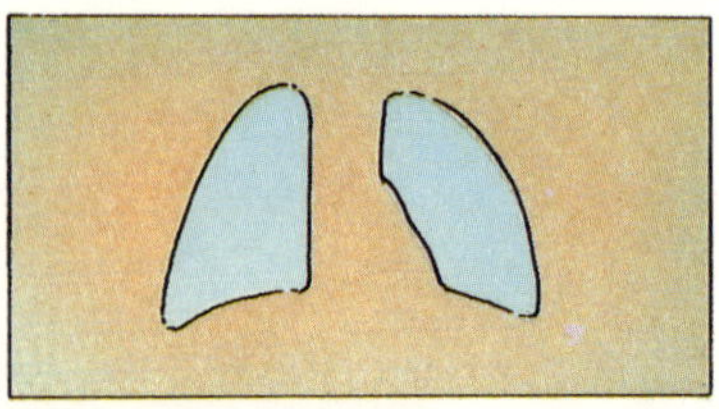

B. Das Ausatmen
Die Atemgase werden an die Luft abgegeben. Täglich strömen 12 000 Liter Luft durch unsere Lungen.

Energieversorgung

Damit alle unsere Organe arbeiten können, brauchen sie *Energie*. Der Luftsauerstoff liefert einen Teil davon. Beim Einatmen gelangt der Sauerstoff in die Lungen und wird vom Blut in alle Körperteile gebracht. Bei der Energiegewinnung wird aber auch Kohlendioxid erzeugt, ein für unsere Zellen gefährliches Gas. Es wird vom zurückfließenden Blut in die Lungen geschwemmt und ausgeatmet.

Der Gasaustausch findet mit Hilfe des Blutes statt. **Blau:** mit Kohlendioxid angereichertes Blut. **Rot:** sauerstoffreiches Blut.

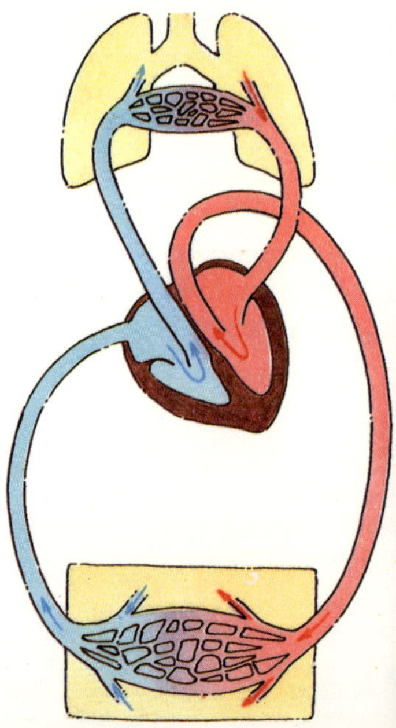

Sauerstoff verschwunden und statt dessen eine ungefähr gleich große Menge *Kohlendioxid* dazugekommen ist:
- eingeatmete Luft: 21 % Sauerstoff; 0,04 % Kohlendioxyd;
- ausgeatmete Luft: 16 % Sauerstoff; 4,5 % Kohlendioxid.

Es findet also ein Austausch dieser Gase im Körper statt.

Der Atemstillstand
Das Aufhören der Atembewegungen, das durch Ertrinken, Stromschlag oder die Einatmung giftiger Gase hervorgerufen werden kann, erfordert sofortiges Eingreifen: Der Betroffene braucht auf der Stelle künstliche Beatmung, beispielsweise Mund-zu-Mund-Beatmung.

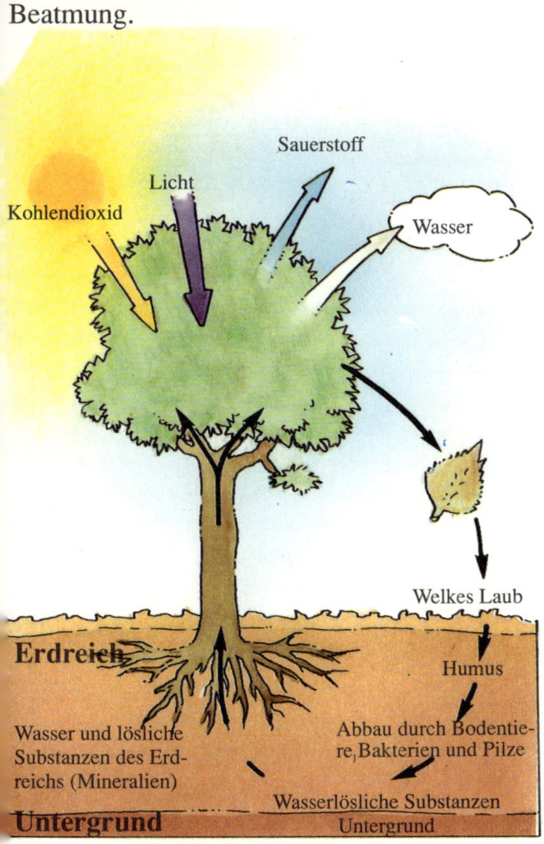

Kann man lange ohne Atmung auskommen?
Nein. Der Atemstillstand darf höchstens ein paar Minuten dauern (zum Beispiel bei Tauchern). Wenn ein Ertrinkender zu lange unter Wasser bleibt, kann er nicht wiederbelebt werden.

Im Wasser atmen
Wir Menschen mit unseren Lungen können das nicht. Aber für Fische ist das gar kein Problem: Sie atmen nämlich durch *Kiemen*, die Sauerstoff aus dem Wasser aufnehmen und Kohlendioxid abgeben. Das erklärt, warum Fische im Aquarium immer genug frisches Wasser brauchen, bevor der Sauerstoffgehalt zu sehr absinkt.

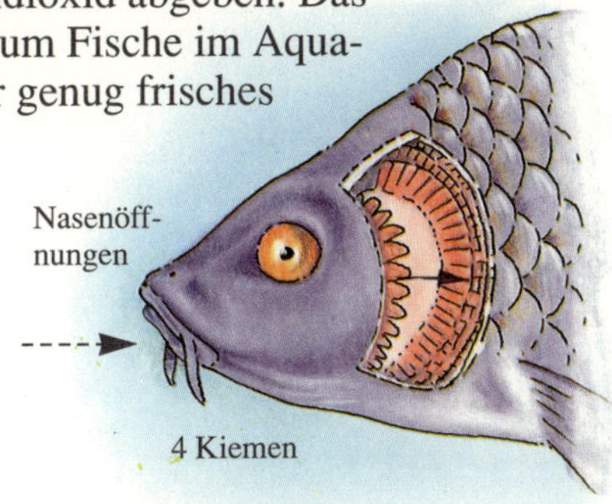

Die Pflanzen erzeugen Sauerstoff
Unter der Einwirkung des Sonnenlichts findet ein Austausch von Gasen in den Pflanzen, die *Chlorophyll* - das Blattgrün - enthalten, statt. Diese *chlorophyllhaltigen Pflanzen* nehmen Kohlendioxyd aus der Luft auf und geben beachtliche Mengen Sauerstoff ab. Ohne diese Pflanzen wäre Leben auf unserem Planeten nicht möglich.
Nachts nehmen dieselben Pflanzen Sauerstoff auf und geben Kohlendioxid ab, *atmen* also wie Tiere.

Warum ist man außer Atem, wenn man schnell gelaufen ist?
Durch die Anstrengung der Muskeln produziert der Körper vermehrt Kohlendioxid, das schnell fortgeschafft und durch Sauerstoff ersetzt werden muß. Deswegen wird die Atmung beschleunigt.
In Ruhe machen wir ungefähr 16 Atemzüge pro Minute. Wenn man schnell läuft, kann die Atmung bis auf 60 oder mehr Atemzüge pro Minute beschleunigt sein.

Ernährung und Verdauung

Alle Lebewesen brauchen Nahrung, denn ohne Ernährung können sie weder wachsen noch am Leben bleiben.

Die Nahrungsmittel sind Energiequellen für unseren Körper
Wasser, Brot, Fleisch, Gemüse, Milch, Obst... enthalten Bestandteile (Fette, Kohlenhydrate, Vitamine...), die der Körper für Bewegungen, Wärmeerzeugung und für die Funktion seiner Organe braucht. Sie erhalten den Körper gesund.

Ist es unwichtig, was wir essen?
Nein. Beim Menschen ist es wichtig, daß die Ernährung *ausgewogen* ist, vor allem während des Wachstums. Wenn man von bestimmten Nahrungsmitteln zuviel, von anderen zu wenig ißt, kann das schwere Krankheiten zur Folge haben.

Zuviel Nahrung führt zu Fettleibigkeit.

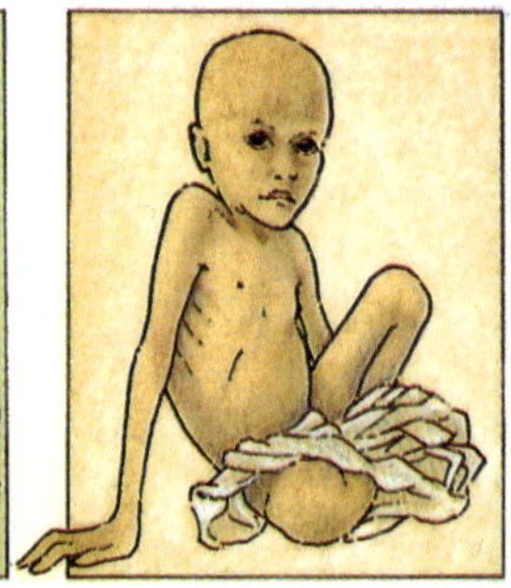

Zu wenig oder vitaminarme Nahrung führt zu Mangelkrankheiten wie Rachitis.

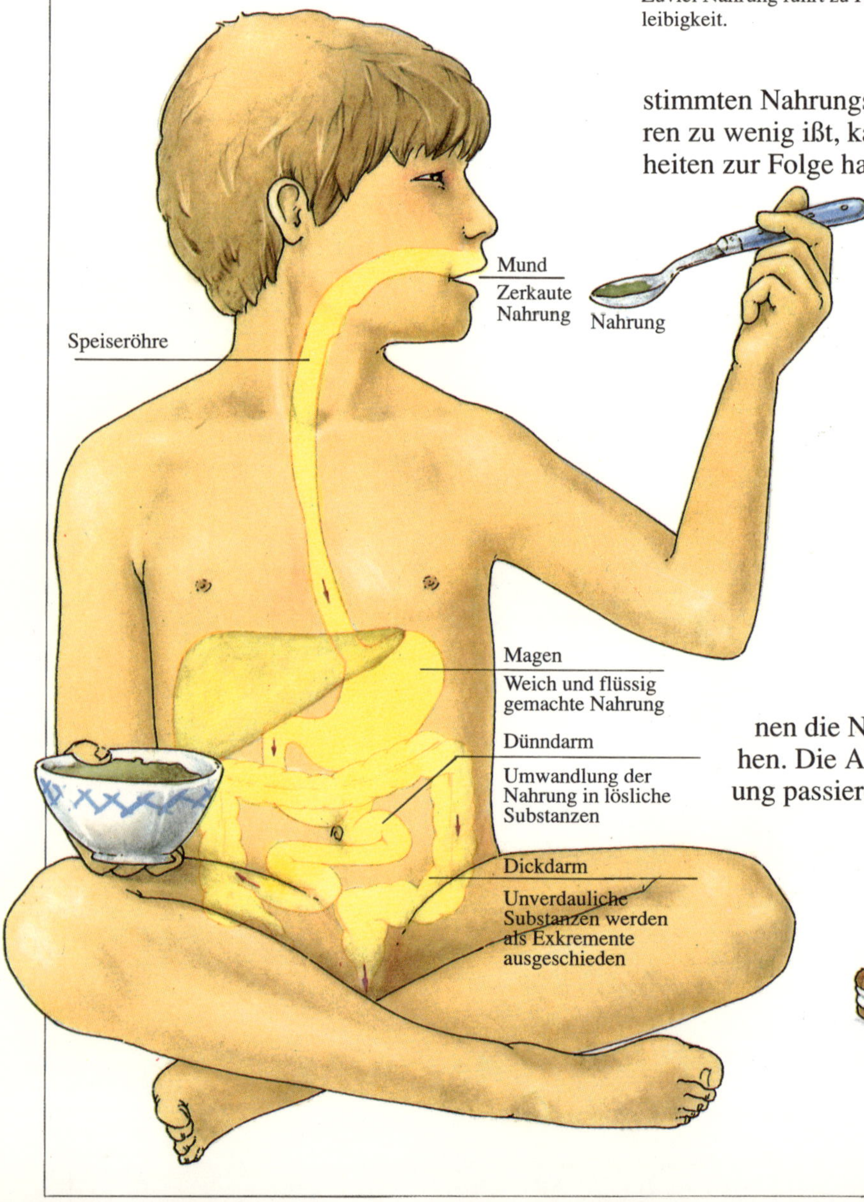

Was wird aus den Speisen, die wir essen?
Im *Mund* werden sie zerkaut und eingespeichelt, dann gelangen sie über die *Speiseröhre* in den *Magen.* Dort wird der Speisebrei durch die Einwirkung des Magensaftes vorverdaut. Die nächste Station ist der Dünndarm. Hier besorgen die *Galle*, die Enzyme der Bauchspeicheldrüse und des Dünndarmsaftes die Endverdauung. Nun können die Nährstoffe ins Blut übergehen. Die Abfallprodukte der Verdauung passieren den Enddarm und werden ausgeschieden.

Der Mensch ist ein »Allesfresser«
Das bedeutet, daß er alles essen kann: Fleisch, Pflanzen...
Vegetarier nennt man Menschen, die kein Fleisch verzehren.

Bestimmte Tiere fressen hauptsächlich Pflanzen. Man nennt sie deshalb *Pflanzenfresser.* Andere, die *Fleischfresser*, ernähren sich nur von Fleisch.

Auch die Pflanzen brauchen Nahrung
Alle Pflanzen, selbst die zartesten und sogar die mächtigen Bäume, brauchen Nahrung, um sich entfalten und leben zu können.
Jede Pflanze hat ihren Saft, der - ähnlich wie bei uns das Blut - die mit Hilfe des Sonnenlichts und des Chlorophylls aus Kohlendioxid und Wasser erzeugten organischen Substanzen sowie über die Wurzeln aus dem Boden aufgenommene *Nährstoffe* (Eisen, Magnesium, Phosphor...) transportiert.
Wenn die Nährstoffe im Boden erschöpft sind, gehen die Pflanzen zugrunde. Gärtner machen daher häufig den Boden mit *Dünger* fruchtbar.

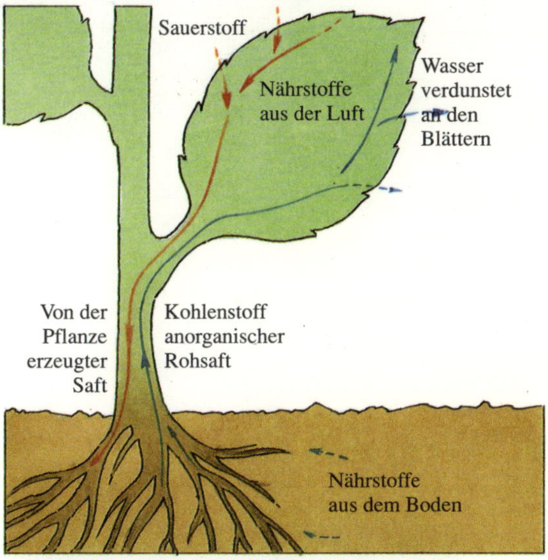

Wer richtig düngt, hat die beste Ernte

Natürliche und künstliche Dünger versorgen den Boden mit den Nährstoffen, die für ein optimales Gedeihen der Pflanzen notwendig sind, ermöglichen Ackerbau auch auf schlechteren Böden und wiederholten Anbau auf denselben Feldern, ohne daß der Boden ausgelaugt wird.

Aber es wäre falsch zu denken »je mehr Dünger, desto besser die Ernte«. Zuviel Dünger kann schwere Umweltschäden zur Folge haben. Der Überschuß sammelt sich im Boden an, wird vom Wasser weggespült, kann giftig werden und das Trinkwasser verseuchen.

Die richtige Ernährung

1 095 Mahlzeiten pro Jahr!

Das ist doch eine ganz beträchtliche Menge, die wir verzehren!
Wie schon gesagt, kann man nicht irgend etwas essen und trotzdem gesund bleiben.
Wichtig ist die richtige Auswahl der Speisen, die wir verzehren. Das gilt für die Menge ebenso wie für die Qualität.
Wer sich richtig ernähren will, muß einiges wissen.

Eine Mahlzeit, wie wir sie brauchen

Eine unausgewogene Mahlzeit

Einteilung der Nahrungsmittel
Je nachdem, woraus sie bestehen, werden die Nahrungsmittel in verschiedene Gruppen eingeteilt. Wasser ist das einzige Getränk, das unser Körper unbedingt braucht. Milch besteht aus Wasser, Kohlenhydraten, Eiweiß, Fetten, Kalzium und Vitaminen und ist ein vollwertiges Nahrungsmittel.

Eiweiß
ist in Fisch, Käse, Joghurt, Milch, Eiern, weißem (Kaninchen, Truthahn...) und rotem Fleisch enthalten.

Fette
Butter, Sahne, Speisefette und -öle (Olivenöl, Kokosfett), Nüsse ...

Kohlenhydrate
Kartoffeln, Reis, Erbsen, Teigwaren, Brot, Schokolade, Zucker...

Vitamine, Mineral- und Ballaststoffe
sind vor allem in frischem Obst, Gemüse und Vollkornprodukten enthalten.

Die Energiezufuhr ist meßbar
Jedes Nahrungsmittel setzt in unserem Körper eine Energiemenge frei, die verbrauchte Energie ersetzt. Diese Energiemenge (Nährwert) kann man messen. Die Maßeinheit dafür ist das Kilojoule (kJ)*.
1 g Kohlenhydrate erzeugt 17 kJ
1 g Eiweiß erzeugt 17 kJ
1 g Fett erzeugt 39 kJ.

*Der Nährwert von Nahrungsmitteln wurde früher in Kilokalorien gemessen. Heute wird er in Kilojoule angegeben. 1 kcal = 4,18 kJ.

Nahrungsmittelmengen mit gleichem Nährwert

Der *tägliche Energiebedarf* des Körpers ist je nach Alter und Tätigkeit verschieden. Man hat errechnet, daß ein Kind von 10 Jahren pro Tag durchschnittlich 10 030 kJ braucht.

Die wichtigsten Regeln für eine gesunde Ernährung
- Die Speisen abwechslungsreich zusammenstellen und immer zu festen Zeiten essen.
- Zuviel Fette ebenso wie zuviel energiereiche Kohlenhydrate meiden.
- Auf die Zufuhr von genügend Eiweiß, insbesondere von tierischem, achten.
- Langsam essen und gründlich kauen.
- Sich nach dem Essen entspannen.
- Vorzugsweise Gemüse (Salate...) und frisches Obst auf den Tisch bringen, da sie die nötigen Vitamine, Mineralstoffe und Ballaststoffe besitzen.

Ausgewogene Mahlzeiten
erreicht man durch eine Zusammenstellung verschiedener Speisen, die Eiweiß, Fette und Kohlenhydrate in ausreichender Menge und im richtigen Verhältnis liefern, denn genau das ist wichtig für unsere Gesundheit.
Es folgen einige Anregungen für den Speisenplan eines 10-jährigen Kindes.

Beispiele für ausgewogene Hauptmahlzeiten

Menü I	Menü II	Menü III
Frühstück Milch oder Kakao; Vollkornbrot mit Butter und Honig, Käse oder magerer Wurst	*Frühstück* Getreideflocken mit Milch, kleingeschnittenem Obst oder Beeren	*Frühstück* Früchte- oder Kräutertee; Fruchtquark oder -joghurt, dazu 1 Scheibe Vollkorntoast
Mittagessen Fleisch mit Kartoffeln, Reis oder Nudeln; gemischter Salat; frisches Obst	*Mittagessen* Fisch mit Kartoffeln oder Reis und Gemüsebeilage; frisches Obst	*Mittagessen* Nudeln mit Fleisch- oder Käsesauce; grüner Salat; Quarkspeise mit Früchten
Abendessen Gemüse- oder Kräutersuppe; Käseplatte mit Vollkornbrot, Radieschen und Tomaten	*Abendessen* Hühner- oder Fischsuppe; Pfannkuchen mit Champignons, Früchten oder Marmelade; Kompott	*Abendessen* Gemüseauflauf (mit Käse überbacken); grüner Salat; frisches Obst

Der Kreislauf des Blutes

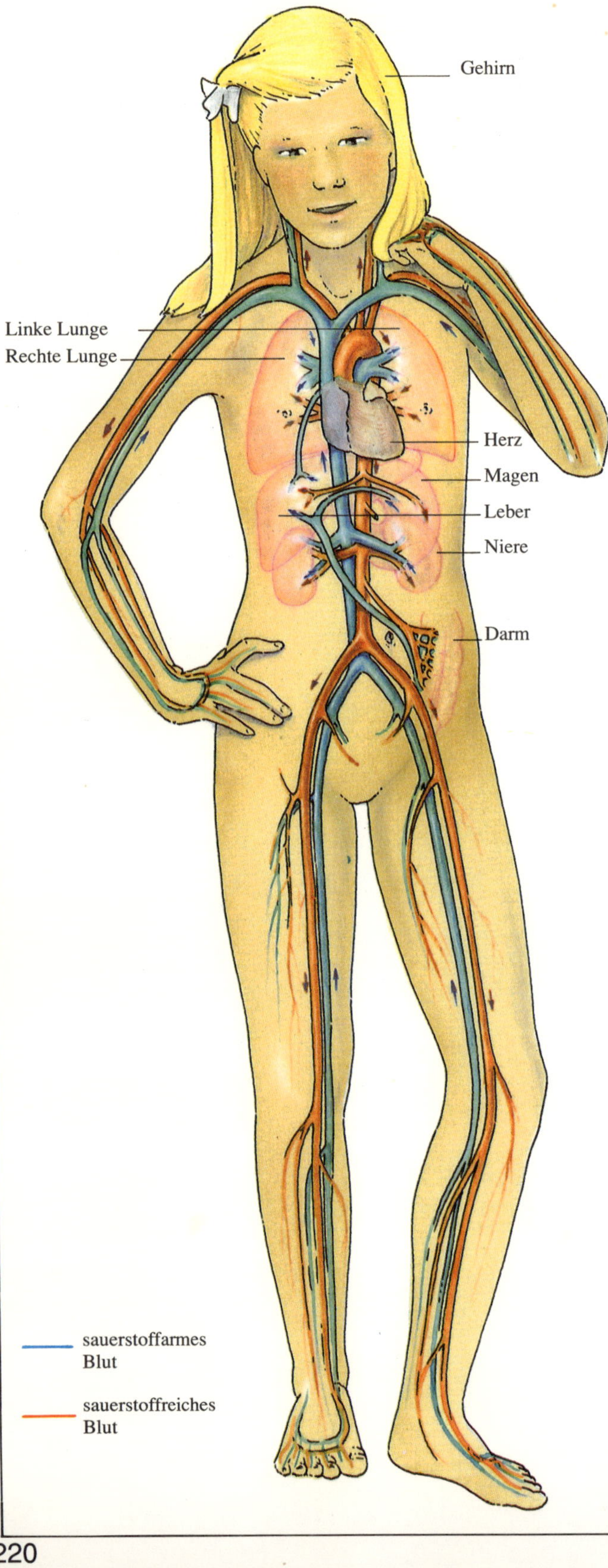

Fünf Liter kostbarer Flüssigkeit
Das Blut durchspült alle Teile unseres Körpers. Es versorgt sie mit der nötigen Energie (Sauerstoff, Nährstoffe) für ihre Funktion und schafft die Abfallprodukte weg, vor allem das Kohlendioxid, das vom Blut in die Lunge gebracht und dort abgegeben wird.
Das Blut setzt sich zusammen aus:

- sehr vielen *roten Blutkörperchen*, die dem Blut seine Farbe geben;
- *weißen Blutkörperchen*;
- *Blutplättchen*;
- einer farblosen Flüssigkeit, dem *Blutplasma*.

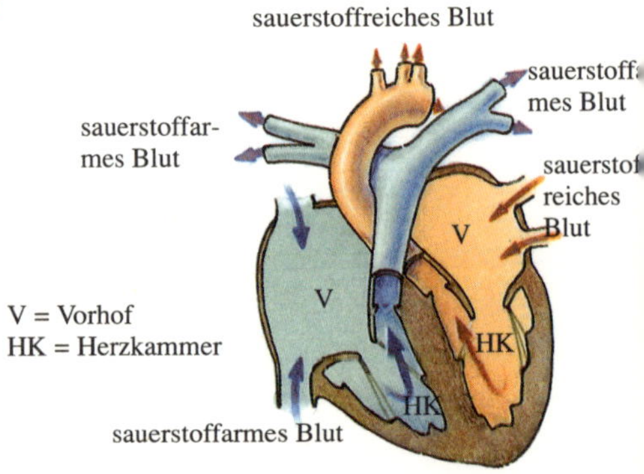

Sauerstoffreiches Blut ist hellrot, kohlendioxidreiches Blut dunkelrot.

Ein Muskel arbeitet pausenlos
Das Herz ist ein starker Muskel und liegt in der linken Brusthälfte. Wie eine Pumpe saugt es unaufhörlich Blut an, befördert es weiter und hält so den Blutkreislauf aufrecht.
Innen weist das Herz zwei ähnliche, aber voneinander durch die Scheidewand getrennte Hälften auf, die zusammenarbeiten. Die eine Hälfte nimmt das sauerstoffreiche Blut auf, die andere das kohlendioxidreiche.
In Ruhe schlägt das Herz etwa *70mal pro Minute*, also mehr als *100 000mal täglich*!
Bei jedem Herzschlag verläßt das mit Sauerstoff angereicherte Blut das Herz und strömt in sämtliche Organe; von dort fließt es als kohlendioxidreiches Blut über das Herz in die Lungen, wo

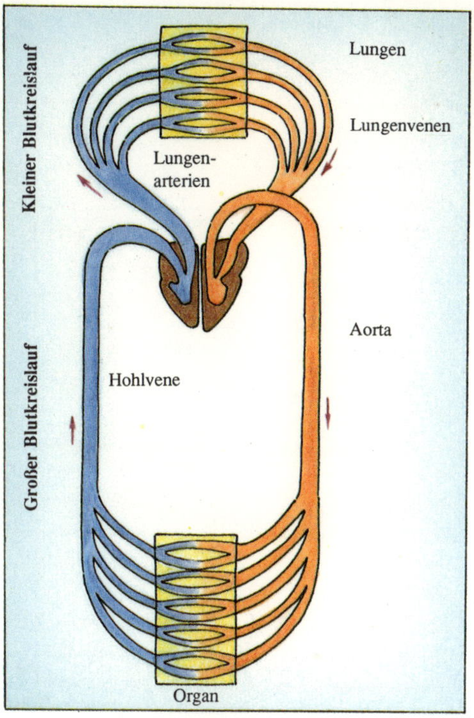

es wieder mit Sauerstoff angereichert wird. Körperliche Anstrengung, Fieber, Angst... beschleunigen den Herzschlag. Der Puls steigt dann auf 100 bis 180 Herzschläge pro Minute.

150 000 km Blutgefäße!
Das Blut fließt durch eine Vielzahl von Blutgefäßen (Adern), die man in folgende Gruppen unterteilt:
- *Arterien* transportieren das Blut vom Herzen zu den Organen;
- *Venen* bringen es zum Herzen;
- *Kapillaren (Haargefäße)* sorgen für den Übergang von den Arterien zu den Venen. Zahlenmäßig ist diese Gruppe die größte.

Was ist eine Blutung?
Ein Blutverlust in größeren Mengen, der zum Tod führen kann.

Wann macht man eine Bluttransfusion?
Wenn bei einem Unfall (in der Arbeit, im Verkehr...) oder bei einem lange dauernden chirurgischen Eingriff eine Blutung eintritt, ersetzt man das verlorene Blut durch Blutkonserven.

Ist das Blut bei jedem von uns gleich?
Nicht genau. Es gibt verschiedene Blutgruppen. Eine Bluttransfusion kann man nur mit verträglichem Blut machen. Deshalb muß das Blut genau auf seine Blutgruppe und den Rhesusfaktor (Rh+ oder Rh-) untersucht werden.

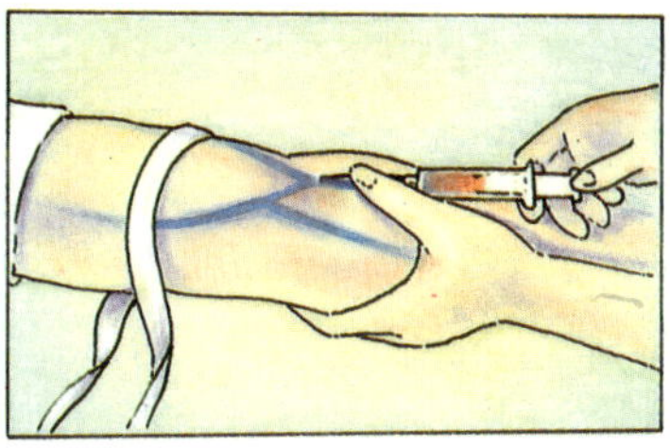

Blut spenden
Blutkonserven haben schon viele Menschenleben gerettet. Die **Blutabnahme** tut nicht weh, und der Körper ersetzt die abgenommene Blutmenge in kurzer Zeit. Blut spenden darf jeder gesunde Mensch ab 18 und bis zu 60 Jahren.

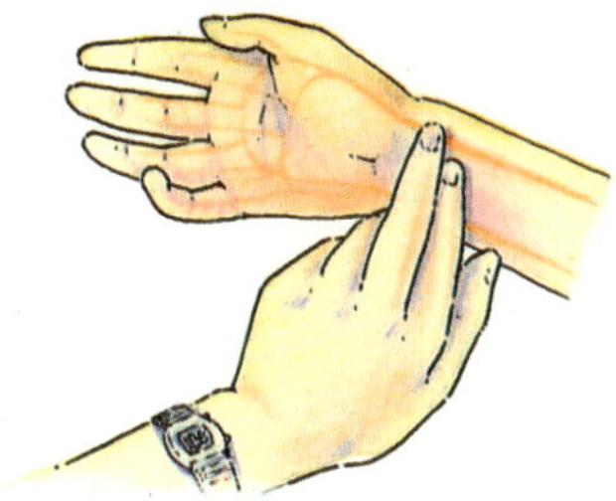

Puls messen
Am besten läßt sich der Puls mit Zeige- und Mittelfinger an der Innenseite des Unterarms, knapp vor dem Handgelenk, an der Arterie tasten. Man zählt die Herzschläge pro Minute.

Die Blutgruppen
Es gibt vier Hauptblutgruppen: A, B, AB und 0. Sie werden von den Eltern an die Kinder vererbt.

Was enthält 1 mm3 Blut?
- 5 000 000 rote Blutkörperchen
- 7 000 weiße Blutkörperchen
- 2 500 Blutplättchen (die die Blutgerinnung an Wunden bewirken).

Wie lange brauchen die 5 Liter Blut für einen kompletten Kreislauf in unserem Körper?
Etwas weniger als eine Minute!

Wie schnell schlägt das Herz bei Tieren?
Hier einige Durchschnittswerte pro Minute von 4 Säugetieren und 1 Vogelart:
- Elefant 18
- Hund 100
- Katze 180
- Maus 240
- Taube 300

Sehen

Wie sehen wir?

Das Bild entsteht auf der Netzhaut. Es steht kopf. Von dort leitet der Sehnerv die Seheindrücke zum Gehirn.
Der Augenhintergrund besteht aus Sehzellen (lichtempfindlichen Stäbchen und farbempfindlichen Zäpfchen), die ihre Eindrücke dem Gehirn melden. Das Gehirn versteht die Meldungen und gibt ihnen Sinn.

Scharfe Adleraugen

Vögel sehen schärfer als wir, weil ihre Augen mehr Sehzellen besitzen. Wenn wir Adleraugen hätten, könnten wir die Schlagzeilen einer Zeitung noch aus 500 m Entfernung lesen!

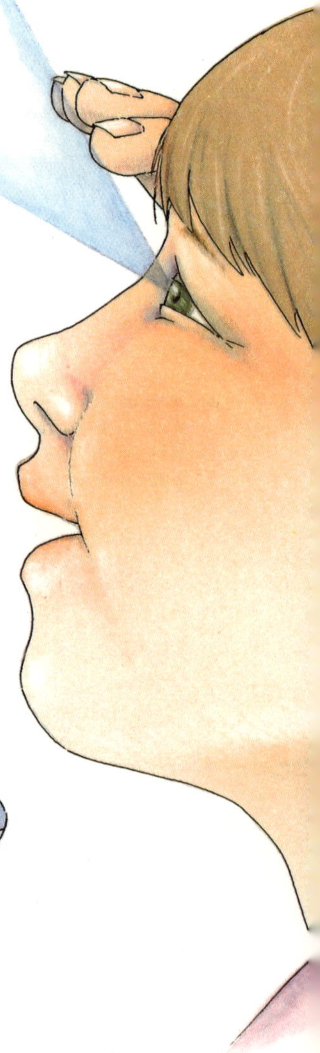

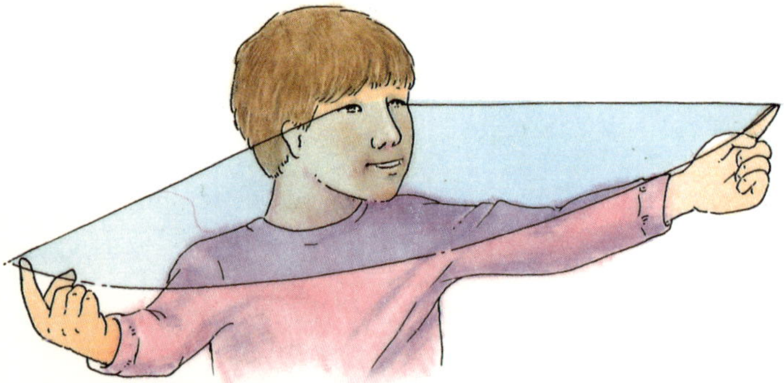

Die Augenstellung ist entscheidend für den *Sehbereich*, der beim Menschen normalerweise 180° umfaßt.

Eule

Schnepfe

Er kann aber auch deutlich *kleiner* oder sehr viel *größer* sein.

Warum haben wir zwei Augen?

Wenn man sich ein Auge zuhält und dann versucht, einen Punkt auf einem Blatt mit der Bleistiftspitze zu treffen, merkt man, daß das gar nicht so leicht gelingt. Mit beiden Augen dagegen ist es ein Kinderspiel.
Das zweiäugige Sehen ermöglicht uns die Abschätzung von Entfernungen und räumliches Sehen.

Sehen und sich erinnern
Täglich verarbeitet unser Gehirn Tausende von Seheindrücken. Es wählt aber nur einige davon aus und behält sie in Erinnerung (die Gesichtszüge eines Freundes, Einzelheiten einer Landschaft oder eines Gegenstandes).

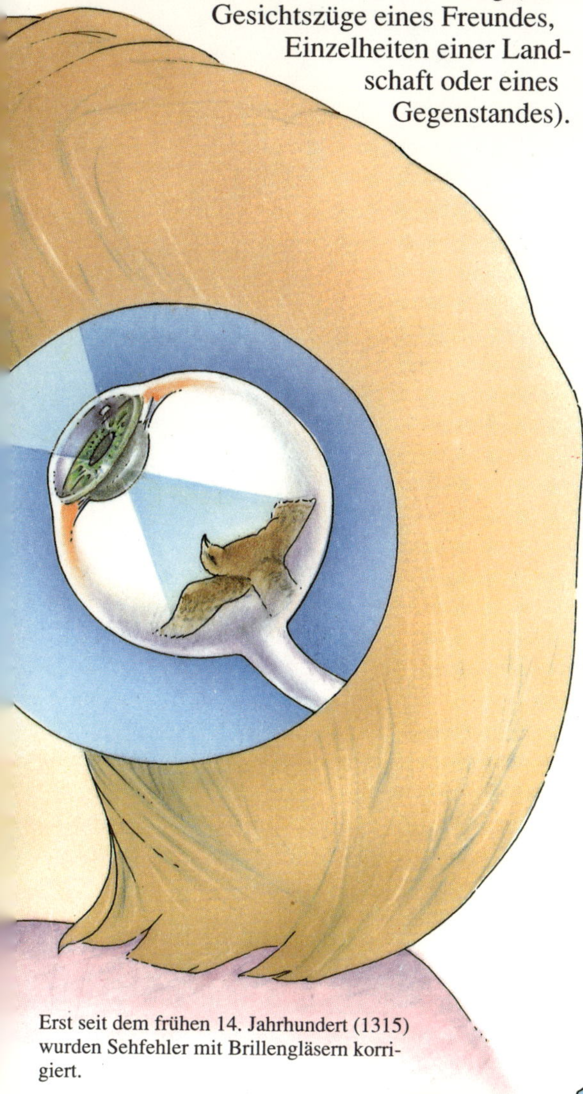

Erst seit dem frühen 14. Jahrhundert (1315) wurden Sehfehler mit Brillengläsern korrigiert.

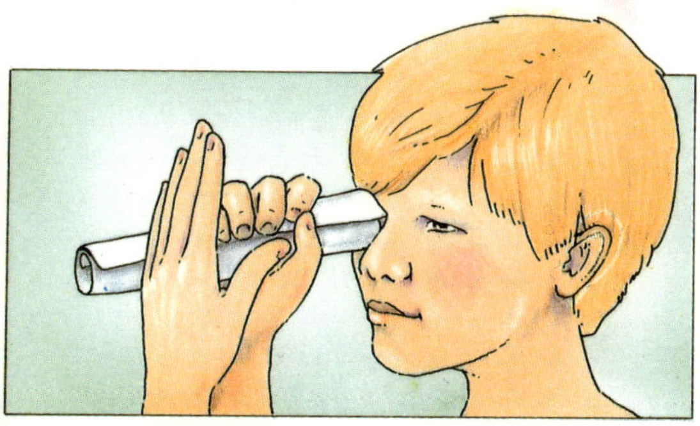

Unsere Augen täuschen uns
Wenn man mit beiden Augen hinsieht, glaubt man, es sei ein Loch in der Hand.

Richtig sehen
Einen einfachen Sehtest kann man selber machen: Man stellt dazu das Buch in einer Entfernung von 5 m auf und versucht, die Buchstaben oben zu lesen; dabei deckt man erst das rechte, dann das linke Auge zu. Die Sehschärfe wird in Zehnteln angegeben.

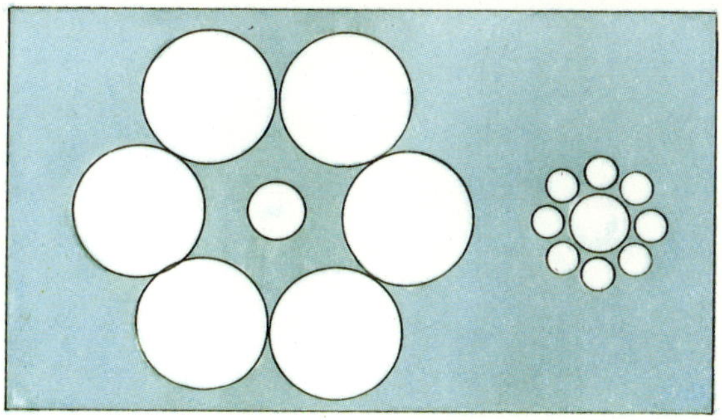

Noch eine optische Täuschung!
Welcher der beiden Kreise in der Mitte der zwei Figuren ist der größere?

Antwort: Keiner. Beide Mittelkreise sind gleich groß.

Ein weißes Kaninchen aus dem Hut!
Zuerst 1 Minute lang unverwandt das schwarze Kaninchen anschauen. Dann die Stelle über dem Hut: Nach wenigen Sekunden taucht dort ein weißes Kaninchen auf.

Riechen, schmecken, hören

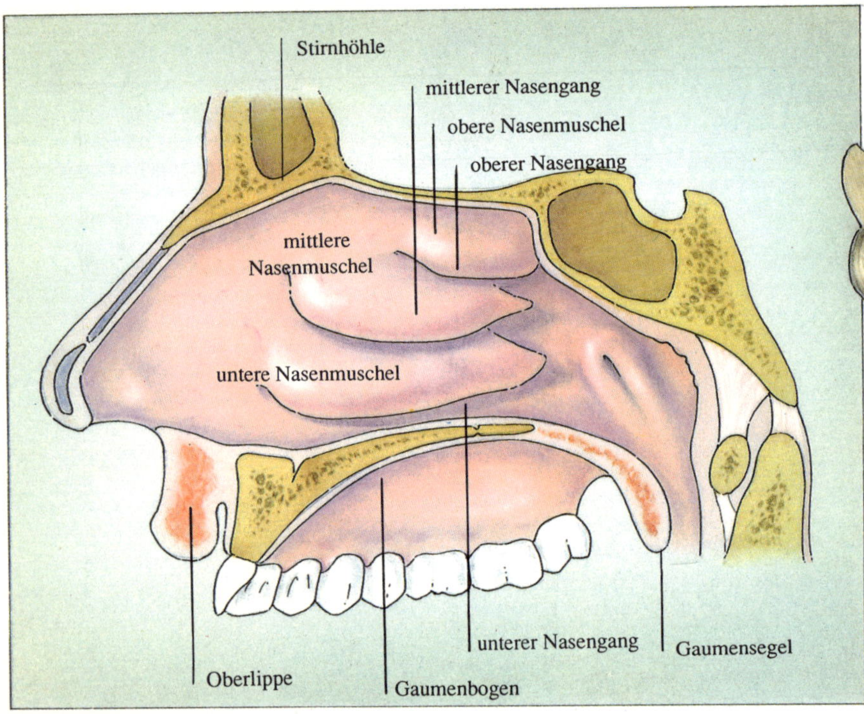

Riechen

In der oberen Nasenmuschel, die - wie die gesamte Nase - mit Schleimhaut ausgekleidet ist, befindet sich das »Riechfeld«. Die Gerüche gelangen mit der Atemluft dorthin. Ihre Reize werden durch den *Riechnerv* zum Gehirn geleitet.

Der Geruchssinn registriert auch sehr feine Reize. Beim Menschen spielt er zwar in der Wahrnehmung eine untergeordnete Rolle, aber bei bestimmten Tieren ist er hoch entwickelt und kann auch Menschen nützlich sein (Lawinenhunde, Polizeihunde).

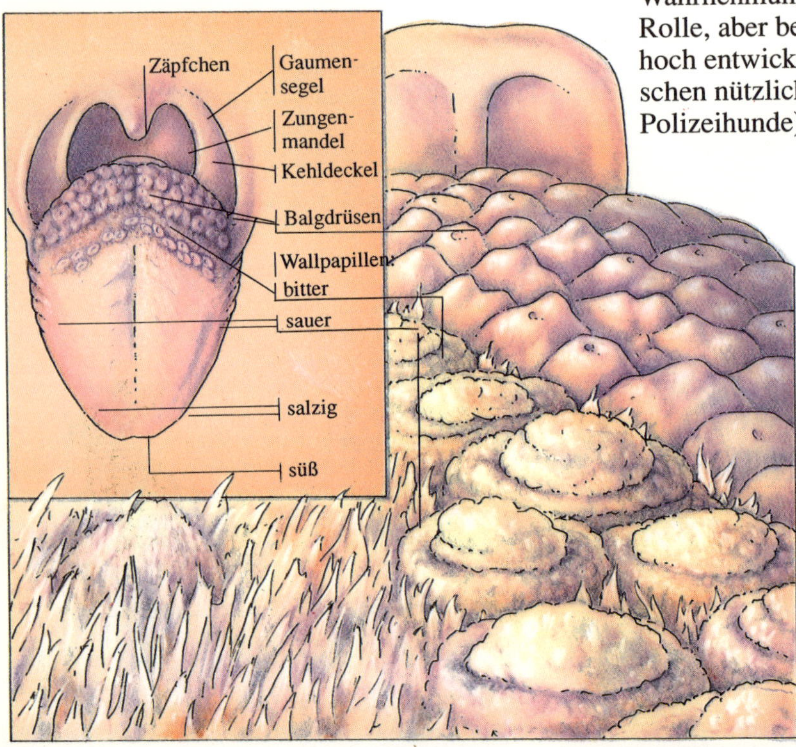

Schmecken

Unsere Zunge ist übersät von *Papillen*, deren Sinneszellen die Geschmacksreize aus der Nahrung in vier Qualitäten wahrnehmen: sauer, süß, salzig und bitter. Diese Reize leiten sie an das Gehirn weiter. Alle übrigen Geschmacksempfindungen beruhen auf *Geruchswahrnehmungen*, stammen also aus der *Nase*.

Hören

Das Ohr ist das Empfangsorgan für einen Großteil der Töne, die durch Luftschwingungen erzeugt werden.
Diese Töne werden vom Ohr in Nervenimpulse umgesetzt und gelangen über den Hörnerv ins Gehirn. Dort werden sie ausgewertet.
Das Ohr besteht aus drei großen Abschnitten:

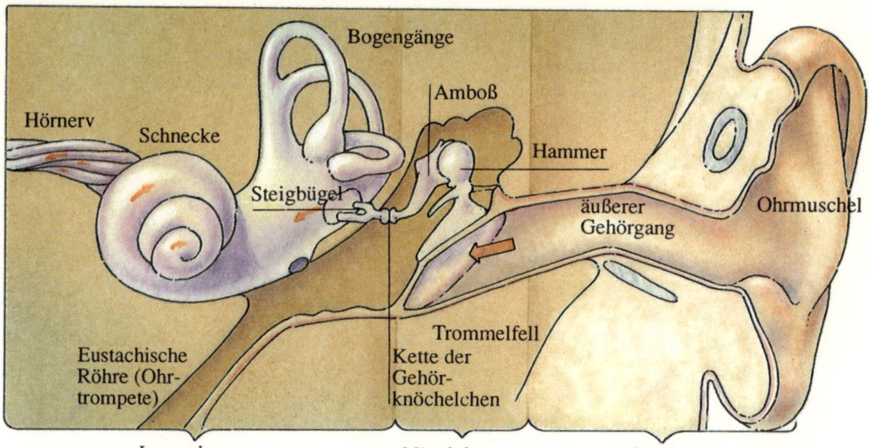

Innenohr oder Labyrinth

Mittelohr (Trommelfell und Gehörknöchelchen)

Außenohr (Ohrmuschel und äußerer Gehörgang)

Das Gleichgewichtsorgan

Sinnesorgane im Innenohr sorgen für die ständige Kontrolle der Körperlage und -bewegung und für die Aufrechterhaltung des Gleichgewichts.

Die Wahrnehmung des Schalls

Die Schallwellen gelangen von der Ohrmuschel in den äußeren Gehörgang. Sie treffen auf das *Trommelfell* auf und versetzen es in Schwingung, die sich auf die 3 Gehörknöchelchen (*Hammer, Amboß, Steigbügel*) überträgt. Sie geben diese Schwingung an das Innenohr weiter. In der Schnecke melden die Flimmerhärchen der Sinneszellen die Reize über den Hörnerv an das Gehirn weiter.

Einen Ton erzeugen heißt Schwingungen aussenden. Beim Sprechen streicht die Atemluft über die Stimmbänder und bringt sie zum Schwingen, bringt also Töne hervor. Die Zahl der Schwingungen pro Sekunde (Hertz) bestimmt die Tonfrequenz. Das menschliche Ohr kann Frequenzen von 16 bis 25 000 Hertz wahrnehmen, Harfen- oder Geigentöne, das Zwitschern der Vögel. Unhörbar bleibt jedoch der Schrei der Fledermaus oder der Delphine.

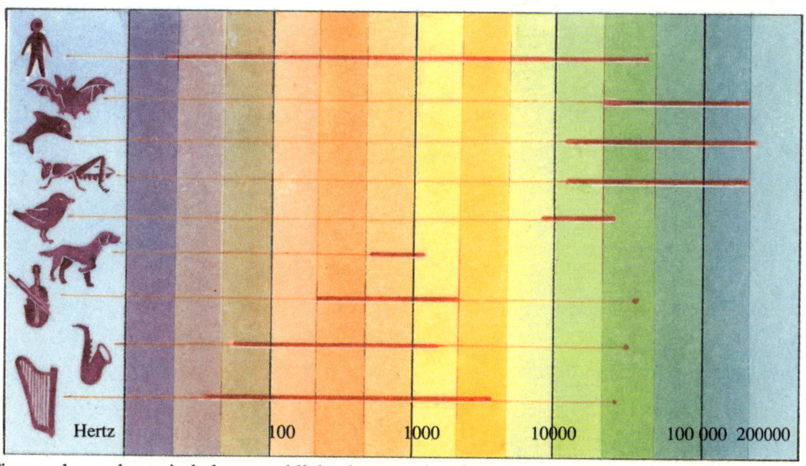

Wie ist das bei Tieren?
Obwohl die Sinnesorgane der Tiere anders gebaut sind als menschliche, können sie sehen, hören, riechen... Sehr oft ist ihre Wahrnehmung an einen besonders hoch entwickelten Sinn geknüpft. So kann zum Beispiel der *Falke* mit seinem zehnmal besseren Sehvermögen seine Beute auch in beträchtlicher Entfernung noch erkennen. Der *Delphin* hat ein unerhört gutes Gehör. Beim *Fuchs* sind Geruch- und Gehörsinn besonders stark entwickelt.

Der Hautsinn

Eine dünne, aber wirksame Schutzhülle
Die Haut bedeckt unseren gesamten Körper und schützt ihn.
An den verschiedenen Körperteilen ist die Haut verschieden dick (1-9 mm): An den Handflächen und Fußsohlen ist sie dicker, an den Lidern und Lippen dünn. Sie ist sehr elastisch und paßt sich den Bewegungen an. Sie bildet eine Schutzschicht gegen Stöße, Feuchtigkeit, Hitze und Kälte...
Durch starkes Reiben kann sie durchgescheuert werden, doch sie erneuert sich schnell.
Die Hautfläche eines mittelgroßen Menschen schwankt zwischen 1,5 und 2 m^2.

Barthaar (stark vergrößert)

nach der Rasur mit einer Rasierklinge

nach der Rasur mit einem elektrischen Rasierapparat

Schnitt durch die Haut

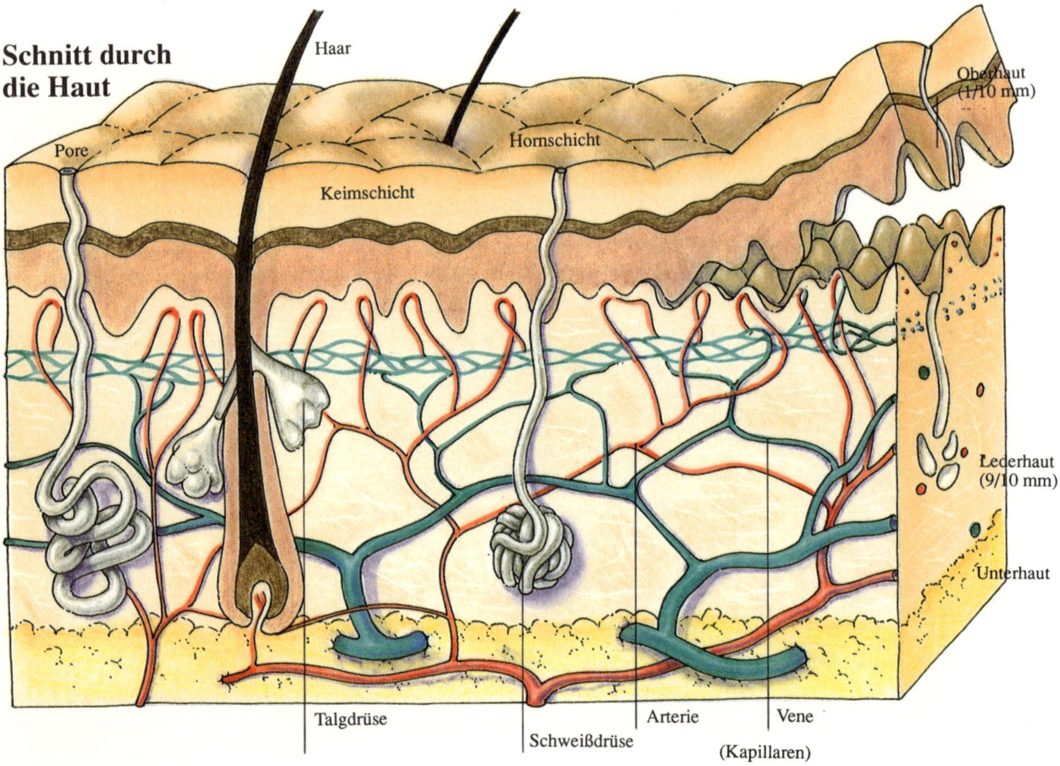

Der Tastsinn
Durch die Haut nehmen wir Reize wahr, die durch Berührung, Druck, Hitze und Kälte oder durch Schmerz entstehen.
Die Haut besteht aus drei verschiedenen Schichten:
- einer Oberflächenschicht, der Oberhaut;
- der darunterliegenden Lederhaut, in der die Nervenendigungen mit den Sinneszellen liegen;
- der Unterhaut mit isolierendem Fettgewebe.

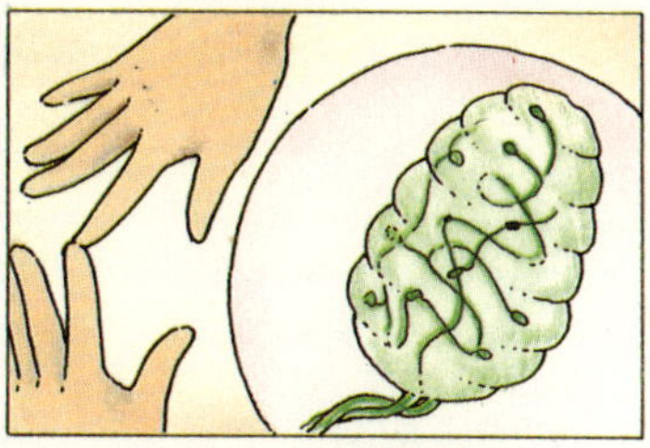

Meißnersche Körperchen (Tastsinn)

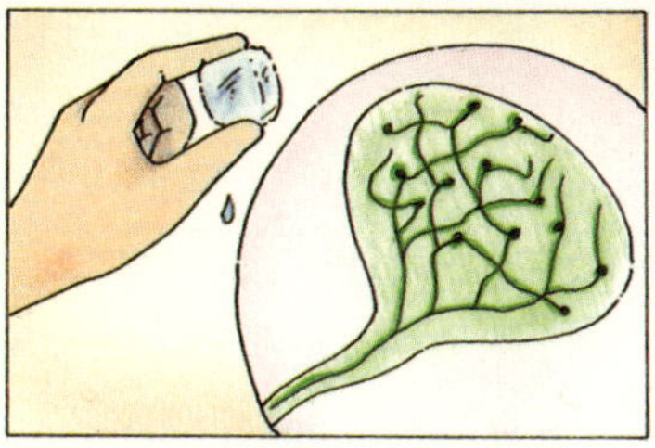

Krausesche Endkolben (Kältesinn)

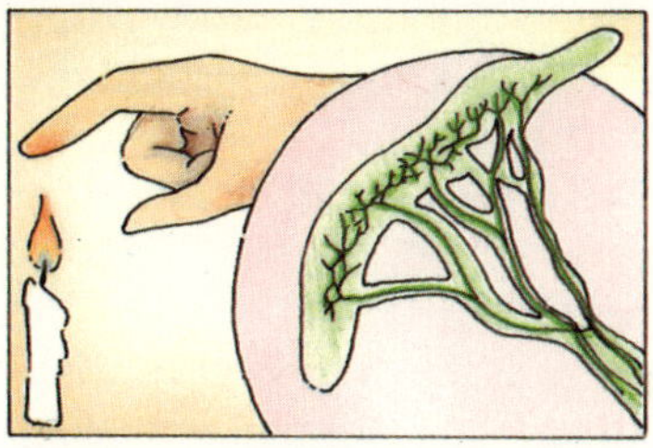

Raffinische Körperchen (Wärmesinn)

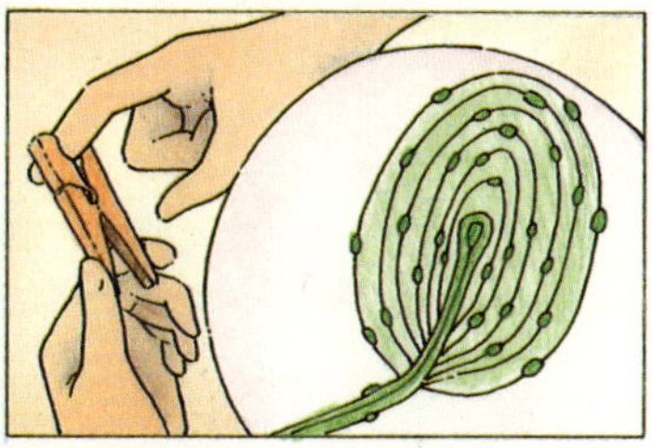

Vater-Pacinische Körperchen (Drucksinn)

Schmerzempfindung

(Die neueste biologische Forschung hat die traditionelle Zuordnung zum Teil widerlegt.)

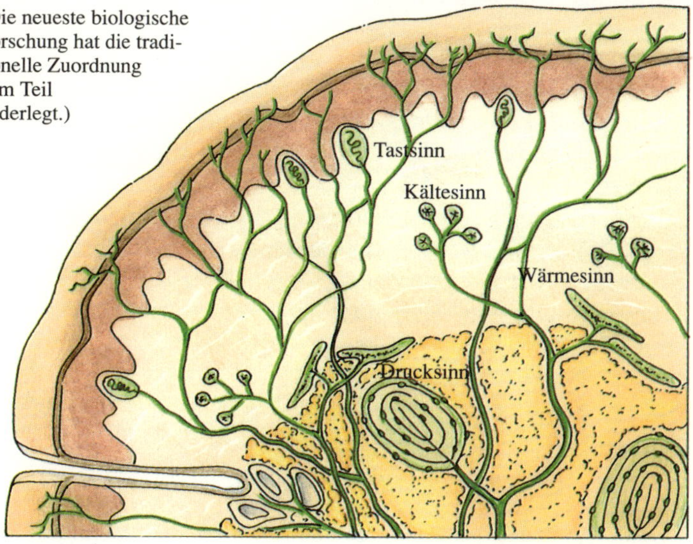

Oberhaut und Lederhaut. Man kann die verschiedenen Organe für die Wahrnehmung der verschiedenen Reize erkennen.

Empfindliche Stellen

Die Nervenendungen melden ihre Empfindungen über das *Rückenmark* an das Gehirn weiter.
Je nach Reizart (Kälte, Wärme, Schmerz...) sind sie verschieden beschaffen und ungleichmäßig in der Haut verteilt. Daher reagieren gewisse Hautzonen mehr oder weniger empfindlich auf Kälte oder Schmerz.

600 000 Sinneszellen nehmen die Empfindungen wahr, die die Berührung eines Körpers in der Haut auslöst. An den Fingerspitzen und den Lippen sind sie besonders zahlreich. *200 000 Sinneszellen* registrieren Hitze- und Kältereize. *Über 1,5 Millionen Sinneszellen* leiten Schmerzempfindungen weiter!

Bestimmte Hautpartien weisen keine Sinneszellen auf. Das erklärt, warum in der Akupunktur die Ärzte gewisse Störungen des Organismus mit Nadeln, die sie in die Haut des Patienten einstechen, behandeln können, ohne daß der Patient Schmerzen verspürt.

Was versteht man unter »Poren« der Haut?
Poren sind winzige Öffnungen, durch die der Körper ständig Giftstoffe ausscheidet.
Im Durchschnitt sondern wir täglich einen Liter Schweiß über die Haut ab.
In 1 cm^2 Hautfläche sind Tausende von Poren.
Haare und Nägel werden von der Haut gebildet.

Die Haut ist ein Wärmeregulator
Durch die Schweißabsonderung kann die Haut als Wärmeregulator wirken, denn die Verdunstung des Schweißes hält die Körpertemperatur bei einem Wärmeanstieg infolge erhöhter Umwelttemperatur oder starker körperlicher Anstrengung konstant.

Der Bewegungsapparat

Ein exakt zusammengefügtes, kräftiges Gerüst
Aus *210 Knochen* besteht das *Skelett*, das dem Körper seine Festigkeit und Form verleiht.
Die Knochen haben einerseits eine Schutzfunktion (Schädelknochen, Rippen), andererseits eine Stützfunktion (Wirbelsäule).
Sie werden vom Blut mit wichtigen Mineralien versorgt.
Die langen Röhrenknochen, wie zum Beispiel das Oberschenkelbein, enthalten *Knochenmark*, in dem die roten und die weißen Blutkörperchen gebildet werden.

Gelenke machen den Körper beweglich
Die meisten Knochen, die untereinander durch *Bänder* verbunden sind, können dank der *Knorpel* an ihren Enden aneinander entlanggleiten. Sie sind *gelenkig* miteinander verbunden.
Dank ihrer *26 Einzelknochen*, die gelenkig aneinandergefügt sind, ist die Hand besonders beweglich.
An bestimmten Knochen gibt es keine Gelenke. Der Schädel besteht aus acht flachen Knochen, die durch Nähte verbunden sind.

Die Knochen des Skeletts

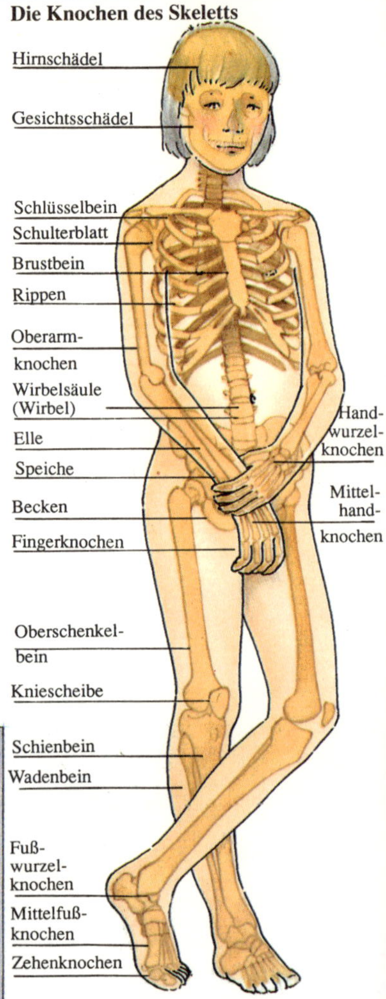

Die Muskeln sorgen für die Bewegung
Mehr als *500 Muskeln* sind für die Bewegung des Knochengerüsts und der Organe, für die sie zuständig sind, verantwortlich. Sie bestehen aus sehr elastischen Fleischfasern, deren Anspannung und Entspannung das Beugen, Strecken oder Drehen bewirkt.

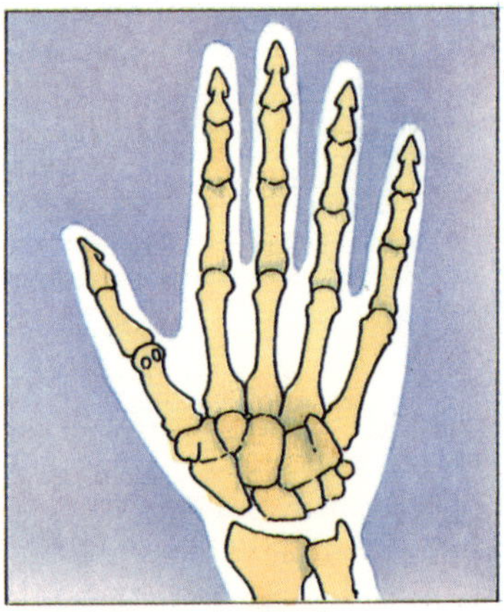

Die Gliederung der Hand (26 Knochen)

Die Muskeln sind durch *Sehnen* an den Knochen festgewachsen.
Die meisten Muskeln werden vom Gehirn gesteuert: Man nennt sie *willkürliche Muskeln* (an der Hand, den Armen und Beinen...).
Manche sind von unserem Willen unabhängig, wie zum Beispiel der Herzmuskel, die Magenmuskulatur, die Muskeln für das Heben und Senken des Brustkorbs... Man nennt sie daher *unwillkürliche Muskeln.*

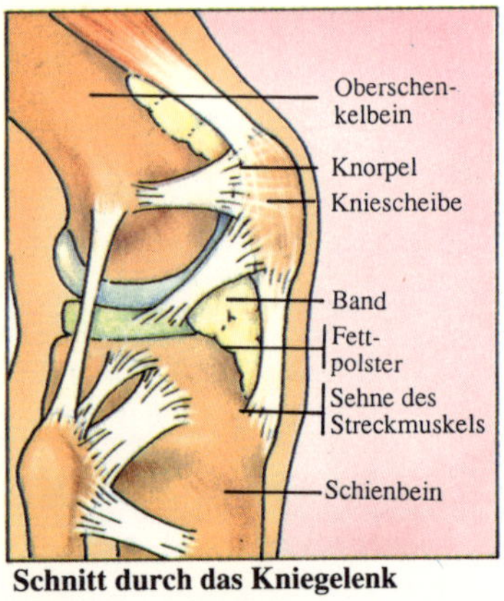

Schnitt durch das Kniegelenk

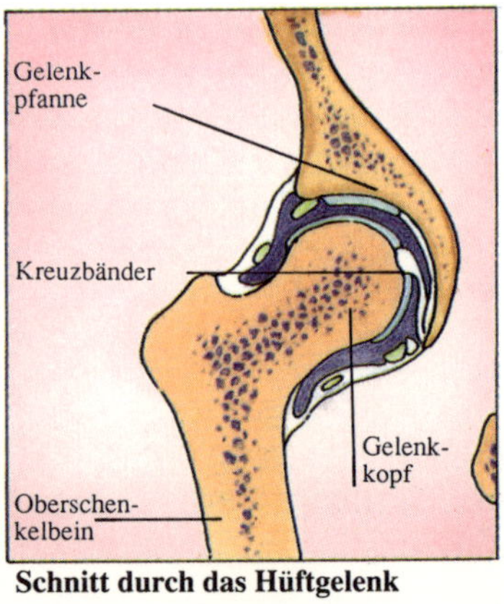

Schnitt durch das Hüftgelenk

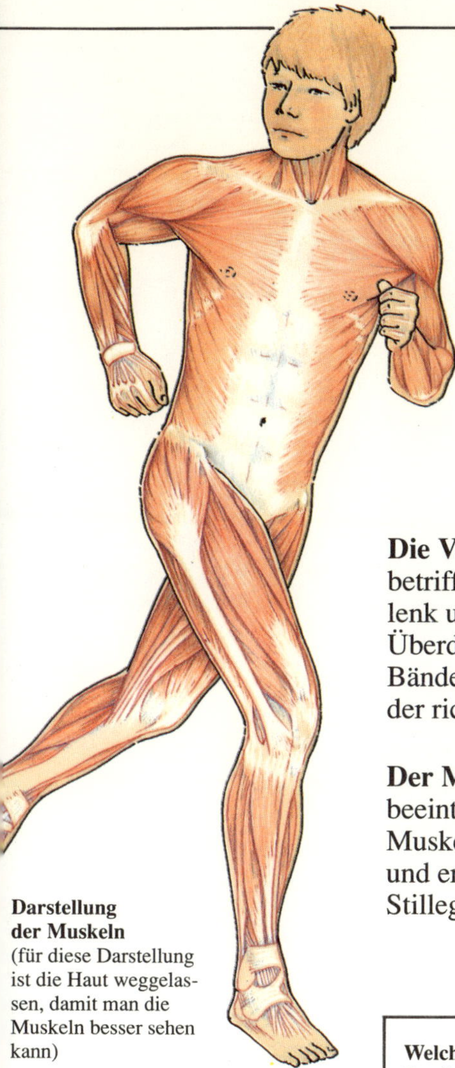

Darstellung der Muskeln (für diese Darstellung ist die Haut weggelassen, damit man die Muskeln besser sehen kann)

Häufige Verletzungen

Heftige Stürze (vom Rad, beim Skifahren) oder plötzliche Anstrengungen können zu Verletzungen von Knochen und Muskeln führen und eine vorübergehende Stillegung notwendig machen.

Der Knochenbruch

Wenn ein Knochen bricht, wird das ganze Glied stillgelegt (Gips), bis sich neue Knochensubstanz bildet und die Bruchstelle »verschweißt«.

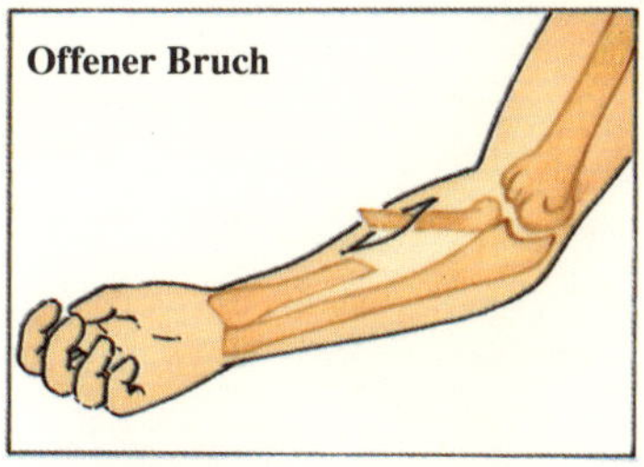

Offener Bruch

Die Verstauchung

betrifft häufig das Sprunggelenk und entsteht durch Überdehnung oder Riß der Bänder, die die Knochen in der richtigen Position halten.

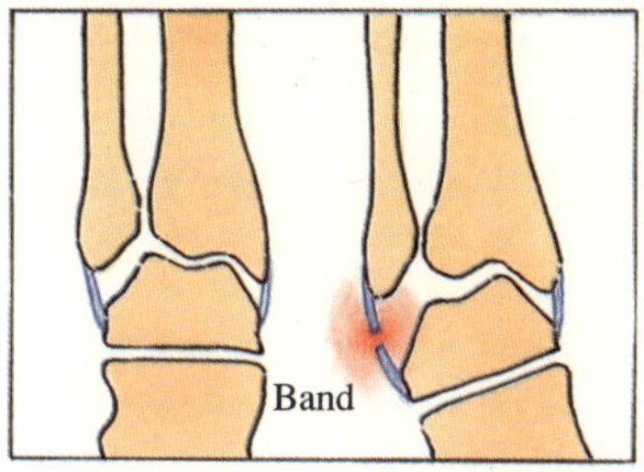

Gelenk in Normalstellung

Verstauchung Das gezerrte Band kann auch reißen

Der Muskelriß

beeinträchtigt den gesamten Muskel, ist sehr schmerzhaft und erfordert eine längere Stillegung.

Faserriß

Zu starke plötzliche Anspannung kann das Reißen einzelner Muskelfasern bewirken.

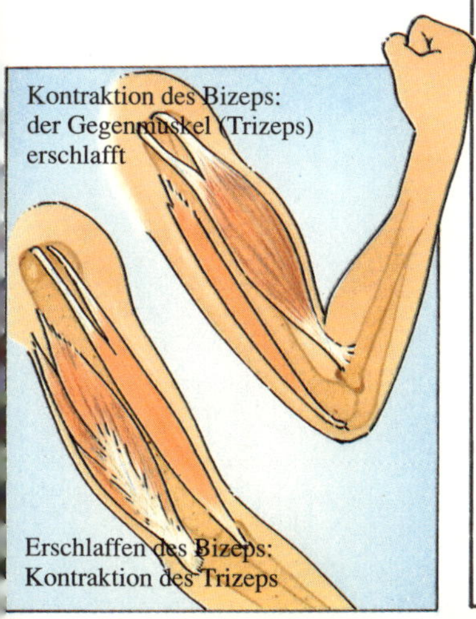

Welcher Knochen ist der kleinste?
Der Steigbügel im Mittelohr. Er wird 2,6 bis 3,6 mm lang und wiegt 2 bis 4,3 mg.

Wie viele Knochen hat unser Gesichtsschädel?
14 Knochen, von denen nur einer beweglich ist: der Unterkieferknochen.

Die Rachitis
Kalzium und Phosphor spielen eine wichtige Rolle beim Aufbau der Knochen im Kindesalter. Für die Kalkeinlagerung wird Vitamin D benötigt. Fehlt dieses ganz oder teilweise, kommt es zu schweren Mißbildungen: der *Rachitis*.

Was passiert, wenn man...
- Knochen 24 Stunden in Salzsäure legt? Sie werden um 2/3 leichter, die Knochensubstanz weich.
- einen Knochen im Feuer glüht? Er verliert 1/3 seines Gewichts und wird weiß, hart, spröde und brüchig.

Gibt es verschiedene Muskeltypen?
Nicht alle Muskeln sehen ähnlich aus. Es gibt kurze und lange, schmale, flache, ringförmige...
Die Strecker- und Beugermuskeln nennt man Antagonisten (Gegenspieler), weil sie entgegengesetzt wirken. Bei allen Springern und Gehern sind die Strecker am stärksten ausgebildet.

Brauchen wir viele Muskeln zum Gehen?
Für den Bewegungsablauf des Gehens brauchen wir sage und schreibe 100 verschiedene Muskeln!

Wie entsteht Muskelkater?
Wenn ein Muskel arbeitet, erzeugt er ein Abfallprodukt, die Milchsäure. Werden Muskeln überbeansprucht, verursacht die Ansammlung dieser Milchsäure den bekannten »Muskelkater«.

Das Nervensystem

Das vegetative Nervensystem

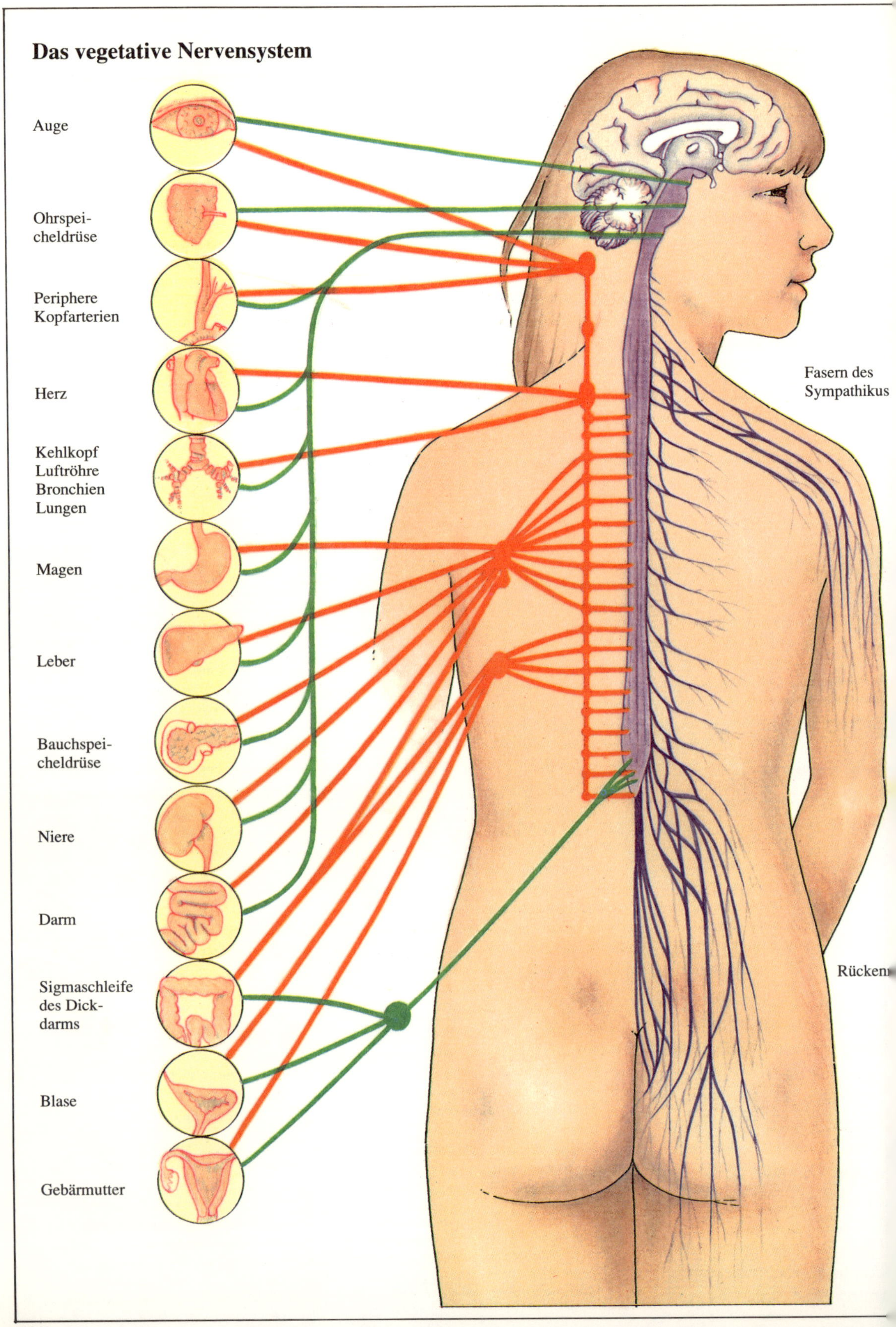

Ein ausgeklügeltes System
Der wichtigste Bestandteil des Nervensystems, das *Gehirn*, wird gut geschützt von der Schädelkapsel.
Das Gehirn besteht aus dem *Großhirn*, dem *Kleinhirn* und dem *Stammhirn*, die das zentrale Nervensystem bilden.
Die Gehirnmasse setzt sich in einem langen Strang, dem *Rückenmark*, fort, gut geschützt durch die Wirbelsäule.
Von all unseren Organen ist das Gehirn zweifellos das komplizierteste. Wie es funktioniert, gibt uns immer noch Rätsel auf.
Das Gewicht des Gehirns beträgt etwa 1/50 des Körpergewichts, etwas mehr als 1 kg beim Erwachsenen.

Ein Netz von Verbindungen
43 Nervenpaare gibt es: 12 davon gehen vom Gehirn aus, 31 vom Rückenmark. Sie alle stellen mit ihren zahlreichen Verzweigungen die Verbindung zwischen dem zentralen Nervensystem und jedem einzelnen Teil unseres Körpers her.
Es gibt zwei Arten von Nerven:
- *Empfindungsnerven* oder *sensorische Nerven* (Sehnerv, Hörnerv, Riechnerv...), die Reize der Sinneszellen als Impulse zum Gehirn weiterleiten;
- *Bewegungsnerven* oder *motorische Nerven,* die Befehle an die Muskeln übermitteln (Hüftnerv).

Die Befehlszentrale
Im Nervensystem liegen Ausgangs- und Zielpunkte unserer Wahrnehmungen, unserer Reaktionen und die Grundlagen so komplexer und schwer erklärbarer Phänomene wie Intelligenz, Gefühlsleben und Willen.

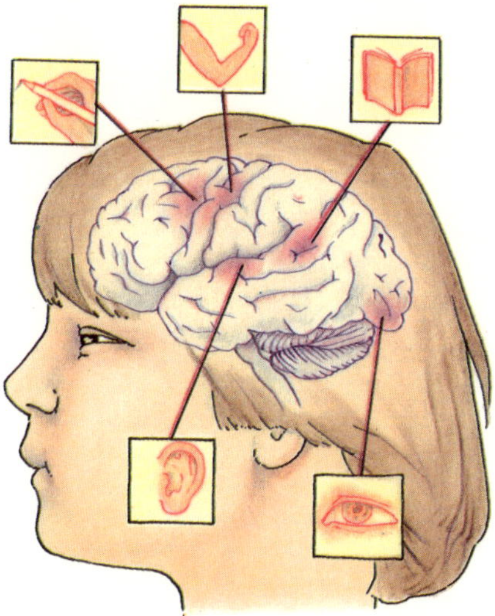

Das Gehirn
Es besteht aus der *grauen Rindenschicht* und einer weißen Substanz, dem *Mark.*
Jeder Teil des Gehirns hat eine bestimmte Aufgabe: Es gibt ein Riechzentrum, Sprachzentrum, Sehzentrum... Eigenartig dabei ist, daß die rechte Hirnhälfte für die Steuerung der linken Körperhälfte zuständig ist, die linke Hirnhälfte für die rechte.

Ein exaktes Ablaufschema
Alle Reize, die die Sinneszellen aufnehmen, werden von den Nervenbahnen zum zuständigen Zentrum im Gehirn geleitet, wo sie ausgewertet werden. Von dort können dann Anweisungen an die Muskeln über die *motorischen Nerven* erteilt werden.
Dieser Wechsel zwischen Empfangen und Senden findet in der grauen Rindenschicht an der Oberfläche des Gehirns statt. Je nach Zone schwankt die Dicke dieser Schicht zwischen 1,5 und 5 mm.
Die Durchtrennung eines Nervs bewirkt den Ausfall der entsprechenden Sinneswahrnehmung.

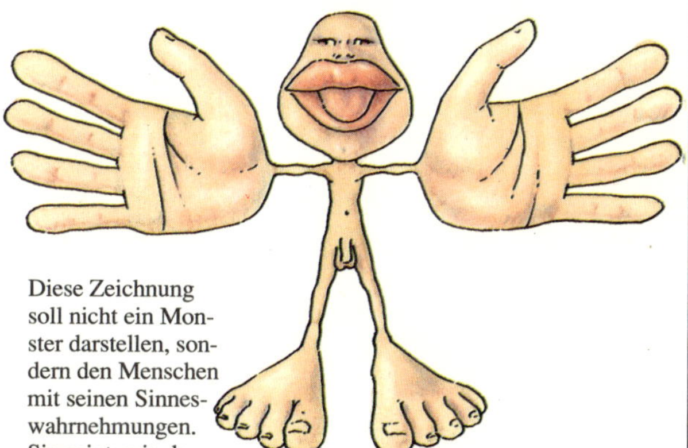

Diese Zeichnung soll nicht ein Monster darstellen, sondern den Menschen mit seinen Sinneswahrnehmungen. Sie zeigt, wie das Gehirn und die Sinneszellen zusammenarbeiten. Die Größe der Sinnesorgane zum Schmecken (Mund, Zunge), Sehen (Augen), Tasten (Hände und Füße) ist entsprechend zum jeweiligen Wahrnehmungsvermögen abgebildet. Mit den Händen und Füßen kann man zum Beispiel die Größe, das Gewicht und die Gestalt eines Körpers feststellen.

Belastungen des Nervensystems

Die Umwelt wirkt auf unser Nervensystem ein. Zu starke Reize ermüden es und stellen echte Belastungen dar.

Der Lärm
Belästigung durch Lärm ruft nervöse Erschöpfung mit Appetitlosigkeit und Gleichgewichtsstörungen hervor. Außerdem vermindert sie die Leistungsfähigkeit unserer Intelligenz.

Zu grelles Licht
Auch zu starkes Licht reizt unsere Nerven.

Der Alkohol
Selbst geringe Mengen von Alkohol haben Auswirkungen auf unser Nervensystem. Alkohol verlangsamt unsere Reflexe und beeinträchtigt die Bewegungskontrolle. Er bewirkt auch ein Nachlassen der Merkfähigkeit.
Alkohol in großen Mengen führt zur Zerstörung der Gehirnzellen und Veränderungen des Charakters (Leistungsabfall, Niedergeschlagenheit, Angriffslust und Gewalt).
In der Bundesrepublik Deutschland sterben jährlich viele tausend Menschen an den Folgen übermäßigen Alkoholkonsums.

Das Rauchen
Übermäßiges Rauchen stellt nicht nur einen Risikofaktor für Herzinfarkt und Erkrankungen der Atemwege dar, es hat auch Auswirkungen auf unser Nervensystem. Das im Tabak enthaltene *Nikotin* (etwa 1 Milligramm pro Zigarette) ist ein Giftstoff, der zu nachlassender Gedächtnisleistung, verzögerten Reflexen und Beeinträchtigungen der Bewegungskontrolle führt.

Die Drogen
Bestimmte Substanzen (Heroin, Morphium, Kokain...) wirken direkt auf das Bewußtsein, verändern das Verhalten und ruinieren nach und nach die Gesundheit. Drogensüchtige

werden schnell vollkommen abhängig von ihrer jeweiligen Droge. Der weltweite Anstieg des Drogenkonsums und seine schrecklichen Folgen sind der Grund, warum sich heute viele Menschen engagiert für die Bekämpfung des Drogenhandels einsetzen. Drogensüchtige sind Schwerkranke. Sie brauchen Hilfe, Behandlung und Zuwendung.

Der Schlaf

Wenn wir schlafen, kann sich unser Nervensystem ausruhen. Schlaf ist daher für unser körperliches und seelisches Gleichgewicht unerläßlich.

Das Schlafbedürfnis ist je nach Alter verschieden: Bis Babys 3 Monate alt sind, schlafen sie 22 bis 23 Stunden täglich. Mit 15 Jahren brauchen Jugendliche etwa 10 Stunden Schlaf pro Tag.

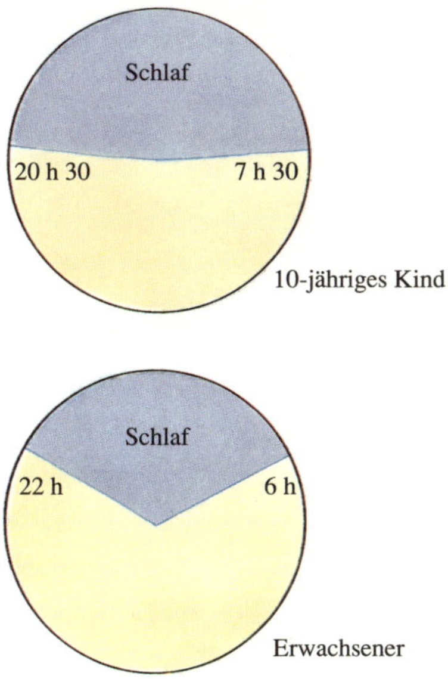

Schlafbedürfnis beim Kind und beim Erwachsenen.

Weltweit leiden 120 Millionen Menschen an schweren Nervenleiden!

Mikroorganismen: Bakterien und Viren

Was sind eigentlich Mikroorganismen?
Sie sind winzige Lebewesen, die in der Luft, im Boden, im Wasser, in Pflanzen, im Körper von Menschen und Tieren leben. Mit bloßem Auge sind sie nicht zu sehen.
Entdeckt wurden sie erst im 17. Jahrhundert, dank der Erfindung des Mikroskops.
Bakterien vermehren sich rasch. In frischer Milch zum Beispiel werden innerhalb von wenigen Stunden aus ein paar tausend viele Millionen Bakterien (die Milch wird sauer)!

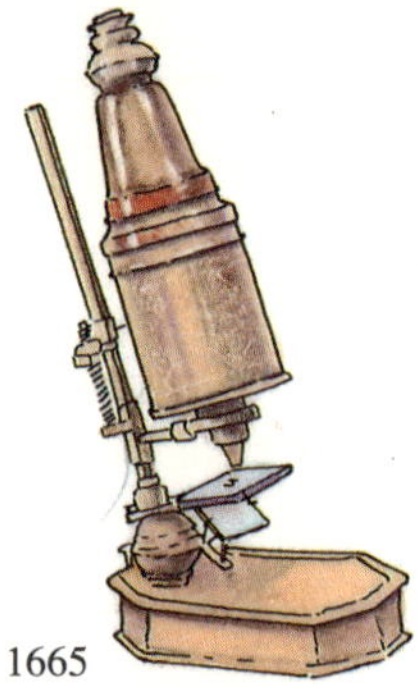

1665
Frühes Modell mit 1 Objektiv

Mikroskop

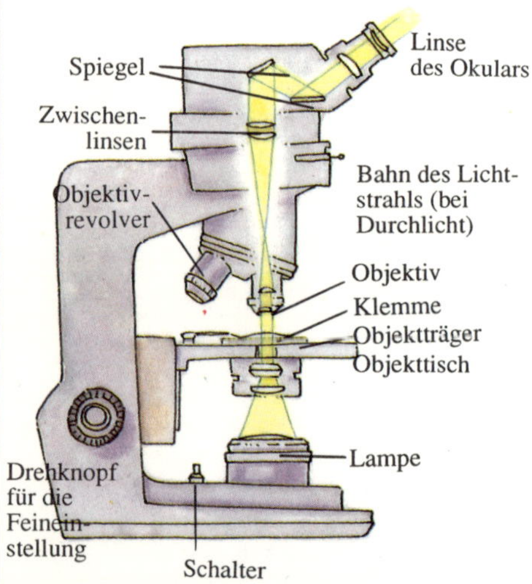

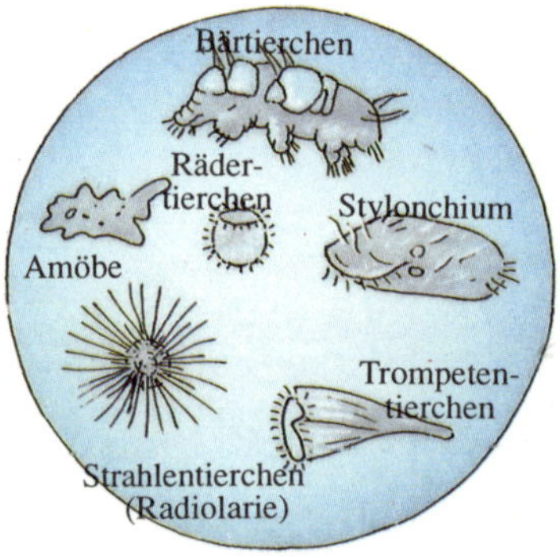

Was alles in einem Wassertropfen zu sehen ist

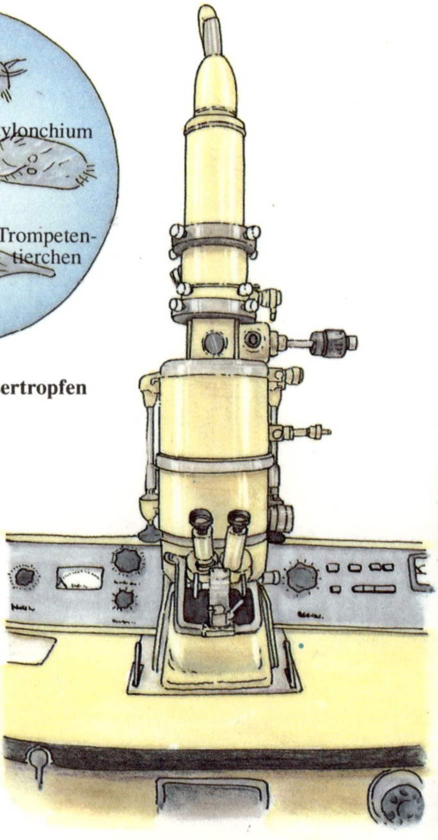

Elektronenmikroskop

Manche Mikroorganismen, die wir *Viren* nennen, sind so klein, daß man sie mit normalen Mikroskopen nicht sichtbar machen kann. Ihre Größe wird in *Millimikron* gemessen, also in Millionstel Millimeter. Nur im Elektronenmikroskop kann man sie sehen.

Masernvirus

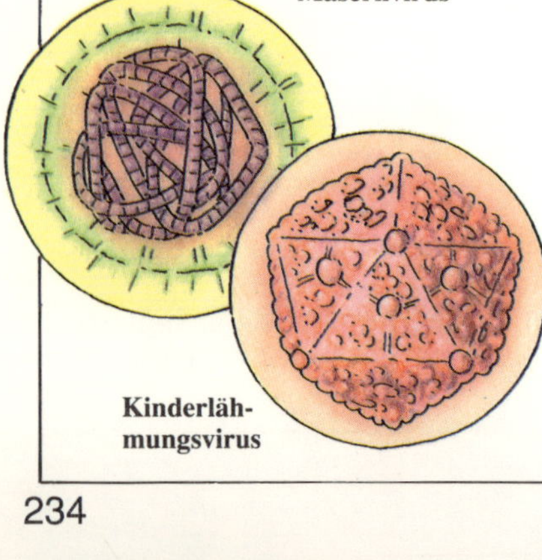

Kinderlähmungsvirus

Freund oder Feind?
Mikroorganismen sind uns vor allem als Krankheitserreger bekannt. *Über 1 000 Infektionskrankheiten* bei Menschen, Tieren oder Pflanzen werden durch Viren hervorgerufen.
Zu den Viruserkrankungen gehören zum Beispiel Grippe, Röteln, Windpocken und Kinderlähmung (Poliomyelitis).

Schimmelpilze und Bakterien für Milchprodukte

Hefe für Backwaren und alkoholische Getränke

Viele Mikroorganismen sind aber auch nützliche Helfer des Menschen. Sie sorgen für den Abbau von Abfällen aller Art, bewirken die Verwesung von toten Tieren und welkem Laub, die Zersetzung der Körperausscheidungen, Reinigung der Abwässer...

Manche Bakterien spielen bei der *Gärung* eine Rolle (Erzeugung von Käse, Essig, Hefe). Mikroorganismen sind auch am Verdauungsprozeß beteiligt.

Die natürliche Abwehr

Die Haut bildet einen natürlichen Schutzwall gegen Krankheitserreger. Wenn dieser durchbrochen wird (zum Beispiel durch offene Wunden), besteht die Gefahr einer Infektion. Die Erreger können dann in den Organismus eindringen. Die weißen Blutkörperchen versuchen, die Erreger zu zerstören, was oft einen Fieberanstieg bewirkt.

Wenn die Infektion andauert oder sich verschlimmert, dann ist das ein Zeichen dafür, daß die Erreger stärker waren als die *weißen Blutkörperchen*. Dann braucht die Körperabwehr Hilfe.

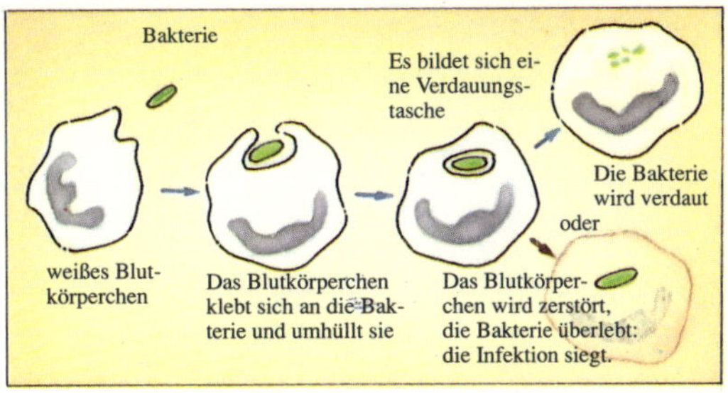

Künstliche Abwehrmethoden

Sowohl große Hitze als auch Kälte töten die meisten Mikroorganismen (deswegen kocht man Trinkwasser ab, bewahrt man Nahrungsmittel in der Tiefkühltruhe auf). *Medikamente* unterstützen den Körper bei seinem Abwehrkampf gegen die Invasion der Erreger. Hochwirksam sind die *Antibiotika*, zu denen das Penicillin gehört.

Woraus besteht ein Impfstoff?

Aus abgeschwächten Erregern der Krankheit, gegen die geimpft wird. Der Körper entwickelt daraufhin Abwehrstoffe und wappnet sich damit gegen einen stärkeren Befall durch solche Krankheitserreger.

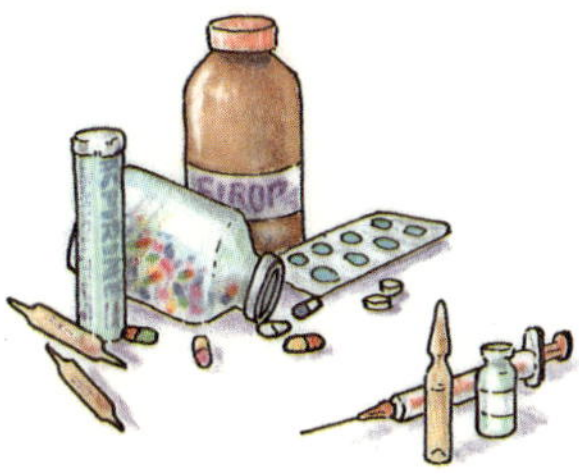

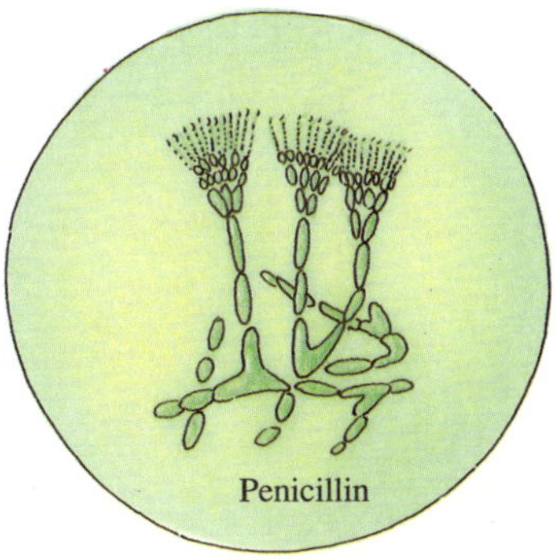

Wozu dienen die Impfungen?

Impfstoffe sind keine Heilmittel, sondern verschaffen dem Körper die Waffen, die er zur Bekämpfung einer schweren Krankheit braucht. Dank der Impfungen sind manche Krankheiten so gut wie ausgerottet: Diphterie, Keuchhusten, Tuberkulose...

Wodurch wurde Pasteur berühmt?

Er entdeckte den Impfstoff gegen die Tollwut, eine schreckliche Viruserkrankung, die das Gehirn befällt. Sie kommt zwar vor allem bei Tieren vor, ist aber auf Menschen übertragbar.

In vielen Ländern müssen Hunde und Katzen gegen Tollwut geimpft werden.

Die Vielfalt der Tierwelt: Wirbeltiere I

Ohne Einteilung kein Überblick
Es gibt ein große Anzahl von Tierarten. Um sie unterscheiden zu können, hat man sie zunächst in zwei große Gruppen eingeteilt: die Wirbeltiere (also Tiere, die eine Wirbelsäule haben) und die wirbellosen Tiere (ohne Wirbelsäule).
Innerhalb dieser beiden Gruppen wurden weiter Untergruppen gebildet, die es ermöglichen, die Tiere nach hervorstechenden gemeinsamen Merkmalen zusammenzufassen.

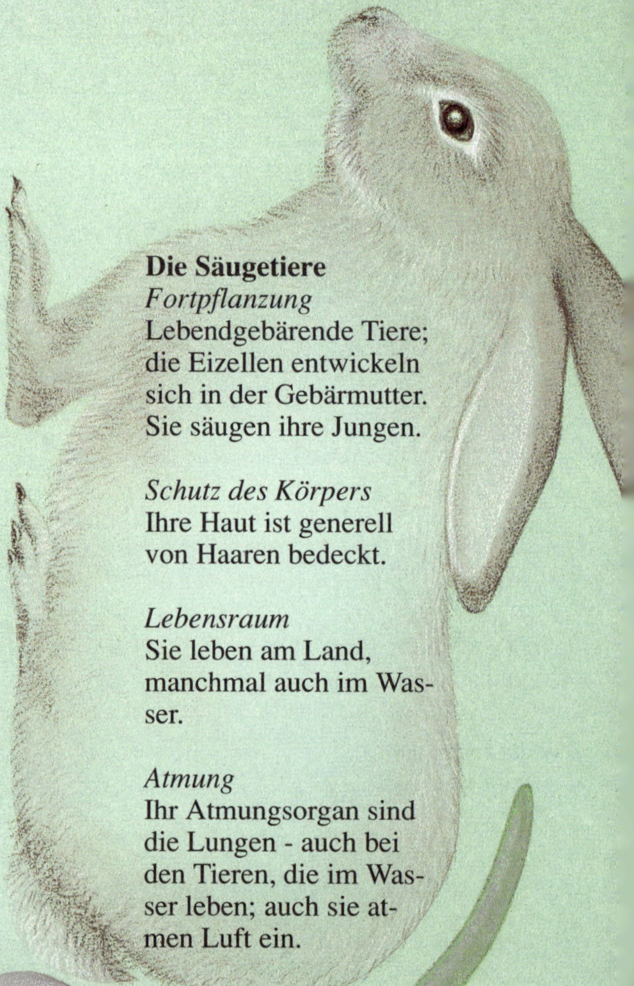

Die Säugetiere

Fortpflanzung
Lebendgebärende Tiere; die Eizellen entwickeln sich in der Gebärmutter. Sie säugen ihre Jungen.

Schutz des Körpers
Ihre Haut ist generell von Haaren bedeckt.

Lebensraum
Sie leben am Land, manchmal auch im Wasser.

Atmung
Ihr Atmungsorgan sind die Lungen - auch bei den Tieren, die im Wasser leben; auch sie atmen Luft ein.

Die Vögel

Fortpflanzung
Sie legen Eier und brüten sie aus. Die Eier haben eine harte Kalkschale und enthalten Nährstoffreserven.

Schutz des Körpers
Der Körper ist von Federn bedeckt.

Lebensraum
Sie leben auf der Erde und in der Luft.

Atmung
Sie atmen durch Lungen.

Weitere Merkmale
Sie haben einen Schnabel, zwei schuppenbedeckte Beine und zwei Flügel.

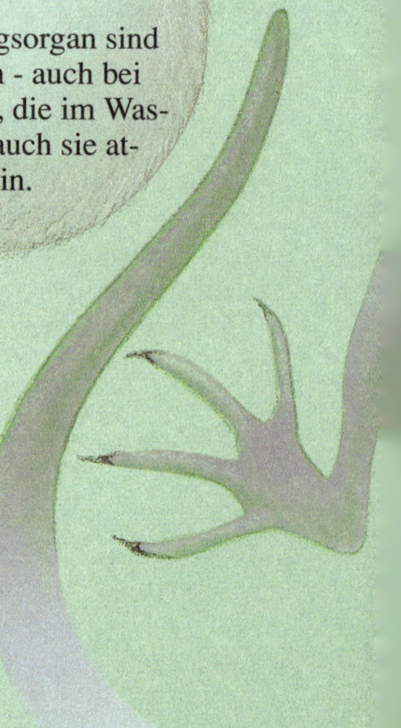

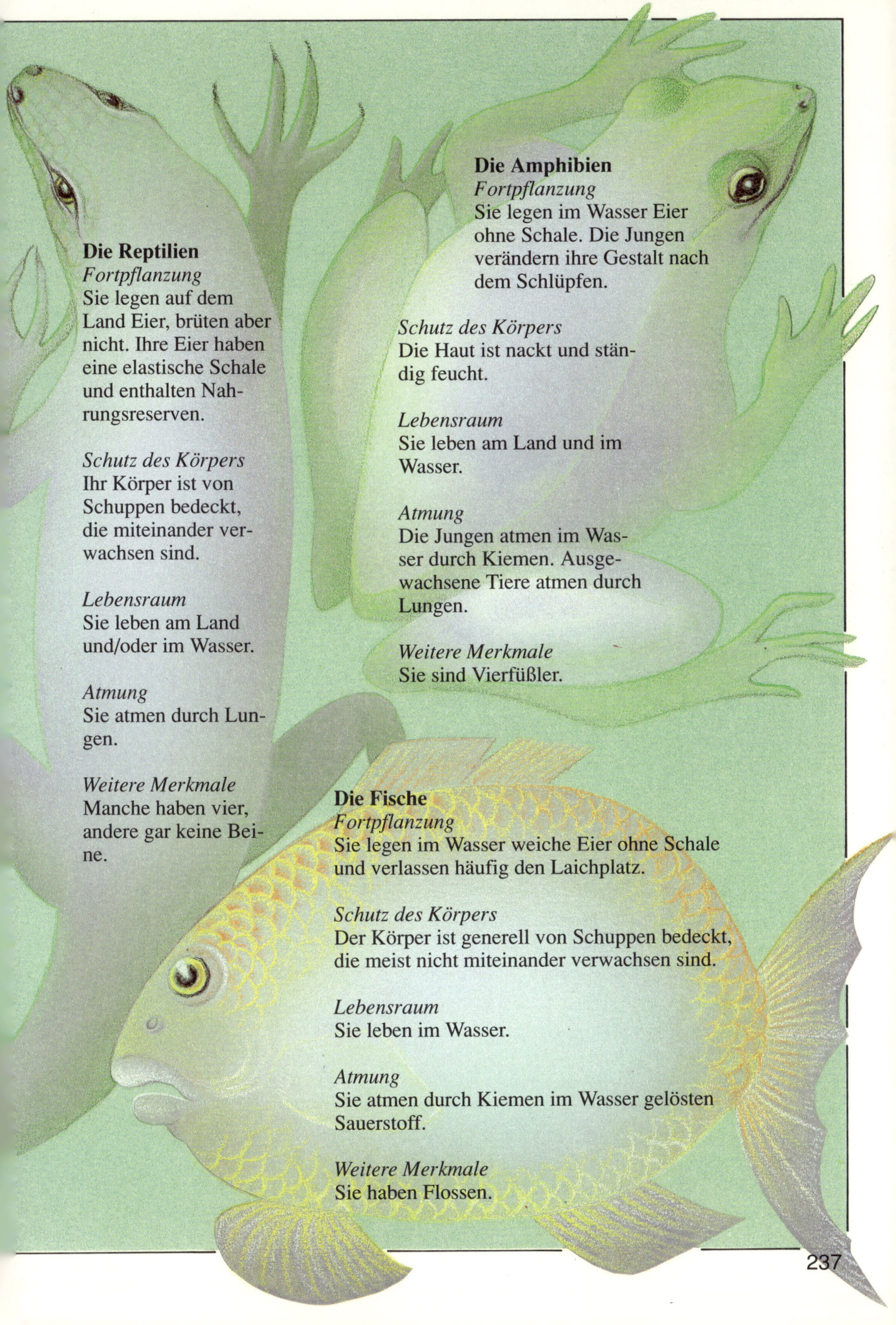

Die Reptilien
Fortpflanzung
Sie legen auf dem Land Eier, brüten aber nicht. Ihre Eier haben eine elastische Schale und enthalten Nahrungsreserven.

Schutz des Körpers
Ihr Körper ist von Schuppen bedeckt, die miteinander verwachsen sind.

Lebensraum
Sie leben am Land und/oder im Wasser.

Atmung
Sie atmen durch Lungen.

Weitere Merkmale
Manche haben vier, andere gar keine Beine.

Die Amphibien
Fortpflanzung
Sie legen im Wasser Eier ohne Schale. Die Jungen verändern ihre Gestalt nach dem Schlüpfen.

Schutz des Körpers
Die Haut ist nackt und ständig feucht.

Lebensraum
Sie leben am Land und im Wasser.

Atmung
Die Jungen atmen im Wasser durch Kiemen. Ausgewachsene Tiere atmen durch Lungen.

Weitere Merkmale
Sie sind Vierfüßler.

Die Fische
Fortpflanzung
Sie legen im Wasser weiche Eier ohne Schale und verlassen häufig den Laichplatz.

Schutz des Körpers
Der Körper ist generell von Schuppen bedeckt, die meist nicht miteinander verwachsen sind.

Lebensraum
Sie leben im Wasser.

Atmung
Sie atmen durch Kiemen im Wasser gelösten Sauerstoff.

Weitere Merkmale
Sie haben Flossen.

Wirbeltiere II

Vögel
Schwalbe
Geier
Pelikan
Strauß
Käuzchen
Gans
Hahn
Truthahn
Fasan
Amphibien
Schwan
Molch
Frosch
Fische
Hecht
Karpfen
Thunfisch
Forelle
Barsch
Hai
Aal

Wirbellose Tiere

Sehr viele Tierarten gehören in diese Gruppe. Sie werden nach ihren besonderen Merkmalen unterschieden.

Weichtiere

Kopffüßer, Tintenfische

Weicher Körper ohne von außen sichtbare harte Schale. Rund um die Mundöffnung sind die Fangarme (Tentakel) angeordnet, die mit Saugnäpfen besetzt sind.

Krake

Tintenfisch

Ringelwürmer

Ihr Körper ist weich und zylinderförmig. Er besteht aus aneinandergereihten, gleichartigen Ringen.

Blutegel

Regenwurm

Schnecken

Weicher Körper mit einem Gehäuse aus einem Stück.

Strandschnecke

Purpurschnecke

Napfschnecke

Weinbergschnecke

Muscheln

Der Körper ist weich, wird aber von einer Schale mit zwei Klappen geschützt.

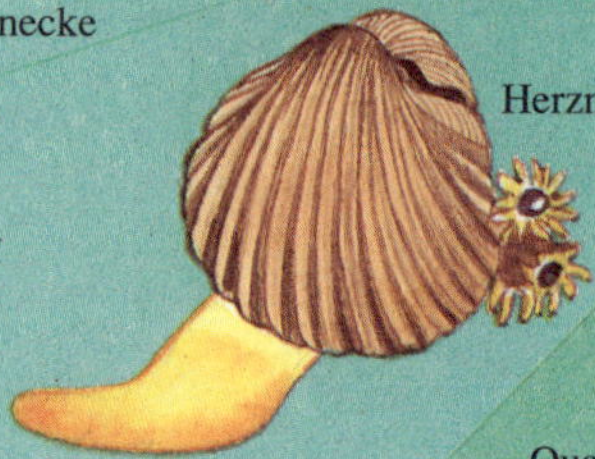

Herzmuschel

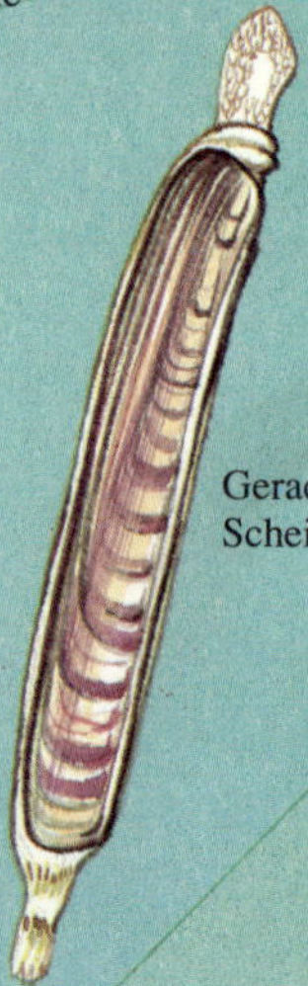

Gerade Scheidenmuschel

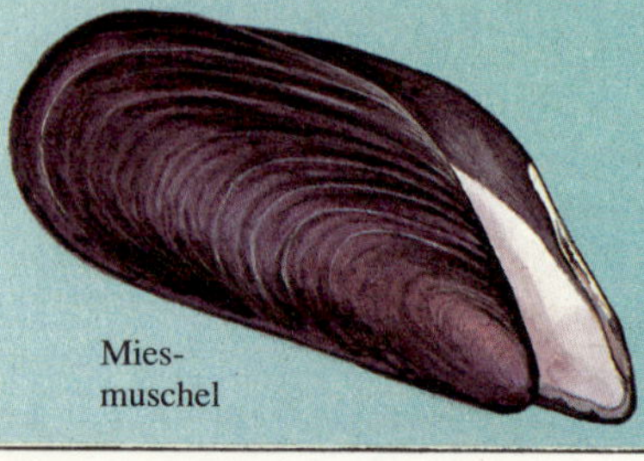

Miesmuschel

Nesseltiere

Weicher Körper mit rund um die Mundöffnung angeordneten Fangarmen.

Qualle

Seeanemone

Stachelhäuter
Ihr Körper hat eine rauhe Oberfläche und ist oft mit Stacheln besetzt.

Seeigel

Insekten
Sie haben ein Fühlerpaar, drei gegliederte Beinpaare und 2-4 Flügel.

Fliege

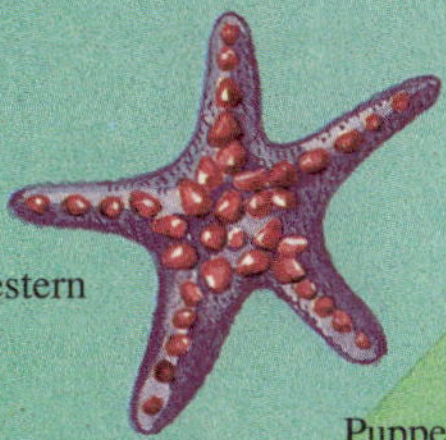
Seestern

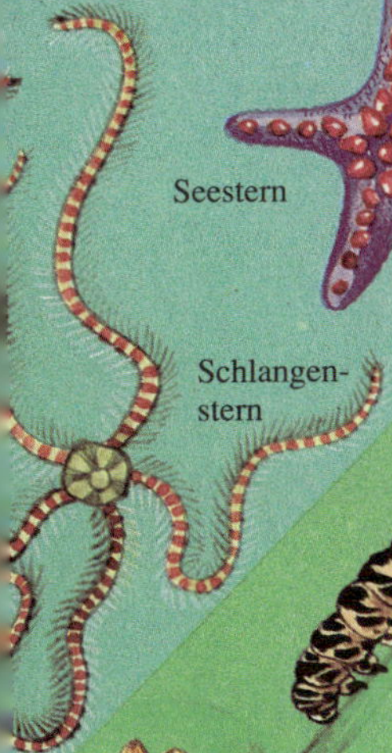
Schlangenstern

Schwalbenschwanz

Die Klasse der Insekten umfaßt allein etwa zwei Drittel aller Tierarten. Derzeit sind über eine Million Insektenarten bekannt. Insekten haben einen hochentwickelten Sehsinn. Manche haben Augen, die sich aus vielen (bis zu 30 000!) Facetten zusammensetzen, so daß sie zugleich nach vorne, hinten, oben, unten und seitlich sehen können.

Puppe

Raupe

Was versteht man unter »Metamorphose«?
In der Zeit zwischen Geburt und Tod leben viele Insekten (Schmetterlinge...) in vier verschiedenen Gestalten: Ei, Raupe, Puppe, fertiges Insekt). Das erste Stadium dieser Verwandlung ist bei allen Insekten das Ei. Eine Raupe (oder Larve) entwickelt sich aus dem Ei. Wenn sie genügend gefressen hat, verwandelt sie sich in eine Puppe. Die Verpuppung geschieht entweder im Freien oder in einem Seidenkokon, den die Raupe vor der Verpuppung gesponnen hat. Nach einer gewissen Zeit wird aus der Puppe ein Schmetterling.

Kreuzspinne

Skorpion

Spinnentiere
Sie besitzen vier Beinpaare. Man kennt ungefähr 40 000 Spinnenarten.

Flußkrebs

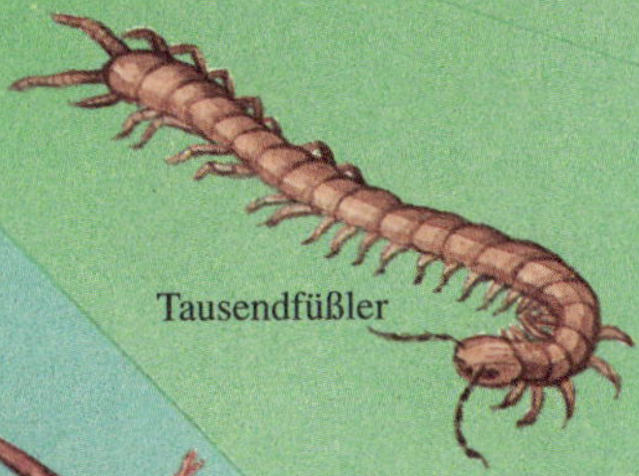
Tausendfüßler

Tausendfüßler
Wie ihr Name schon besagt, besitzen sie sehr viele Beinpaare.

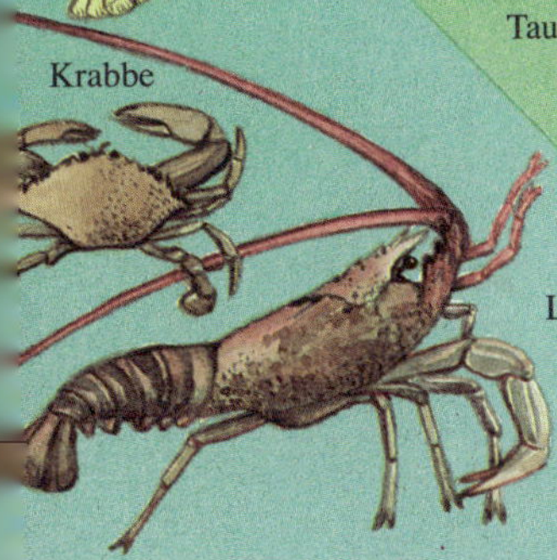
Krabbe

Languste

Der Körper der oben angeführten Tierarten ist generell von einem mehr oder weniger harten Chitinpanzer geschützt. Alle Arten zusammen bilden die Gruppe der Gliederfüßer (Arthropoden), die größte Gruppe des Tierreichs.

Krustentiere
Ihr Körper ist von einem Panzer bedeckt. Häufig sind 5 Beinpaare und ein Fühlerpaar vorhanden.

Verschiedene Tiere

Libelle
Fliege
Totenkopf
Eintagsfliege
Mücke
Chamäleon
Zikade
Maikäfer
Reptilien
Boa constrictor
Pythonschlange
Brillenschlange (Kobra)
Viper
Waran
Krokodil
Schildkröte

Die Nahrungskette

Fressen und gefressen werden
In der Tier- und Pflanzenwelt gibt es ein ganzes Netz von Beziehungen zwischen Räubern und Opfern. Jedes Opfer wird von mehreren Tierarten gejagt, und jeder Räuber frißt mehrere Arten von Opfern.

Einer frißt den andern
Am Anfang dieser Nahrungskette steht eine Pflanze, die vom Nagetier gefressen wird, dieses wiederum von der Schlange und die Schlange vom Raubvogel.

Wie die Glieder einer Kette
Die Zeichnung rechts stellt eine *einfache Nahrungskette* dar. Jede Tierart wird von der nächsthöheren gefressen und stellt somit ein Glied der Nahrungskette dar. Ein Glied dient dem nächsten als Nahrung. Die Umwandlung von organischen Substanzen (abgestorbene Pflanzen und Tierkadaver) in anorganische wird von Lebewesen (Insekten, Würmern, Mikroorganismen) besorgt, die dadurch den grünen Pflanzen wieder Nährboden verschaffen. Jede Nahrungskette geht auf grüne Pflanzen zurück.

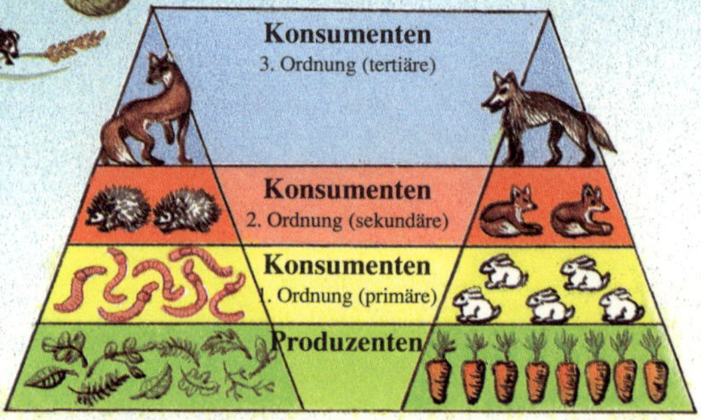

Einige Beispiele für Darstellungsweisen von Nahrungsketten
Die Zahl der Kettenglieder kann von Kette zu Kette verschieden groß sein. Die *Pyramidenform* zeigt, daß es immer mehr Gefressene als Fresser gibt. Nur dann bleibt das Gleichgewicht aufrecht.

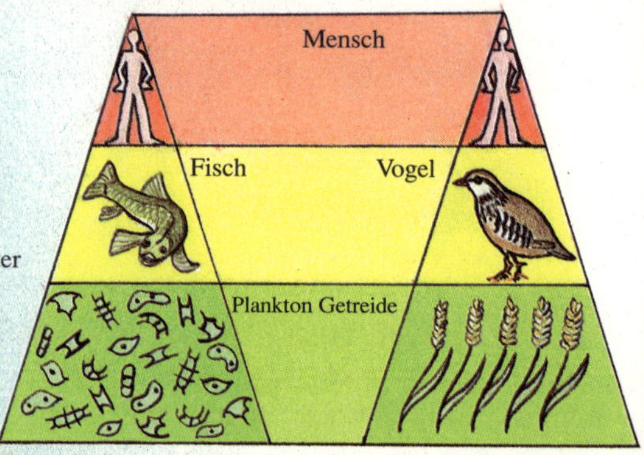

Wer frißt wen?
Vereinfachte Nahrungskette an einem Bach. Die Pfeilspitzen zeigen jeweils auf den Fresser (Konsumenten).

Ist auch der Mensch Glied einer Nahrungskette?
Ja, denn der Mensch ist ein »Allesfresser«, wird selbst nie gefressen und bildet daher das letzte Glied zahlreicher Nahrungsketten.

Wenn das Gleichgewicht gestört ist

Wenn eine Nahrungskette abreißt, führt das sehr schnell zum *Aussterben* bestimmter Tierarten und gleichzeitig zu *unkontrollierter Vermehrung* anderer.

Zerstörung einer Nahrungskette durch den Einsatz von Pflanzenschutzmitteln. Das giftige Produkt wird vom Regenwasser in den Fluß gespült.

Der Mensch ist manchmal schuld, wenn das Gleichgewirt gestört ist. So hat die Ausrottung zahlreicher Raubtiere zu einer enormen Vermehrung der Füchse und bestimmter Nagetiere geführt.
Da die Füchse Tollwut übertragen können, werden auch sie jetzt systematisch ausgerottet.

Das fehlende Glied ersetzen

Um die unkontrollierte Vermehrung bestimmter Arten zu verhindern, setzt der Mensch oft wieder Tiere ein, die sich von den überhandnehmenden Arten ernähren.

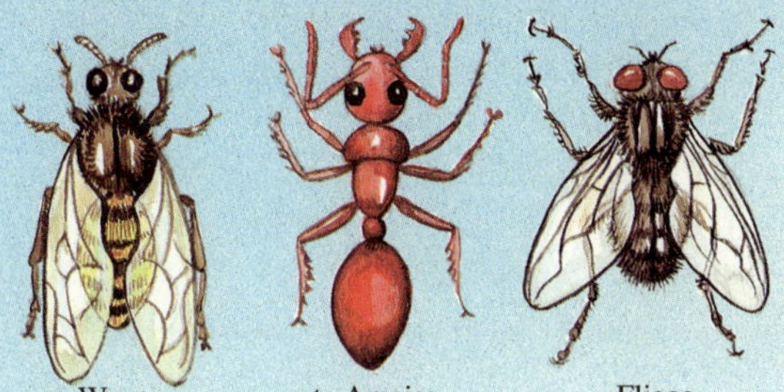

Der Mensch setzt diese Tiere ein, um die Ausbreitung des Prozessionsspinners zu bekämpfen.

So hat man zum Beispiel in Wäldern, die von Prozessionsspinnern - die Wälder Europas verheerenden Baumschädlingen - befallen waren, drei natürliche Feinde eingesetzt: Fliegen, Wespen und rote Ameisen, die sich von den Eiern beziehungsweise den Raupen der Schädlinge ernähren. Auch in diesem Fall muß unbedingt sichergestellt werden, daß sich die eingesetzten Tierarten nicht schneller vermehren als die Schädlinge.

Zwei Beispiele für unkontrollierte Vermehrung mit bösen Folgen

1) Ein paar freigelassene Kaninchen haben in Australien zu einer katastrophalen Kaninchenplage geführt. Da sie sich sehr rasch vermehren, stieg ihre Zahl in hundert Jahren von ein paar Dutzend auf mehrere hundert Millionen. Der Schaden für die Landwirtschaft war gewaltig.
Ein Ende der Kaninchenplage konnte mit Hilfe einer ansteckenden Krankheit, der *Myxomatose*, herbeigeführt werden. Aber leider breitete sich diese Krankheit über alle Kontinente aus und befällt auch Kaninchen, die als Haustiere gehalten werden.

2) Ein Bisamrattenpaar, das man aus Amerika importiert hatte, um Pflanzenwucherungen in den Teichen Mitteleuropas zu Leibe zu rücken, hat sich so emsig vermehrt, daß ihre Nachkommen nach Deutschland, Belgien, Holland und Frankreich vorgedrungen sind. Diese Nagerart gräbt ihre Gänge am Fuß von Deichen und Dämmen und verursacht dadurch großen Schaden.
Außerdem behindern sie die normale Entwicklung anderer Arten.

Die Vielfalt der Pflanzenwelt

Tierisches und menschliches Leben ist auf der Erde nur dank der Pflanzen möglich. Sie bilden
die man in zwei große Gruppen einteilen kann: Kryptogamen (mit

Pflanzen ohne Blüten und Samen: die *Kryptogamen*

Zu diesen Pflanzen ohne Wurzeln, ohne Stengel, ohne Blätter, ohne Gefäße für den Safttransport gehören:

- ohne Blattgrün: die Pilze;
- mit Blattgrün: die Algen

Flechten sind Pflanzen, die aus der Verbindung einer Alge mit einem Pilz hervorgegangen sind. Sie können auch unter extremen Bedingungen leben und sich vermehren (auf Felsen und Berggipfeln, sogar in der Wüste...)

Pilz

Meeresalge

Ast mit Flechten

Flechtenbewuchs auf einem Felsen

Pflanzen mit Blüten und Samen: *die Phanerogamen (Blütenpflanzen)*

Diese Pflanzen bestehen aus:
Stengeln, Blättern, Wurzeln, Saftgefäßen und Samen.
Man unterscheidet:

- *Nacktsamer:*
die Samenanlagen dieser Pflanzen sind nackt, das heißt: sie sind nicht in einem Hohlraum eingeschlossen, sondern liegen frei auf einer Fruchtschuppe (Tanne, Fichte, Kiefer...)

- *Bedecktsamer:*
die Samenanlagen dieser Pflanzen sind umhüllt von einem Hohlraum, dem Fruchtknote
(Erbsen, Bohnen, Hahnenfuß, Kirschbaum...)

Fichte

Samenschuppe mit den 2 Samen

Bohne

das erste Glied der Nahrungsketten. Die Pflanzenwelt besteht aus ungefähr 400 000 Arten, undeutlichen Befruchtungsorganen) und Phanerogamen (Blütenpflanzen).

Pflanzen ohne Wurzeln, ohne Gefäße, aber mit Stielen und Blättern: die Moose

Pflanzen mit Wurzeln, Stielen, Blättern und Gefäßen:

die Farne — die Schachtelhalme

Die Bedecktsamer teilt man ein in:

Monokotyledonen
- Die Blätter weisen oft parallele Nerven auf;
- der Keimling hat ein einziges Keimblatt.
Hierher gehören: Weizen, Reis, Maiglöckchen, Palme, Lilie...

Dikotyledonen
- Die Blätter haben meist verzweigte Nerven;
- die Blüten haben:
• freie Blütenblätter (Mohn...);
• miteinander verwachsene Blütenblätter (Salbei).
Manche Blüten haben keine Blütenblätter (Eiche, Buche...)

Maiglöckchen

Längsschnitt durch die Blüte

Klatschmohn

Salbei

Längsschnitt durch die Blüte

Streifzug durch den Wald

Der Wald hat eine Geschichte

Im Laufe der Jahrhunderte hat der Wald eine lange Entwicklung durchgemacht. In Mitteleuropa bedeckten die Wälder früher etwa drei Viertel der Bodenfläche. Durch ständige Rodung wurden sie in manchen Regionen bis auf wenige Prozent der Bodenfläche reduziert. In vielen Gegenden wird wieder aufgeforstet.

In den letzten Jahren haben die Menschen zunehmend die Bedeutung des Waldes als Naherholungsraum, Klimaregulator und Lebensraum für eine große Vielfalt von Pflanzen und Tieren erkannt. Die Diskussion um das Waldsterben und die Folgen der Abholzung (Bodenerosion, Lawinengefahr) führt dazu, daß wir unsere Wälder wieder schätzen und neu entdecken lernen.

Pflanzen werden verschieden hoch

Eine wohlgeordnete Gemeinschaft

Jede Pflanzenart des Waldes beansprucht eine bestimmte Höhenschicht für sich. Farne, Büsche, Sträucher und Bäume wachsen in natürlicher Ordnung verschieden hoch.
Im Wald entwickeln sich Bäume anders, als wenn sie einzeln stehen. Im allgemeinen wachsen die Bäume in die obere Schicht, denn unten bekommen die Zweige wenig Licht, verkümmern und sterben ab. Der Hochwald liefert verwertbare Stämme, die für die Weiterverarbeitung in der Holzindustrie geschätzt werden.

Wie alt werden Bäume?

Das kommt auf die Baumart an:

Fichte	60-100 Jahre
Föhre	70-140 Jahre
Ahorn	100-150 Jahre
Tanne	120-150 Jahre
Buche	120-150 Jahre
Rottanne	150-180 Jahre
Eiche	150-300 Jahre

Die verschiedenen Waldtypen

Zu jedem Klimatyp gehört ein bestimmter Waldtyp. Im feuchten Meeresklima gedeihen vorwiegend Laubbäume (Eichen, Buchen, Birken...), im Gebirge vorwiegend Nadelbäume (Tannen, Fichten...). Der Mischwald reicht bis etwa 1 000 m Höhe, darüber sind überwiegend Nadelbäume zu finden, ab der Waldgrenze (etwa 1 500 m) gibt es nur noch Krüppelwuchs (Zirbe, Latsche...).

Welche Rolle spielt der Wald?

Er spielt eine große Rolle in der Aufrechterhaltung des natürlichen Gleichgewichts.

Waldbestand verhindert Bodenerosion
Die Baumwurzeln halten das Erdreich fest und verhindern dadurch, daß Regen und Wind den Boden forttragen. Wenn der steinige Untergrund bloßgelegt wird, verkarstet der Boden und wird unfruchtbar.

Bodenerosion an der Böschung einer Autobahn.

Wald verbessert die Luft
Durch den Sauerstoff, den die Bäume an die Luft abgeben, und durch ihre Filterwirkung verbessern sie ständig die Atmosphäre und dienen damit unserer Gesundheit.

Wald verbessert das Klima
Die Bäume holen durch ihre Wurzeln große Mengen Wasser aus dem Boden und geben es als Wasserdampf an die Atmosphäre ab. Sie tragen so zur Wolkenbildung bei.

Der Wald bietet vielen Tierarten Lebensraum
Säugetieren (Kaninchen, Füchse, Waldmäuse, Rehe, Wildschweine...), Vögeln (Rotkehlchen, Grasmücken, Eulen, Käuzchen...) und zahllosen Insekten.

Der Wald als Wirtschaftsfaktor
Der Wald wird als Einkommensquelle genutzt, denn Holz ist einer der größten Schätze der Menschheit. Es wird als Rohstoff für die Erzeugung vieler Dinge verarbeitet (Dachstühle, Möbel, Papier...) und als Brennstoff verwendet. Vor Raubbau muß der Wald jedoch wirksam geschützt werden.

Holz wird auf vielfache Weise verwertet.

Die Feinde des Waldes
Der Mensch ist schuld an vielem, was dem Wald schadet:
- Übernutzung;
- Monokulturen (die geschlagenen Baumarten werden nicht ersetzt);
- falsche Eingriffe in den Baumbestand.

Der größte Feind des Waldes: saurer Regen (Regenwasser, das chemische Verunreinigungen enthält und das Absterben der Bäume bewirkt).

Das Feuer
Alljährlich werden riesige Waldflächen durch Brände zerstört.

Die Insekten
Waldschädlinge verursachen gelegentlich beträchtlichen Schaden.

Ein gefürchteter Schädling: der Holzbock.

Was die Jahresringe verraten
Schneidet man einen Baumstamm quer durch, werden die Jahresringe sichtbar. Da der Stamm jedes Jahr um einen Ring zunimmt, kann man das Alter des Baumes durch Zählen der Jahresringe feststellen.

Der Wald erzeugt Sauerstoff
Eine Waldfläche von 100 m^2 erzeugt täglich zwischen 300 und 1 000 Liter Sauerstoff.

In Deutschland ist etwa ein Drittel des Waldbestandes bereits geschädigt.

Nadelhölzer und Laubbäume

Man unterscheidet zwei große Gruppen:
Nadelbäume und *Laubbäume*.

Die wichtigsten Nadelbäume:
Sie verlieren (bis auf die Föhre) ihre nadelförmigen Blätter im Winter nicht. Ihre Früchte sind die Zapfen (lateinisch *conus*, daher *Koniferen*). Ihr Saft wird Harz genannt.

Einige Laubbäume:
Ihre schmalen oder breiten Blätter fallen im allgemeinen im Winter ab (Herbstlaub). Einige Laubbäume (zum Beispiel die Steineiche) haben *winterharte Blätter.* Die Blätter können einfach oder zusammengesetzt (Kastanie) sein.

Heimisches Obst und Südfrüchte

Erdbeere

Stachelbeere und Johannisbeere

Himbeere

Brombeere

Feige

Olive

Orange

Zitrone

Quitte

Apfel

Birne

Haselnuß

Pfirsich

Weintraube

Kirsche

Exotische Bäume und Pflanzen

Bananenbaum

Kakaobaum

Kaffestrauch

Palmengewächse
Davon gibt es ungefähr 4 000 Arten. Ihre Früchte stellen eine der wichtigsten Einnahmequellen der Tropenländer dar. Am bekanntesten sind Kokospalme und Dattelpalme.

Baumriesen
Der *Eukalyptusbaum* hat seine Heimat in Australien. Im Durchschnitt wird er 80 Meter hoch, kann aber auch 130 bis 150 Meter erreichen.

Kokospalme

Zwergpalme

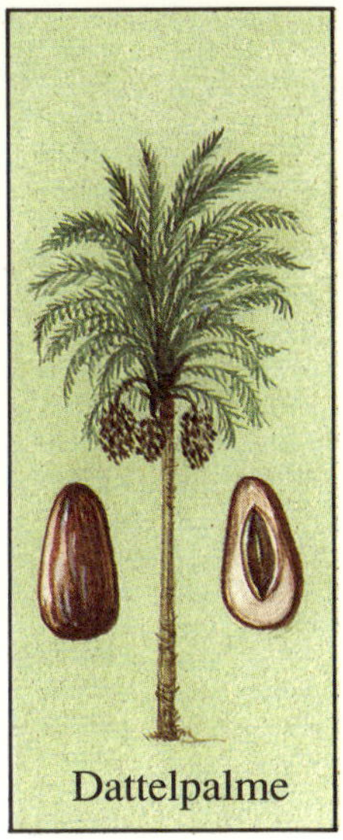
Dattelpalme

Eukalyptus

Sequoie

Affenbrotbaum

Die *Sequoie*, ein Nadelbaum, ist in Nordamerika beheimatet und kann sehr alt werden (1 500 bis 3 000 Jahre). Sie kann bis zu 120 m Höhe erreichen.
Der *Affenbrotbaum* wächst in Äquatorialafrika. Sein Umfang kann bis zu 40 Meter messen.

Die Pilze

Das besondere Merkmal dieser Pflanzen ist, daß sie keine Blüten, keine Blätter und kein Chlorophyll besitzen. Pilze gibt es in vielen Formen. Manche Arten sind eßbar, andere giftig, einige sogar tödlich.
Wer Pilze sammelt, muß daher Vorsicht walten lassen. Echte Sicherheit gibt nur gründliches Wissen über die gängigsten Pilzarten.

Hauptgruppen der Pilze
Lamellenpilze (Speitäubling)
Porlinge (Birkenporling)
Leistlinge (Totentrompete)
Stäublinge (Bovist)
Korallenpilze (Goldgelbe Koralle)
Trüffelpilze (Trüffel)
Gitterpilze (Scharlachroter Gitterling)
Röhrlinge (Hexenröhrling)
Stachelpilze (Semmelstoppelpilz)
Morcheln (Speisemorchel)
Lorcheln (Weißfüßige Lorchel)
Becherlinge (Orangenbecherling)

Tödliche Giftpilze
Spitzhütiger Knollenblätterpilz
Frühlingsknollenblätterpilz
Grüner Knollenblätterpilz

Giftige Pilze
Ölbaumpilz
Pantherpilz
Fliegenpilz
Satanspilz

Wald- Wiesen- und Gartenpflanzen

Auf dem Feld
Herbstzeit-lose
Löwen-zahn
Brennessel
Schlüssel-blume
Kornblume
Hahnenfuß
Klatschmohn
Enzian
Klee

Flieder
Geranie
Nelke
Tulpe
Petunie
Stiefmütterchen

Einige Pflanzenfamilien

Kletterpflanzen

Diese Pflanzen halten sich an ihrer Stütze auf verschiedene Weise fest: sie ringeln sich herum (Liane, Winde), krallen sich daran fest (Efeu) oder ranken sich daran empor (Weinrebe).

Wasserpflanzen

Wasserpflanzen wachsen im Meer, in Flüssen, Bächen, Seen... Zahlenmäßig sind diese Pflanzen den am Land lebenden Arten überlegen. Manche von ihnen leben vollständig unter Wasser (Algen), andere haben Pflanzenteile über dem Wasserspiegel (Seerose).

Eßbare Pflanzen

Es gibt sehr viele eßbare Pflanzen. Weil sie reichlich Nährstoffe enthalten, baut der Mensch sie in großen Mengen an. Gegessen werden entweder die Wurzeln (Karotte, Rettich, Zuckerrübe...) oder die Blätter (Salat, Spinat...), die Früchte (grüne Bohne, Tomate) oder die Samen (Erbsen...).

Gewürzpflanzen

Schon sehr früh lernte der Mensch diese Pflanzen als Würze für seine Speisen zu nutzen und zu schätzen. Bei uns heimisch sind: Thymian, Rosmarin, Majoran, Petersilie...

Heilpflanzen

Auch die Anwendung von Pflanzen als »Heilmittel« bei bestimmten Krankheiten reicht bis ins Altertum zurück.In verschiedenen Anwendungsformen sind sie auch heute als bewährte Hausmittel in Gebrauch: Kamille, Baldrian, Arnika, Pfefferminze, Eisenkraut...

Giftige Pflanzen

Viele Pflanzen enthalten Giftstoffe, die dem Menschen gefährlich werden können.
In diese Gruppe gehören unter anderem: Schierling, Herbstzeitlose, Christrose, Wolfsmilch und Roter Fingerhut.

Textilfaserpflanzen

Diese Pflanzen liefern Rohstoffe der Textilindustrie: pflanzliche Fasern. Die wichtigsten Pflanzen dieser Gruppe sind: Baumwolle, Flachs (Lein) und Hanf.

Getreide- und Futterpflanzen

Als Brotgetreide und Viehfutter werden diese Pflanzen auf großen Flächen angebaut.
Zu den Getreiden zählen: Weizen, Roggen, Gerste, Hafer...
Zu den Futterpflanzen: Süßklee, Luzerne...

Saftpflanzen

Die Saft- oder Fettpflanzen haben sich durch die Ausbildung wasserspeichernden Gewebes heißen, trockenen Standorten (Wüste) angepaßt. Sie können bis zu 90 % ihres Gewichts an Wasser speichern und damit lange Dürrezeiten überstehen. Hierher gehören: Agave, Feigenkaktus, Mauerpfeffer...

Fleischfressende Pflanzen

Von dieser Gruppe sind mehr als 500 Arten bekannt. Diese ausgefallenen Pflanzen fangen mit besonderen Fangwerkzeugen kleine Insekten und verdauen sie als zusätzliche Nahrung.
Bestimmte, im Wasser lebende Arten ernähren sich von winzigen Krebsen.

Umweltverschmutzung und Umweltschutz

Die Natur ist in Gefahr, unsere Umwelt bedroht.
Überall erschreckende Meldungen. Ist die Welt noch zu retten?

Die Umweltverschmutzung ist ein Problem, seit es die ersten Städte gibt. Durch die Entwicklung der modernen Industriegesellschaft und die Zunahme der Weltbevölkerung hat dieses Problem gewaltige Ausmaße angenommen.
Und es wird immer schlimmer. Die natürlichen Lebensräume werden zerstört. Der Fortbestand der Menschheit und zahlreicher Tier- und Pflanzenarten ist gefährdet.
Aber wir haben heute auch Mittel und Wege, die Umweltverschmutzung wirksam zu bekämpfen. Umweltschutz kostet viel Geld und erfordert Organisation, Einsatzbereitschaft und Zusammenarbeit, auch über die Grenzen hinweg. Jeder kann dazu beitragen.

Luftverschmutzung
Neue Gesetze sollen bewirken, daß die Belastung der Luft durch Abgase, die vor allem in den Ballungsgebieten zu schweren Erkrankungen (chronische Bronchitis, Asthma...) führen kann, geringer wird (zum Beispiel durch den Einbau von Filtern in die Industrieschlote und durch umweltschonende Technik bei den Fahrzeugen). Saurer Regen enthält solche Giftgase und richtet verheerende Schäden in der Pflanzenwelt an.

Luftverschmutzung durch Industrieabgase.
Bei ungünstigen Wetterverhältnissen kann es über Ballungsgebieten zur Bildung von Dunstglocken kommen. Bei Smog muß der Verkehr eingeschränkt werden.

Verseuchte Flüsse in den Industriestädten.

Im Klärwerk werden die Abwässer gereinigt, bevor sie wieder in die Flüsse zurückgeleitet werden.

Wasserverschmutzung
Wenn die Abwässer von Städten oder Abfallprodukte der Industrie (giftige Chemikalien wie Schwefel, Chlor, Quecksilber...) direkt in die Flüsse geleitet werden, so hat das eine gefährliche Wasserverschmutzung zur Folge. Zu Katastrophen kommt es, wenn die Giftmenge sehr groß ist. So wurde 1986 die gesamte ökologische Kette des Rheins (Tier- und Pflanzenwelt) auf einer Länge von mehreren hundert Kilometern zerstört.
Um die Wasserverschmutzung zu reduzieren, werden immer mehr Klärwerke gebaut, die die Abwässer reinigen, bevor sie in die Flüsse und Seen gelangen.

Lagerung radioaktiver Abfälle

Die Abfallprodukte der Kernkraftwerke werden in hermetisch verschlossenen Behältern in unterirdischen Zwischen- oder Endlagern deponiert.

Besprühen eines Feldes mit Schädlingsbekämpfungsmitteln.

Bodenverseuchung

Durch Müll

Täglich müssen Berge von Müll weggeschafft werden (Deponien und Verbrennungsanlagen). Trotzdem gibt es immer noch »wilde« Müllkippen, die den Boden verseuchen. Das Gebot der Stunde heißt Reduzierung der Müllmengen durch Wiederverwertung (Recycling) aller geeigneten Stoffe (Papier, Glas, Blechdosen). Sondermüll wie Altöl, Batterien und Medikamente gehören nicht in den Hausmüll (an den Sammelstellen abgeben!).

Durch Schädlingsbekämpfungs- und Unkrautvernichtungsmittel

Durch den Einsatz von DDT wurden bestimmte Vogelarten ausgerottet. Heute gelten für die Verwendung solcher Mittel strenge Vorschriften.

Lärmbekämpfung

Hand in Hand mit der fortschreitenden Technisierung unserer Umwelt ist auch die Lärmbelastung ständig größer geworden.

Besonders in der Nähe von Flugplätzen nimmt der Lärm oft bedenkliche Ausmaße an. Viele Bürger protestieren daher gegen den Ausbau oder Neubau von Flughäfen.

Naturschutz

Auch die Ozeane werden durch Industrieabfälle immer stärker verseucht. Wenn Öltanker verunglücken oder leck werden, verseucht die »Ölpest« ganze Küstenstriche, bringt Tieren und Pflanzen den Tod und verschmutzt die Strände. Mehr als 100 000 Seevögel kamen 1967 in dem Ölteppich um, der sich um den Tanker »Torrey Canyon« ausgebreitet hatte.

Der Naturschutz bemüht sich um die Schaffung von Natur- und Nationalparks zum Schutz und zur Bewahrung der heimischen Tier- und Pflanzenarten durch Erhaltung ihres Lebensraumes. Im Kampf gegen die Zersiedlung der Landschaft, besonders im Alpenraum, und gegen Eingriffe in das ökologische Gleichgewicht arbeiten Naturschutz und Umweltschutz zusammen. Aber nur, wenn alle zusammenarbeiten, wird es gelingen, der Zerstörung des Lebensraumes auf unserem Planeten Einhalt zu gebieten.

Die Ölpest verklebt das Gefieder der Vögel

Die Welt der Gesteine

Gesteine und Mineralien sind die wichtigsten Bestandteile der Erdkruste. Ein Gestein besteht aus einem oder mehreren Mineralien.

Kreide

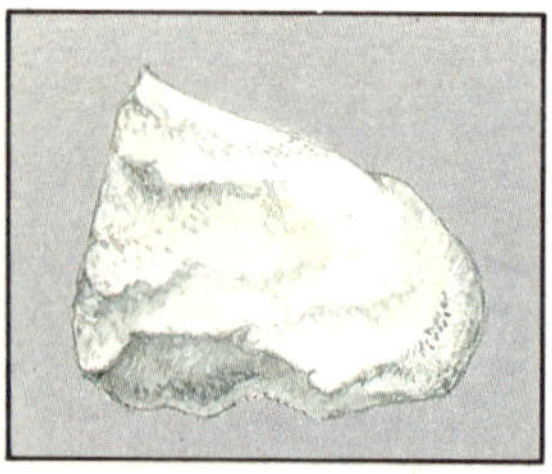

Die Kreide besteht nur aus einem Mineral. Sie enthält zu 95 % Kalzit.

Granit

Granit besteht aus drei Mineralien: *Quarz*, *Feldspat* und *Glimmer*.

Es sind ungefähr 2 000 Mineralien bekannt.

Geometrische Strukturen

Wenn man ein Salzkorn zerdrückt und mit der Lupe betrachtet, so sieht man, daß die Teilstückchen die Form eines Würfels haben. Jedes dieser Teilchen ist ein *Kristall*.

Die meisten Gesteine setzen sich aus Gruppierungen von kleinen Kristallen zusammen. Je nach Gesteinsart ist ihre geometrische Struktur verschieden.

Salzkristalle

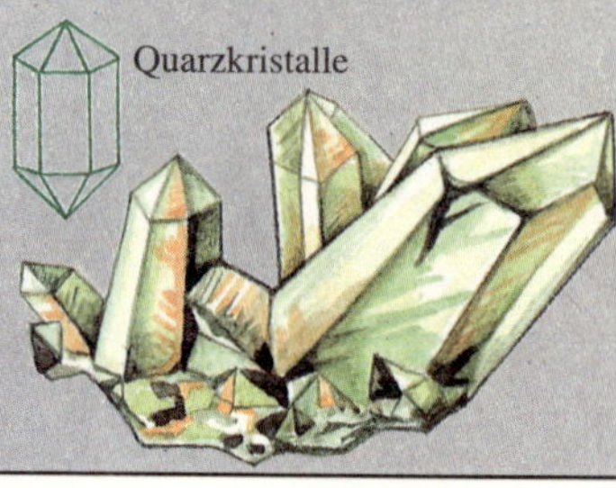

Quarzkristalle

Schwefelkristalle

Magmatische Gesteine (Erstarrungsgesteine)
Magmatische Gesteine bilden sich aus dem glühenden, zähflüssigen Magma des Erdinneren.
Granit ist durch langsame Abkühlung von Magma entstanden.
Basalt hat sich durch raschere Abkühlung (zum Beispiel bei Vulkanausbrüchen) gebildet.

Basalt

Sedimentgesteine

Sie bilden sich entweder aus Ablagerungen von Bruchstücken anderer Gesteine, die durch die Erosion abgetragen wurden, oder aus Überresten tierischer oder pflanzlicher Organismen. Abdrücke solcher Tier- und Pflanzenreste (Fossilien) sind oft in Sedimentgesteinen zu finden. Die geläufigsten Sedimentgesteine sind die *Kalkgesteine*, *Sandsteine* und *Tone*. *Erdöl* und *Kohle* sind ebenfalls aus Ansammlungen von Tier- oder Pflanzenresten entstanden.

Ammonit

Pflanzenabdruck (Farnkraut) in Sandstein

Tierabdruck (Ringelwurm)

Spriggina floundersi

Was versteht man unter »Erzen«
Erze sind Gesteine, die verwertbare Mineralien in reiner Form oder in Verbindungen enthalten (Eisenerz, Zinkerz, Kupfererz...)

Überall begehrt: die Edelsteine

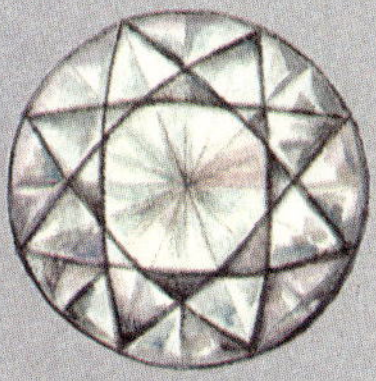

Diamant

Rubin

Saphir

Aquamarin

Der Diamant besteht aus einem einzigen Element: Kohlenstoff. Er ist der härteste Stoff, den wir kennen, und auch der wertvollste Edelstein.

Smaragd

Turmalin

Die Seltenheit und Schönheit der Edelsteine - ihre Härte, ihr Funkeln, ihre Transparenz - sind die Ursachen für ihren hohen Marktwert.

Richtig schreiben und richtig rechnen

Dieses Kapitel bringt eine Zusammenstellung wichtiger Regeln für den Umgang mit Zahlen und Buchstaben.

Die Grundlagen für korrektes Deutsch und richtiges Rechnen sind hier als Nachschlagehilfe bei auftauchenden Problemen geordnet:

Muster für die Formenbildung der Verben, Grundregeln für den Satzbau und Hilfen für knifflige Fragen der Rechtschreibung.

Die Rechenmethoden - sowohl für das Kopfrechnen als auch für das Rechnen mit der Rechenmaschine - helfen, in Zweifelsfällen schnell die richtige Lösung zu finden.

Anhand vieler anschaulicher Beispiele mit unterhaltenden Begleittexten wird das Üben zum Vergnügen!

Der Satz

Was ist ein Satz?

Ein Satz ist eine Folge von Wörtern, die nach festen Regeln geordnet sind und dadurch einen Sinn ergeben.

Herr Meier wohnt im Gebirge *ist ein Satz.*
Wohnt im Herr Meier Gebirge *ist kein Satz.*

Die verschiedenen Satzarten

Es gibt vier verschiedene Satzarten:

Die Ziege Mecki begegnet dem Wolf.	ist ein *Aussagesatz.*
Wird der Wolf die Ziege fressen?	ist ein *Fragesatz.*
So ein niedliches Zicklein!	ist ein *Ausrufesatz.*
Komm sofort zurück, Mecki!	ist ein *Aufforderungssatz.*

Der Satzbau

In einem Satz stehen die Wörter in Gruppen beisammen, die als Satzglieder den Satz bilden.

Satz

Subjekt	Prädikat	Objekt	Adverbiale
Der Wolf	fraß	die Ziege	bei Tagesanbruch.

Einfache Sätze bestehen immer aus einem Subjekt und einem Prädikat. Das Prädikat kann aus dem Verb allein bestehen, z.B.: Die Ziege **meckert**.

Das *Subjekt* kann erweitert sein, z.B. »**es ist** der Wolf, **der**...«. Dies ist eine Hervorhebung.

Ein *Objekt* ist oft unbedingt erforderlich, in bestimmten Fällen (besonders bei intransitiven Verben) nicht. Beispiel: Der Regen fällt.
Man unterscheidet in ihrem Kasus *direkt vom Verb bestimmte Objekte* (Akkusativobjekt, Dativobjekt, Genitivobjekt) und *Präpositionalobjekte.*
Akkusativobjekt: Der Wolf frißt **die Ziege**.
Dativobjekt: Die Ziege begegnet **dem Wolf**.
Genitivobjekt: Das arme Opfer bedarf **unserer Hilfe**.
Präpositionalobjekte sind Satzglieder, die eine Präposition enthalten, die ihrerseits vom Verb bestimmt wird: Er verläßt sich **auf seine Ratgeber**. Sie kommt **aus Italien**.

Das *Adverbiale* kann *weggelassen* werden, ohne daß der Satz seinen Sinn verliert (Weglaßprobe). Dieses Satzglied enthält nähere Angaben über:

Raum:	*Im Wald* fraß der Wolf die Ziege.
Zeit:	Bei *Tagesanbruch* fraß der Wolf die Ziege.
Art und Weise:	*Gierig* fraß der Wolf die Ziege.
Grund:	*Aus Hunger* fraß der Wolf die Ziege.

Solche adverbiale Satzglieder können *verschoben* werden: Der Wolf fraß die Ziege *gierig*.
Ein Satz kann auch mehrere solche adverbiale Bestimmungen enthalten:
Bei Tagesanbruch fraß der Wolf die Ziege *im Wald.*

Die Wortarten

Jedes Wort gehört einer bestimmten Wortart an. Wörter der gleichen Wortart werden gleich verwendet. Manchmal sind sie sogar untereinander austauschbar (z.B. kann das Verb *verschlingen* das Verb **fressen** ersetzen:
Der Wolf verschlingt die Ziege).

Mecki	ist	glücklich,	denn	sie	streift	frei	durch	den	Wald.
Eigenname	Hilfsverb	Adjektiv	Konjunktion	Pronomen	Verb	Adverb	Präposition	Artikel	Substantiv
Herr Meier	ist	besorgt	und	er	bläst	lange	auf	der	Trompete.

Substantive
Mit diesen Wörtern bezeichnet man Personen, Sachen und Begriffe.
Peter, Meier, Alpen sind *Eigennamen.*
Hirt, Ziege, Berg sind *Dingwörter*.

Verben
Mit den Verben bezeichnet der Sprecher, was geschieht oder was ist (Handlung oder Zustand). Sein, spielen, springen sind Verben. Sie werden je nach Person und Zeit in der Form verändert (konjugiert).

Adjektive
bezeichnen Eigenschaften der Substantive: glücklich, weiß, besorgt sind Adjektive.

Konjunktionen
sind Bindewörter, mit denen Wörter, Wortgruppen oder Sätze verbunden werden: und, oder, aber, weil, wenn, wie, sobald... sind Konjunktionen.

Adverbien
Sie geben nähere Umstände zum Wortsinn eines Verbs oder Adjektivs an.
Sehr, dort, immer, bald, gerne... sind Adverbien.

Präpositionen
werden in der Regel mit einem Substantiv oder Pronomen verbunden, wobei der Kasus des Substantivs/Pronomens durch die Präposition bestimmt wird.
In, auf, über, durch, wegen... sind Präpositionen.

Begleiter und Stellvertreter des Substantivs:
Artikel werden nur in Begleitung eines Substantivs gebraucht und bezeichnen dessen Geschlecht und Zahl.
Bestimmter Artikel: der Mann, die Frau, das Kind; die Hunde.
Unbestimmter Artikel: ein Mann, eine Frau, ein Kind.

Pronomen können Substantive ersetzen, Wiederholungen vermeiden, den Besitzer angeben oder für Fragen oder Verweise verwendet werden:

Personalpronomen:	ich, du, er, sie, es, wir, ihr, sie
Possessivpr.:	mein, dein sein, unsere, eure...
Demonstrativpr.:	diese, jener, dasselbe...
Relativpr.:	der, welche(r), was...
Interrogativpr.:	Wer, was, welcher...
Indefinitpr.:	alles, mancher, einige, viel...

Zahlwörter: *(Numerale)*	zwei, zehn, hundert... der erste, der zweite...
Interjektionen:	Au! Plumps! Hurra!

Die Satzanalyse

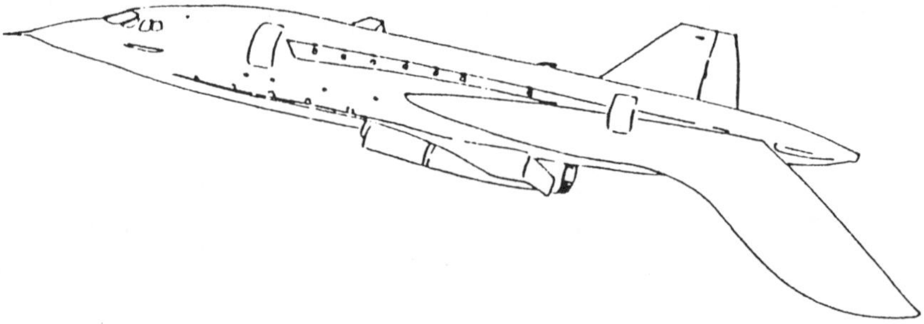

Der einfache Satz

A Das Flugzeug verläßt die Startbahn.
B Das Flugzeug verläßt die Startbahn um 5 Uhr.
C Um 5 Uhr verläßt das riesige Transportflugzeug die Startbahn Nr. 5.

A B C sind einfache Sätze. Sie enthalten nur ein Verb.
A ist ein Minimalsatz. In diesem Satz darf kein Wort fehlen.
B und C sind erweiterte einfache Sätze.

Analyse eines einfachen Satzes

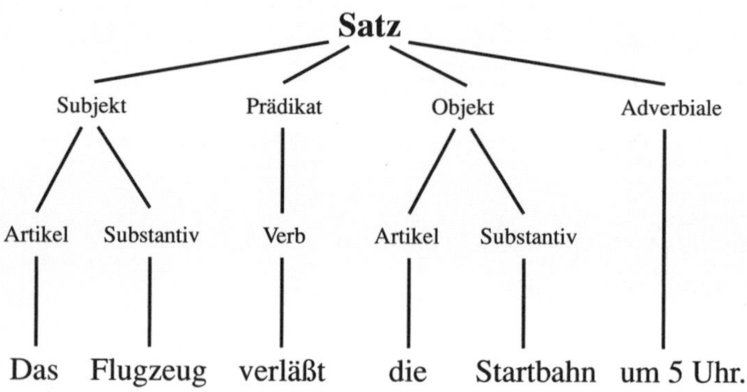

Der zusammengesetzte Satz

D Die Passagiere *legen* ihre Sicherheitsgurte *an*, *löschen* ihre Zigaretten *aus*.
E Das Flugzeug *steigt auf* und *verschwindet* in den Wolken.
F Das Flugzeug, das aus Rom *kommt*, *landet* um 5 Uhr.
D E F sind zusammengesetzte Sätze. Jeder Satz enthält mehrere Verben, also mehrere Teilsätze.

Die Teilsätze einer Satzverbindung können entweder eine einfache *Anreihung* (**D**) darstellen, wenn sie nicht miteinander verknüpft sind, oder einander *beigeordnet* (**E**) oder *untergeordnet* (**F**) sein.

Unabhängige Sätze

Die Teilsätze der Sätze **D** und **E** bilden auch für sich allein je einen vollständigen Satz. Sie hängen nicht voneinander ab.
So ist sowohl »Die Passagiere legen ihre Sicherheitsgurte an« als auch »Die Passagiere löschen ihre Zigaretten aus« jeweils ein unabhängiger Satz (Subjektgleichheit).

Hauptsatz und Nebensatz

Wie sein Name schon besagt, hängt der Nebensatz von einem anderen ab. Allein ergibt er keinen vollständigen Sinn.
Im Satz **F** bilden die Worte »das aus Rom kommt,« einen *Nebensatz (Relativsatz)*, der vom *Hauptsatz* »Das Flugzeug landet um 5 Uhr« abhängig ist. Keiner der Teilsätze kann für sich allein stehen.

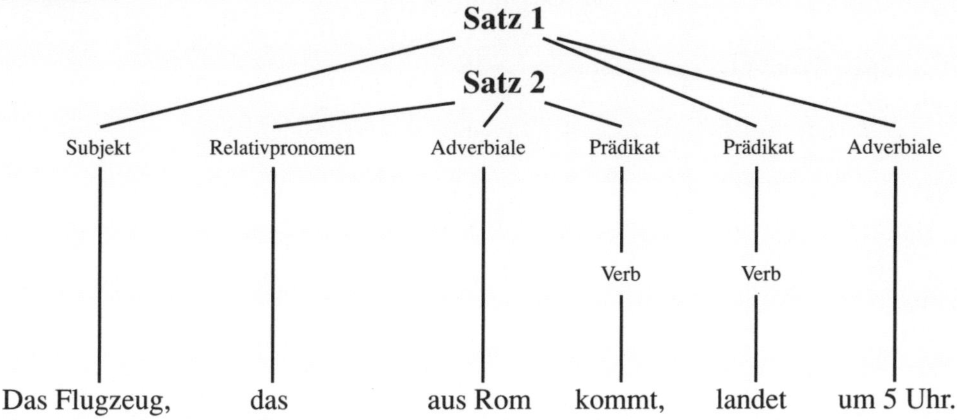

Satz 1 ist in Satz 2 eingefügt.
Der Nebensatz ist in den Hauptsatz eingefügt.

Verschiedene Arten von Nebensätzen

Relativsätze
Sie werden von Relativpronomen wie der, die, das, dessen, was, welcher... eingeleitet.
Das Flugzeug, das gerade startet, ist eine Boeing.
Der Pilot, den ich kenne, wohnt hier.

Infinitivsätze
Sie werden mit zu, um zu, ohne zu, (an)statt zu eingeleitet.
Ich passe auf, ohne müde zu werden.

Adverbialsätze
Sie werden von Konjunktionen wie weil, obwohl, damit, wie, wenn... eingeleitet, die die *inhaltliche Bedeutung (Sinnrichtung)* angeben.
Das Flugzeug startet, wenn die Startbahn frei ist.
Weil das Wetter so schön ist, machen wir einen Ausflug.

Eine ganze Reihe von Adverbialsätzen gilt es zu unterscheiden:

a) temporal (Zeit)
b) konditional (Bedingung, Voraussetzung)
c) kausal (Grund, Ursache)
d) konsekutiv (Folge, Wirkung)
e) final (Zweck, Absicht)
f) konzessiv (Einräumung, Zugeständnis)
g) modal (Art und Weise)
h) adversativ (Gegensatz
i) lokal (Ort)
k) komparativ (Vergleich)

Wortarten und Formenbildung

Wortarten

A: *Wörter, die man verändern* (flektieren, Flexion) *kann*:

- a) Verb (siehe S. 276 ff.), ein Verb wird konjugiert (Konjugation)
- b) Substantiv (Nomen)
- d) Adjektiv
- e) Pronomen
- f) Numerale (Zahlwort)

} diese werden dekliniert (Deklination)

B: *Wörter, die man nicht verändern* (flektieren, Flexion) *kann*:

- a) Adverb
- b) Präposition
- c) Konjunktion
- d) Interjektion

} Partikel

Das *Substantiv* (auch Nomen genannt) benennt Lebewesen, Pflanzen, Dinge, abstrakte Begriffe (Sicherheit).

Der *Artikel* ist der »Begleiter« des Substantivs; man unterscheidet den bestimmten Artikel (der Baum) vom unbestimmten Artikel (ein Baum).

Das *Adjektiv* bezeichnet Eigenschaften, Merkmale und Arten von Personen, Dingen, Tätigkeiten usw. Fast alle Adjektive sind steigerungsfähig.

Das *Pronomen* nimmt die Stelle eines Substantivs ein, verweist auf die Zugehörigkeit, weist auf Person oder Sache hin, leitet eine Frage ein, bezieht sich auf den Handelnden zurück und bezeichnet unbestimmte Mengenangaben.

Das *Numerale* (Zahlwort) gibt eine Zahl an, dabei ist die Kardinalzahl (Grundzahl: eins, zwei...) von der Ordinalzahl (Ordnungszahl: der erste, der zweite...) zu unterscheiden.

Das *Adverb* bezeichnet die näheren Umstände und bestimmt den Bedeutungsinhalt verschiedenartiger Wörter näher.

Die *Präposition* steht vor einem Substantiv oder Pronomen und kann mit dem Artikel verschmelzen (zu der = zur).

Die *Konjunktion* verbindet Satzglieder und ganze Sätze miteinander; dabei gibt es beiordnende (nebenordnende) und unterordnende Konjunktionen.

Deklination:	Kasus	(Fall: Wer-, Wes-, Wem-, Wenfall) Nominativ, Genitiv, Dativ, Akkusativ
	Genus (Geschlecht)	maskulin (männlich), feminin (weiblich), neutrum (sächlich = keines von beiden)
	Numerus (Zahl)	Singular (Einzahl), Plural (Mehrzahl)

	Singular	Plural	Singular	Plural	Singular	Plural
Nominativ:	der Junge	die Jungen	die Frau	die Frauen	das Mädchen	die Mädchen
Genitiv:	des Jungen	der Jungen	der Frau	der Frauen	des Mädchens	der Mädchen
Dativ:	dem Jungen	den Jungen	der Frau	den Frauen	dem Mädchen	den Mädchen
Akkusativ:	den Jungen	die Jungen	die Frau	die Frauen	das Mädchen	die Mädchen

Steigerung von Adjektiven:

Positiv	*Grundstufe (Normalstufe)*	schön, schnell, wild
Komparativ	*höherer Grad (Vergleichsstufe)*	schöner, schneller, wilder
Superlativ	*Höchstgrad*	(der) schönste, schnellste, am wildesten

der wilde Junge des wilden Jungen dem wilden Jungen den wilden Jungen	der wildere Junge des wilderen Jungen den wilderen Jungen den wilderen Jungen	der wildeste Junge dem wildesten Jungen dem wildesten Jungen den wildesten Jungen
die schönen Frauen der schönen Frauen den schönen Frauen die schönen Frauen	die schöneren Frauen derschöneren Frauen den schöneren Frauen die schöneren Frauen	die schönsten Frauen der schönsten Frauen den schönsten Frauen die schönsten Frauen

Deklination des Personalpronomens

Numerus:	Singular					Plural		
Person:	1.	2.		3.		1.	2.	3.
Nom.	ich	du	er	sie	es	wir	ihr	sie
Gen.	meiner	deiner	seiner	ihrer	seiner	unser	euer	ihrer
Dat.	mir	dir	ihm	ihr	ihm	uns	euch	ihnen
Akk.	mich	dich	ihn	sie	es	uns	euch	sie

Deklination des Personalpronomens in der Höflichkeitsform

	Singular	Plural
Nom.	Sie	Sie
Gen.	Ihrer	Ihrer
Dat.	Ihnen	Ihnen
Akk.	Sie	Sie

Der Werwolf

Ein Werwolf eines Nachts entwich
von Weib und Kind und sich begab
an eines Dorfschullehrers Grab
und bat ihn: Bitte, beuge mich!

Der Dorfschulmeister stieg herauf
auf seines Blechschilds Messingknauf
und sprach zum Wolf, der seine Pfoten
geduldig kreuzte vor dem Toten:

»Der Werwolf« - sprach der gute Mann -
»des Weswolfs, Genitiv sodann,
dem Wemwolf, Dativ, wie man's nennt,
den Wenwolf, -damit hat's ein End'.«

Dem Werwolf schmeichelten die Fälle,
er rollte seine Augenbälle.
Indessen, bat er, füge doch
zur Einzahl auch die Mehrzahl noch!

Der Dorfschulmeister aber mußte
gestehn, daß er von ihr nichts wußte.
Zwar Wölfe gäb's in großer Schar,
doch »Wer« gäb's nur im Singular.

Der Wolf erhob sich tränenblind -
er hatte ja noch Weib und Kind!!
Doch da er kein Gelehrter eben,
so schied er dankend und ergeben.

(Christian Morgenstern, »Galgenlieder«)

Genus (maskulin, feminin, neutrum)

Die Schwierigkeit mit dem Genus

Grammatisches Geschlecht: jedes Substantiv hat ein festes Genus, aber man sieht dem Substantiv selten sein Genus an (z.B. Beamtin).
Natürliches Geschlecht: nicht alle bezeichneten Gegenstände (abstrakte Begriffe) haben ein Geschlecht (Doktor kann maskulin und feminin sein; die Biene ist feminin, kann aber auch maskulin sein).

Bei den Dingen setzt der Sprachgebrauch das Geschlecht oft willkürlich fest: die Bank, der Tisch, die Sonne, der Mond, das Auge, das Salz... Solche Willkürlichkeit läßt die Standardsprache (= geschriebene Sprache) vom Dialekt (= gesprochene Sprache) abweichen:

Standardsprache	**Umgangssprache**
die Butter	der Butter
der Bach	die Bach
der Liter	das Liter
das Drittel	der Drittel
das Podest	der Podest
das Sakko	der Sakko
der Sellerie	die Sellerie
das Radio	der Radio
(der Teller)	(das Teller)
(die Bank)	(der Bank)

Bei manchen Substantiven ist das Genus allgemein unsicher:

der (das)	Biotop, Dotter, Dschungel, Joghurt, Keks, Meter, Schlüsselbund
das (der)	Barock, Bonbon, Gulasch, Poster, Radar, Virus, Erbteil, Lasso
der (die)	Abscheu, Salbei, Klunker, Wulst
die (der)	Gischt, Spachtel, Geschwulst

Gleichlautende Substantive, die verschiedene Bedeutung haben, werden am Genus unterschieden:

der Band (Buch)	das Band (Streifen)
der Bauer (Landwirt)	das Bauer (Vogelkäfig)
der Flur (Gang)	die Flur (Feld und Wiese)
der Kunde (Käufer)	die Kunde (Nachricht)
der Schild (Schutzwaffe)	das Schild (Aushängeschild)
der See (Binnengewässer)	die See (Meer)
der Stift (Bleistift)	das Stift (Kloster, Stiftung)
der Kiefer (Knochen)	die Kiefer (Baum)
die Mark (Geldeinheit)	das Mark (im Knochen)
der Tau (Niederschlag)	das Tau (starkes Seil)
das Tor (große Türe; Tor im Spiel)	der Tor (törichter Mensch)

Manchmal sind feminin, maskulin und neutrum ganz verschieden:

Allgemeinbegriff	*maskulin*	*feminin*	*neutrum*
der Mensch	der Mann	die Frau	das Kind
Geschwister	der Bruder	die Schwester	
Pferd	der Hengst	die Stute	das Fohlen
Rind	der Stier	die Kuh	das Kalb
Hund	der Rüde	die Hündin	das Junge

Manche Substantive haben keine weibliche Form; um die weibliche Form zu gewährleisten, wird -in angehängt:

Schriftsteller	Schriftstellerin	Professor	Professorin
Arzt	Ärztin	Bildhauer	Bildhauerin
Lehrer	Lehrerin	Schneider	Schneiderin
Beamter	Beamtin	Bäcker	Bäckerin
Künstler	Künstlerin	Rat	Rätin
Schüler	Schülerin	Minister	Ministerin
Student	Studentin	Präsident	Präsidentin

Oder man setzt -mann gegen -frau:

Kaufmann	Kauffrau
Amtmann	Amtfrau
Landsmann	Landsfrau
Fachmann	Fachfrau

Bei vielen Fremdwörtern kann man das Genus an ihrer Endung erkennen:

maskulin	*feminin*	*neutrum*
-and: Konfirmand	-a: Pizza	-um: Faktum
-ier: Bankier	-ade: Marmelade	-ment: Abonnement
-or: Motor	-ion: Redaktion	-ma: Klima (Thema)
-ismus: Optimismus	-ine: Maschine	-in: Chinin (Terpentin)
	-ice: Directrice	-ing: Jogging

Das Genus eines zusammengesetzten Wortes (Kompositum) wird durch das Genus des letzten Bestandteils bestimmt:

die Baumspitze
der Kuhstall
das Küchenfenster
die Fernsehantenne
der Schiffskapitän
das Prüfungskolloquium

Ein Quiz: maskulin, feminin oder neutrum?

1. Apostroph
2. Atmosphäre
3. Indiz
4. Obelisk
5. Pektorale
6. Route
7. Pedal
8. Laster
9. Trübsinn
10. Bouillon

Auflösung 1. (m) 2. (f) 3. (n) 4. (m) 5. (n) 6. (f) 7. (n) 8. (m/n) 9. (m) 10. (f)

Singular und Plural

Numerus: Singular (Einzahl) und Plural (Mehrzahl)

Fast alle Substantive können sowohl im Singular als auch im Plural stehen. Einige Substantive kommen nur im Plural vor:

die Eltern	die Alpen	Kosten
die Gebrüder	die Trümmer	Leute
die Möbel	die USA	Spaghetti
die Masern	die Ferien	Shorts

Für den Singular muß ein anderes Wort oder eine Zusammensetzung (Kompositum) gewählt werden:

ein Elternteil	das Möbelstück (spezielle Bezeichnung)
ein Bruder	ein USA-Staat

Eine Anzahl von Substantiven kommt nur im Singular vor:
Eigennamen, abstrakte Begriffe, Sammelbezeichnungen, Stoffbezeichnungen.
- Frankreich, der Kurfürstendamm, Christus
- das Wahre, das Gute, das Schöne, Leichtathletik
- Obst, Polizei, Adel, Publikum, Laub
- Holz, Glas Beton, Gold, Butter

In manchen Fällen verwendet man den Plural:
Hölzer, Gläser, Weine, Gemüse

Bei Mengen-, Maß- und Münzangaben wechselt Singular mit Plural:
40 Mark, 10 Dollar, 30 Schilling, 5 Pfund
10 Franken, 15 Kronen, 20 Pesos
5 Säcke Zucker : 5 Sack Zucker
20 Fässer Wein : 20 Faß Wein
3 Gläser Bier : 3 Glas Bier
dagegen: 12 Mann Besatzung, 20 Schuß Munition, 3 Pfund Tomaten
(das Substantiv ist entweder maskulin oder neutrum)
aber: 30 Ellen Stoff, 50 Flaschen Wein, 100 Dosen Coca-Cola
(das Substantiv ist feminin)

Für die Markierung des Plurals stehen 5 Möglichkeiten zur Verfügung: die Endungen -e, -en, -er, -s und Umlaut (ä, ö, ü, äu):

der Hund	die Hunde	der Streik	die Streiks
die Kenntnis	die Kenntnisse	die Lok	die Loks
das Schiff	die Schiffe	das Auto	die Autos
der Fürst	die Fürsten	das Pony	die Ponys
die Tat	die Taten	das Komma	die Kommas (Kommata)
das Ohr	die Ohren	der Balkon	die Balkons (Balkone)
der Geist	die Geister		
der Wald	die Wälder		
das Tal	die Täler		
das Bild	die Bilder		

Ausgefallene Pluralformen:

Thema	Themata (Themen)
Kaktus	Kakteen (auch: Kaktusse)
Metrum	Metra (Metren)
Modus	Modi
Lexikon	Lexika
Solo	Soli
Porto	Porti
Genus	Genera

Gleichlautende Wörter mit unterschiedlicher Bedeutung (Homonyme) bilden verschiedene Pluralformen:

die Bank	<	Banken (Geldinstitut, Datenbank) Bänke (im Park)
das Gesicht	<	Gesichter (Antlitze) Gesichte (Erscheinungen)
der Ort	<	Orte (auf der Landkarte) Örter (mathematischer Fachausdruck)
das Wort	<	die Wörter (Reihung von Einzelwörtern) Worte (Aussprüche, Äußerungen)
die Mutter	<	Mütter (Elternteil) Muttern (für Schrauben)

der das	>	Band	<	Bände (Buch) Bänder (Streifen)
der das	>	Bauer	<	Bauern (Landwirte) Bauer (Vogelkäfige)
der das	>	Gehalt	<	Gehalte (Inhalte) Gehälter (Verdienst)
der die	>	Flur	<	Flure (Korridore) Fluren (Felder)

Das Verb

Bestimmung des Verbs

Ein Verb bestimmen heißt, folgende Merkmale definieren:

Seinen *Infinitiv* (Nennform): z.B. gehen, nehmen, wachsen.
Man unterscheidet Vollverben (sie können allein das Prädikat bilden), Hilfsverben (sein, haben, werden), die für die Formenbildung benötigt werden, und die Modalverben dürfen, können, mögen, müssen, sollen, wollen.

Seine *Konjugationsklasse*
Die meisten Verben gehören zu den regelmäßigen (»schwachen«) Verben (z.B. ich liebe, ich liebte, geliebt). Bei den unregelmäßigen (»starken«) Verben sind die Verben mit Ablaut, bei denen sich in der Formenbildung der Stammvokal ändert, die häufigsten (ich singe, ich sang, gesungen).

Sein *Genus (Handlungsart)*:	Aktiv (Tätigkeitsform) oder Passiv (Leideform).
Seinen *Modus* (Aussageweise):	Indikativ, Konjunktiv, Imperativ.
Sein *Tempus* (Zeit):	Gegenwart, Vergangenheit, Zukunft (Präsens, Präteritum (Imperfekt), Perfekt, Plusquamperfekt, Futur I, Futur II).
Seine *Person*:	1., 2. oder 3. Person Einzahl (ich, du, er/sie/es) oder Mehrzahl (wir, ihr, sie).
Sein *Numerus*:	Singular (Einzahl) oder Plural (Mehrzahl).
Die *Konjugation*	ist die Gesamtheit aller Formen, die ein Verb gemäß diesen Merkmalen bildet.

Wortstamm und Endungen

Den *Wortstamm* bildet den Grundstock für die Formenbildung. Man erhält ihn durch die Abtrennung der Endung -en vom Infinitiv.

Gehen : Wortstamm *geh*
Tanzen: Wortstamm *tanz*

Beispiel: wir gehen = 1. Person Plural Indikativ Präsens Aktiv

Wortstamm	Endung
geh	en

Außer Wortstamm und Endung wird für manche Formen (Perfekt, Passiv) die Vorsilbe -ge gebraucht (z.B. sie wird geliebt), außerdem je nach Modus und Zeit eines der Hilfzeitwörter »sein«, »haben«, »werden«. Aus den nachfolgenden Konjugationsmustern ist die Bildung der nach Person, Numerus, Modus, Tempus und Genus *bestimmten (finiten) Form* eines **regelmäßigen (»schwachen«) Verbs** zu ersehen.

Die Hilfszeitwörter *sein, haben, werden*					
Tempus	**Num.**	**Pers.**	**Indikativ**	**Konjunktiv I**	**Konjunktiv II**
Präsens	Singular	1.	ich bin/habe/werde	ich sei/habe/werde	**Imperativ:** **sei! habe! werde!**
		2.	du bist/hast/wirst	du sei(e)st, habest,werdest	
		3.	er/sie/es ist/hat/wird	er/sie/es sei/habe/werde	
	Plural	1.	wir sind/haben/werden	wir seien/haben/werden	
		2.	ihr seid/habt/werdet	ihr seiet/habet/werdet	**seid! habt! werdet!**
		3.	sie sind/haben/werden	sie seien/haben/werden	
Präteritum	Singular	1.	ich war/hatte/wurde		ich wäre/hätte/würde
		2.	du warst/hattest/wurdest		du wär(e)st/hättest/würdest
		3.	er/sie/es war/hatte/wurde		er/sie/es wäre/hätte/würde
	Plural	1.	wir waren/hatten/wurden		wir wären/hätten/würden
		2.	ihr wart/hattet/wurdet		ihr wär(e)t/hättet/würdet
		3.	sie waren/hatten/wurden		sie wären/hätten/würden
Futur I	Singular	3.	er/sie/es wird sein wird haben wird werden	er/sie/es werde sein werde haben werde werden	er/sie/es würde sein würde haben würde werden
Perfekt	Singular	3.	er/sie/es ist gewesen hat gehabt ist geworden	er/sie/es sei gewesen habe gehabt sei geworden	
Plusquamperfekt	Singular	3.	er/sie/es war gewesen hatte gehabt war geworden		er/sie/es wäre gewesen hätte gehabt wäre geworden
Futur II	Singular	3.	er/sie/es wird gewesen sein wird gehabt haben wird geworden sein	er/sie/es werde gewesen sein werde gehabt haben werde geworden sein	er/sie/es würde gewesen sein würde gehabt haben würde geworden sein

Konjugationsmuster eines regelmäßigen (»schwachen«) Verbs, Aktiv					
Tempus	**Num.**	**Pers.**	**Indikativ**	**Konjunktiv I**	**Konjunktiv II**
Präsens	Singular	1.	ich lieb-e	ich lieb-e	
		2.	du lieb-st	du lieb-est	
		3.	er/sie/es lieb-t	er/sie/es lieb-e	
	Plural	1.	wir lieb-en	wir lieb-en	
		2.	ihr lieb-t	ihr lieb-et	
		3.	sie lieb-en	sie lieb-en	
Präteritum	Singular	1.	ich lieb-t-e		ich lieb-t-e
		2.	du lieb-t-est		du lieb-t-est
		3.	er/sie/es lieb-t-e		er/sie/es lieb-t-e
	Plural	1.	wir lieb-t-en		wir lieb-t-en
		2.	ihr lieb-t-et		ihr lieb-t-et
		3.	sie lieb-t-en		sie lieb-t-en
Futur I	Singular	1.	ich werde … lieben	ich werde … lieben	ich würde … lieben
		2.	du wirst … lieben	du werdest … lieben	du würdest … lieben
		3.	er/sie/es wird … lieben	er/sie/es werde … lieben	er/sie/es würde … lieben
	Plural	1.	wir werden … lieben	wir werden … lieben	wir würden … lieben
		2.	ihr werdet … lieben	ihr werdet … lieben	ihr würdet … lieben
		3.	sie werden … lieben	sie werden … lieben	sie würden … lieben

Das Verb

Konjugationsmuster eines regelmäßigen (»schwachen«) Verbs (*Aktiv*)					
Tempus	**Num.**	**Pers.**	**Indikativ**	**Konjunktiv I**	**Konjunktiv II**
Perfekt	Singular	1.	ich habe	ich habe	
		2.	du hast	du habest	
		3.	er / sie / es hat geliebt	er / sie / es habe geliebt	
	Plural	1.	wir haben	wir haben	
		2.	ihr habt	ihr habet	
		3.	sie haben	sie haben	
Plusquam-perfekt	Singular	1.	ich hatte		ich hätte
		2.	du hattest		du hättest
		3.	er / sie / es hatte geliebt		er / sie / es hätte geliebt
	Plural	1.	wir hatten		wir hätten
		2.	ihr hattet		ihr hättet
		3.	sie hatten		sie hätten
Futur II	Singular	1.	ich werde	ich werde	ich würde
		2.	du wirst	du werdest	du würdest
		3.	er / sie / es wird geliebt haben	er / sie / es werde geliebt haben	er / sie / es würde geliebt haben
	Plural	1.	wir werden	wir werden	wir würden
		2.	ihr werdet	ihr werdet	ihr würdet
		3.	sie werden	sie werden	sie würden

Konjugationsmuster eines regelmäßigen (»schwachen«) Verbs (*Passiv*)			
Vorgangs- oder werden-Passiv			
Tempus	**Indikativ**	**Konjunktiv I**	**Konjunktiv II**
Präsens	er / sie / es wird geliebt	er / sie / es werde geliebt	
Präteritum	er / sie / es wurde geliebt		er / sie / es würde geliebt
Futur I	er / sie / es wird geliebt werden	er / sie / es werde geliebt werden	er / sie / es würde geliebt werden
Perfekt	er / sie / es ist geliebt worden	er / sie / es sei geliebt worden	
Plusquamperfekt	er / sie / es war geliebt worden		er / sie / es wäre geliebt worden
Futur II	er / sie / es wird geliebt worden sein	er / sie / es werde geliebt worden sein	er / sie / es würde geliebt worden sein
In diesem vereinfachten Muster ist nur die 3. Person Einzahl angegeben			

Die sogenannten **starken Verben** sind eine Sonderbildung der deutschen Sprache (solche gibt es z.B. auch im Englischen) und verändern ihren Stammvokal durch *Ablaute*.
Die erste Stammform gilt für den Infinitiv und alle Präsensformen, die zweite Stammform gilt für das Präteritum (Imperfekt), die dritte Stammform für das Partizip II (z.B. gehoben: Partizip Perfekt Passiv). Es gibt 10 wichtige Ablautreihen:

1. Ablautreihe e - a - o: befehlen - befahl - befohlen; werfen - warf - geworfen
2. Ablautreihe e - a - e: lesen - las - gelesen
3. Ablautreihe e/ö - o - o: quellen - quoll - gequollen; schwören - schwor - geschworen
4. Ablautreihe ei - i - i: weichen - wich - gewichen; greifen - griff - gegriffen
5. Ablautreihe ei - ie - ie: schweigen - schwieg - geschwiegen; treiben - trieb - getrieben
6. Ablautreihe ie - o - o: bieten - bot - geboten; ziehen - zog - gezogen
7. Ablautreihe a - u - a: graben - grub - gegraben; schaffen - schuf - geschaffen
8. Ablautreihe i - ie - a: halten - hielt - gehalten; raten - riet - geraten
9. Ablautreihe i - a - u: gelingen - gelang - gelungen; sinken - sank - gesunken
10. Ablautreihe i - a - o: schwimmen - schwamm - geschwommen; rinnen - rann - geronnen.

Infinite Verbformen
Außer den *bestimmten (finiten) Formen* (einschließlich des Imperativs) bilden die Verben noch fünf *infinite Formen*: Infinitiv Präsens, Infinitiv Perfekt, Infinitiv Futur und Partizip Präsens (Partizip I) und Partizip Perfekt (Partizip II).

Der Infinitiv
Die Endung der Grundform, in der ein Verb im Deutschen normalerweise angegeben wird (Infinitiv Präsens Aktiv) ist -en.
Man unterscheidet folgende Infinitivformen:
Infinitiv Präsens Aktiv (lieben)
Infitiv Futur I Aktiv (lieben werden)
Infinitiv Perfekt Aktiv (geliebt haben)
Infinitiv Futur II Aktiv (geliebt haben werden)

Infinitiv Präsens (Vorgangs)passiv (geliebt werden)
Infinitiv Perfekt (Vorgangs)passiv (geliebt worden sein)

Infinitiv Präsens (Zustands)passiv (verzaubert sein)
Infinitiv Perfekt (Zustands)passiv (verzaubert gewesen sein)

Das Partizip I (Partizip Präsens)
besteht aus dem Verbstamm mit der Endung -end:
ruf-end, schaff-end, mal-end.
Aus lautlichen Gründen kann das e ausfallen:
hunger-nd, tänzel-nd, flimmer-nd.

Das Partizip II (Partizip Perfekt)
wird bei regelmäßigen und unregelmäßigen Verben unterschiedlich gebildet:
regelmäßig: ge-lach -t
ablautend: ge-back -en
Verben mit festem Präfix (Vorsilbe) haben kein ge-:
entsetzt, empfunden, zerrissen, besucht.
Verben mit trennbarem Präfix erhalten -ge eingeschoben:
ein-ge-schoben, um-ge-kleidet, auf-ge-listet, fort-ge-zogen.

Rechtschreibung

Trennungsregeln
1. Wörter, die als Zusammensetzungen erklärt werden können, dürfen in ihre Bestandteile zerlegt werden: Hunde-zwinger, Straßen-unter-führung, dar-in, Diens-tag, hin-ab.
2. Wörter werden nach Sprechsilben getrennt: Tor-te, be-ra-ten, trop-fen
3. Ein Konsonant (Mitlaut) zwischen zwei Vokalen (Selbstlauten) kommt auf die folgende Zeile: ba-den, Ha-fen, lo-ben, grü-ßen. Ausnahme bei Vorsilben: Ver-ein, vor-über.
4. Stehen zwischen zwei Vokalen mehrere Konsonanten, so kommt der letzte von ihnen auf die nächste Zeile: En-kel, Verwand-te, kämp-fen, emp-finden, ram-men.
5. Nicht getrennt werden ch, sch, ß, ph, th und st: Tü-cher, ha-schen, grü-ßen, Stro-phe, Zi-ther, Fen-ster. Ausnahmen bei zusammengesetzten Wörtern: Diens-tag, Sams-tag, Weis-tum, Bis-tum, Wachs-tum.
6. ck wird bei Worttrennungen zu kk: Zucker - Zuk-ker, Bäcker - Bäk-ker, trocken - trok-ken.
7. Ein ausgestoßener Drittkonsonant kehrt bei Worttrennung wieder: Fett-topf, Bett-tuch, Still-leben, Schwimm-meister, Stall-laterne. Aber: Pappplakat, Sauerstoffflasche; Roheit - Ro-heit.
8. Ein einzelner Vokal wird nicht abgetrennt: Ufer, aber, oben, Esel, über, ölig.

Groß- und Kleinschreibung
1. Alle Substantive werden groß geschrieben.
2. Verben, Adjektive und Pronomen, die substantiviert sind, werden groß geschrieben: das Schwimmen, sie kam vom Spielen, das Beste, viel Gutes, das eigene Ich.
3. Geht ein Substantiv voraus, werden Adjektive (auch mit dem Artikel) klein geschrieben: Mit dem neuen Rad fahre ich viel lieber als mit dem alten.
4. Adjektive in Eigennamen werden groß geschrieben: das Rote Kreuz, das Rote Meer, der Atlantische Ozean, die Technische Hochschule, der Kölner Dom (aber: die kölnischen Brücken).
5. Die Höflichkeitanrede »Sie« und das zugehörige Possessivpronomen »Ihr« werden groß geschrieben.
6. Das Wort am Satzanfang schreibt man groß; dies gilt auch, wenn auf einen Doppelpunkt ein ganzer Satz folgt.
7. Ein klar erkennbarer Bedeutungsunterschied läßt groß oder klein schreiben: ein Paar Schuhe, ein paar Äpfel.

Zusammen- und Getrenntschreiben
Hier gibt es keine allgemeingültige Regel, also gilt es zu unterscheiden:
A) Verbindungen mit einem Verb als zweitem Teil schreibt man in der Regel dann zusammen, wenn durch die Verbindung ein neuer Begriff entsteht: sitzenbleiben, gehenlassen, freihalten, schwerfallen, gutschreiben, dabeisein (hier nur im Infinitiv, *sonst*: wenn sie dabei ist).
B) Getrennt schreibt man, wenn beide Wörter noch ihre eigene Bedeutung haben: gehen lassen, sitzen bleiben, frei halten, gut schreiben.
C) Ein Substantiv schreibt man mit einem Verb zusammen, wenn das Substantiv verblaßt ist: wetterleuchten, hohnlachen, kopfstehen, radfahren (aber: er fährt Rad).
Wird die Eigenbedeutung des Substantivs noch empfunden, schreibt man getrennt: Rat holen, Gefahr laufen, Sorge tragen, Posten stehen, Ski laufen.
D) Man schreibt ein verblaßtes Substantiv mit einer Präposition zusammen, wenn daraus eine neue Präposition oder ein Adverb geworden ist: zuzeiten, infolge, dortzuland, zugunsten, außerstande (sein), instand (halten), vonnöten (sein).
Getrennt schreibt man, wenn die Eigenbedeutung des Substantivs noch empfunden wird: zu Zeiten (des Kaisers Augustus), zu Händen, in Frage, in Kraft, unter Bezug auf.
Aber: in bezug auf, in betreff.
Beide Schreibweisen sind richtig: an Stelle - anstelle; auf Grund - aufgrund; an Hand - anhand

E) Verbindungen mit einem Adjektiv oder Partizip als zweitem Teil werden zusammengeschrieben:
halblaut, mondbeschienen, hochbetagt, herzerquickend, sagenumwoben, reinseidene Tücher, fleischfressende Pflanzen, wärmeleitende Stoffe.
F) Unentschieden bleiben folgende Fälle:
die reichgeschmückten Häuser - die reich geschmückten Häuser - eine leichtverdauliche Speise - ein leicht verdauliche Speise - der obenerwähnte Satz - der oben erwähnte Satz.
G) Ist die Richtungsangabe ein Substantiv, wird groß geschrieben:
ich komme von Zuhause; ich gehe nach Hause; ich bleibe zu Hause
aber: das Zuhause; die Zuhausegebliebenen.

Zeichensetzung
Der *Punkt* wird ans Ende eines Satzes (oder eines Satzgefüges oder einer Satzreihe) gesetzt.
Das *Fragezeichen* ist ein Mittel, um in der geschriebenen Sprache zu kennzeichnen, daß eine Äußerung als Frage verstanden werden soll.
Durch das *Ausrufezeichen* wird eine schriftliche Äußerung als Ausruf, Wunsch, Aufforderung oder als betont gekennzeichnet.
Das *Komma* trennt den Gliedsatz vom übergeordneten Hauptsatz ab:
- vorangestellter Gliedsatz (Vordersatz)
- eingefügter Gliedsatz (Zwischensatz; von Kommas eingeschlossen)
- nachgestellter Gliedsatz (Nachsatz).

Das *Komma* trennt den Gliedsatz von einem übergeordneten Gliedsatz ab.
Beispiel: Obwohl heute schönes Wetter ist, auf das ich schon lange gewartet habe, kann ich nicht das Haus verlassen.
Das *Komma* trennt satzwertige Infinitve ab (satzwertige Infinitive können durch einen Gliedsatz ersetzt werden):
- Infinitve mit *um zu, ohne zu, anstatt zu.*

Erweiterte Infinitive sind ebenfalls satzwertig.
Beispiel: Er begann, aufgeregt seine Fahrkarte zu suchen.
Kein Komma steht bei Infinitiven mit *zu* ohne Erweiterung.
Beispiel: Er begann zu suchen; um diese Zeit pflegte er zu kommen.
Das *Komma* trennt erweiterte Partizipien ab.
Beispiel: Zu Hause angekommen, stürzte er sich in die Arbeit.
Das *Komma* trennt die einzelnen Hauptsätze einer Satzreihe voneinander.
Das *Komma* trennt zwei Hauptsätze voneinander ab, die sowohl durch »und« oder »oder« verbunden sind als auch jeder ein Subjekt haben (Satzreihe); dabei kann das Subjekt der beiden Hauptsätze gleichlautend sein.
Beispiel: Er öffnete die Tür, und dann sah er...)
Gleichrangige Gliedsätze, die durch »und« oder »oder« verbunden sind, werden *nicht durch Kommas* getrennt.
Beispiel: Die Kinder, die gerade hitzefrei bekommen hatten und die schnell ans Wasser und in die Sonne wollten, stürmten davon.
Das *Komma* trennt die Glieder einer Aufzählung voneinander, soweit diese nicht durch »und« oder »oder« verbunden sind.
Beispiel: Die Schüler kommen teils mit dem Bus, teils mit der S-Bahn, teils mit der U-Bahn, teils zu Fuß.
Die Schüler kommen teils mit dem Bus oder der S-Bahn, teils mit der U-Bahn und teils zu Fuß.
Das *Komma* trennt alle Teile, die den Fluß eines Satzes hemmen:
- Anreden
- Einschübe
- nachgestellte Glieder
- Verdoppelungen, Wiederholungen.

Addition

Definition der Addition

Addieren heißt, mehrere Einzelwerte (*Summanden*) zu einer *Summe* zusammenzählen.

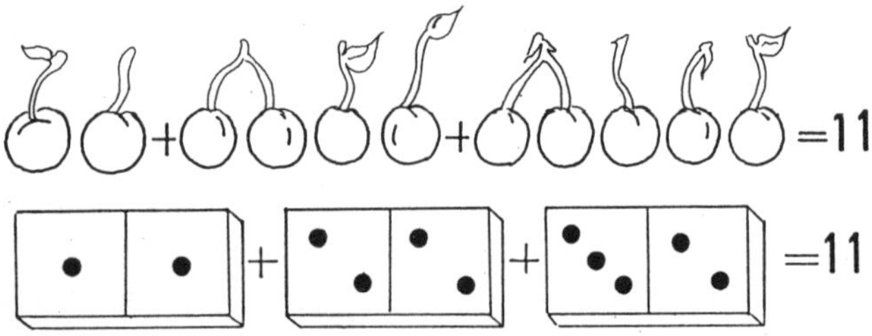

Besonderheiten dieser Rechenart

Der Wert einer Summe ist unabhängig von der Reihenfolge der Summanden.
Es gilt das *Kommutativgesetz* der Addition:
Beispiel: 8 + 12 + 13 = 12 + 13 + 8 = 13 + 8 + 12 = 33

Zusätzlich gilt das *Assoziativgesetz* der Addition:
Beispiel:

26 + 17 = 26 + (4 + 10 + 3)
= (26 + 4) + 10 + 3
= (30 + 10) + 3
= 40 + 3
= 43

26 + 17 =
26 + 4 + 10 + 3 =
30 + 10 + 3 =
40 + 3 =
43

Addition ganzer Zahlen

4 + 743 + 33 + 5 237 =
(Dezimalsystem)

	T	H	Z	E
	5	2	3	7
+		7	4	3
+			3	3
+				4
	6	0	1	7

Man schreibt jede Ziffer in die Spalte des entsprechenden Stellenwertes.

Man liest:
sechstausend siebzehn.

101101 + 1011
(Grundzahl 2)

```
  101101
+   1011
--------
  111000
```

Man liest:
eins, eins, eins,
nul, null, null.

Addition von Dezimalzahlen

4,234 + 12,316

```
   4,234
+ 12,316
--------
  16,550
```

Man addiert wie immer von rechts nach links, zuerst die Dezimalstellen und dann die Ganzen. Die Kommas der beiden Summanden und der Summe müssen genau untereinander stehen.

2,3715 + 23,04

```
   2,3715
+ 23,04
---------
  25,4115
```

Addition von ganzen Zahlen und Dezimalzahlen

34 + 5,25 + 16,153 =   0,205 + 153 + 0,030 =

```
     34              34,000          0,205               0,205
 +    5,25   oder  +  5,250        + 153        oder   + 153,000
 +   16,153        + 16,153        +   0,030           +   0,030
 ----------        --------        ---------           ---------
     55,403          55,403          153,235             153,235
```

Fehlende Stellen der Dezimalen werden mit Nullen aufgefüllt. Man setzt das Komma in der Summe exakt unter das Komma der Summanden.

Auf einen Blick

Wer weiß es, ohne nachzurechnen:

1) Welche Summen haben den angegebenen Wert?

54	125	800	46,5
17 + 27	90 + 45	350 + 450	33,25 + 13,25
38 + 16	80 + 45	525 + 275	24 + 12,5
19 + 35	92 + 23	630 + 270	18,5 + 18
29 + 15	72 + 53	460 + 240	34,5 + 12

2) Welches Ergebnis ist richtig?

24,9 + 34,2 =	78,1	538,1	59,1	58,1
114,25 + 8,025 =	1112,75	122,75	122,275	122,50

Die Summentabelle

Das Ergebnis der Addition steht am Schnittpunkt der Spalten, in denen die Summanden stehen.

↓ (über der Spalte 5) → (neben der Zeile 7)

0	1	2	3	4	5	6	7	8	9
1	2	3	4	5	6	7	8	9	10
2	3	4	5	6	7	8	9	10	11
3	4	5	6	7	8	9	10	11	12
4	5	6	7	8	9	10	11	12	13
5	6	7	8	9	10	11	12	13	14
6	7	8	9	10	11	12	13	14	15
7	8	9	10	11	12	13	14	15	16
8	9	10	11	12	13	14	15	16	17
9	10	11	12	13	14	15	16	17	18

Die fehlenden Ziffern einsetzen

```
                    7.
       6.4          2.4         6.,.8
  +    .9.    +     .61    +    .3,25
  ---------   ----------   ----------
     1 081        1 209        82,9.
```

Lösungen

Gleiche Summen:
bei 54 : 38 + 16; 19 + 35
bei 125 : 80 + 45; 72 + 53
bei 800 : 350 + 450; 525 + 275
bei 46,5: 33,25 + 13,25; 34,5 + 12.

Richtiges Ergebnis:
59,1; 122,275

Die fehlenden Ziffern einsetzen:
684 + 397 = 1 081
74 + 274 + 861 = 1 209
69,68 + 13,25 = 82,93

Subtraktion

Definition der Subtraktion

Subtrahieren heißt, eine Zahl (den *Subtrahenden*) von einer anderen (dem *Minuenden*) abziehen. Das Ergebnis ist die *Differenz*. Die Subtraktion ist die Umkehrrechnung der Addition.

Wenn a - b = **c** ist, dann muß b + c = **a** sein.
c ist die *Differenz* zwischen dem größeren und dem kleineren Wert.

160 cm
- 150 cm
= 10 cm

10 cm ist der Größenunterschied zwischen Markus und Sophie.

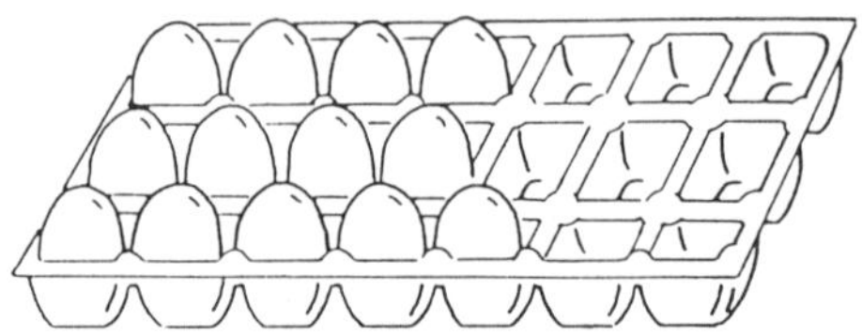

Es haben noch 8 Eier in der Schachtel Platz.
8 ist die Differenz zwischen 21 und 13.
21 - 13 = 8 ⟶ 13 + 8 = 21

Besonderheiten dieser Rechenart

Die Glieder einer Subtraktion sind nicht vertauschbar.
21 - 13 ist nicht dasselbe wie 13 - 21
Auch das Assoziativgesetz trifft nicht zu,
denn: 21 - 5 - 3 = (21 - 5) - 3
= 16 - 3 = 13

ergibt etwas anderes als:

21 - (5 - 3)
= 21 - 2 = 19

Subtraktion ganzer Zahlen

2 943 - 1767 =
(Dezimalsystem)

T	H	Z	E
2	9	4	3
1	7	6	7
1	1	7	6

Man schreibt die Rechnung so nieder, daß jede Ziffer in der ihrem Stellenwert entsprechenden Spalte steht.

1101 - 110 =
(Grundzahl 2)

 1101
- 110
 111

Subtraktion mit mehreren Gliedern

Vorgangsweise

35 - 12 - 7 =
35 - (12 + 7) =
35 - 19 = 16

35 - 12 - 7 =
(35 - 12) - 7 =
23 - 7 = 16

346 - 25 - 13 - 5 =
346 - (25 + 13 + 5) =
346 - 43 = 303

Subtraktion von Dezimalzahlen

14, 286 - 2,479 =   3,049 - 0,79 =

```
 14,286        3,049
-  2,479      - 0,79
 ------       ------
 11,807        2,259
```

Man ordnet die Zahlen so an, daß die Kommas genau untereinander stehen.

Subtraktion von ganzen und Dezimalzahlen

216,075 - 183 =   243 - 0,075 =

```
 216,075             216,075     243             243,000
- 183       oder   - 183,000   -   0,075  oder  -  0,075
 -------            --------    --------         -------
  33,075              33,075     242,925         242,925
```

Man schreibt das Komma der Differenz genau unter die Kommas von Minuend und Subtrahend (Komma nicht vergessen!).

Auf einen Blick

Wer weiß es, ohne nachzurechnen:

1) Welche Subtraktionen ergeben dieselben Zahlen?

14	105
138 - 124	310 - 205
96 - 72	562 - 467
148 - 114	700 - 695
75 - 61	440 - 315

0,25	1,50
15,5 - 15	15,75 - 14
0,75 - 0,50	105,75 - 104,25
1,50 - 1,25	18 - 16,5
3,25 - 2,00	13,5 - 10,5

2) Was fehlt hier?

0,25 + . . . = 1
0,60 + . . . = 1
9,9 + . . . = 10
34,50 + . . . = 40
45,75 + . . . = 50
99,6 + . . . = 100

Die fehlenden Ziffern einsetzen

```
 . . 3 .        . . 3 7
- 2 3 . 5      - 2 3 . 4
 -------        -------
  1 451          4 8 2 .

 . . . , .      7 , . 8 5
- 1 7 , 4      - 4 , 3 .
 ---------      ---------
  2 4 , 8        . , 5 0 .
```

Lösungen

Gleicher Differenz:
bei 14 138 - 124; 75 - 61
105 310 - 205; 700 - 695
0,25 0,75 - 0,50; 1,50 - 1,25
1,50 105,75 - 104,25; 18 - 16,5

Was fehlt hier?
0,75 5,50
0,40 4,25
0,10 0,40

Die fehlenden Ziffern einsetzen:
3 836 - 2 385 = 1 451
42,2 - 17,4 = 24,8
7 137 - 2 314 = 4 823
7,885 - 4,38 = 3,505

Multiplikation

Multiplizieren statt addieren
Wenn aus mehreren gleich großen Werten eine Summe gebildet werden soll, kann man abgekürzt rechnen: Man multipliziert.

Zahl der benötigten Blumen
für diese 6 Sträuße:

$4 + 4 + 4 + 4 + 4 + 4 = 24$

oder

4	•	6	=	24
1. Faktor (Multiplikand)		2. Faktor (Multiplikator)		Produkt

Besonderheiten dieser Rechenart

Für Multiplikationen gilt das *Kommutativgesetz*, d.h. die Faktoren können beliebig vertauscht werden.

$4 \cdot 6 = 6 \cdot 4 = 24$

Es gilt das *Assoziativgesetz*:

$24 \cdot 5 = (12 \cdot 2) \cdot 5 = 12 \cdot (2 \cdot 5) = 12 \cdot 10 = 120$

Es gilt das *Distributivgesetz*.

$24 \cdot 5 = (20 + 4) \cdot 5 = (20 \cdot 5) + (4 \cdot 5) = 100 + 20 = 120$

Multiplikation ganzer Zahlen

234 • 23	oder	234 • 23	234 • 105
702		468	0
468		702	1170
5382		5382	24570

Multiplikation mit 10, 100, 1 000...

45 • **10** = 45**0**   45 • **100** = 4 5**00**   45 • 1 **000** = 45 **000**   45 • **10 000** = 45**0 000**

Das Produkt kann schnell ermittelt werden, indem man an den Multiplikanden nach rechts so viele Nullen anhängt, wie der Multiplikator Nullen aufweist.

Multiplikation von Dezimalzahlen

```
  34,5 • 6,4        zwei Stellen
  ──────────        nach dem Komma
  207 0
   13 80
  ──────
  220,80
```

```
  2,075 • 3,14      fünf Stellen
  ────────────      nach dem Komma
  6 225
    2075
     8300
  ───────
  6,51550
```

Bei Multiplikationen mit Vielfachen von 10 wird das Komma um so viele Stellen nach rechts gerückt wie der Multiplikator Nullen hat.

24,75 • 10 = 247,5
24,75 • 100 = 2 475
24,75 • 1 000 = 24 750

Die Multiplikationstabelle von Pythagoras

Das Produkt ist am Schnittpunkt der Zeilen, in denen die Faktoren stehen, abzulesen.

1	2	3	4	5	6	7	8	9
2	4	6	8	10	12	14	16	18
3	6	9	12	15	18	21	24	27
4	8	12	16	20	24	28	32	36
5	10	15	20	25	30	35	40	45
6	12	18	24	30	36	42	48	54
7	14	21	28	35	42	49	56	63
8	16	24	32	40	48	56	64	72
9	18	27	36	45	54	63	72	81

Andere Multiplikationsarten

28 • 16 = (20 + 8) • (10 + 6)

•	20	8
10	200	80
6	120	48

200
\+ 80
\+ 120
\+ 48
―――
448

oder aber:

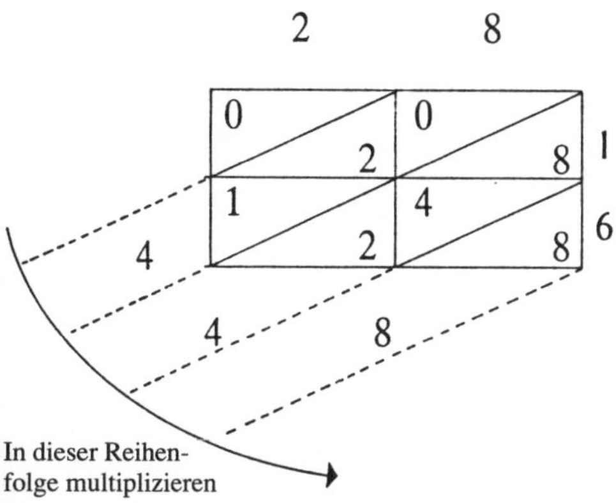

Man schreibt die Teilprodukte in jedes Rechteck.

Man addiert die Zahlen jeder Diagonale im Rechteck von rechts oben nach links unten, beginnend im Eck rechts unten. Überträge in der nächsten Diagonale dazuzählen.

Division

Definition der Division

Dividieren heißt:

Verteilen: Einen bekannten Wert in gleich große Teile zerlegen und den Wert jedes dieser Teile ermitteln.

Aufteilen: Die *Zahl gleich großer Teile* ermitteln, die in einem bekannten Wert enthalten sind, wenn der Wert eines Teiles bekannt ist.

28 Blumen
- um 4 Sträuße zu binden 28 : 4 = 7 Blumen pro Strauß
- 7 Blumen pro Strauß   28 : 7 = 4 Sträuße

Die Division ist die Umkehrung der Multiplikation.

28 : 4 = 7 → 4 • 7 = 28
28 : 7 = 4 → 7 • 4 = 28

Eigenarten dieser Rechenart

Für die Division ist das *Kommutativgesetz* nicht anwendbar.
28 : 4 ist nicht dasselbe wie 4 : 28

Auch das *Assoziativgesetz* ist nicht anwendbar.
(32 : 8) : 2 = 2   aber 32 : (8 : 2) = 8

Manchmal macht Zerlegen das Rechnen einfacher
426 : 2 = (400 : 2) + (20 : 2) + (6 : 2)
= 200 + 10 + 3 = 213

Die Division ganzer Zahlen

Dividend		Divisor		Quotient
63	:	4	=	15
23				
3	Rest (muß kleiner sein als der Divisor)			

Division ohne Rest (der Dividend ist ein Vielfaches des Divisors)
64 : 4 = 16
24
-- (der Rest ist Null)

Quotienten mit unendlicher Ziffernfolge nach dem Komma
64 : 3 = 21,333...
4
10
10
1...

Probe:
Quotient • Divisor + Rest
= Dividend
(15 • 4) + 3 = 63

Wenn die Division nicht aufgeht, rechnet man nach dem Komma auf so viele Dezimalstellen weiter wie nötig (runden!).

Bei 64 DM : 3 würde man auf 2 Dezimalstellen runden: DM 21,33.

53 : 7 = 7,**5714...**
40 = 7,**571**
50 Quotient auf 3 Dezimalen gerundet
30
10...

Division ganzer Zahlen durch Vielfache von 10

64 : **10 = 6,4**
64 : **100 = 0,64**
64 : **1000 = 0,0**64
64 : **10000 = 0,00**64

Man rückt das Komma um so viele Stellen nach links wie der Divisor Nullen hat.

Division von Dezimalzahlen

63,5 **:** 4 = 15,**8...**
23
35
3...

64 **:** 4,5 =
Man multipliziert Dividend und Divisor mit 10, damit der Divisor eine ganze Zahl wird:
640 : 45 = 14,...
190
10...

64,5 **:** 4,52 =
Man multipliziert Dividend und Divisor mit 100, damit Dividend und Divisor ganze Zahlen werden:
6 450 : 452 = 14,...
1 930
122...

Division von Dezimalzahlen durch Vielfache von 10
64,5 **:** 10 = 6,45
64,5 **:** 100 = **0**,645
64,5 **:** 1 000 = **0,0**645

Teilbarkeit natürlicher Zahlen
Man kann feststellen, ob eine Zahl ohne Rest teilbar ist:

durch 2 Wenn sie gerade ist (eine **0,2,4,6,8** als letzte Ziffer hat).
124, 230, 46 278 sind teilbar; 125, 1 275 nicht.

durch 3 Wenn die Quersumme ein Vielfaches von 3 ist.
210, 4 536, 12 435 sind teilbar; 125, 12 743 nicht.

durch 5 Wenn die Zahl an letzter Stelle eine **5** oder **0** hat.
1 250, 34 245 sind teilbar; 342, 624 nicht.

durch 6 Wenn sie gerade (durch 2 teilbar) ist und ihre Quersumme ein Vielfaches von **3** ist.
108, 2 184, 21 330 sind teilbar; 453, 4 538 nicht.

durch 9 Wenn die Quersumme ein Vielfaches von 9 ist.
450, 3 231, 26 145 sind teilbar; 345, 1 270 nicht.

Auf einen Blick
Durch welche der Zahlen 2, 3, 5, 6, 9 sind die folgenden Zahlen teilbar (ohne Nachrechnen!):
216, 540, 135.

Lösungen

216 ist teilbar durch 2,3,6,9
540 ist teilbar durch 2,3,5,6,9
135 ist teilbar durch 3,5,9.

Das Rechnen mit Brüchen

Das Addieren von Brüchen

- *eine ganze Zahl und einen Bruch*

$$3 + \frac{2}{3} = 3\frac{2}{3} \text{ oder } \frac{9}{3} + \frac{2}{3} = \frac{11}{3}$$

Die ganze Zahl wird in einen Bruch umgewandelt, indem man sie mit dem Nenner des Bruches multipliziert.

- *zwei Brüche*
  - *die Brüche haben gleiche Nenner (gleichnamige Brüche)*

$$\frac{3}{7} + \frac{5}{7} = \frac{8}{7}$$

Man addiert die Zähler.

  - *die Brüche haben verschiedene Nenner (ungleichnamige Brüche)*

$$\frac{3}{4} + \frac{5}{6} =$$

Man bringt die Brüche auf einen gemeinsamen Nenner. Man sucht das kleinste gemeinsame Vielfache (kgV):

$4 = 2 \cdot 2$

$6 = 2 \cdot 3$

kgV (4, 6) =

$= 2 \cdot 2 \cdot 3 = 12$

Das kleinste gemeinsame Vielfache von 4 und 6 ist 12.

$$\frac{3 \cdot 3}{12} + \frac{5 \cdot 2}{12} = \frac{9}{12} + \frac{10}{12} = \frac{19}{12}$$

- *eine Dezimalzahl und ein Bruch*

$$2{,}3 + \frac{3}{4} =$$

Die Dezimalzahl wird in einen Bruch umgewandelt: $2{,}3 = \frac{23}{10}$

Jetzt das kgV suchen: kgV (10,4) = 20

$$\frac{23}{10} + \frac{3}{4} = \frac{23 \cdot 2}{10 \cdot 2} + \frac{3 \cdot 5}{4 \cdot 5} = \frac{46}{20} + \frac{15}{20} = \frac{61}{20}$$

Umrechnung in eine Dezimalzahl: $\frac{61}{20} = 3{,}05$ (Zähler durch Nenner dividieren).

Das Subtrahieren von Brüchen

- *eine ganze Zahl und einen Bruch*

$$9 - \frac{3}{5} = \frac{45}{5} - \frac{3}{5} = \frac{42}{5} = 8\frac{2}{5} = 8{,}4$$

Man rechnet wie bei der Addition.

- zwei Brüche mit gleichen Nennern

$$\frac{7}{5} - \frac{4}{5} = \frac{3}{5}$$

Man zieht einen Zähler vom anderen ab.

- *Brüche mit verschiedenen Nennern*: Man bringt sie auf einen gemeinsamen Nenner.

$$\frac{4}{5} - \frac{2}{3} = \frac{4 \cdot 3}{5 \cdot 3} - \frac{2 \cdot 5}{3 \cdot 5} = \frac{12}{15} - \frac{10}{15} = \frac{2}{15}$$

- eine Dezimalzahl und ein Bruch: man bringt sie auf einen gemeinsamen Nenner; kgV (10,4) = 20

$$3{,}2 - \frac{7}{4} = \frac{32}{10} - \frac{7}{4} = \frac{32 \cdot 2}{10 \cdot 2} - \frac{7 \cdot 5}{4 \cdot 5} = \frac{64}{20} - \frac{35}{20} = \frac{29}{20} \text{ oder } 1{,}45$$

Das Multiplizieren von Brüchen

- *eine ganze Zahl und ein Bruch*

$$6 \cdot \frac{3}{4} = \frac{18}{4} = \frac{9}{2} \text{ oder } 4{,}5 \text{ oder } 4\frac{1}{2}$$

Man multipliziert die ganze Zahl mit dem Zähler des Bruches.

- *zwei Brüche*

$$\frac{3}{5} \cdot \frac{7}{4} = \frac{21}{20} \text{ oder } 1{,}05$$

Man multipliziert die Zähler und die Nenner miteinander.

- *eine Dezimalzahl und ein Bruch*

$$2{,}4 \cdot \frac{5}{6} = \frac{24}{10} \cdot \frac{5}{6} \underset{\substack{\text{(durch 5}\\ \text{und 6}\\ \text{gekürzt)}}}{=} \frac{4 \cdot 1}{2 \cdot 1} = 2$$

Das Dividieren mit Brüchen

- *eine ganze Zahl und ein Bruch*

$$4 : \frac{3}{5} = 4 \cdot \frac{5}{3} = \frac{20}{3}$$

Man multipliziert die ganze Zahl mit dem Kehrwert des Bruches.

$$\frac{3}{4} : 4 = \frac{3}{4} \cdot \frac{1}{4} = \frac{3}{16}$$

- *zwei Brüche*

$$\frac{3}{4} : \frac{5}{6} = \frac{3}{4} \cdot \frac{6}{5} = \frac{3 \cdot 3}{2 \cdot 5} = \frac{9}{10} \text{ oder } 0{,}9$$

(durch 2 kürzen!)

- *eine Dezimalzahl und ein Bruch*

$$3{,}6 : \frac{2}{3} = \frac{36}{10} \cdot \frac{3}{2} = \frac{18 \cdot 3}{10} = \frac{54}{10} \text{ oder } 5{,}4$$

(durch 2 kürzen!)

Tüftelecke

1) Welcher dieser Brüche hat
- den größten Wert?
- den kleinsten Wert?

$$\frac{1}{3}, \frac{1}{5}, \frac{1}{2}, \frac{1}{8}, \frac{1}{4}, \frac{1}{6}$$

2) Dieselben Fragen für:

$$\frac{2}{3}, \frac{1}{4}, \frac{5}{6}, \frac{3}{4}, \frac{1}{5}, \frac{4}{5}$$

Lösungen

1) größten: $\frac{1}{2}$ kleinsten: $\frac{1}{8}$ 2) größten: $\frac{5}{6}$ kleinsten: $\frac{1}{5}$

Das Rechnen mit Zeitangaben

	1 H	*60 MIN*	*3600 SEC*
1 TAG	*24 H*	*1440 MIN*	*86400 SEC*

Das Addieren von Zeitangaben (wir rechnen im 60-er System!)

3 h 25 min 38 s + 1 h 37 min 43 s =

3 h 25 min 38 s
\+ 1 h 37 min 43 s
4 h 62 min 81 s
\+ **1 min - 60 s** Man zieht 60 s ab und bei den Minuten 1 dazu
4 h 63 min 21 s
\+ **1 h 60 min** Man zieht 60 min ab und bei den Stunden 1 dazu.
5 h 03 min 21 s

23 h 45 min 35 s + 6 h 25 min 40 s =

23 h 45 min 35 s
\+ 6 h 25 min 40 s
29 h 70 min 75 s
\+ **1 min-60 s**
29 h 71 min 15 s
\+ **1 h-60 min**
30 h 11 min 15 s
1 d-24 h
1 d 06 h 11 min 15 s

Das Subtrahieren von Zeitangaben

3 h 25 min 12 s - 1 h 48 min 27 s =

3 h 25 min 12 s
\- 1 h 48 min 27 s
1 h 36 min 45 s

Man kann nicht 27 s von 12 s abziehen. Man nimmt von den 25 min 1 min (60 s) weg und zählt diese 60 s zu den 12 s dazu. 12 s + 60 s = 72 s.

oder

2 h 84 min 72 s
\- 1 h 48 min 27 s
1 h 36 min 45 s

Man kann nicht 48 min von 24 min abziehen. Man nimmt 1 h (60 min) von den 3 h weg und zählt diese 60 min zu den 24 min dazu. 24 min + 60 min = 84 min.

1 d 12 h 15 min 25 s
\- 24 h 10 min 50 s

Man kann nicht 50 s von 25 s abziehen. Man nimmt von den 15 min 1 min (60 s) weg und zählt diese 60 s zu den 25 s dazu. 25 s + 60 s = 85 s.

oder

36 h 14 min 85 s
\- 24 h 10 min 50 s
12 h 04 min 35 s

Man kann nicht 24 h von 12 h abziehen. Man rechnet also 1 d in Stunden (24) um und zählt diese 24 h zu den 12 h dazu. 12 h + 24 h = 36 h.

Das Multiplizieren von Zeitangaben

5 h 35 min 23 s • 6 =

(5 h + 35 min + 23 s) • 6 =
(5 • 6) h + (35 • 6) min + (23 • 6) s =

	30 h	210 min	138 s
+		2 min	- 120 s
	30 h	212 min	18 s
+	3 h	-180 min	
	33 h	32 min	18 s
	1 d 24 h		
	1 d 09 h	32 min	18 s

Man multipliziert nacheinander die Sekunden, Minuten und Stunden. In derselben Reihenfolge werden die Überträge auf die nächste Spalte übertragen.

Das Dividieren von Zeitangaben

13 h 26 min 18 s : 6 =

13 h 26 min 18 s	6
1 + 86 min 18 s	2 h 14 min 23 s
26	
2 + 138 s	
8 s	
0	

Man dividiert zuerst die Stunden.

Man rechnet den Rest (1 h) in Minuten um und zählt sie zu den Minuten dazu (26 + 60 min).

Nun dividiert man die Minuten.

Den Rest (2 min) rechnet man in Sekunden um und zählt ihn zu den Sekunden dazu (18 + 120 s).

Wer weiß die Antwort?

Addieren - Subtrahieren

1) Die Concorde braucht 3 h 25 min für die Strecke Paris - New York. Sie fliegt um 18 h 50 in Paris ab. Wie spät ist es in Paris, wenn sie in New York landet?

2) Im Kino begann der Hauptfilm um 20 h 45. Um 22 h 33 war er zu Ende. Wie lange dauerte die Vorführung?

Multiplizieren - Dividieren

3) Wie alt ist ein Mensch, der 27 375 Tage gelebt hat?

4) Du bist 12 Jahre alt. Wieviele Tage hast du schon erlebt?

5) Michael braucht 3 min 05 s für eine Runde. Wie lange braucht er für 78 Runden?

6) Ein Fernsehfilm mit einer Spieldauer von 6 h 20 min wird unterteilt in 4 Folgen. Wie lange dauert jede Folge?

7) Wieviele Tage sind 10 080 min?

8) Wieviele Tage sind 345 600 s?

Lösungen

1) 22 h 15. 2) 1 h 48. 3) 75 Jahre. 4 : 4 380 Tage (4 383, wenn man die Schalttage dazuzählt). 5) 4 h 30 s. 6) 1 h 35 min. 7) 7 Tage = 1 Woche. 8) 4 Tage.

Rechnen mit Rechenmaschinen

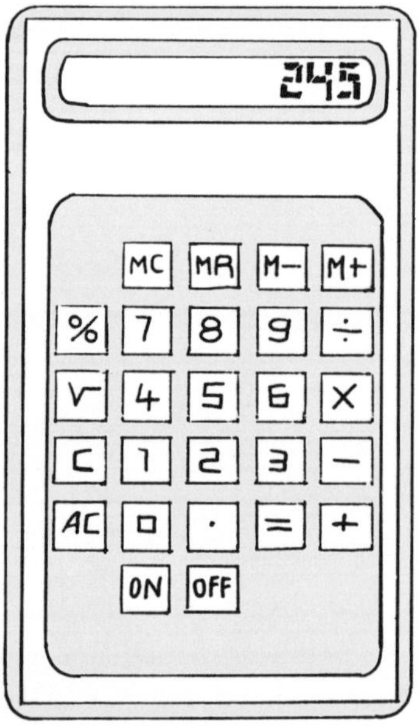

Mit den gängigen Taschenrechnern kann man folgende Rechenoperationen ausführen:
- die 4 Grundrechenarten (+, -, x, ÷)
- das Ziehen von Quadratwurzeln (√)
- Prozentrechnen (%).

Außerdem gibt es folgende Tasten:
- die Korrekturtaste [C] : Löschen
- die Taste [M+] : Addition im Speicher
- die Taste [M-] : Subtraktion im Speicher
- die Taste [MR] : Abruftaste für Speicher
- die Taste [MC] : Speicher löschen
- die Taste [AC] : alles löschen

Anzeigekapazität: 8 Stellen.

Additionen

ganze Zahlen:
245 + 431 =

Eingabe:
245 [+] 431 [=] [676]

Dezimalzahlen:
136,2 + 282,5 =

Eingabe:
136 [•] 2 [+] 282 [•] 5 [=] [418,7]

Wenn man korrigieren will:
25 + 14 =

Eingabe:
25 [+] 15 [C] 14 [=] [39]

Subtraktionen

1) 621 - 196 =
2) 196 - 621 =

Eingabe:
1) 621 [-] 196 [=] [425]
2) 196 [-] 621 [=] [- 425]

Rechnen mit Wiederholungen

Dieselbe Zahl soll mehrmals dazugezählt werden.

35 + 18 + 18 + 18 =

Eingabe:
35 [+] 18 [=] [=] [=] [89]

38 - 4 - 4 - 4 =

Eingabe:
38 [-] 4 [=] [=] [=] [26]

Multiplikation und Division

1) 263,4 x 48 =
2) 624 : 3 =

Eingabe:
1) 263 [·] 4 [x] 48 [=] [12 643, 2]
2) 624 [÷] 3 [=] [208]

Gemischte Rechnungen

9 + 4 - 4,5 =

Eingabe:

9 [+] 4 [-] 4 [.] 5 [=] [8,5]

2 - 9 + 3 =

Eingabe:

2 [-] 9 [+] 3 [=] [- 4]

(8 x 3) : 2 =

Eingabe:

8 [x] 3 [÷] 2 [=] [12]

Verwendung des Speichers

(30 x 20) + (40 x 25) + (60 x 15) =

Eingabe: 30 [x] 20 [M+]
40 [x] 25 [M+]
60 [x] 15 [M+]

Danach: [MR] [2 500]

Das Ziehen von Quadratwurzeln

5 ist die Quadratwurzel von 25, denn 5 x 5 = 25

Man schreibt $\sqrt{25} = 5$ (Quadratwurzel aus 25 ist gleich 5).

Der Taschenrechner zieht sofort die Wurzel aus jeder eingegebenen Zahl. Man tippt die Zahl ein und drückt danach die Taste [√]

Beispiel:

224 [√] [14,966629]

152 [√] [12,328828]

Prozentrechnen

Wieviel sind 25 % von 235?

Eingabe:

235 [x] 25 [%] [58,75]

Und 85 % von 15?

Eingabe:

15 [x] 85 [%] [12,75]

Wie hoch ist der neue Preis?
350 DM + 20 % =

Eingabe:

350 [x] 20 [%] [+] [420]

Und nach Ermäßigung?
350 DM - 20 % =

Eingabe:

350 [x] 20 [%] [-] [280]

Einige Rechenaufgaben

1) 1 246,58 + 398,75 =

2) 284,5 - 719,25 =

3) (48 x 24) + (37,5 x 19,3) + (172,02 x 91,75) =

4) $\sqrt{288}$ =

5) 35 % von 6 948 =

Lösungen:

1) 1 645,33
2) - 434,75
3) 17 658,585
4) 16,970562
5) 2 431,8